외국어로서의
한국어교육의
이론과 실제

②

총신대학교 한국어학당 편저

한국어교사를 위한 한국어교육의 총람

도서출판 참
참 좋은 책, 참 좋은 사람, 참 좋은 미래

3영역

외국어로서의
한국어 교육론

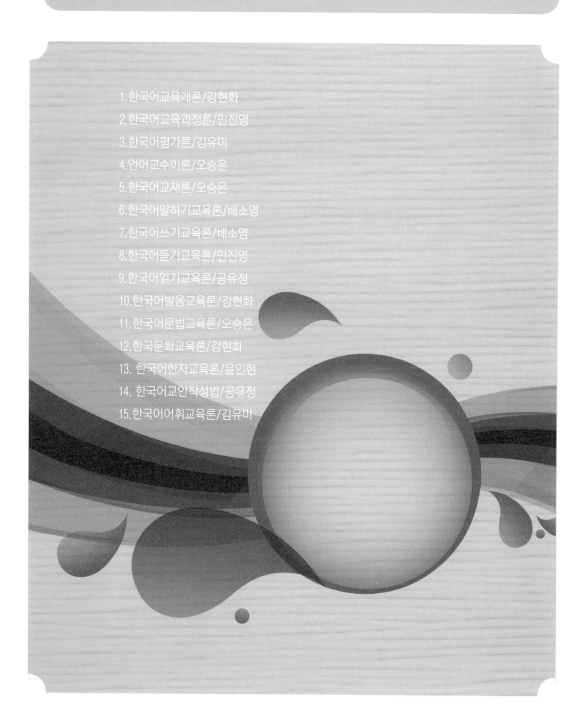

한국어교육개론

강현화 〈연세대학교〉

| 학습목표 |

1. 한국어 교육학의 기본개념과 목표 및 주요 영역을 파악하고 교육원리와 방법을 이해한다. 또한, 한국어 교육학의 정체성을 확인하고, 한국어 교사의 역할 및 학습자의 특징, 한국어 교육 정책에 대해 개괄적으로 살펴본다.

'제2언어 습득과 한국어교육'

1. 한국어교육학

한국어교육학은 효과적인 한국어교육의 내용과 방법을 학술적으로 연구하는 학문 분야로 크게 지식(내용) 영역과 교수 영역으로 구분된다.

먼저 지식 영역은 효과적인 교수를 위한 한국어 지식에 대한 연구로 음운, 어휘, 문법, 담화, 문화 등의 영역이 대상이 되며, 이들 영역은 각각 발음 교수, 어휘 교수, 문법 교수, 문화 교수, 그리고 의사소통 기능 영역별(말하기, 듣기, 읽기, 쓰기) 교수로 확장된다. 한국어를 대상으로 한다는 점에서 국어학이나 국어교육에서 다루는 언어 지식과 궁극적으로는 일치하나, 한국어교육이라는 목표 아래 다루어지는 지식이라는 점에서는 구체적인 내용은 다소 차별화된다. 상대적으로 문어에 비해 구어 영역에 비중을 두게 되며, 규범적 문법만이 아닌 학습자에게 노출되어 입력되는 실제 자료로서의 언어에 더 관심을 두고, 언어 지식의 위계화나 난이도 분석을 통한 교수의 효용성에 초점을 둔다.

다음으로 교수 영역은 교수자론, 학습자론, 교재론, 평가론, 교수법 등의 교육과정 영역과 관련된다. 이 영역은 일반적으로 교육학과 관련을 가지나 외국인 학습자를 대상으로 한다는 점에서 일반적인 교육학적 접근과는 다르다. 고려해야 할 변인도 다양해서, 교수자 변인은 한국인과 외국인 교수자로 변별될 수 있으며, 학습자도 학습 목적과 태도에 따라 세분되어 다루어져야 한다. 교재론과 평가론은 말하기 교재와 듣기 교재, 읽기 평가와 쓰기 평가와 같이 구체적으로 언어 지식의 세부 영역과 연계되어 다루어지기도 한다. 언어 교수법은 언어 교육의 목표에 따라 시기별로 변화되어 왔는데 최근에는 의사소통에 중심을 둔 의사소통 교수법이 중심을 이루고 있다.

이밖에도 한국어교육학은 인접 학문인 문학, 사회학, 심리학, 인류학과 밀접한 관련을 맺으며, 사전학이나 대조언어학과 밀접하게 연계된다.

제1언어는 학습자가 가장 편하게 구사할 수 있는 언어를 말하며, 흔히 L1이라고 줄여 말하기도 한다. 이에 대해 모국어라는 용어가 혼용되기도 하나 용어상의 혼란을 고려한다면 제1언어로 표현하는 게 명확하다.

〈그림 1〉 L1과 L2

'제2언어'란 학습자가 '제1언어' 외에 접하는 언어를 말한다. 제2언어란 이에 대응되는 개념으로 제1언어 다음에 습득되는 언어들을 총괄하는 광범위한 용어로 쓰이기도 하고, 제1언어 다음으로 두 번째로 습득되는 언어라는 한정적인 의미로 사용되기도 하는데, 이 경우에는 L2, L3, L4 등으로 구별하여 사용하기도 한다.

습득(aquisition)과 학습(learning)은 동일한 개념으로 혼용되어 사용되기도 하고, 학자에 따라 이를 구분하여 사용하기도 한다. 학자에 따라 제1언어는 '(자국어) 습득'으로 제2언어는 '(외국어) 학습'으로 구분하기도 하고, '습득'은 개인이 의식하지 못하는 잠재적인 과정으로, '학습'은 의식하는 과정으로 구분하기도 한다.

이밖에 학습과 관련된 용어로 '외국어로서의 한국어교육'(KFL: Korean as a Foreign Language)와 '제2언어로서의 한국어교육'(KSL: Korean as a Second Language)이 사용된다. 이는 영어의 EFL과 ESL에 한국어를 대응시킨 용어이다. 흔히 KFL은 외국어 수업 외의 언어 환경이 목표 언어가 아닌 경우에 해당하며, KSL은 수업 외의 일상적 환경에서 목표 언어를 사용하는 환경에 해당하는 것으로 해석한다. 국외에서 수업 중에만 한국어를 학습하는 외국인 학습자가 KFL 환경에 있다고 한다면, 한국에 들어와 장기 체류나 영구 체류를 하는 유학생이나 이주민의 경우에는 KSL 환경에 놓여 있다고 볼 수 있다. 최근에는 이런 용어들을 응용적으로 활용하여 '계승어로서의 한국어교육'(KHL: Korean as a Heritage Language)을 따로 구분하기도 한다. 왜냐하면 재외 동포의 경우에는 한국어 학습의 목표나 요구가 단순히 외국어로 학습하는 학습자와 다르며, 가정에서의 한국어 사용 등 학습 환경에서도 차이가 있을 수 있으므로 이를 구분하여 독립된 영역으로 볼 수 있기 때문이다.

2. 언어 능력과 의사소통 능력

효과적인 '제2언어 습득'을 위해서는 어떤 언어 능력을 갖추어야 할까? 언어 능력 (linguistic competence)이라는 용어는 촘스키(Chomsky)에 기댄다면 좁은 의미의 문법적 능력을 의미한다. 언어 습득 분야에서는 '의사소통 능력(communicative competence)'이라는 용어를 사용하는데, 효과적인 언어 습득을 위해서는 문법적 능력 외에 사회언어학적 능력, 담화 능력, 전략적 능력을 포함하는 의사소통 능력이 필요하다고 보는 데서 생겨났다.

먼저 문법적 능력이란 어휘, 발음 규칙, 철자법, 단어 형성, 문장 구조 등의 언어학적 기호를 정확히 사용하여 문법적으로 올바른 문장을 생성해 내는 능력을 말하며, 둘째로 사회언어학적 능력은 묘사, 설명, 설득, 정보 전달 등의 특정 언어 기능을 수행하기 위해 사회적 맥락과 담화 상황에 맞게 문법적 형태를 사용하거나 이해하는 능력을 말한다. 주제, 대화 참여자, 발화 상황 등이 화자에 의해 전달되는 발화의 태도나 화법, 격식의 적절성을 결정한다. 셋째로 담화 능력이란 형태적인 응집성과 내용상의 결속성을 이루기 위해 생각을 조직하는 능력을 말하는 것으로, 담화 능력을 갖춘 사람은 지시어, 접속사 등의 형식적 응집 장치(cohesive device)와 내용의 결속 장치(coherent device)를 이용하여 의미적 완결성과 통일성이 있는 담화를 구성해 내고 이해할 수 있다고 본다. 마지막으로 전략적 능력은 발화 생산자가 소통의 효율성을 높이고 소통 장애를 보상하기 위해 사용하는 언어적, 비언어적 전략의 사용 능력을 말한다. 결국 제2언어 습득이란 이러한 의사소통 능력을 갖추어 가는 절차와 과정을 의미한다.

3. 한국어교육

세계 언어에서의 한국어의 위상은 어느 정도나 될까? 현재 세계에서 쓰이는 언어는 학자에 따라 얼마간씩 다르지만 대개 오천 개에서 일만 개 정도라고 보고 있는 것이 일반적이다. 물론 이 중 문자를 가지고 있는 언어는 130 내지 150여 개 정도라고 알려져 있다. 한국어는 이중 문자를 가지고 있는 언어에 속한다. David Crystal의 The Cambridge Encyclopedia of Language(1997)에 따르면 사용자의 인구 수로 환산한 언어 사용 등위는 한국어가 13위로 올라 있다. 1992년의 통계에 근거하여 우리말의 사용자 수를 6,600만 명으로 잡아 순위를 매긴 것이다. 그런데 Daniel Nettle and Suzanne Romaine의 Vanishing Voices: The Extinction of the World's Languages(2002)에는 1996년도판 Ethnologue: Languages of the World에 의거하여 한국어를 12위에 올려놓았다.[1]

단순히 한국어의 사용자 수를 넘어 경제적인 파급력, 문화적 파급력 등을 고려한다면 한

---

1) 언어의 분류에 대한 논의는 이익섭(2005)에서 재인용.(외국어로서의 한국어학, 한국방송통신대학출판부)

국어의 위상은 더 높게 평가될 수도 있다. 이는 한국어의 학습 수요와도 연계되는데, 최근에 급증하고 있는 아시아의 한국어 학습자 수가 폭발적으로 증가하고 있다는 점도 그 근거가 된다.

이 밖에도 미국, 일본, 호주 등의 국가에서 대학입학 수능시험에 한국어가 추가되거나, 외국 대학에 한국어학과가 증설되는 예, 국제화의 속도에 발맞추어 세계 도처에 분포되어 있는 재외 동포나 교포, 외국 주재원 등도 한국어의 사용 분포도를 넓히는 데에 기여를 하고 있다고 할 수 있다. 과거의 한국어 교육 학습자들은 취미나 호기심에 의한 통합적 동기를 가진 학습자가 많았다. 또한 역사적인 이유로 입양아나 재외동포, 일부 주재원 등에 한정되었었다.

하지만 최근의 한국어 학습자들은 매우 다양하다. '한류'에 의한 통합적 동기를 가진 학습자 외에도 외국인 노동자나 결혼 이민자와 같은 이주민 학습자와 그리고 학문목적 학습자 등으로 변화하면서 학습자의 목적은 도구적 동기로 빠르게 바뀌어가고 있다.

최근 한국 내에서는 다문화 사회로의 빠른 진전이 이루어지고 있다. 국내 체류 외국인은 130여만 명을 넘어섰고, 이중 결혼이주자는 14만 명을 돌파했다. 또한 한국 정부의 스터디 코리아의 적극적인 추진과 지방대학의 입학 지원자 확보 노력으로 어학연수생을 제외한 2014년 한국 내 유학생 약 10만여 명에 이르고 있다. 이러한 한국어 학습자의 증가는 국내 대학 부속교육기관의 한국어 교육 기관이 약 100여 곳에 이르게 했고 단순히 강좌 개설 운영을 포함할 경우에는 110곳 이상에서 이루어지고 있다.

귀국 자녀나 다문화 가정(외국인 배우자, 자녀) 등에 대한 한국어 교육의 필요성도 증가하고 있다. 이러한 다문화 가정에 대한 학습 지원은 귀국 자녀들의 언어 적응을 위한 교육과정, 교재 개발, 교사의 자격 요건 등에 대한 논의 및 제도화 영역에서 필요하며, 이주여성 및 다문화 가정 자녀를 위한 특별프로그램 및 전문교사 양성 등이 시급한 과제로 다루어지고 있다. 아울러 한국어 교육은 단순히 한국어를 교수하는 것을 넘어 문화 적응과 연계되고 있으며, 다문화 가정의 한국어교육은 '외국어로서의 한국어교육'에서 '제2언어 교육으로서의 한국어교육'과 이중언어 교육으로 확대되어 가고 있다.

'한국어교육학의 현황 및 범위'

1. 한국어교육학의 현황

한국어교육학[2]은 '한국어교육을 학문적으로 연구하여 이를 바탕으로 한국어교육의 발전을 도모하고자 하는 응용학문이며 동시에 실천학문'이라고 할 수 있다. 이런 응용학문으

---

2) 박영순(2001)에서는 "한국어 교육은 한국어를 교육적 대상과 목적으로 하여 가르치는 행위 또는 현상을 말하는 것이고, 한국어 교육학은 한국어교육을 대상으로, 한국어교육에 관한 제반 문제를 연구하는 학문"으로 정의한 바 있다.

로서의 특징은 다른 외국어교육학과 유사하게 '언어교수 현장의 수요'에 '학문적 연구'가 뒤따르는 형상을 가졌다는 점과 '학문적으로 뒷받침되는 체계적 연구'가 다시 '언어교수 현장'에 영향을 미치게 되고, '학문적 연구'는 '언어교수 현장에서의 효용성'과 밀접한 관계를 가진다는 점에서 두드러진다고 하겠다.

　최근 외국인 유입 증가에 따른 한국어교육의 수요 증가는 학계의 연구 노력과 정부의 지원과 맞물려, 단순한 양적 증가에서 질적 효율성의 국면으로 접어들고 있다고 할 수 있다. 2002년 1월에 한국 연구재단의 연구 분야 분류표에 한국어교육이 교과교육학으로 설정된 이후 이 분야 연구 진흥을 위한 기반이 빠르게 구축되었으며, 2005년 7월 28일에 시행에 들어간 「국어기본법 시행령」에도 한국어의 국외 보급에 대한 구체적 대안이 들어감으로써 한국어교육은 안정적 성장을 추구하고 있다.

　특히 학계의 측면에서 보면 한국 연구재단의 연구 분야 분류표에 한국어교육이 교과교육학으로 자리잡고 국내의 주요 대학과 대학원에 외국어로서의 한국어교육 전공이 속속 개설됨으로써, 이제 한국어교육은 국내외 학자들이 모두 힘을 합쳐 학문적 정체성 확립에 진력해야 하고 이론적 기반을 구축해야 할 영역이 되었다. 뿐만 아니라 최근 증가하는 학문 목적 학습자와 이주 노동자 및 결혼 이주 여성의 급속한 증가로 다문화 사회가 빠르게 진전됨에 따라 한국어 교육에 대한 교육계 및 정부차원의 사회적 관심이 더욱 높아지고 있다. 이러한 한국어교육의 수요 증가에 힘입어 한국어교육학 연구는 단순한 현장 교육뿐만이 아니라 국내 학계에도 중요한 이슈가 되어 이론적인 심화가 진행되고 있다. 즉, 현장 교육의 단순한 연계나 외국어교육학으로서의 벤치마킹 연구가 아닌 독자적이고 자생적인 한국어교육학의 학문적 토대를 마련하고 있다는 것이다.

　제2언어 교육에서 오랜 전통을 가지고 있는 여타의 외국어 교육학과는 달리, 한국어교육학 부문에서는 독자적인 내용학 연구와 고유한 방법론의 구축이 충분히 다루어지지 못했다. 이러한 이유로 독자적인 학회와 학술지가 만들어지기 시작한 지 20여 년을 넘겼으면서도 여전히 학문적 정체성에 대한 논의가 끊이질 않고 있다.

　흔히 외국어로서의 한국어교육학은 인접학문으로 외국어 교육학, 언어학, 국어학, 국어교육학, 교육학 등이 거론된다. 한국어교육학의 정체성을 살펴보기 위해서는 이들 인접학문과의 관련성과 독자성에 대한 논의가 필수적이다. 다만 인접학문의 시각에서 구축된 학문적 성과의 활용으로만은 한국어교육학의 질적인 발전을 기대하기 어렵다. 구체적인 한국어교수를 전제로 구축한 독자적 내용학에 대한 학문적 연구와 한국어 교육 환경의 특성에 맞는 자생적 방법론의 구축은 전환점을 맞이한 한국어교육학 분야의 새로운 과제이며, 새로운 도약기를 맞이할 수 있는 기회가 될 것이다. 아래와 같이 한국어교육학은 외국어교육학의 하위 영역으로 설정할 수 있을 것이다.

하지만 국내에서 이루어지고 있는 외국어교육학과 한국어교육학의 연구 범위 및 연구 내용은 약간의 차이가 있다고 본다. 즉, 국내에서 이루어지는 한국어교육은 교수 현장의 측면에서 본다면 영어교육 중 제2언어로서의 영어교육(ESL)에 가깝다. 교실이 한국어 교사와 외국인 학생으로 구성되며, 학습자들의 언어 학습 외의 방과 후 시간에도 제2언어 환경에 노출된다는 점에서 그러하다. 이에 반하여 국내에서 이루어지는 외국어교육은 영어교육 중 외국어로서의 영어교육(EFL)에 가깝다. 한국인 교사와 한국인 학생으로 이루어진다는 점에서 어휘나 문법 설명의 매개 언어가 한국어일 가능성이 높고 학습 시간 외에는 목표언어 학습환경에 노출되기 어렵다는 점이 그러하다. 한편, 국외에서 이루어지는 한국어교육은 국내의 외국어 교육과 유사한 교실 환경을 가진다는 점에서 매개어를 사용한 언어 교수나 문화 교수의 측면에서 고유한 연구의 영역이 존재한다고 하겠다.

그간 한국어교육학은 인접 학문 분야에서 축적해 놓은 연구의 결과들을 응용하는 연구에서, 차츰 독립된 학문 영역으로 발전하면서 축적한 연구 결과들을 내 놓고 있다. 이는 한국어교육 현장에서 축적된 성과를 바탕으로 외국어로서의 한국어교육을 위한 기초 자료가 되는 교육자료 및 방법론을 추구해 가기 때문에 얻어지는 결실들이다. 나아가 향후 한국어교육학의 연구 성과들은 인접 학문에 영향을 끼치거나 영향을 줄 가능성이 증가하고 있다. 한국어 교육학의 연구 역량이 지속적으로 확보된다면 정체성 확립 차원을 넘어서서 인접학문과 상호 영향을 주고 받을 수 있는 주도적 학문으로의 발전이 가능할 것이다.

2. 한국어 교육학의 범위

한국어교육학 연구 분야가 양적으로 증가하기 시작한 것은 1990년대라고 볼 수 있다. 그런데 2000년대에 들어서면서는 양적인 증가는 물론이고 각 세부 주제 영역들이 정교화 되면서 질적인 성장도 도모하고 있다. 그 연구의 내용 측면에서 볼 때 한국어교육 현황, 이중언어 교육, 언어정책 등 한국어교육 일반에 대한 연구, 문법, 어휘, 문화 등 교육 내용에 관한 연구, 기능 교수법 등 한국어 교수·학습에 대한 연구, 교과서, 보조 자료 등 교재 개발에 관한 연구, 학습자 요인 및 오류 분석에 관한 연구, 그리고 교육과정과 평가에 대한 연구 등이 주를 이루고 있다.

한국어교육학의 세부 영역은 아래와 같이 내용학과 교수학으로 구분할 수 있으며, 한국어교육학과 관련된 인접학문으로 언어학, 문화인류학, 교육학, 심리학, 사회학 등을 설정할 수 있다.

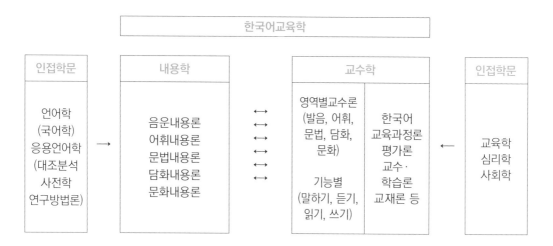

한국어 교육은 효과적인 한국어 교수·학습을 위해 내용학으로서 한국어 한국어음운론, 한국어어휘론, 한국어문법론, 한국어담화론, 한국문화론을 설정할 수 있으며, 이는 외국인을 대상으로 하는 효율적 한국어 교수를 위한 것으로 순수 이론적으로 접근하는 국어학에서의 음운론, 어휘론, 문법론, 담화론과 차별화되며, 학교 문법을 바탕으로 하는 국어교육과도 차별화되는 독자적인 내용학 영역이다.

언어학이나 응용언어학은 내용학 연구에 직접적인 도움을 준다. 언어 간 대조분석 내용 연구나 사전학, 연구방법론 및 연구사 등은 내용학의 5개 영역(음운, 어휘, 문법, 담화, 문화)에서 각각 이루어질 수 있다. 이러한 연구는 언어학(국어학 포함), 언어교육학(국어교육학), 문화인류학의 연구들과 유사한 방법론을 가져 상호관련성을 띠면서도 개별 학문 자체의 독립적이고 차별화된 내용을 구성하고 있다고 할 수 있다.

교육학은 교수학에 직접적으로 연계된다. 교수 현장에서의 효율적 교수를 위한 교수 방법론에 초점을 둔 영역으로는 발음, 어휘, 문법, 담화, 문화를 효과적으로 가르칠 수 있는 학습 전략 및 교수 방법론을 연구하는 5개의 교수학 분야와 효과적인 의사소통 능력 증진을 위한 기능별(말하기, 듣기, 읽기, 쓰기) 교수 방법론을 연구하는 분야가 있다. 이러한 연구는 교육학, 심리학, 사회학 등의 학문 분야와 유사한 연구방법론을 가져 상호관련성을 띠면서도 개별 학문의 독립적이고 차별화된 교수방법론을 구성하고 있어야 한다.

이렇듯 한국어교육학은 인접학문과는 연구 대상, 연구방법론, 교수 순서, 교수 방안, 교수의 주안점 등에서 각각 다른 접근법을 취함으로써 개별적이고 독자적인 영역으로 자리매김할 수 있다.

'한국어교육학의 영역'

1. 한국어교육학의 지식 영역

1) 발음

발음 교육은 외국어를 말할 때 정확한 발음을 구사하여 모국어 화자와의 성공적인 의사소통을 수행하는 것을 목표로 한다. 부정확한 발음은 의사소통의 오해를 불러일으킬 수 있으며, 때로는 의사소통 자체를 불가능하게 만들 수 있다. 특히 발음에 대한 요구는 학습자의 정서적 태도와 밀접하게 연결되어 있는 영역으로 대부분의 학습자들은 정확한 발음과 자연스러운 억양으로 말할 때 자신감과 학습 동기를 갖게 된다. 숙달도가 높아가도 발음이 좋지 않으면 목표 언어의 사용에 자신감을 잃는 학습자가 많다. 하지만 최근의 의사소통 교수법은 효율적인 의사소통 여부에 중점을 두므로, 모국어 화자가 음을 변별하여 의사소통에 지장이 없다면 외국인 학습자로 하여금 모국어 화자 수준의 완벽한 발음을 강하게 요구하지 않는 경향이다.

2) 어휘

어휘(vocabulary)는 L1이나 L2 습득 과정 모두에서 언어 습득의 시작이 된다. 대부분 어린이는 단어를 시작으로 말을 배우기 때문이다. 또한 어휘는 의미를 전달하는 기본 단위가 되므로 의사소통에서 필수적인 요소가 된다. 특히 언어 학습의 초기에는 외국어에 대한 문법 지식이 다소 부족해도 어휘력이 풍부하다면 문장의 의미를 이해하거나 전달하는 데에 큰 어려움이 없다. 어휘 지식은 말하기, 듣기, 쓰기에 바탕이 되지만 특히 문장을 이해하는 읽기에 가장 중요한 역할을 한다.

3) 문법

학습자들은 문법 학습을 통해 의미 표현을 향상시키고 정확한 의사소통을 수행할 수 있게 된다. 문법은 일상생활에서의 의사소통에서 필수적인 부분이며 교수요목 설계(syllabus design)에 많은 영향을 미치는 영역이다. 한때, 의사소통 언어 교수법에서는 학습자가 의사소통 능력을 얻게 된다면 언어의 구조나 형식은 저절로 알 수 있다고 보아 문법을 배제한 면이 있었다. 하지만 최근에는 다시 문법 교수의 중요성이 부각되고 있다.

언어를 사용하는 출발점은 '의미'가 된다. 즉, 학습자가 어떤 의미 전달의 요구를 가지게 되면 해당 의미를 전달하는 가장 효과적인 문법적 표현을 찾게 되는 것이다. 이때 문법적 제약 정보를 통해 의미를 정확하게 전달해야 하며 해당 표현의 맥락 정보를 통해 청자 변인, 격식성 변인을 고려해 이를 적절하게 사용할 수 있어야 한다. 이는 문법에 대한 학습이 단순히 개별 문법 항목에 대한 지식 및 제약 정보를 넘어서서 문법의 실제적인 사용에 이르러야 한다.

4) 문화

언어 학습자의 언어 교육의 목표가 의사소통에 초점을 두면서 문화 교수의 중요성이 커져 가고 있다. 한국인 화자와 소통하고자 하는 외국인 학습자들에게 문화의 습득은 궁극적인 목적이 될 수도 있기 때문이다.

단순히 언어 형태와 기능만을 성공적으로 학습했다고 목표 언어 화자와의 성공적인 의사소통을 수행하기는 어렵다. 언어 교육과 문화 교육이 밀접한 상관성을 가지는 이유는 언어가 담화 공동체의 관습과 사회, 문화를 담고 있어 텍스트의 의미를 파악하기 위해서는 언어 공동체의 관습과 문화를 이해하는 일이 필수적이기 때문이다.

언어 교육과 연계되어 다루어지는 문화 교수의 내용은 크게 정보 문화, 성취 문화, 행동 문화로 나뉜다. 모국어 화자와의 소통을 위해서는 정보 문화, 성취 문화와 같은 문화의 내용 정보를 알아야 하지만, 행동 문화의 학습을 통해 모국어 화자와 발생할 수 있는 의사소통의 갈등을 해소하는 데에 노력을 기울여야 한다. 한국어교육에서 다루어야 할 문화 교수의 내용은 일상생활 문화로부터, 한국인의 사고방식, 제도, 문화유산에까지 광범위하므로, 어디까지를 문화 교수의 내용에 포함해야 하는지에 대해서는 학습자의 요구를 우선적으로 고려하여 학습자별로 선정하여야 할 것이다.

2. 한국어교육학의 교수 영역

1) 말하기

말하기는 언어와 비언어적인 표현을 사용하여 자신의 생각, 느낌, 정보 등을 표현하는 과정이다. 음성 언어를 대상으로 한다는 점에서 듣기와 공통점을 지니며, 표현 영역이라는 점에서는 쓰기와 공통점을 지닌다.

말하기교육의 목표는 모국어 화자와의 상호작용 속에서 자신의 의사를 명확하게 표현하게 하고, 상대방의 의사를 이해하여 상황에 맞게 즉각적으로 적절하게 대처하게 하며, 자신이 필요로 하는 정보를 요구하여 알아내거나 확인하게 하고, 인간관계를 원활하게 유지하도록 하는 데에 있다. 즉, 말하기는 정보 교류나 정보 알아내기, 친목 유지의 기능을 모두 수행한다. 소통으로서의 말하기는 단순히 조음을 하여 음성학적으로 어떤 소리를 내는 과정이 아니라 인지적 과정을 거치는 복잡한 기능이다. 따라서 이해 영역인 듣기에 비해 복잡한 기제를 거치며, 상대방의 말을 듣고 그에 반응하는 것이므로 청자와의 상호작용 속에서 이루어지는 것이 특징이다. 또한 음성 이외에 어조, 억양 등을 활용하여 청자에게 자신의 의사를 전달해야 한다는 점에서 청자 요인이 매우 중요하다.

2) 듣기

듣기는 화자와 청자 간의 적극적인 의미 협상을 통한 의사소통 행위로 정의된다. 듣기는 특히 다른 기능으로의 전이가 큰 영역으로 알려져 있으며, 일반적으로 한 인간의 의사소통에서 할애되는 시간이 가장 많다는 점에서 언어 교육에서 중요하게 다루어져 왔다. 즉, 듣기는 의사소통의 기초이며 필수적인 기능인 것이다. 듣기는 음성 언어를 대상으로 한다는 점에서는 말하기와 연계되며, 이해 영역이라는 점에서는 읽기와 연계된다.

3) 읽기

읽기는 문어를 대상으로 하는 이해 영역으로서, 학습 효과가 가장 오래 지속되는 기능으로 알려져 왔다. 문어를 대상으로 한다는 점에서 쓰기와 연계되며 이해 과정이라는 점에서 듣기와 연계된다. 읽기는 독자 스스로 자신의 배경 지식을 활용하여 담화 의미를 파악하여 필요한 정보를 얻는 과정이다. 이전의 언어 교육에서는 읽기를 수동적인 이해 과정으로 보았으나, 읽기는 결국 독자 스스로의 이해 과정을 통해 독자적으로 의미 파악을 해 나간다는 점에서 능동적이고 적극적인 과정으로 이해되고 있다. 따라서 최근에는 독자의 배경 지식을 활성화하는 다양한 방안에 대한 연구가 활발히 이루어지고 있다.

4) 쓰기

쓰기는 문어를 사용하여 자신의 생각, 느낌, 정보 등을 표현하는 과정이다. 쓰기 교육은 단순 베껴 쓰기에서부터 자신의 생각을 글로 표현하는 자유 작문에 이르기까지 광범위한 내용을 포함한다.

의사소통 능력은 말하기, 듣기 기능을 통한 구어 능력과 읽기, 쓰기를 통한 문어 능력을 고루 갖춤으로써 이루어진다. 하지만 실제 교육 현장에서는 교육 과정에 시간적인 제약이 있고, 말하기 학습에 중점을 두게 되므로 글을 통한 의사소통 능력 향상에는 시간을 충분히 할애를 하지 못하고 있다. 또한 쓰기는 언어 교육에서 개발해야 할 주요 수단이라기보다 다른 영역을 보조하고 강화하는 보조 기능이라는 인식이 남아 있다.

5) 교육 과정

교육과정(curriculum)이란 교육의 목적에 비추어 타당하게 선택된 교육의 내용으로서, 교육 철학에 기반한 교육 목적과 목표, 교육 내용, 교수 방법, 교육 평가의 순환적 과정을 포함한다. 성공적인 한국어 교수를 위해서는 학습자와 교사를 비롯한 관계 집단의 요구를 조화롭게 수용하여 교육과정을 개발하는 것이 기본 조건이 된다. 즉 교육과정은 교육 프로그램의 계획, 운영, 평가, 관리를 위한 원리이며 절차인 셈이다.

교육과정에서 포함되어야 하는 구체적인 내용이 교수요목이다. 흔히 실러버스로 불리기도 하는데, 교수요목은 교육과정에서 교육 평가를 뺀 부분으로 학습자들이 배워야 할 교육 내용과 순서의 개요를 말한다. 교수요목은 교사에게 수업 지침서 역할을 하고 수업 내용을 구성하는 데에 필요한 정보가 될 수 있으며 학습자는 교수요목을 통해 수업 계획이 어떻게 되는지 각각의 수업이 어떻게 이루어져 있는지에 대한 정보를 얻을 수 있게 된다.

교재는 교육 내용을 선정하고 조직하며, 선정된 내용을 교육 목표 및 학습 단계에 맞춰 재가공함으로써 학습자로 하여금 학습 목표 설정을 구체화하는 기능을 한다. 따라서 좋은 교재는 '교육 내용의 제시 기능'보다 '교수 및 학습 과정의 조절 및 안내 기능'을 더욱 충실히 담당하는 교재라고 할 수 있다.

평가(assessment)는 교수와 학습, 교육과정의 시작과 끝을 유기적으로 연결해 주는 기능을 한다. 언어 평가는 언어 능력을 측정하는 것으로 학습자가 목표를 얼마나 성취했는지를 점검하며, 학습자의 언어 숙달도를 측정하는 역할을 한다. 언어 평가는 교육과정 내에서 학습의 성취를 평가하는 성취도 평가와 언어 숙달도를 객관적으로 평가하는 숙달도 평가가 있다.

'한국어교육학의 연구 방법론'

1. 한국어교육학의 연구의 특성

한국어교육학은 인접학문과는 어떠한 차별적 특성을 가질까? 아래의 몇 가지 특성을 생각해 볼 수 있다.

첫째, 연구 자료(음운, 어휘, 문법, 담화, 문화 등)를 분석함에 있어 반드시 대조분석적 관점이 도입된다. 이는 다른 언어를 모국어로 하는 외국어 학습자를 염두에 둔 것으로 외국어교육학 연구의 출발이며, 다른 인접학문과 구별되는 영역이다.

둘째, 연구 자료가 주로 실제적 자료에 근거한다. 주로 연역적인 가설과 증명을 통한 규칙 찾기에 초점을 두는 국어학의 연구방법론과는 달리, 한 언어 현상에 대한 '학교문법적 시각'을 염두에 두는 국어교육의 방법론과, 규범성을 중시하면서도 언어의 현실적 사용 양상을 배제하지 않는 실용적 연구방법론을 추구한다는 점에서 실제적인 자료의 해석에 많은 비중을 두고 있다고 할 수 있다.

셋째, 규칙의 설명과 더불어 관습적 예외의 설명에도 비중을 둔다. 학습의 초기에는 규칙의 설명과 연습에 치중을 두지만, 중급과 고급에 이르러서는 실제 사용되는 언어 양상에 나타나는 수많은 예외들을 효과적으로 설명해야 하기 때문이다. 유사한 언어 요소에 대한 변별적 설명을 위한 내용 구축 연구도 필수적이다.

넷째, 의사소통 능력 향상을 목표로 두는 최근의 언어교육의 특성상 문어보다는 구어에 관심을 둔다는 것이다. 형태를 중심으로 한 연구보다는 의미나 (의사소통) 기능 중심의 연구가 활발하다. 말하기나 쓰기에 있어 어려움을 겪지 않는 모국어 화자와는 달리 외국인 학습자는 산출을 위한 의사소통 기능 중심의 학습이 필요하기 때문이다.

다섯째, 세부 영역별 연구가 통합적으로 이루어진다는 점이다. 국어학의 연구는 흔히 음운론, 형태론, 통사론, 의미론의 영역이 상호적 관련성을 가지기 보다는 학자별로 개별적인 분야로 연구되어 왔음이 사실이다. 하지만 한국어 교수 현장에서의 언어 교수는 세부 영역들이 통합되어 다루어지므로 이를 다루는 내용학 역시 이를 반영하고 있다.[3]

2. 세부 영역별 한국어교육학의 특성

위의 특성들이 반영되어 나타나는 한국어교육학의 내용학들이 국어학/국어교육학의 내용학들과 어떻게 차별화되는지를 살펴보면 아래와 같다.[4]

1) 음운 교육 내용

국어학/국어교육학	한국어교육학(한국어음운론)
개별 음성/음소/음절론 음운 규칙	언어 간 음운 대조 (정확한) 조음 위치 및 조음 방법 (보다 세부적인) 음운 규칙 [4] (비현실적) 표준 발음 (비규범적이나 고빈도의) 현실발음 (지역 간) 발음 차이 화자의 의도에 따른 억양 교수

2) 어휘 교육 내용[5]

국어학/국어교육학	한국어교육학(한국어어휘론)
어휘 의미론 어휘 부류 어휘 빈도(교육용 어휘)	언어 간 어휘 대조 어휘 단위의 확장(관습적 구) 어휘-문법의 연계 어휘 빈도(교육용 어휘, 등급화, 분야별 어휘) 통용 어휘(유행어, 비속어) 유사어휘 의미 변별

---

3) 예를 들어 '비빔밥'이라는 단어가 제시되면 교사는 '발음, 어휘, 문화'를 동시에 교수하게 된다. '처음 뵙겠습니다'라는 표현 역시 '발음, 어휘, 문법, 담화기능, 문화적 특성' 모두와 연계해서 가르칠 수 있다.

4) 현행 국어학에서 '가다'를 불규칙 동사로 제시하지는 않는다. 하지만 기존의 음운규칙만으로는 동사의 어간이 양성모음인 '보다'가 '-아서'를 만나 '보아서/봐서'로 모두 쓰일 수 있음에 반해, '가다'의 경우에는 '-아서'를 만나서 '가아서'로는 쓰지 못하고 '가서'로만 사용되는 것은 설명할 수 없다.

5) 강현화(2007)에서는 범주적근적 문형과 어휘접근적 문형을 구분하여 덩어리로 나타나는 어휘-문법의 중요성을 주장하고 있다.

3) 문법 교육 내용[6]

국어학/국어교육학	한국어교육학(한국어문법론)
문법 범주 형태에 치중한 문법 연구 규칙화 · 체계화 지향	언어 간 문법 대조 (비규범적) 현실적 문법 제시 문법–의사소통 기능 연계 문법의 빈도(등급화) 문장성분·기능에 초점

4) 담화 교육 내용

국어학/국어교육학	한국어교육학(한국어담화론)
담화표지 담화 응집소 화행이론 (사회언어학적) 대화분석	언어 간 화행 대조 담화기능–문법 연계 실제자료 분석을 통한 담화 분석 설문을 통한 화행 기능 분석

5) 문화 교육 내용

국어학/국어교육학	한국어교육학(한국어문화론)
문학/고전문학 문화 분석(대중 문화)	언어 간 문화 대조 문화 분석(역사적인 맥락 포함) 문학을 포함한 문화(한국학 연계) 언어와 연계된 생활 문화 행동 문화 가치 문화

6) 대조분석론

국어학/국어교육학	한국어교육학(대조분석, 사전학 등)
없음	영역별 언어·문화 대조 학습자 오류 분석 학습자 말뭉치 구축 연구 외국인을 위한 학습사전 구축 방안 등

---

6) 허용 외(2005b)의 한국어 교육 문법 체계에서 가장 주목할 것은 '한국어 표현을 위한 문법'이다. 이 문법은 '진행', '완료', '시간', '높임', '추측' 등의 개념 또는 의미 항목으로 구성되는데 각 항목에 관련된 문법 요소나 표현 등을 낱낱이 모아두자는 것이다. 한송화(2006)는 한국어교육을 위한 문법 체계는 국어 문법과는 다른 관점에서 분류되고 기술되어야 한다고 주장한다. 즉, 국어 문법이 문장의 구성의 규칙을 밝히고 이를 명시적으로 기술하려는 반면 한국어 문법은 학습자들이 문장 생성을 용이하게 할 수 있도록 문법 체계가 구성되어야 한다는 것이다. 즉, 전통 국어 문법에서 형태를 중심으로 문법을 체계화한 것과는 다르게 기능을 중심으로 한국어 문법 체계를 구성해 보고자 하는 것이다.

〈참고문헌〉

강현화 외(2003), 『대조분석론 : 한국어·스페인어 문형 대조를 바탕으로』, 역락.

강현화(2007) "한국어교육·한국학 교육과정 분석 및 발전방향" 아태연구 28, 경희대학교 아태지역연구원

강현화(2007) "한국어교육학 내용학의 발전방향 모색" IAKLE 제17차국제학술대회. 국제한국어교육학회

강현화·이미혜(2012), 『한국어교육론』, 한국방송통신대학교 출판부.

국립국어원 저(2009) 『한국어교육의 이해』, 한국문화사.

김하수(2004), "외국어교육학으로서의 한국어교육학", 이중언어학회 2004년 학술대회 발표문.

민현식(2005), "한국어교육학 개관", 『한국어교육론1』, 국제한국어교육학회 편, 한국문화사, pp.13-27.

백봉자(2001), 「교재와 교수법을 통해 본 한국어교육의 역사와 과제」, 『외국어로서의 한국어교육』 25·26, 연세대학교 언어교육연구원 한국어학당.

최정순(2007), 한국어교육의 정체성과 발전 방안, 이중언어학회 제20차 전국 학술대회 춘계대회 발표 자료집

한송화(2006), 외국어로서의 한국어 문법에서의 새로운 문법 체계를 위하여, 한국어교육 17-3, 357-379.

〈주요 용어〉

언어능력, 의사소통 능력, 문법적 능력, 사회언어학적 능력, 담화 능력, 전략적 능력, 외국어로서의 한국어교육, 한국어교육학

1. 다음 한국어교육(학)에 대한 설명으로 적절한 것을 고르시오.

① 국어를 교육 내용으로 한다는 점에서 국어학과 국어교육의 한 분야에 속한다.

② 교육학의 하위 분야로 효율적인 교수를 위한 교수 방법론을 주로 연구한다.

③ 국내에서 이루어지는 한국어교육은 외국어로서의 영어교육(EFL)과 환경이 유사하다.

④ 교수학이나 응용언어학 등의 인접 학문과 연구 대상, 방법론에 있어 상호 연관성을 가지면서도 독자성을 가진다.

정답 ④

정답근거 : ① 국어를 교육 내용으로 한다는 점에서 국어학, 국어교육과 공통점이 있으나 교육 대상과 목적이 다르므로 하위 분야라기보다 인접 학문으로 보는 것이 바람직하다.
② 교육학 역시 동일하다.
③ 국내에서 이루어지는 한국어교육은 제2언어로서의 영어교육(ESL)에 가까우며, 국외에서 이루어지는 한국어교육은 외국어로서의 영어교육(EFL)에 가깝다.

2. 다음 의사소통 능력에 대한 설명으로 옳지 <u>않은</u> 것을 고르시오.

① 문법적 능력이란 발음 규칙이나 철자, 어휘, 문법을 정확하게 사용하는 능력이다.

② 담화적 능력은 형식적, 의미적으로 완결성을 통일성을 갖춘 발화를 구성하는 능력이다.

③ 사회언어학적 능력은 언어 기능을 수행하기 위하여 사회 구성원들이 공유하는 적절한 문법 형태를 사용하는 능력이다.

④ 전략적 능력이란 주제나 대화 참여자와의 관계, 발화 맥락에 맞는 적절한 문법적 형태를 사용할 줄 아는 능력이다.

정답 ④

정답근거 : 전략적 능력은 의사소통에 장애가 생겼을 때 이를 해결하고 보다 효율적으로 소통하기 위하여 다양한 유형의 언어적, 비언어적 전략을 사용하는 능력이다. ④의 주제나 대화 참여자와의 관계, 발화 맥락에 맞는 적절한 문법적 형태를 사용할 줄 아는 능력은 사회언어학적 능력이다.

3. 다음 (   ) 안에 들어갈 알맞은 말을 고르시오.

> Bachman(1990)은 의사소통 능력을 언어 능력과 전략적 능력으로 구분한다. 언어 능력은 문법적 지식과 텍스트 지식을 포함하는 (㉠   )과 문장이나 발화에 대한 명제적 지식과 기능적 지식, 사회언어학적 지식을 포함하는 (㉡   )을 말한다.

① 담화적 능력, 화용적 능력   ② 담화적 능력, 전략적 능력

③ 구성적 능력, 화용적 능력   ④ 구성적 능력, 전략적 능력

정답 ③
정답근거 : ㉠ 문법적 지식과 텍스트 지식은 구성적 능력에 속하며, ㉡ 발화에 대한 명제적 지식과 기능적 지식, 사회언어학적 지식은 화용적 능력에 속한다.

4. 다음 중 한국어교육학의 지식 영역에 속하지 <u>않는</u> 것은?

① 어휘   ② 문화

③ 문법   ④ 교재

정답 ④
정답근거 : 교재는 지식 영역이 아닌 교수 영역이다.

5. 교수 영역에 대한 설명으로 옳은 것은?

① 듣기는 화자와 청자 간의 적극적인 의미 협상을 통한 의사소통 행위로 정의된다.

② 읽기는 단순히 조음을 하여 음성학적으로 어떤 소리를 내는 과정이 아니라 인지적 과정을 거치는 복잡한 기능이다.

③ 듣기는 문어를 사용하여 자신의 생각, 느낌, 정보 등을 표현하는 과정이다.

④ 쓰기는 문어를 대상으로 하는 이해 영역으로서, 학습 효과가 가장 오래 지속되는 기능이다.

정답 ①
정답근거 : ②는 말하기, ③은 쓰기, ④는 읽기에 대한 설명이다.

6. 다른 학문과 변별되는 한국어교육학의 특성으로 보기 어려운 것은?

① 다른 언어를 모국어로 하는 외국어 학습자를 염두에 둔 대조분석적 관점이 도입된다.

② 직관에 의한 예문에 근거하며 연역적인 가설과 증명을 통한 규칙 찾기에 초점을 둔다.

③ 규칙의 설명과 더불어 관습적 예외의 설명에도 비중을 둔다.

④ 형태를 중심으로 한 연구보다는 의미나 (의사소통) 기능 중심의 연구가 활발하다.

정답 ②
정답근거 : 실제적인 자료에 근거한다. 연역적 가설과 규칙 찾기는 국어학의 연구 방식이다.

한국어교육과정론

민진영 〈건국대학교〉

| 학습목표 |

1. 교육과정의 일반적인 사항을 이해하고, 한국어 교육 현장에서의 교육과정의 적용에 대해 이해하며, 학습자 중심의 교육 과정의 설계 방법을 알아본다.
2. 교육과정의 주요 개념을 살펴보고, 다양한 교수요목 설계에 대해 알아본다. 그리고 한국어 교육과정 내에서의 특수 목적 교수과정에 대해 다룬다.

'교육과정의 개념'

1. 교육(의) 과정

1) 교육과정(curriculum)의 어원 : Currere → race course(경주 코스)
   ·학습자가 일정한 목표를 가지고 달리는 과정이다.

2) 교육과정 전문화의 효시
   ① 1918년 Bobitt의 『교육과정』
   ② 체계적인 연구는 1920년대부터 시작되었다.

3) 광의의 개념 : 교육기관에 의하여 의도된 전 교과 활동 또는 그에 관한 계획이나 프로그램을 총칭한다.

4) 협의의 개념 : 하나의 교과에서 가르쳐야 할 실제를 규정해 놓은 것이다.
   ⇒ 내국인을 대상으로 하는 '국어', '영어' 등의 교과 교육에서는 협의로 한정되는데 비해 한국어 교육에서의 개념은 광의로도, 협의로도 규정될 수 있는 다양성이 있다.

5) 한국어 교육과정은 한국어 교육의 목적을 비롯한 한국어 교육의 계획과 실행 내용을 총칭하는 말이다.

2. 교육과정의 필요성

1) 최근 수업을 통해서 가르치려고 하는 수업 목표와 내용이 많아졌다.
2) 수업에서는 학습자의 개인차를 최대한으로 고려한 수업이 제공되어야 한다.
3) 날로 다양하게 발전되며 개발되고 있는 자료나 수업 매체의 장점을 최대한으로 활용해야 한다.
4) 수업에서의 오류나 실패를 최대한 피해야 한다.
5) 수업의 경제성이란 측면을 고려해야 한다.

3. 교육과정 개발의 목적

1) 문제해결과 피드백의 성질을 나타냄으로써 학습과 수업을 개선한다.
2) 교육과정을 점검하고 관리, 통제하는 것을 통해 교육과정 설계 및 개발, 개선한다.
3) 평가 과정 개선한다.
4) 학습이론, 교수이론을 검증하거나 정립한다.

4. 교육과정의 여러 정의

1) 문서로서의 교육과정
  ① 학습자들이 배워야 할 교육 내용을 체계화하여 문서로 정리한 것이다.
    · 한국어의 특정 문법이나 어휘를 몇 급에서 가르치는 것이 좋은지 적어 놓은 문서이다.

2) 경험으로서의 교육과정
  ① 20세기 초 듀이와 진보주의자들
    · 교육과정을 내용으로 규정한 전통적인 방식을 비판했다.
    · 교육과정은 교사의 지도 아래 학습자들이 갖게 되는 모든 경험이라고 정의했다.
  ② 교육내용이 학습자들에게 유의미한 경험이 되도록 해야 한다.
  ③ 교과의 선정 및 조직, 교수 자료의 제작 등의 계획은 학습 경험을 전제로 해야 진정한 의미가 있다고 봤다.

3) 표면적 교육과정
  ① 학교가 의도적으로 조직해서 가르치는 것이 문서화된 교육과정이다.

4) 잠재적 교육과정

① 학교가 의도하지 않았지만 학교 생활을 하는 가운데 은연중에 배우게 되는 것으로 문서화되지 않은 비공식적인 교육과정이다.

② 학습자들이 학교생활을 하는 동안에 은연중에 가지게 되는 경험이다.

〈표 1〉 표면적 교육과정과 잠재적 교육과정의 비교

표면적 교육과정	잠재적 교육과정
의도적으로 조직되어 가르치는 것	의도되지 않았지만 학교 생활을 하는 가운데 은연중에 배우게 되는 것
주로 교과서를 통하여 배움	특별 활동, 견학수업 등 학교의 문화 풍토와 관련된 행사 활동을 통해 배움
지적(지식)인 것과 관련	감정, 태도, 가치관, 인성 등 개인의 내면적 특성과 같은 정의적 영역과 관련
단기적이고 일시적인 경향	장기적, 반복적으로 배우는 항구성을 지님
교육과정이 주로 바람직한 내용	바람직한 것뿐만 아니라 바람직하지 않은 것도 포함됨
학습자들은 교사의 지적인 면에 영향을 받음	학습자들은 교사에게서의 인격적인 감화를 받음

· 표면적 교육과정과 잠재적 교육과정이 서로 조화를 이루고 상보적인 관계에 있을 때 학습자의 행동에 큰 영향을 준다.

· 표면적 교육과정과 잠재적 교육과정이 갈등 상태에 놓이게 되면 잠재적 교육과정이 우세해지게 된다.

5) 의도된 교육과정

· 표면적 교육과정과 문서로서의 교육과정과 같은 개념으로 계획되고 의도된 것으로 교육부에서 고시되는 교육과정이다.

6) 전개된 교육과정

· 문서로 되어 있는 교육과정을 교사가 해석하여 교실에서 직접 학습자들을 상대로 가르치는 것이다.

7) 실현된 교육과정

· 수업을 통하여 실제로 학습자들에게 실현 되는 것 즉, 수업에 참여한 결과 학습자들이

실제로 갖게 되는 경험이나 성취이다.
· 학습자들은 개인차가 있기 때문에 서로 다른 산출물이나 학습 결과를 보이게 된다.

5. 교재 중심 교육과정

1) 한국어 교육과정은 대부분 교재 중심 교육과정이다.

2) 개념
① 학습자가 배우는 교재를 중심으로 교육과정을 설계한다.
② 역사적으로 가장 오래된 전통을 가지고 있을 뿐만 아니라 지금까지도 계속 이용되고 있는 흔한 형태의 교육과정이다.

3) 특징
① 사전 계획과 조직이 필요하다.
② 학습자들에게 일률적인 교재가 제공된다.
③ 학습 활동은 한정된 교과 영역에서만 정해진다.
④ 지식과 기능의 신장에 중점을 둔다.
⑤ 교사 중심의 교육과정이다.
⑥ 설명 위주의 교수법이다.

4) 장점
① 학습을 조직하고 새로운 지식 사실을 설명하고 체계화하는 데 논리적이고 효과적이다.
② 간단 명료하여 알기 쉬우며 교재 변경 등으로 교육과정의 개정이 용이하다.
③ 학습 효과의 판정이 용이하고 객관적으로 측정하기 쉽다.
④ 시험이 교재 중심으로 되어 있어서 진급하는 데 유리하다.
⑤ 사전에 계획되어 있기 때문에 교사와 학습자에게 안정감을 준다.

5) 단점
① 교재에 치중하여 학습자의 적극적인 반응 활동을 이끌기가 어려울 수 있다.
② 지식의 체계를 존중하고 교재의 내적인 적합성과 논리적인 일관성을 중시하여 학습자의 요구를 무시할 수 있다.
③ 수동적인 학습태도를 형성하기 쉽다.

'교육과정의 구성 요소'

· 교육과정 개발(curriculum development)
· 교수 설계(course design /teaching design/teaching plan)
· 교수요목 설계(syllabus design)

1. 구체적인 교육과정

· 교육 목표, 교육내용, 교수절차, 학습 경험, 교육 평가의 요소가 포함되어야 한다.

2. 교수요목 설계

1) 교수요목(syllabus)
  ① 무엇을, 어떤 순서로, 어떻게 가르칠 것인가를 보여 주는 교육과정의 설계도이다.
  ② 교육과 교재 구성의 근간을 이루는 것이다.

2) 전통적 의미의 교수요목에는 단순히 교육 내용만이 포함, 교육에서 과정이 중시되면서 교육 방법이나 평가가 교수요목에 포함되었다.

3) 교육과정 중 학습자들이 배워야 할 교육 내용의 목록
  ① 일반 교육 기능 : 일반 시민 교육을 통하여 국가나 사회가 요구하는 사람을 길러내는 기능을 한다.
  ② 보충 기능 : 개인의 약점을 보완하고 자기 관심과 잠재력을 개발하는 데 기여하는 기능을 한다.
  ③ 전문화 및 통제 기능 : 각 교사들의 수업이 일정한 교육과정 범주 안에서 이루어지도록 통제하는 기능을 한다.

4) Graves[1] : 최종적 교수요목의 내용 범주를 설정
  ① 교육 내용, 교육 방법, 언어 기술, 전략 등 다양한 층위의 범주를 평면적으로 제시했다.
  ② 교수요목 개발의 전 과정에서 고려의 대상이 될 수 있는 항목들을 모두 보여준다.

---

1) Graves(1996:19~25) 참조

〈표 2〉 교수요목의 내용 범주

참여 과정 (Participatory processes) 예 : 문제 제기, 경험적 학습 기술		학습 전략 (Learning strategies) 예 : 자가 모니터링, 문제 파악하기, 노트 필기		내용 (Content) 예 : 학과목, 기술 과목	
문화(Culture) 예 : 문화 인식, 문화 행위, 문화 지식		과제 및 활동 (Tasks and activities) 예 : 정보 결함 활동, 프로젝트, 스피치·프레젠테이션 등의 기술 혹은 화제 지향의 과제		일상적·업무적 기술 (Competencies) 예 : 직장에 지원하기, 아파트 빌리기	
듣기 기술 (Listening skills) 예 : 요점 찾기, 특정 정보 찾기, 화제 추론하기, 적절한 반응 선택하기	말하기 기술 (Speaking skills) 예 : 발화 교체하기, 이해 부족 부분 보완하기, 응집 장치 사용하기	읽기 기술 (Reading skills) 예 : 특정 정보 빠르게 찾기, 요점 찾기 위해 빠르게 읽기, 수사적 장치 이해하기		쓰기 기술 (Writing skills) 예 : 적절한 수사적 문체 사용하기, 응집 장치 사용하기, 문단 구성하기	
기능(Functions) 예 : 사과하기, 거절하기, 설득하기		개념과 화제 (Notions and topics) 예 : 시간, 양, 건강, 개인 신원		의사소통 상황 (Communicative situations) 예 : 음식점에서 주문하기, 우체국에서 우표 사기	
문법(Grammar) 예 : 구조(시제, 상), 패턴(질문)		발음(Pronunciation) 예 : 분절음(음운, 음절), 초분절음 (강세, 리듬, 억양)		어휘(Vocabulary) 예 : 단어 형성 규칙(접미사, 접두사), 연어, 어휘 목록	

5) 교수요목 유형

① 문법중심 교수요목(Grammatical/Structure Syllabus)

　· 문법적 난이도와 빈도수를 기준으로 하여 언어구조 중심으로 설계한 교수요목이다.

　· 언어학습이 문법의 내재화와 언어 기술의 연습으로 이루어진다.

　· 한계

　　– 맥락이 결여된 고립된 문장 나열

　　– 문법 항복의 난이도나 복잡성

　　– 문법 외에도 다양한 부분들이 있어 다양한 기능을 수행할 수 있다.

② 어휘 교수요목(Lexical Syllabus)

③ 개념·기능 교수요목(Functional Syllabus)

　· 개념 : 언어를 통해 표현하는 의미이다.

　· 기능 : 언어활동을 통해 수행하는 의사소통의 목적이 있다.

　· 언어를 규칙 체계가 아닌 의사소통 목적으로 파악, 실제적 학습 과제를 설정한다.

　· 문법, 화제, 문화적 재료를 재도입하고 격, 시간, 수량, 공간 등을 포함시킨다.

　· 판단하기, 동의하기, 반대하기와 같은 도덕적 기술과 평가하기, 설득하기, 논쟁하기,

설명하기 등을 포함시켜 학습이 효율적으로 확장될 수 있도록 한다.

· 언어가 학습되는 방법을 설명하지는 못한다.

④ 상황 교수요목(Situational Syllabus)

· 상황에 따라 다양하게 사용하는 언어를 이해하고 활용하는 데 목표를 둔다.

· 학습자가 접하게 될 상황을 미리 선정하고 그 상황에서 사용하는 문법, 어휘 등으로 구성한 언어 자료를 제시한다.

· 단원은 '우체국에서', '은행에서' 등과 같이 상황으로 제시된다.

· 문법은 상황에 적절한 것을 선정해서 배열하므로 배열에 특정한 기준이 없다.

⑤ 주제/내용 중심 교수요목(Topical/Content-based Syllabus)

⑥ 언어능력 중심 교수요목(Competency-based Syllabus)

⑦ 기술 교수요목(Skills Syllabus)

⑧ 과제중심 교수요목(Task-based Syllabus)

· 수행해야 할 과제 목록으로 교수요목을 작성한다.

· 구체적인 언어 요소는 과제 수행 과정에서 도출한다.

· 최근에 많이 강조되는 것으로서 지도 그리기, 지시대로 하기, 명령 따르기 등과 같은 과제나 활동에 기반한 학습으로 교육과정을 구성한다.

· 예1)

주제/상황	기능	과제	문법	어휘	발음
대중교통	·대중교통 이용하기	·버스 타기 ·안내 방송 듣고 이해하기	·가/이 ·에서 ·에서 내리다	·버스 ·동작	ㅇㄹ→ㅇ[ㄴ] 예) 정류장 [정뉴장]

· 예2)

대주제	과	제목	주제	문화	어휘	문법	발음
한국문화	18	저 가게 호떡 맛이 궁금했었거든	길거리 음식	대표적인 길거리 음식 소개	길거리 음식 이름	-어/아/여	듣다가 [듣따가]
	19	유치하게 브이가 뭐예요?	몸짓언어	다양한 몸짓언어	몸짓언어에 따른 감정 어휘	-에다가, -(이)랑	옆집 [엽찝]
	20	그 질문에는 익숙해지지가 않아요	언어문화	언어문화	인사말 표현	-어/아/여지다 -게	곤란해요 [골란해요]

⑨ 텍스트 중심 교수요목(Text-based Syllabus)

⑩ 통합 교수요목(An Integrated Syllabus)

6) 단원의 구성 요소별 개발 원리

단원제목	주제와 기능의 혼합 방법을 사용하여 제시한다.
학습목표	수행 목표 혹은 과제 목표를 제시한다.
도 입	배경지식 활성화와 학습동기 부여를 위해 그림이나 질문으로 제시한다.
예 문	목표 발화의 모형이 되는 담화를 맥락에 따라 제시한다.
발 음	구어와 문어가 완전히 다르거나 발음 규칙이 어려운 단어나 표현을 위주로 제시한다.
어 휘	해당 단원에서 학습해야 하는 어휘를 제시한다.
문 법	의미·형태·화용에 대한 설명을 제시한다. 짧은 대화문이나 그림을 통한 문법 연습을 제시한다.
과 제	실제적 의사소통 상황과 유사한 활동으로 듣기, 말하기, 읽기, 쓰기 과제를 골고루 제시한다.
문 화	해당 단원과 관련되는 문화 자료를 제시한다.
자기평가	학습 내용의 정리, 자기 평가를 통한 학습 성취도 진단 목적이 있다.

〈표 3〉 1급[2] 교수요목표

과	제목	주제	어휘	문법	과제		한국문화
		읽어 봅시다	외워 봅시다	알아 봅시다	들어 봅시다	말해 봅시다	
1	안녕하세요	인사와 소개	직업과 나라	이에요 은/는	① 나라 이름 듣고 말하기 ② 직업 듣고 말하기	자기 소개하기	한국의 호칭1
2	이것은 뭐예요?	물건	교실 물건	이것, 그것, 저것 이/가 아니에요 의	① 물건 이름 듣고 말하기 ② 누구의 물건인지 듣고 말하기	누구의 물건인지 찾고 말하기	한국의 신분증

---

2) 건국대학교 언어교육원(2014), 함께 배우는 건국 한국어 1-1, 건국대학교 출판부

3	지금 무엇을 해요?	일상생활1	동사1	-아요 을/를	① 친구들의 행동 듣고 말하기	동작 카드 맞히고 말하기	
4	어디에 가요?	장소	장소	에 에서 안	① 장소 듣고 말하기 ② 장소에서 하는 일 듣고 말하기	장소 맞히고 말하기	
5	한국어가 어때요?	학교생활	형용사1	이/가 'ㅂ' 불규칙	①공부에 대해 듣고 말하기 ②음식에 대해 듣고 말하기	일상생활에 대해 말하기	한국 대학의 학기

'한국어 교육과정 개발 절차'

· 한국어 교육과정은 다음과 같은 절차에 의해 개발될 수 있다.

〈표 4〉 한국어 교육과정의 개발 절차

```
한국어 학습자의 요구 조사 분석
        ↓
한국어 교육 목적 및 목표 설정          계획(planning)
        ↓
한국어 교육 내용 선정 및 방법 결정
        ↓
교수·학습 활동                        시행(implementing)
        ↓
한국어 평가 방법 설계                  평가(evaluating)
```

1. 한국어 학습자의 요구 분석

1) 요구(needs)의 개념
　　① 학습자의 현재 상태나 수준과 바라고 원하는 이상적인 소망 상태의 수준 간의 차이(discrepancy)를 나타낸 것이다.
　　② 학습자가 현재 할 수 있는 것과 할 수 있어야 하는 것 사이의 차이를 나타낸 것이다.

2) 요구 분석(needs analysis)의 개념
　① 요구를 조사하여 그 차이를 규명하고 비교하는 연구를 하는 것이다.
　② 학습자의 요구를 수집하는 데 사용되는 절차로서 교육프로그램 계획 단계에서 이루어
　　지는 활동이다.
　③ 교육과정 개발의 가장 기초 단계이다.

3) 학습자의 요구 조사
　① 교육과정 설계에서 초기에 수집되어 고려되어야 할 일은 학습자의 요구를 분석하여 학
　　습자의 요구에 적합한 교육과정을 설계하는 일로 학습자, 교사, 교육기관 관리자 등의
　　학습 요구나 교육 요구를 파악하기 위한 절차가 필요하다.
　② 학습자들이 무엇을 배우고 싶어하는가, 어떻게 배우고 싶어하는가에 대한 요구를 조사
　　하고 분석하는 것이다.
　③ 예전에는 학습 목적이나 희망 학습 내용, 학습자의 모국어, 학습자의 연령 등 객관적인
　　내용에 대한 조사가 중요, 요즘은 학습자의 학습 전략, 선호 활동 유형 등과 같은 주관
　　적인 요구를 파악하는 것도 중요하게 다루어진다.
　④ 교육 환경, 학급의 규모, 교사의 자질 등에 따라 교육 내용과 방법이 달라질 수 있으므
　　로 이들에 대한 정보를 파악하는 것도 중요하다.

4) 요구 분석의 목적
　① 특정 역할을 수행하기 위해서 학습자에게 어떠한 언어 기술이 필요한가를 알아내기 위
　　한 것이다.
　② 현행 과정이 예비 학습자들(potential students)의 요구에 초점을 맞추고 있는지에 대
　　한 결정을 돕기 위한 것이다.
　③ 집단 안의 학습자들 중에서 어떤 학습자들에게 특정 언어 기술에 대한 훈련이 제일 필
　　요한가를 정하기 위한 것이다.
　④ 학습자들이 할 수 있는 것과 할 수 있어야 하는 것 사이의 격차를 확인하기 위한 것이다.

5) 요구 분석의 고려사항[3]
　① 요구 분석 관련자
　　· 요구 분석을 하기 위해서는 조사 대상 집단이 있어야 한다.
　　· 대체로 학습자 집단이 분석대상이지만 때로는 가르치는 교사 집단이나 언어 교육
　　　프로그램 기획자, 관리자, 학부모, 재정 후원자가 조사 대상이 될 수 있다.
　② 학습자 요구의 유형

---

3) J. D. Brown(1995:35-36)이 제시한 내용에 더 추가하여 정리함

· 상황적 요구와 언어적 요구
  – 상황적 요구 : 학습 환경을 둘러 싼 교육기관에 대한 행정적, 재정적, 종교적, 문화적, 개인적인 요구이다.
  – 언어적 요구 : 언어의 도달 목표에 따른 요구이다.
· 객관적 요구와 주관적 요구 분리 파악
  – 객관적 요구 : 학습자에 대한 진단 조사 결과 얻어지는 평가 관련 통계 자료인 진단 평가 점수 등이다.
  – 주관적 요구 : 개인적 희망, 기대 사항 등 측정 불가능한 것이다.
③ 요구 조사 단계의 정보수집 유형

<표 5> 요구 조사 단계의 정보수집 유형

정보수집 절차 유형	특징 및 장점	제한점 및 적용 예
설문조사 (Questionnaires)	– 조사대상이 다수일 때 – 분석하기 용이(도표화 등) – 구조화된 유형/비구조화된 유형	– 다량의 정보를 분석하는 과정에서 사용. 정확성이 떨어질 수 있기 때문에 경우에 따라서 후속조사(follow-up)가 필요함
자가진단 (Self-ratings)	– 학습자 스스로 자신의 언어능력을 평가 – 설문조사의 일부도 활용	– 학습자의 주관적 판단에 의해 수집된 자료이므로 부정확할 수 있음
면접법 (Interviews)	– 소집단의 경우 유용 – 특정 주제에 대한 자료수집에 활용 – 구조화된 면접의 결과는 신뢰도가 높음 – 면 대 면/전화면접	– 시간이 오래 걸림 – 대규모 대상에 적용하기 어려움
회의법 (Meetings)	– 다량의 정보수집이 용이	– 다소 주관적이고 느낌에 의존하는 정보 수집의 우려가 있음 – 교사 대상의 조사에 활용
관찰법 (Observation)	– 목표 상황에서의 학습자 행동 관찰 – 관찰기술에서 전문적인 기술이 요구됨	– 대상 학습자들의 행동 수행에 영향을 줄 수 있음.
언어자료 수집법 (Collecting learner language sample)	– 학습자들의 언어수행과정에서 얻을 수 있는 언어자료를 수집함 – 학습자 오류유형 수집에 활용	– 쓰기, 말하기 과제 활동 예를 수집 – simulation, 역할극 등에서의 언어수행 능력 기록, 수집 – 성취도 평가, 숙달도 평가에 활용
과제 분석 (Task analysis)	– 직업적, 교육적 환경에서 학습자가 수행해야 할 과제의 종류, 언어특성에 대한 평가와 과제에 대한 요구를 분석함	– 특정 목적 프로그램에서 활용

사례 연구 (Case studies)	– 상황의 특성을 조사하기 위하여 학생집 단에게 그 상황을 경험하도록 함 – 언어상황, 문제점 등을 일지로 기록	– 다양한 자료로부터 얻은 자료이기는 하 나 일반화하기 어려움
이용 가능한 정보 분석 (Analysis of available information)	– 관련 서적, 기사, 보고서 등에서 얻을 수 있는 정보를 수집	– 요구 분석의 초기 단계에서 활용

6) 요구 분석 시 내려야 할 결정 사항
  · Long : 요구 분석을 하기 전 다음과 같은 3가지 사항에 대해 결정을 내려야 한다고 했다.
    ① 어떤 분석의 단위(unit of analysis)를 사용할 것인가?
      사람들이 제2언어 또는 외국어를 어떻게 배운다고 생각하는지 그리고 이러한 학습
      과정을 어떻게 도와줄 수 있는지에 따라 다르다.
      예) 단어, 구조, 개념, 기능, 주제, 상황, 과제, 장르, 기술 등
    ② 어떤 정보원(sources of information)을 사용할 것인가?
      예) 공개된 또는 비공개된 선행 요구 분석 연구, 학습자, 응용언어학자, 전문 분야에서
      수 년 간의 경험을 쌓은 특정 영역 전문가
    ③ 어떤 자료 수집 방법(data collection methods), 절차(procedures), 도구(tools)를
      사용할 것인가?
  · 대표적 목표어 담화 표본의 분석을 통해 특정 과제 수행을 할 때 원어민 화자들이 사용
    하는 전형적인 담화 표본을 찾아낼 수 있고 이러한 요구 분석의 마지막 단계는 교수요
    목 및 교재개발의 첫 단계가 될 수 있다.
      예) 특정 영역 전문가의 내적관찰, 참여, 또는 비참여 관찰, 구조화 또는 비구조화된 면
      접, 설문지, 일지 분석, 담화 분석 등이 있다.

2. 한국어 교육 목적 및 목표 설정

1) 교육 목적과 목표의 개념
  ① 교육 목적 및 목표는 요구 조사 결과에 근거하여 설정된다.
    · 학습자의 요구, 교육 정책가나 교사, 학부모, 교육 의뢰인 등의 요구가 반영될 수 있다.
    · 교육 시간, 학급 규모, 교사의 언어적 능력 등 교육이 이루어지는 여건이 고려되어야
      한다.
  ② 교육 목적 : 교육의 최종적인 도달점에서 이루게 되는 종합적, 장기적인 목적이다.
  ③ 교육 목표 : 목적에 도달하기 위한 과정에서 이루어내야 하는 단편적이고 단기적인 목

표이다.

④ 교육과정이나 교수요목을 설계할 때는 최종 도달 목적을 어느 정도의 숙달도 수준으로 설정할 것인지를 결정하는 것이다.
  · 그 목적에 도달하는 과정에 세부적인 목표들을 단원별로, 혹은 과제별로 구체화한다.
⑤ 교육 목적과 교육 목표의 존재는 교수요목의 설계와 교재 구성, 그리고 교사의 수업 진행에 방향성을 갖게 하며 일관된 논리적 틀을 제공한다.

2) 교육 목적(goals, aims, purposes)

① 교육 프로그램이 지향할 보편적, 일반적 목적을 서술한다.
② 학습자들이 프로그램 이수 후 최종적으로 도달, 성취하게 될 사항에 초점을 맞추어 기술한다.
③ 관찰 및 예측 가능한 도달 목표들을 제시하고 뒷받침하는 데 그 기본토대가 되어야 한다.
④ 영구불변의 것으로 고착되어서는 안 되며 가변적 변화가 가능해야 한다.
⑤ 교육 목적을 기술하는 이유
  · 프로그램의 목표를 분명히 정의하기 위해서이다.
  · 교사, 학습자, 교재 작성자에게 지침서를 제공하기 위해서이다.
  · 교육할 때 맞춰야 할 초점을 제공하기 위해서이다.
  · 학습을 통해 향상시켜야 할 중요하면서도 실현 가능한 것을 기술하기 위해서이다.
  예1)

> **〈특정 목적 한국어 교육 과정의 목적 : 비즈니스 한국어 과정〉**
>
> ▷ 업무 상황에서 필요한 기본적인 의사소통 기술을 익힌다.
> ▷ 직장에서 다른 동료들과 어떻게 일상적인 회화를 하는지 학습한다.
> ▷ 업무 관련 공문을 어떻게 작성하는지 학습한다.

  예2)

> ▷ 본 언어 프로그램의 목적은 학습자로 하여금 한국어 곡용과 활용형을 사용하여 빈칸을 채울 수 있고, 메뉴를 읽을 수 있으며, 음식을 주문할 수 있는 수준을 교육한다

  예3)

> ▷ 본 프로그램은 한국어 문법 구조를 이해하는 것을 목적으로 한다.

3) 교육 목표(objectives)

① 교육 목적을 구현하기 위해 언어 교육 프로그램에서 학습자가 도달하게 될 수준에 대

한 특정 지식, 행동, 기술 등에 대해서 구체적으로 언급한다.

② 교육 목표의 특징
· 목표는 목적이 학습의 작은 단위에서는 무엇을 달성하려고 하는지 기술한다.
· 목표는 교수 활동을 구성하는 데 기초를 제공한다.
· 목표는 관찰할 수 있는 행동이나 수행의 견지에서 학습을 기술한다.

예1)

> 본 외국어 프로그램을 이수하면 학생들은 다음과 같은 것을 할 수 있다.
> ▷ 주석, 참고문헌, 논문 표지 등을 포함한 기말 논문을 작성할 수 있다.
> ▷ 강의를 들으며 요약 필기를 할 수 있다.
> ▷ 대화를 듣고 질의, 응답을 할 수 있다.

· 교육 목적은 일반적 방향을 제시하고 교육목표는 구체적 행동 결과를 제시하여 학습
자들의 도달 목표를 분명히 제시하여야 한다.

3. 한국어 교육 내용 선정 및 방법 결정

1) 교육 내용 선정의 기준
① 내용의 타당성
· 가장 기본적이고 중요한 기준이다.
· 교육목표에 맞는 내용을 선정하는 데 얼마나 본질적이고 타당한 내용을 포함하느냐
에 관한 것이다.
· 수준별 내용조직에 있어서 그 내용이 각 수준에 맞는지에 대한 것이다.
② 내용의 유용성
· 학교 밖 현실 세계와의 관련성을 의미한다.
· 언어 학습에서는 의사소통 수단인 언어 사용이 곧 실생활에 유용한 내용이어야 한다.
· 학습자가 직면하게 되는 다양한 의사소통 상황이나 환경이 기준이 된다.
③ 학습가능성
· 가르칠 수 있는 내용(teachability)이어야 한다.
· 학습할 수 있는 내용(learnability)이어야 한다.
· 학습가능성을 판단하는 데에는 학습자의 학력, 배경, 지식, 선수학습 등이 고려사항
이 될 수 있다.

2) 교육과정 내용 조직의 원리
① 계열성(Sequence)의 원리

- 교육과정의 내용이 제시되는 순서와 관계있는 것으로 특히 한국어 교육에 있어서는 수준별 문법의 순서를 들 수 있다.
- 문법사항의 난이도에 따라 순위를 정할 수 있다.
- 이것은 순서가 어떻게 조직되느냐에 따라 교수·학습의 효율성이 달라진다.
- 예) 한국어 수준별 문법의 순서
    - 간단한 내용 → 복잡한 내용
    - 전체 → 부분
    - 친숙한 내용 → 친숙하지 않은 내용
    - 나선형 조직
    - 선수학습
    - 학습자의 요구
② 계속성(Continuity)의 원리
- 학습자가 학습할 내용을 어떤 내용으로 얼마나 계속할 것인가에 대한 것이다.
- 계열성의 원리와 밀접하게 관련되어 있다.
③ 범위(Scope)의 원리
- 범위의 문제는 교육과정 내용의 폭과 깊이와 관계가 있다.
- 가르쳐야 하는 내용을 어느 정도까지 넓혀서 가르쳐야 하는지에 대한 문제이다.
④ 통합성(Unity)의 원리
- 계속성의 원리와 상통하는 원리로서 언어교육에서는 언어기능별로 분리해서 교육과정을 설계하는 경우가 있는데 네 가지 언어기능을 중심으로 해서 각 기능 간 통합을 하는 것도 중요한 내용조직의 원리가 된다.

4. 교수 · 학습 활동

1) 교육 내용이 선정이 되고 방법이 결정되면 각 범주별로 교육 내용을 구체화하고 그것들을 어떤 방법으로 교육할 것인가를 결정하는 것이 필요하다.
2) 교육 내용에는 교육 자료와 활동이 포함된다.
3) 교육 자료는 교수요목의 단위를 이루는 기본적인 요소, 교육 목적과 목표에 알맞은 교육 자료를 선정하는 것이 중요하다.

5. 한국어 평가 방법 설계

1) 교육 내용과 방법, 교육과정 등을 언제, 어떻게 평가할 것인가에 관한 내용이다.

2) 평가의 목적은 학습자의 성취도 측정, 교육의 효율성을 측정하여 이후의 교육을 위한 개선점을 찾기 위한 것이다.

3) 형식적인 시험, 수업 중의 학습 활동에 대한 관찰 등에 의해서도 평가가 가능하다.

4) 교수요목 설계 단계에서 교육 중 적절한 방법으로 형식적 평가와 비형식적 평가가 함께 이루어질 수 있도록 평가 방법을 설계하는 것이 필요하다.

5) 평가는 교사뿐만 아니라 학습자에 의해서도 가능하다.

　· 자신의 학습 성취도, 강점과 약점, 학습 전략 등을 평가해 본다.

〈참고문헌〉

강승혜(2005), 교육과정의 연구사와 변천사. 국제한국어교육학회 (편), 한국어교육론 1. 서울: 한국문화사.

강승혜(2005), 한국어 교재 연구, "한국어 교수법의 이론과 실제", 연세대학교 언어연구교육원 한국어 교사연수소.

김정숙(2002), 한국어 교수요목의 설계와 교재 구성. 박영순 편. 21세기 한국어교육학의 현황과 과제. 한국문화사.

김정숙(2005), 교육과정의 과제와 발전 방향. 국제한국어교육학회 (편.), 한국어교육론 1. 서울: 한국문화사.

민현식(2002), 언어교육과정의 구성요소와 교수요목의 유형. 21세기 한국어교육의 현황과 과제. 한국문화사.

민현식(2003). 국내 기관에서의 한국어 교육과정-표준교육과정의 내용 기술 방법론-, 국제한국어교육학회 제13차 국제학술회의 발표 논문집. 국제한국어교육학회.

심영택·위호정·김봉순 옮김(1995), 언어교수의 기본 개념. 도서출판 하우.(Stern, H. H., 1992. Fundermental Concepts of Language Teaching).

Brown, H. Douglas(2000), *Principles of Language Learning and Teaching*. Longman.

Brown, H. Douglas(2001), *Teaching by Principles: An Interactive Approach to Language Pedagogy*. Longman.

Brown, James Dean(1995), *The Elements of Language Curriculum : A Systematic Approach to Program Development*. Newbury House Teacher Development.

Jack C. Richards(2001). *Curriculum Development in Language Teaching*. Cambridge University press.

Graves, K. ed(1996), *Teachers as Course Developers*. Cambridge University Press.

Nunan, D.(1988), *Syllabus Design*. Oxford University Press.

Nunan, D.(1989), *Designing Tasks for the Communicative Classroom*. Cambridge University Press.

Nunan, D.(1998), *Language Teaching Methodology* : A Textbook for teachers, Longman.

1. 교육과정에 대한 설명 중 맞지 않는 것은?

① 학습자가 일정한 목표를 가지고 달리는 과정이다.

② 한국어 교육에서의 개념은 광의의 개념이 포함된다.

③ 협의의 개념은 하나의 교과에서 가르쳐야 할 실제를 규정해 놓은 것이다.

④ 광의의 개념은 교육기관에 의하여 의도된 전 교과 활동 또는 그에 관한 계획이나 프로그램을 총칭한다.

정답 ②

정답근거 : 내국인을 대상으로 하는 '국어', '영어' 등의 교과 교육에서는 협의로 한정되는데 비해 한국어 교육에서의 개념은 광의로도, 협의로도 규정될 수 있는 다양성이 있다.

2. 교육과정 개발의 목적이 아닌 것은?

① 학습이론, 교수이론을 검증하거나 정립한다.

② 문제해결과 피드백의 성질을 나타냄으로써 학습과 수업을 개선한다.

③ 교육과정을 점검하고 관리, 통제하는 것을 통해 교육과정 설계 및 개발 개선한다.

④ 최근 수업을 통해서 가르치려고 하는 수업목표와 내용이 많아짐으로 인해 그것을 모두 수용해야 한다.

정답 ④

정답근거 : ④번은 교육과정 개발의 목적에 포함되지 않는 내용이다.

3. 교재 중심 교육과정의 장점이 아닌 것은?

① 지식의 체계를 존중하고 교재의 내적인 적합성과 논리적인 일관성을 중시하기 때문에 학습자의 요구를 안 받아들여도 된다.

② 학습을 조직하고 새로운 지식 사실을 설명하고 체계화하는 데 논리적이고 효과적이다.

③ 사전에 계획되어 있기 때문에 교사와 학습자에게 안정감을 준다.

④ 간단명료하여 알기 쉬우며 교재 변경 등으로 교육과정의 개정이 용이하다.

정답 ①

정답근거 : ①번은 교재 중심 교육과정의 단점에 해당하는 것으로 이 교육과정에서도 학습자의 요구는 꼭 받아들여야 한다.

4. 다음 중 과제중심 교수요목에 해당하는 것은?

① 지도 그리기, 지시대로 하기, 명령 따르기 등과 같은 학습으로 교육과정을 구성한다.

② 언어를 규칙 체계가 아닌 의사소통 목적으로 파악, 실제적 학습 과제를 설정한다.

③ 문법, 화제, 문화적 재료를 재도입하고 격, 시간, 수량, 공간 등을 포함시킨다.

④ 판단하기, 동의하기, 반대하기와 같은 도덕적 기술과 평가하기, 설득하기, 논쟁하기, 설명하기 등을 포함시킨다.

정답 ①

정답근거 : ②번과 ③번 그리고 ④번은 개념·기능 교수요목에 대한 설명이다.

5. 다음 중 요구의 개념은 무엇인가?

① 학습자의 요구를 수집하는 데 사용되는 절차로서 교육프로그램 계획 단계에서 이루어지는 활동이다.

② 요구를 조사하여 그 차이를 규명하고 비교하는 연구를 하는 것이다.

③ 교육과정 개발의 가장 기초 단계이다.

④ 학습자가 현재 할 수 있는 것과 할 수 있어야 하는 것 사이의 차이를 나타낸 것이다.

정답 ④

정답근거 : ①번과 ②번 그리고 ③번은 요구 분석의 개념을 나타낸 것이다.

6. 다음 중 요구 분석의 목적으로 맞지 않는 것은?

① 특정 역할을 수행하기 위해서 학습자에게 어떠한 언어 기술이 필요한가를 알아내기 위한 것이다.

② 집단 안의 학습자들 중에서 어떤 학습자들에게 특정 언어 기술에 대한 훈련이 제일 필요한가를 정하기 위한 것이다.

③ 현행 과정이 예비 교사들의 요구에 초점을 맞추고 있는지에 대한 결정을 돕기 위한 것이다.

④ 학습자들이 할 수 있는 것과 할 수 있어야 하는 것 사이의 격차를 확인하기 위한 것이다.

정답 ③

정답근거 : 요구 분석의 목적은 현행 과정이 예비 교사가 아닌 예비 학습자들의 요구에 초점을 맞추고 있는지에 대한 결정을 돕기 위한 것이다.

7. 교육 목적 및 목표에 관한 설명으로 맞지 <u>않는</u> 것은?

① 교육 목적 및 목표는 요구 조사 결과에 근거하여 설정된다.

② 교육 목표는 목적에 도달하기 위한 과정에서 이루어내야 하는 단편적이고 단기적인 목표이다.

③ 교육 목표는 교육의 최종적인 도달점에서 이루게 되는 종합적, 장기적인 것이다.

④ 교육 목적과 교육 목표의 존재는 교수요목의 설계와 교재 구성, 그리고 교사의 수업 진행
　에 방향성을 갖게 하며 일관된 논리적 틀을 제공한다.

정답 ③
정답근거 : ③번은 교육 목표가 아니라 교육 목적에 대한 설명이다.

8. 한국어 교육 내용 선정에 대한 내용으로 맞지 <u>않는</u> 것은?

① 내용의 타당성은 학교 밖 현실 세계와의 관련성을 의미한다.

② 내용의 타당성은 수준별 내용조직에 있어서 그 내용이 각 수준에 맞는지에 대한 것이다.

③ 학습가능성을 판단하는 데에는 학습자의 학력, 배경, 지식, 선수학습 등이 고려사항이 될
　수 있다.

④ 내용의 유용성은 언어학습에서는 의사소통 수단인 언어 사용이 곧 실생활에 유용한 내용
　이어야 한다는 것이다.

정답 ①
정답근거 : ①번은 내용의 유용성에 대한 설명이다.

9. 한국어 평가 방법 설계에 대한 내용으로 맞지 않는 것은?

① 교육 내용과 방법, 교육과정 등을 언제, 어떻게 평가할 것인가에 관한 내용이다.

② 형식적인 시험, 수업 중의 학습 활동에 대한 관찰 등에 의한 것은 평가가 아니다.

③ 평가는 교사뿐만 아니라 학습자에 의해서도 가능하다.

④ 평가의 목적은 학습자의 성취도 측정, 교육의 효율성을 측정하여 이후의 교육을 위한 개선
　점을 찾기 위한 것이다.

정답 ②
정답근거 : 형식적인 시험, 수업 중의 학습 활동에 대한 관찰 등에 의해서도 평가가 가능하다.

한국어평가론

김유미 〈경희대학교〉

| 학습목표 |

1. 언어 평가의 이론적 원리를 학습하고 외국어로서의 한국어능력 평가 문항 개발 시 고려해야 할 다양한 지침과 원칙들을 이해하며 이를 현장에 적용하여 평가 대상 및 목적에 맞는 한국어능력평가 도구를 개발하고 사용할 수 있도록 한다.
2. 언어 평가의 개념 및 목적과 기능, 언어 평가의 유형과 요건에 대해 살펴보고 평가도구의 개발과 절차, 기능별 평가는 무엇인지 알아본다.

'평가의 정의'

주어진 영역 안에서 개인이 가지고 있는 능력이나 지식, 수행 등을 측정하여, 어떤 대상에 대하여 가치 판단을 내리는 것을 말한다. 즉 교육에서 이루어진 활동과 교육 대상에 대하여 어느 정도의 성과가 있었는지 그 정도를 가치 판단하는 행위이다. 그런데 평가 대상의 가치를 바르게 헤아리기 위해서는 그 대상에 대한 여러 가지 정보나 자료를 먼저 수집해야 한다. 이를 위해서는 정보나 자료 수집을 위한 도구가 있어야 하고, 또 그 도구를 사용하여 실제로 정보나 자료를 수집하는 과정과 절차가 있어야 한다. 이렇게 수집된 여러 가지 정보나 자료를 바탕으로 그 대상의 좋고 나쁨, 혹은 가치가 있고 없음, 또는 그 정도를 판단하게 된다. 그리고 이 판단에 근거하여 어떤 의사결정을 내리게 된다. 이 전체 과정을 좀 더 구체적으로 살펴보면, 어떤 수험자(평가 대상)의 언어 능력(가치)을 알아보기 위해서는 그 수험자의 언어능력을 알아 볼 수 있는 시험(정보나 자료 수집의 도구)을 실시한 다음, 채점 결과 나온 성적을 보고(정보 수집의 과정과 절차) 그 수험자가 가진 언어 능력의 높고 낮음, 혹은 그 정도를 파악한다. 그 다음 그 정도의 언어 능력으로는 어떤 일을 할 수 있겠다. 없겠다 등의 판단을 하게 되는데, 그 정보나 자료를 수집하는 것부터 결과를 해석하고 판단하기까지의 일련의 전체적인 과정을 통틀어서 평가라 부르기도 하고 그 중의 어느 한 단계를 가리켜 평가라고 부르기도 한다.

'평가의 목적'

평가의 기능은 평가의 목적에 따라 달라지겠지만 일반적으로 5가지가 있다.

- 교수적 기능
  - 학생들에게 가르침을 주어 능력을 증진시켜 주는 기능
  - 교수의 한 부분으로서의 기능
  - 학생들은 평가를 위하여 공부함
  - 평가의 과정을 통해서 새로운 부분을 깨닫게 됨
  - 학습 목표와 강조점을 숙지하게 되어 실력을 향상시킴
- 관리적 기능
  - 교사와 학생에게 피드백을 제공
  - 교수와 학습을 관리하는 데 도움을 주는 기능
  - 평가를 통해서 개별 학습자 또는 학급이 느끼는 제반 문제점을 발견
  - 그에 따른 조치를 마련해 줌
  - 교육의 과정이 부드럽고 원활하게 될 수 있도록 돕는 역할을 담당
- 동기적 기능
  - 학생과 교사 모두에게 자극제적인 기능
  - 동기 유발적인 작용
  - 평가를 통해서 교사와 학생은 성취감을 느낌
  - 자신의 부족한 부분을 깨닫게 됨으로써 스스로를 독려
- 진단적 기능
  - 교사와 학생, 특히 개별적 학생의 문제점을 파악
  - 특정의 교수·학습 문제에 주의를 집중시키는 역할
- 교과과정적 기능
  - 평가를 통해 교육 제반 문제를 이해
  - 교과 과정의 올바른 방향을 설정하는 데 도움
  - 전체적인 교과 과정 구성에 총괄적인 도움을 주는 것을 의미

'평가의 유형'

1. 방법에 따른 분류

1) 상대 평가와 절대 평가

교육 평가의 유형은 검사 점수에 가치를 부여하기 위해 어떤 평가 기준을 사용하는가에 따라 상대 평가와 절대 평가로 구분된다. 일반적으로 학생들의 성취 정도를 평가 집단 내의 평가 대상들 간에 상대적으로 평가하는 평가 방식인 상대 평가를 규준 지향 평가(norm-referenced test)라 하고, 학습 목표 등의 절대적인 준거에 비추어 학생들의 성취정도를 확인하는 절대 평가를 준거 지향 평가(criterion-referenced test)라고 한다. 상대 평가의 경우 한 학생이 획득한 점수는 그 자체로 별 의미를 갖지 못한다. 상대 평가에서는 평가의 기준이 개별 학생이 무엇을 얼마나 성취했느냐보다는 학생들 사이에서 상대적으로 어느 정도의 성취도를 보이느냐에 있기 때문이다. 상대 평가는 평가 대상들 간의 성취도상의 변별을 강조하며, 선발을 목적으로 하는 입시 등과 같은 평가에 유용하게 사용될 수 있다. 따라서 상대평가에는 평가도구의 신뢰도가 무엇보다도 중요하다. 이에 반해 절대 평가는 개별 학생이 무엇을 얼마나 성취했는지 관심을 갖는다. 상대적인 성취 정도는 중요하지 않으며 교육 목표나 학습 목표 같은 절대적 준거에 따라 학생의 성취도가 결정된다. 따라서 절대 평가는 선발보다는 특정한 자격 요건의 확인과 인정을 목적으로 하는 평가에 적합한 평가 방식이며 대체로 자격시험 등이 이에 해당된다.

2) 객관식 평가(objective test)와 주관식 평가(subjective test)

객관식 평가와 주관식 평가는 채점하는 방법에 따른 분류인데, 객관식 평가는 주로 선택형 문제로 제시된다. 객관식 평가는 채점을 위한 훈련이 특별히 필요하지 않고 채점 결과가 항상 일정할 수 있다는 장점을 가진다. 반면 주관식 평가는 통찰력과 전문 지식에 기초한 주관식 판단에 의거하여 채점하는 형식의 평가를 가리킨다. 채점 결과가 채점자에 따라서, 혹은 동일 채점자라 하더라도 시간과 장소, 환경에 따라서 일정하지 않을 가능성이 매우 크다는 것이 약점이다. 이 약점을 극복하기 위해서는 자세하게 규정된 채점 기준이나 복수 채점자를 활용하고, 또 사전에 채점자 훈련을 실시함으로써 채점 결과를 객관화하려는 노력이 필요하다.

3) 직접 평가(direct test)와 간접 평가(indirect test)

직접 평가는 실제적이고 자연적인 의사소통 상황에서의 언어 사용 능력을 직접적으로 측정하는 방식을 말한다. 반면에 간접 평가는 언어 사용 능력을 간접적인 수단과 방법으로 측정하는 방식을 말한다. 물론 언어 평가의 경우, 언어에 관한 지식을 많이 가지고 있다는 것과 실제로 잘 사용을 할 수 있다는 것은 서로 같지 않지만 언어 능력 평가의 경우 평가라는 행위가 가지는 본질적인 인위적 성격 때문에 언어 능력을 항상 직접적으로 평가한다는 것이 현실적으로 어려운 것이 사실이다. 그래서 언어 능력 평가에서는 간접 평가가 가지는 한계에도 불구하고 간접 평가의 형식을 어느 정도 사용할 수밖에 없다.

4) 분리 평가(discrete-point test)와 통합 평가(integrative test)

분리 평가는 언어의 세부적 요소에 대한 지식 정도를 측정하는 것으로 문법 구조, 어순, 음운 구조나 발음, 어휘, 철자 등을 통제하는 능력을 측정한다. 분리 평가는 언어 기능별로 듣기, 읽기, 말하기, 쓰기로 나누어 문항을 제작할 수 있는데, 기능간의 구성 성분 즉, 음운, 형태, 통사, 의미 및 어휘 등으로 나누어 문항을 구성하고 이해 기능과 표현 기능으로 나누어 측정할 수 있다.

통합 평가는 학생들이 상황에 적합하여 언어를 이해하고 사용하는 능력의 정도를 측정하는 방법이다. 통합 평가는 특정한 구문이나 문법, 어휘 등의 세부적 사항에는 별로 관심을 두지 않고 학생들이 의사소통을 얼마나 성공적으로 하느냐를 알아보는데 초점을 둔다. 따라서 통합 평가는 언어의 전체적인 사용을 측정하기 위해 한 번에 두 가지 이상의 기능을 동시에 측정한다. 통합 평가에는 토론, 보고, 묘사, 받아쓰기, 구술 면접시험, 규칙 빈칸 매우기(cloze test), 작문 시험 등이 있다.

5) 속도 평가와 능력 평가

속도 평가란 시간만 주어지면 모든 수험자가 다 풀 수 있을 정도의 문제들을 상당히 많은 분량으로 출제하여 주어진 시간 내에 제시된 문제를 얼마나 많이 풀 수 있는가를 측정하는 즉, 수험자의 문제 풀이 속도를 비교하는 방식의 평가이다. 반면 능력 평가는 충분히 시간이 주어진다 해도 모든 문제를 다 해결할 수 없을 정도의 수준에 해당하는 문제들을 출제하여 수험자가 평가 당시에 가지고 있는 지식이나 능력을 측정하는 방식의 평가를 가리킨다. 즉 충분한 시간을 주고 마음껏 실력을 발휘해 보도록 하는 방식의 평가이다.

2. 기능 및 목적에 따른 분류

1) 배치 평가

학생이 가지고 있는 지식이나 기능의 수준을 측정하여 비슷한 수준의 학생들끼리 같은 반에 배치하기 위한 목적으로 실시한다. 일반적으로 어떤 교육 프로그램을 실시하기 직전에 실시하며, 학생을 적절한 수준의 반에 배치하는 것으로 끝난다. 따라서 특정한 학습 내용에 관한 지식보다는 학생의 전반적인 능력을 탐색하고 추정하는데 중점을 둔다.

2) 진단 평가

주어진 학습 과제를 성공적으로 달성하기 위해서 학생들이 가진 배경과 특성이 되는 지적, 정의적 시발 행동을 진단하고 파악하기 위한 평가이다. 교수할 대상인 학생이 어떠한 특성을 지니고 있으며, 과거의 학습 정도, 적성, 준비도, 흥미, 동기 상태 등 학습이 시작되기 이전의 초기 상태에 대한 진단이 교수와 학습의 능률을 향상시키기는 데 중요한 정보의 역할을 한다. 즉 진단 평가는 어떤 학습 과제를 해결하기 위하여 이미 선행되었어야 할 기본적 기능이나 시발 행동에 결함이 있는지, 학업 성취에 어떤 누적된 결함이 있는지, 성취 수준은 어떠한지, 학습 부진의 원인이 무엇인지 등을 전반적으로 진단하여 교수 활동이 투입되기 전에 적절한 처방이나 치료, 교정하려는데 뜻이 있다. 따라서 이 경우 성적을 점수화하거나 등급화하지 않고 학생들의 취약점을 지적하고 제시해 주는 것이 일반적이다.

3) 형성 평가

교수 학습 중에 수시로 학생들의 학습 정도를 측정하는 것으로 주로 앞으로의 교수 학습 계획을 수립하려는 목적으로 실시한다. 즉 형성 평가란 학습 교수가 진행되는 과정에서 학생에게 피드백을 주고 그 진보의 상태를 수시로 확인·평가하고, 교육과정을 개선하며 수업 방법을 개선하기 위해 실시하는 평가라고 할 수 있다. 이 평가는 성취도 평가보다는 적은 양의 소 학습 단위가 끝날 때마다 수시로 실시하는 것이 특징이다. 이를 위해서는 평가의 목표를 여러 개로 작게 나누어서 각 목표 별로 평가 문항을 구성하는 것이 좋다. 예를 들면 수업을 시작하기 전에 이전 수업 시간에 배운 내용에 대해 간단한 퀴즈 형태로 제시하는 시험이 이에 해당한다.

4) 총괄 평가

교수 학습이 끝난 다음 교수 목표의 달성과 성취 여부를 종합적으로 평가하는 방법이다. 이때의 평가는 주로 수업을 시작할 때 세웠던 수업 목표에 비추어 학생들이 목표에 달성한 정도를 파악하는 것이다. 평가 결과는 학생들의 학업 성취도의 수준을 상대적으로 변별하여 등급을 매기거나 성적을 산출하는 데에 이용된다. 이처럼 일정 기간의 수업이 지난 뒤 학기 말이나 학년 말에 학생들의 성취 정도를 판단하기 위해 수행되는 평가가 총괄 평가이다. 총괄 평가는 일반적으로 공식적인 의사결정을 위한 목적으로 사용된다.

5) 성취도 평가

교육 과정에 의거하여 일정 기간 동안 일정한 내용을 가르친 다음 학생들이 얼마나 잘 배웠는가 즉, 학습 목표를 얼마나 잘 성취했는지를 측정하는 평가를 말한다. 단위 수업 시간마다 성취해야 할 작은 단위의 목표들을 여러 개로 묶어서 평가하므로 상당 기간에 걸친 과거의 학습을 되돌아보고 점검하는 총괄 평가적 기능을 한다. 월말고사, 중간고사, 기말고사 등이 이에 해당하며 대개 총괄평가의 형태로 실시된다.

6) 숙달도 평가

학생이 가지고 있는 전반적인 언어 능력을 측정하는 평가이다. 이것은 이전에 배운 교육과정이나 교과서의 내용 등과는 관계없이 한 사람이 현재 가지고 있는 전체적인 숙달도, 혹은 숙련도를 측정하는 것이다. 즉, 어떤 사람이 특정한 목적을 수행하기에 충분한 언어 구사력을 갖추고 있는가, 또는 어떤 능력에 관해 미리 정해져 있는 기준에 도달하는가 못 하는가를 측정한다. 일반적으로 실제 생활에서의 언어 사용 능력을 측정하는데 이를 위해 평가 상황에서도 실제 상황에 있거나 혹은 아주 유사한 언어 사용 과제를 부과하여 배워서 알고 있는 내용을 실제 상황에 얼마나 잘 적용할 수 있거나, 미리 정해진 기준에 도달했는가 못 했는가, 도달했다면 그 정도는 어느 정도인가를 평가하는데, 한국어 능력 시험이 이에 해당된다.

'평가의 요건'

1. 타당도

타당도란 어떤 평가 도구가 측정하고자 의도하는 것을 얼마나 효과적으로 측정하고 있느냐에 관한 것이다. 즉 평가 도구가 재려고 하는 것을 제대로 재고 있는가를 말한다. 그러므로 타당도를 통하여 시험 문항 내용이 측정하려는 목적과 일치하며 측정하고자 하는 내용을 실제로 정확히 측정하고 있느냐의 여부를 알 수 있다.

1) 내용 타당도

평가의 문항들이 평가하려는 내용 영역을 얼마나 잘 대표하느냐의 정도를 나타내는 것으로 다시 말하면 교육의 목표를 어느 정도나 제대로 적절하게 측정하고 있느냐를 의미한다.

2) 준거 관련 타당도

한 검사의 점수와 어떤 준거의 상관계수로 검사 도구의 타당성을 나타내는 말로 예언 타당도와 공인 타당도로 나눌 수 있다.
- 예언 타당도 : 한 검사에서 얻은 점수가 미래의 행위를 얼마나 잘 예측하는지 예언 능률의 정도에 의해 표시되는 타당도
- 공인 타당도 : 새롭게 제작한 검사와 기존에 타당성을 보장받은 검사의 상관성에 의해 표시되는 타당도

3) 구인 타당도

평가가 측정하려고 하는 어떤 특성의 개념이나 이론과 관련된다. 구인이란 구성 요인을 말하는 것으로 예를 들어 의사소통 능력이 문법적 능력과 담화적 능력, 사회 언어적 능력과 전략적 능력으로 구성되어 있다고 한다면 의사소통 능력을 측정하기 위한 평가가 이러한 구인을 제대로 측정하고 있는지를 밝히는 것이 구인 타당도이다.

2. 신뢰도

신뢰도는 평가의 결과가 얼마나 일정하게 나오느냐에 관한 것이다. 앞서 말한 타당도가 무엇을 측정하고 있느냐의 문제라면 신뢰도는 어떻게 재고 있느냐의 문제라고 할 수 있다. 평가 도구가 어떤 특성을 측정할 때마다 점수가 다르게 나온다면 이 평가 도구는 신뢰할 만한 도구라고 할 수 없다. 그러므로 신뢰도란 측정하려는 것을 안정성 있고 일관성 있게 그리고 오차 없이 측정하고 있는가의 문제라 할 수 있다.

1) 채점자 신뢰도

하나의 평가에 대해 여러 사람이 채점을 할 경우 채점자간에 평가가 얼마나 일치하는가를 의미한다.

2) 평가 자체 신뢰도

기본적으로 평가 도구 자체가 가지는 신뢰도로서 어떤 평가를 반복적으로 시행했을 때 비슷한 결과가 나오는 정도를 가리킨다.

3. 실용도

실용도란 한 평가가 실제 상황에서 효과적으로 시행될 수 있는 여건의 구비 정도를 가리킨다. 평가가 실제로 시행될 수 있기 위해서는 시간, 인력, 자원 등 여러 가지 조건이 구비되어야 한다.

1) 경제성

평가를 제작하거나 선택할 때는 평가의 관리와 채점에 어느 정도의 시간이 걸리는지, 또 시험지의 복사 비용, 몇 명의 시험 관리자와 채점자가 필요한지 등의 제반 비용을 고려해야 함을 말한다.

2) 실시의 용이성

평가를 실시하는 데 있어서 평가가 신속하고 효과적으로 수행될 수 있는지, 또 사용하기 어려운 기계적인 장치가 필요하지는 않은지 등 실시하는데 있어서의 문제점은 없는가를 고려해야 함을 의미한다.

3) 채점의 용이성

채점 과정이 평가의 실용도에 중요한 영향을 미치는 만큼, 특히 아주 많은 수험생을 대상으로 시험을 치를 경우 객관식 평가인지 주관식 평가인지도 고려해야 하는데, 이 경우 주관식 문항이 많으면 채점하는데 시간이 많이 걸릴 뿐만 아니라 채점자간 신뢰도를 확보하기도 쉽지 않다. 그러므로 주관식 평가의 경우 채점이 용이하도록 명확한 평가 기준을 세우는 등 철저한 대책을 마련해야 한다.

'기능별 평가 특성'

1. 듣기 평가

1) 듣기 평가의 측정 목표

듣기 능력은 단일 능력이라기보다는 여러 가지의 하위 능력이나 기능들로 구성된 복합적 능력이다. 그러므로 듣기 평가는 하나하나의 하위 구성 요소들을 독립적으로 평가하기보다는 각각의 구성 요소들을 통합적이고 복합적으로 평가하게 될 것이다. 듣기 평가는 대개 음소, 강세, 억양, 연음의 구별 등에 관한 청취력 평가(소리 듣기 평가)와 들은 말의 의미나 의도 파악, 정보나 지식의 이해, 분위기나 목적 등의 파악에 관한 청해력 평가(의미 듣기 평가)로 크게 나누어 볼 수 있는데, 듣기 평가의 주를 이루는 것은 청취력 평가보다는 청해력 평가 쪽이라 할 수 있다. 청해력 평가는 크게 사실적 이해, 추론적 이해, 평가적 이해를 묻는 세 가지의 형태로 나누어 볼 수 있다. 사실적 이해를 묻는 문항이 들려준 내용을 그대로 들었느냐 못 들었느냐를 묻는 문항이라면, 추론적 이해 문항은 사실적 이해를 묻는 단계에서 한 단계 더 나아가 들은 내용의 이해를 토대로 추론하게 하는 문항을 가리킨다. 또 평가적 이해 문항은 들은 내용의 타당성이나 정확성, 말하는 사람의 태도, 대화의 분위기 등을 듣는 사람이 판단하는 형태의 문항을 가리킨다.

2) 듣기 평가의 유형

① 음운 듣기

저급에서 많이 사용하는 것으로 한국어의 기본적인 음운이나 억양의 식별을 평가하는 것이다. 주로 외국인 학습자에게 구분이 힘든 음운들 중, 아무 의미 없는 독립된 개별 음운이 아니라 문장 내에서 의미를 가지는 유의미한 음운을 평가 대상으로 삼는다. 그리고 평가 형식은 선다형이나 직접 받아쓰는 형식으로 제시된다.

② 어휘 듣기

들은 내용 중 핵심이 되는 어휘를 들었는지를 평가한다. 이는 초급에서 고급까지 사용할 수 있으나 주로 초급에서 많이 선호된다. 숫자를 듣는다든지 특정한 핵심 어휘에 집중하여 듣기 능력을 측정하는 것이다. 평가 형식은 한 단어, 한 문장에서부터 이야기 혹은 대화에 이르기까지 다양하게 제시될 수 있다.

③ 문법적 특질 듣기

문법적 항목에 집중하여 듣기 능력을 평가하는 것으로 유사한 문법적 항목을 찾게 한다든가 혹은 반대로 의미가 다른 문법적 항목을 찾게 함으로써 해당 문법 항목에 대한 듣기 능력을 평가한다.

④ 정보 듣기

일반적으로 듣기 활동은 자신의 필요한 정보를 찾는 것이다. 따라서 주어진 대화나 이야기 속에서 자신의 필요한 정보를 집중해서 찾게 하는 형식이다.

⑤ 이어지는 말 찾기

대화를 완성하는 평가 유형이다. 두 사람이 대화하고 있을 때 질문 내용에 따라 뒤에 올 수 있는 내용이 무엇인지 추측하고 찾는 것이다. 이는 단순한 담화의 의미 뿐 아니라 사회 언어학적인 맥락 등 전체적인 담화를 이해할 수 있어야 하므로 전체적인 의사소통 능력을 평가할 수 있다.

⑥ 핵심 내용 찾기

대화나 독백 등에서 들은 내용의 핵심 내용을 찾는 평가 유형으로 예를 들면 담화가 일어나고 있는 장소나 기능 등을 찾는 것으로 답안 유형은 선다형이나 연결하기 등으로 제시할 수 있다.

⑦ 내용 이해하기

들은 내용에 대해 전체적인 혹은 부분적인 이해의 정도를 평가하는 것이다. 이는 주제의 내용에 따라 등급이 정해질 수 있으며, 대화나 이야기 등으로 제시될 수 있다.

⑧ 요지 파악하기

들은 내용에 대한 중심 생각 즉 주제가 무엇인지 알아내는 평가 유형이다. 이는 주로 중고급에서 사용되는 평가 유형으로 제시되는 자료는 말하고자 하는 것 즉, 주제가 분명한 자료가 좋다.

⑨ 요약하기

들은 내용에 대한 대강의 내용을 요약하게 하는 평가 유형이다. 이는 말하거나 쓰기 평가
와 연계하여 이루어질 수 있다. 그러나 요약이란 모국어 화자에게도 상당히 어려운 지적
활동이므로 실제적인 언어 능력보다는 다른 능력에 의존되기도 한다.

⑩ 제목 찾기

들은 내용에 맞는 제목을 찾게 하는 평가 유형이다. 이는 앞에서 말한 핵심 내용 찾기와
다소 중복되는 경향도 있으나 핵심 내용은 주로 주제어를 찾게 하는 유형이고 제목 찾기는
대화나 이야기를 대표할 수 있는 단어나 문장을 찾게 한다는 점에서 다소 차별성을 둘 수
있다.

⑪ 추론적 듣기

담화에 나타나지 않은 내용에 대해서 들은 내용을 바탕으로 추론하도록 하는 평가 유형
이다. 이는 고급에서 주로 사용되며, 주로 담화 표지나 전체적인 내용 파악을 통해 앞 뒤
내용을 추론하도록 한다.

⑫ 담화 유형 구분하기

들은 담화의 성격과 기능을 파악하는 평가 유형으로, 담화 내에 이를 추론할 수 있는 다
양한 표지나 실마리가 있어야 한다. 이는 주로 중고급에서 이용할 수 있으며, 주로 인터
뷰, 소감, 연설, 토론 등의 담화 텍스트를 이용한다.

2. 읽기 평가

1) 읽기 평가의 측정 목표

읽기는 기본적으로 글을 쓴 사람이 의미하는 바를 파악하고 이해하는 행위이다. 따라서 읽
기 능력의 측정 목표는 다양한 종류의 글을 읽고, 그 글이 의미하는 바를 정확하게 찾아내
는 능력이 될 것이다. 글을 읽고 이해하는 능력은 크게 사실적 이해, 추론적 이해, 평가적 이
해로 나누어 볼 수 있다. 사실적 이해는 말이나 글의 내용을 정확하게 파악하는 능력으로
진술된 그대로 파악하는 능력을 말한다. 추론적 이해는 대화, 담화, 문단에 표현된 내용과
전개 방식의 사실적 이해에 근거하여 직접적으로 명시되지 않은 사항을 논리적으로 추론해
낼 수 있는 능력을 말한다. 마지막으로 평가적 이해는 주어진 지문의 내용을 비판적으로 이
해하고, 그 내용의 정당성이나 적절성 또는 가치 및 우열에 대해 평가하는 능력이다.

2) 읽기 평가의 유형

① 단어 및 문장에 맞는 그림 찾기 혹은 단어에 맞는 문장 찾기

주로 초급 단계에서 많이 사용될 수 있는 것으로, 고립된 단어나 문장을 읽고 이에 해당

하는 그림을 찾는 것이다. 또는 단어를 제시하고 이에 해당하는 문장을 찾게 할 수도 있다. 이 때 제시되는 단어는 금지나 유의사항 등 실생활에서 흔히 볼 수 있는 표나 알림 사항 등이 좋다.

② 제목 읽고 의미 해석하기

신문 기사나 책의 제목을 제시하고 이와 관계가 있는 글이나 문장을 찾게 하는 것이다. 초급에서도 사용될 수 있으나 주로 중고급에서 많이 사용되는 유형이다.

③ 글 읽고 제목 붙이기

위와는 반대로 글을 읽고 이에 대한 제목을 붙이게 하는 것이다. 이는 주관식이나 선다형 모두 가능하며, 이 경우 제시되는 자료는 제목을 분명히 상정할 수 있는 자료여야 한다.

④ 담화 상에서 단어, 문법, 관용어 의미 해석하기

담화 텍스트 내에서 해당 어휘나 관용어의 의미를 찾는 것이다. 이 경우 지엽적인 어휘력이나 문법 능력의 평가가 되지 않도록 하기 위해서, 담화 텍스트의 이해를 통해 그 의미를 유추할 수 있는 어휘나 관용어 항목을 선택하는 것이 바람직하다. 또 본문에서 동일한 의미로 쓰인 어휘나 표현을 찾게 할 수도 있으며 빈 칸에 들어 갈 담화를 담화 텍스트 내에서 유추하여 찾게 할 수도 있다.

⑤ 어휘 및 담화 표지 찾기

주어진 글 안에서 글을 이해하고 적절히 완성하기 위해 필요한 어휘나 구, 담화 표지 등을 찾게 하는 것이다. 지엽적인 어휘 평가가 되지 않도록 하기 위해서는 담화 텍스트의 이해를 통해 그 의미를 유추할 수 있는 어휘나 관용어 항목을 선택하는 것이 좋다.

⑥ 담화 완성하기

초급에서 중고급에 이르기까지 폭넓게 이용할 수 있는 유형으로 담화 표지나 어떠한 표현을 단서로 담화의 뒷부분을 완성하는 것이다. 담화 유형은 대화문이나 서술문 모두 가능하며, 완성 단위는 구 이상이다. 그리고 완성해야 할 부분을 직접 쓰게 하거나 고르게 할 수 있다.

⑦ 정보 파악하기

안내문, 광고, 사용 설명서, 계약서 등 실제적인 자료를 읽고 필요한 정보를 파악할 수 있는지를 평가하는 것이다. 이 경우 실생활에서 접할 수 있는 다양한 자료를 이용하는 것이 좋다.

⑧ 중심 내용 및 주제 파악하기

한 단락 이상의 글을 읽고 글의 요지나 중심 내용, 주제를 파악하게 하는 것으로 글의 전체적인 내용과 담화 구조의 이해도를 측정할 수 있다. 제시되는 자료는 주제나 핵심 내용이 분명한 글이라야 한다. 또 주제가 되는 문장을 제시문에서 직접 찾도록 하는 평가 방식도 있을 수 있다.

⑨ 단락 별 주제 연결하기

여러 단락의 글을 읽고 각 단락별 주제를 파악하거나, 단락과 단락 사이의 관계를 파악
하게 하는 것이다. 또 단락 간의 관계를 파악하여 순서에 맞게 배열하게 할 수도 있다. 이
평가는 종합적인 이해 능력을 평가할 수 있다.

⑩ 글의 기능 파악하기

글을 읽고 글의 기능이 무엇인지 파악하게 하는 것이다. 즉 제시되는 글이 조언을 구하는
글인지, 상담을 해주는 글인지, 불만을 나타내는 글인지, 사과하는 글인지 등 의사소통의
기능을 파악하게 하는 것이다.

⑪ 글쓴이의 태도, 어조 파악하기

글을 읽고 글을 쓴 사람의 태도나 어조를 유추하여 해석하게 하는 것이다. 이 때 제시하
는 자료에는 직접 드러나 있지는 않지만 바탕에 글쓴이의 관점이 분명히 드러나는 자료를
제시해야 한다.

⑫ 문장 삽입, 삭제하기

논리적인 일관성을 위해 필요한 문장을 삽입할 곳이라든지, 반대로 불필요한 문장이나
논리적으로 내용에 맞지 않는 문장을 제거하게 하는 것으로 담화 전체의 이해력을 평가
하는 것이다.

⑬ 지시어가 지시하는 내용 찾기

글의 내용과 담화를 이해하고 지시어가 지시하는 것을 찾는 것이다. 문장 내의 의미나 문
장 간의 관계나 의미, 전체적인 담화를 이해해야 하는 것으로 주로 지시대명사가 지시하
는 것을 찾게 한다. 이는 전체 내용 이해와 담화 이해를 전제로 한다.

⑭ 글의 세부 내용 파악하기

글의 자세한 내용을 파악하는 것으로 세부 내용을 얼마나 잘 이해했는지를 평가한다. 답
안은 주관식, 객관식, 진위형 어느 것으로도 가능하다.

3. 쓰기 평가

1) 쓰기 평가의 측정 목표

쓰기의 특징은 필자가 자신의 생각과 전달하고자 하는 메시지를 주제로 정한 후에 그것을
배경 지식과 복잡한 정신 과정을 통해 표현하는 활동이라는 것이다. 말하기의 경우는 비교
적 짧고 평이한 문장으로도 의미의 협상과 맥락을 통해 의사 전달이 이루어지지만 쓰기의 경
우는 일반적으로 생각과 의미를 논리적으로 표현해야하므로 보다 복잡한 정신적 사고가 요
구된다. 쓰기 평가의 측정 목표를 보다 구체적으로 설정하기 위해서 세계적으로 통용되는 언
어 능력 평가 기관이 설정한 공통적인 쓰기 능력의 구성 요소를 살펴보면 다음과 같이 여섯

가지로 정리된다(이완기, 2003).

① 내용 지식

내용 지식이란 주어진 쓰기 과제의 성격과 목적, 또 그 글을 읽을 독자의 특성에 맞도록 글을 쓴 정도와 그 내용의 폭과 깊이가 얼마나 넓고 깊은가, 글의 요점을 얼마나 잘 부각시켰는가를 보여주는 정도를 가리킨다. 글에는 일반적으로 필자의 생각이 들어 있어야 하고 그것이 잘 드러나야 한다.

② 조직성

쓰기에서는 주어진 주제에 관한 내용을 독자가 읽고 이해하기 쉽게 글 전체를 잘 조직하는 능력이 필요하다. 조직성이란 글에 나타난 필자의 생각이나 의미의 논리성, 글의 전체적인 통일성과 의미 연결성, 문장이나 문장의 연결성, 문단 구성의 적절성 등에 관한 것으로 독자가 읽고 이해하는데 혼란을 겪지 않도록 글을 쓰는 것을 의미한다.

③ 정확성

글을 구성하는 어휘와 문법 요소들의 선택과 사용이 글의 목적에 맞고 문법적으로 정확한 것과 의미의 전달이 쉽고 명료하며 유창한 정도도 쓰기 능력의 중요한 구성 요소이다. 이것은 문법 구조나 어휘 등을 문법적으로 정확하고 전후 관계에 맞게 잘 호응되도록 사용하는 능력을 포함한다. 즉 쓰기 능력에서의 정확성이란 글에 문법적인 오류가 없거나 적은 정도를 말한다.

④ 다양성

같은 단어나 같은 문장 구조가 하나의 글 속에서 여러 번 반복된다면 그 글은 단조롭고 지루해서 재미가 없을 것이다. 따라서 다양한 문장 구조와 풍부한 어휘를 사용하며 단조롭거나 지루하지 않게 글을 써야 좋은 글이 될 것이다. 이런 능력은 글을 쓰는 사람이 가진 문법 구조와 어휘에 대한 지식의 크기와 다양성에 따라 좌우되는 것이며 이것은 쓰기 능력의 중요한 구성 요소 중 하나이다.

⑤ 적절성

글을 쓰는 목적이나 글을 읽는 독자의 수준, 성격 등을 잘 고려하여 그에 잘 어울리는 어투와 문체를 선택하여 처음부터 끝까지 일관성 있게 글을 쓰는 능력 또한 쓰기 능력의 중요한 요소이다. 적절성이란 어휘, 문장 구조, 글의 전개 방식, 글의 문체와 장르 등 글을 쓰는 목적과 독자의 특성에 얼마나 잘 맞게 썼는가의 정도를 나타낸다.

⑥ 기술적 세부 사항

글을 쓰는 데 필요한 여러 가지 세부적인 기술적 문제도 글을 쓰는 일반적인 규칙에 맞아야 한다. 그러기 위해서는 철자의 정확성, 정확한 구두점이나 부호의 사용 등도 중요하다.

2) 쓰기 평가의 유형

① 그림을 통한 쓰기

그림을 보고 어휘나 문법 항목 또는 한 문장이나 그 이상을 쓰게 하는 것이다. 주어진 자료를 바탕으로 글을 쓰는 것이므로 제한된 글쓰기로 볼 수 있지만 어느 정도의 문장 구성력이나 담화 구성력을 측정할 수 있다.

② 어순 배열하기

주로 초급 단계에서 기초 문장을 생성할 수 있는지를 평가하는 것으로 어순이 자유로운 한국어의 특성상 여러 가지 응답이 나올 수 있다.

③ 문장 연결하기

둘 또는 세 개의 단문을 하나의 문장으로 연결하도록 하는 평가 유형으로 주로 문법 항목 중 연결 어미의 숙지에 대한 평가로 이용된다. 초급부터 고급에 이르기까지 모두 이용될 수 있는데, 연결어미를 보기로 주고 그 중 하나를 골라 두 문장을 직접 연결하게 한다든지 또는 고르게 할 수 있다.

④ 질문에 대답하기

질문을 읽거나 듣고 이에 대한 대답을 쓰게 하는 것이다. 입력 자료가 다소 통제된 제한된 쓰기 평가로 볼 수 있으나 문법 항목을 지나치게 제한하지 않는다면 어느 정도 문장 구성력도 측정할 수 있으며, 자유로운 쓰기 평가도 될 수 있다.

⑤ 바꿔 쓰기

주어진 글을 특정한 문법이나 사회언어학적인 항목 등을 통해 바꾸도록 하는 것이다. 즉 일정한 시제로 바꿔 쓰게 한다든지, 반말이나 경어법 등에 맞게 바꿔 쓰게 할 수도 있다.

⑥ 대화 완성하기

가장 보편적이고 포괄적으로 사용되는 평가 유형으로 초급에서 고급까지 이용할 수 있으며, 주관식으로 직접 쓰게 한다든지 선택형으로 고르게 할 수 있다. 대화 완성형의 경우 수험자가 대화 내용의 이해에 따라 다양한 쓰기 대답을 할 수 있는데 이를 아무 제한 없이 열어둘 수도 있으며, 수험자가 쉬운 문장만을 생성할 수 있는 가능성을 줄이기 위해 어휘나 문법 항목을 제한할 수도 있다.

⑦ 빈 칸 채우기

문장이나 대화 중에 빈 칸을 만들어 채우게 하는 방식으로 빈 칸에 들어갈 말은 한 단어에서 문장 단위 또는 대화에 이르기까지 다양하게 적용할 수 있다.

⑧ 정보 채우기

학생증이나 서류, 이력서, 벼룩시장에 팔 물건의 제시 등 실제적인 쓰기 자료를 이용해 필요한 정보를 채우게 하거나 기사문 등의 텍스트 자료를 제시하고 도표 등을 완성하게 하는 것이다.

⑨ 자료를 이용한 글쓰기

자료를 접한 후 이를 이용해 요약하거나 자신의 견해를 글로 쓰는 것이다. 이때 이용할 자료는 듣기 자료로 제시될 수도 있고 또는 읽기 자료로 제시될 수 있다.

⑩ 글 완성하기

글의 앞부분이나 중간 부분, 뒷부분을 비워 놓고 완성하게 하는 것이다. 이는 담화의 맥락을 이해하고 담화 표지를 통해 어떤 내용이 들어가야 하는지 파악할 수 있도록 하는 평가 유형이다.

⑪ 제목에 따라 작문하기

제목을 주고 자유 작문을 쓰게 하는 것이다. 초급부터 고급까지 주제의 난이도에 따라 사용이 가능하다. 이 경우 주제를 제시할 수도 있고, 기능이나 담화 상황 등을 제시할 수 있다. 이는 진정한 의미에서 문장 구성 능력이나 담화 구성 능력을 측정할 수 있다.

4. 말하기 평가

1) 말하기 평가의 측정 목표

말하기 능력이 무엇이냐는 정의에 따라서 말하기 평가의 방법과 내용은 달라질 것이다. 말하기 능력을 평가하기 위해서는 말하기 능력이 어떤 요소들로 구성되어 있는가를 먼저 파악해야 한다. 말하기 구성 요소는 학자들마다 조금씩 다른 입장을 보이고 있는데, 세계의 여러 공인된 평가들이 평가의 요소로 삼는 중요한 것들을 간추려 보면 정확성, 범위, 적절성, 유창성, 상호작용, 발음 등이다.

① 정확성

말을 할 때 사용하는 문법, 문장 구조를 얼마나 정확하게 사용하고 있느냐에 관한 것이다.

② 다양성

말하는 사람이 의미 전달을 위해 사용하는 문법이나 어휘의 수가 얼마나 크고 넓으냐의 정도이다.

③ 적절성

상황에 따라 그에 잘 맞는 종류의 언어 표현을 쓸 줄 아는 능력이다. 상대방이나 상황에 따라 존댓말을 해야 할지 반말을 해야 할지, 공식적인 어투를 사용해야 하는지 비공식적인 어투를 사용해야 하는지 등에 관한 사항이다.

④ 유창성

말을 할 때 더듬거리거나 망설이지 않고 자연스럽고 자신감 있게 말하는 능력과 관련된 요소이다.

⑤ 상호작용

상대방의 이해 정도나 반응에 맞춰서 말을 하는 것이다.

⑥ 발음

개별 단어의 발음과 전체적 발화 속에서의 억양이나 강세 등을 평가한다. 한국어 발음의 경우 전체적인 발화 속에서 개별 단어의 음가와 다르게 발음되는 부분들이 많다. 평가에서 발음 부분은 개별 발음뿐만 아니라 발음이 전체적으로 의미를 효과적으로 전달 가능한지도 중요하게 다루어져야 할 것이다.

2) 말하기 평가의 유형

말하기의 평가 유형은 그 수가 그리 많지 않다. 그 형식에 있어서는 독백이나 토론, 묻고 대답하기 혹은 짝활동 정도의 형식에 그치고 있다. 말하기 평가는 말하려는 목적에 따라 그 성격이 달라질 수 있고 입력 자료에 따라 그 평가 유형이 달라질 수 있다. 말하기 평가에 사용될 수 있는 입력 자료는 수험자의 모국어 지시문을 비롯하여, 한국어로 쓰여 진 지시문 즉 읽기 자료와 그림 자료, 듣기 자료와 비디오 자료 등 다양하게 제시될 수 있다. 가장 일반적으로 많이 사용되는 것은 평가자와의 인터뷰 방식이다. 말하기 평가 유형은 크게 대화식, 독백식, 토론식으로 이루어질 수 있는데 이를 좀 더 구체적으로 살펴보면 다음과 같은 유형들이 있다.

① 개인 인터뷰

평가자가 평가의 목표나 수험자의 등급에 맞추어 개인적인 신상 정보에서부터 다양한 사회 문제에 대한 견해에 이르기까지 다양한 주제를 질문하고 이에 대한 대답으로 평가를 하는 것이다. 이 평가는 말하기 평가에서 가장 보편적으로 이루어져 왔던 것인데 이 평가의 단점은 수험자가 일방적으로 대답을 하게 되므로 의사소통의 수동적 말하기 측면 밖에 평가하지 못하게 된다는 것이다.

② 짝 인터뷰

수험자들끼리 짝이 되어 미리 정해져 있는 주제나 상황에 대해 서로 질문하고 대답하게 하는 것이다. 수험자가 일방적으로 질문자나 응답자의 위치에 있는 것이 아니라 두 역할을 공유하게 되므로 의사소통의 다양한 측면을 평가할 수 있다.

③ 학생이 교사 인터뷰하기

개인 인터뷰의 단점을 보완하여 수험자가 평가자에게 질문을 하는 형식으로 진행되는 평가 유형이다. 수험자가 평가자에게 질문을 할 때는 학습자로 하여금 충분히 동기화할 수 있도록 상황을 이끌어내는 것이 중요하다.

④ 그림이나 지도 설명하기

그림이나 지도를 이용하여 설명하게 하는 평가 유형이다. 특히 위치와 관련된 표현을 비롯하여 다양한 상상적 활동을 통해 말하기 능력을 평가할 수 있다.

⑤ 토의하기

한 주제에 대하여 2인 이상이 서로의 의견을 교환하고 의논하여 이를 해결하거나 하나의 견해를 모아 사안을 결정하게 하는 평가이다.

⑥ 시청각 자료 내용 이야기하기

라디오나 텔레비전, 영화, 강의, 인터넷 정보 등의 다양한 입력 자료를 이해한 후에 그 내용에 대해 이야기 하는 것이다. 주로 높은 등급에서 이용되며 듣기나 읽기 능력과 연계하여 평가할 수 있다.

⑦ 시청각 자료에 대해 토론하기

시청각 자료의 내용을 이야기하는 것을 넘어서 이에 대한 자신의 견해를 표현하는 등 다른 수험자와의 의견교환을 하는 평가 방식이다. 주로 고급에서 이용되는 평가 유형이다.

⑧ 토론하기

다양한 실질적, 추상적 주제에 대하여 토론하는 것이다. 자신의 의견을 논리적으로 제시하고 서로의 의견을 반박하거나 설득하는 등 주제에 대한 언어와 언어 외적 지식이 충분히 있어야 할 수 있는 상당히 고급 수준의 평가 유형이다.

⑨ 역할극

다양한 말하기 기능을 수행할 수 있는지를 평가할 수 있는 것으로 실제적인 말하기 의사소통 능력을 평가할 수 있다. 그러나 시험이라는 인위적인 상황 때문에 자연스러운 대화로 이끌기가 어렵다는 단점이 있다.

⑩ 발표하기

자신의 생각과 의견을 서술함으로써 말하기 능력을 평가할 수 있다. 한 가지 주제에 대하여 자신의 생각을 서술해야 하므로 높은 단계의 학습자들을 평가할 때 유용하다.

⑪ 통역하기

모국어로 발화된 내용을 듣거나 모국어로 쓰여진 글을 읽고 목표어로 바꾸어 말하는 유형의 평가 방식이다.

5. 어휘 평가

1) 어휘 평가의 목표

어휘 평가의 목표는 의사소통 상황과 문장 속에서의 사용에 대한 이해력과 적용력이 되어야 할 것이다. 어휘의 사전적 의미보다는 어법에 맞는 어휘, 글의 맥락 속에서의 지시적, 문맥적, 비유적, 관용적 의미의 이해 여부를 평가의 목표로 삼아야 할 것이다. 이를 구체적으로 살펴보면, 어휘의 문자적 의미, 어휘의 함축적 의미, 어휘의 비유적 의미, 어휘의 맥락적 의미, 관용적 표현의 의미, 유사 어휘의 의미 간 차이, 의미의 미묘한 차이를 가져오도록 단어를 사용하는 방법, 어휘가 구조나 맥락 속에서 사용되는 방법, 문장 내에서의 어휘의 중요성 정도 등이 평가의 주요 측정 목표가 될 수 있을 것이다.

2) 어휘 평가의 유형

어휘 평가는 대체로 읽기 평가나 쓰기 평가에 포함되는 경우가 대부분인데, 어휘 평가의 유형으로는 다음과 같은 것들이 있다.

① 어휘 완성하기

대화나 문장 중 빠진 부분에 들어갈 적당한 어휘를 찾는 평가 유형이다.

② 어휘 대치하기

대화나 문장 중 한 어휘를 대치할 수 있는 다른 어휘를 찾는 유형을 말한다.

③ 어휘 간의 관계 추론하기

몇 개의 어휘를 주고 나머지 다른 어휘들과 성격이 다른 어휘를 찾게 하거나 보기에 주어진 두 어휘간의 관계를 추론하여 제시된 어휘와 같은 관계가 있는 어휘를 찾게 하거나 관계로 이루어진 어휘의 짝을 찾게 하는 방법이다. 이 때 관계는 유의어나 반의어, 원인과 결과, 부분과 전체 등 여러 관계를 이용할 수 있다.

④ 동의어, 반의어 찾기

제시된 어휘의 동의어 또는 반의어를 찾게 하는 평가 유형이다.

⑤ 어휘 풀이 또는 정의하기

제시된 어휘의 의미나 정의를 찾게 하는 방식을 말한다.

6. 문법 평가

1) 문법 평가의 측정 목표

문법이라고 하면 매우 광범위한 개념이지만 그 중에서도 여러 가지 형태의 문법 규칙과 문법 요소의 이해 여부를 알아보는 것이 문법 평가의 주요한 측정 목표가 될 것이다. 의사소통적 관점에서 볼 때, 문법적 지식이란 문법 용어와 문장 연결의 규칙 등에 관한 언어학적 지식만을 가리키는 것이 아니다. 문법 평가는 까다롭고 예외적인 문법 규칙에 관한 지식의 소지 정도를 측정하는 것에서 그치는 것이 아니라 문장이나 담화의 구성, 지시어를 포함한 응집성 등을 평가하는 데 중점을 두어야 할 것이다. 이를 좀 더 구체적으로 본다면 문법 평가는 문자와 소리와의 관계를 분명히 아는 것과 언어가 작동하는 기본 원칙인 문자의 구조, 어휘 배열의 원칙 등을 아는 것 그리고 각 문장이나 어휘가 함축하고 있는 맥락적 의미를 정확하게 아는 것, 또 실제 상황에 맞게 사용하는 것 등을 포함해야 한다.

2) 문법 평가의 유형

문법 평가는 대체로 쓰기 평가에 포함되는 경우가 많고 문법만을 따로 때어 평가하는 경우는 그리 많지 않다. 문법 평가의 유형에는 대략 다음과 같은 것들이 있다.

① 문법적 오류 인지하기

대화나 문장에서 문법적으로 잘못 쓰였거나 어색한 부분을 찾아내게 하거나 바르게 고쳐 쓰게 하는 방법이다.

② 문장 완성하기

빠진 부분에 들어갈 말 중 문법적으로 정확하게 표현된 것을 찾아 완성하게 하는 방법이 있다.

③ 지시에 맞게 문장 변형하기

지시에 맞게 문장의 형태를 바꾸는 방식이다. 즉 긍정문을 부정문으로, 주어진 문장을 수동문이나 사동문으로, 직접 화법의 문장을 간접 화법의 문장으로 바꾼다든지 하는 방식이다.

④ 주어진 어휘의 형태를 문법에 맞게 변형하기

주어진 어휘를 수동형이나 사동형, 또는 시제에 맞게 변형하는 방식이다.

'한국어 능력 평가'

한국어 능력 평가 시험은 숙달도를 평가하기 위한 시험인데 크게 국내에서 이루어지는 시험과 국외에서 이루어지는 시험으로 구분할 수 있다. 숙달도는 의사소통 능력의 주된 개념으로 숙달도를 평가하기 위해서는 언어 능력을 등급화하고 각각의 등급에 해당하는 등급 기준이 설정되고 이에 따른 하위 항목들이 설정되어야 하는데, 주로 의사소통 능력에 대한 측정이 평가의 주를 이루게 된다.

1. 시험의 목적

· 한국어를 모국어로 하지 않는 재외동포·외국인의 한국어 학습 방향 제시 및 한국어 보급 확대
· 한국어 사용 능력을 측정·평가하여 그 결과를 국내 대학 유학 및 취업 등에 활용

2. 응시 대상

한국어를 모국어로 하지 않는 재외동포 및 외국인으로서,
· 한국어 학습자 및 국내 대학 유학 희망자
· 국내·외 한국 기업체 및 공공기관 취업 희망자
· 외국 학교에 재학 중이거나 졸업한 재외국민

3. 시험 시기

· 연간 총 6회 실시 (2016년 1월 현재)

시기		성적 발표	시행지역
상반기	1월경	2월경	한국
	3월경	4월경	한국·해외
	4월경	5월경	한국·해외
하반기	7월경	8월경	한국
	10월경	11월경	한국·해외
	11월경	12월경	한국·해외

4. 시험의 수준 및 등급

· 시험 수준 : TOPIK I (초급), TOPIK II (중·고급)
· 시험 등급 : 6개 등급(1급 ~ 6급)
· 등급별 평가 기준

등급	총괄 기준
1급	· 자기소개하기, 물건 사기, 음식 주문하기 등 생존에 필요한 기초적인 언어 기능을 수행할 수 있다. 또한 자기 자신, 가족, 날씨 등 매우 사적이고 친숙한 소재와 관련된 간단한 내용을 이해하고 표현할 수 있다. 약 800여 개의 기초 어휘와 기본 문법에 대한 이해를 바탕으로 간단한 문장을 생성할 수 있다. 또한 간단한 생활문과 실용문을 이해하고 구성할 수 있다.
2급	· '전화하기, 부탁하기' 등의 일상생활에 필요한 기능과 '우체국, 은행, 병원' 등의 공공시설 이용에 필요한 기능을 수행할 수 있다. · 약1,500~2,000개의 어휘를 이용하여 사적이고 친숙한 화제에 관해 문단 단위로 이해하고 사용할 수 있다. · 공식적 상황과 비공식적 상황에서의 언어를 구분해 사용할 수 있다.
3급	· 일상생활을 영위하는 데 별 어려움을 느끼지 않으며, 다양한 공공시설의 이용과 사회적 관계 유지에 필요한 기초적 언어 기능을 수행할 수 있다. · 친숙하고 구체적인 소재는 물론 자신에게 친숙한 사회적 소재를 문단 단위로 표현하거나 이해할 수 있다. · 문어와 구어의 기본적인 특성을 구분해서 이해하고 사용할 수 있다.
4급	· 공공시설 이용과 사회 관계 유지에 필요한 언어 기능을 수행할 수 있으며, 일반적인 업무 수행에 필요한 기능을 어느 정도 수행할 수 있다. · 뉴스, 신문 기사 중 평이한 내용을 이해할 수 있다. 일반적·사회적·추상적 소재를 비교적 정확하고 유창하게 이해하고 사용할 수 있다. · 자주 사용되는 관용적 표현과 대표적인 한국 문화에 대한 이해를 바탕으로 사회·문화적인 내용을 이해하고 사용할 수 있다.

5급	· 전문 분야에서의 연구나 업무 수행에 필요한 언어 기능을 어느 정도 수행할 수 있다. · '정치, 경제, 사회, 문화' 전반에 걸쳐 친숙하지 않은 소재에 관해서도 이해하고 사용할 수 있다. · 공식적, 비공식적 맥락과 구어적, 문어적 맥락에 따라 언어를 적절히 구분하여 사용할 수 있다.
6급	· 전문 분야에서의 연구나 업무 수행에 필요한 언어 기능을 어느 정도 수행할 수 있다. · '정치, 경제, 사회, 문화' 전반에 걸쳐 친숙하지 않은 소재에 관해서도 이해하고 사용할 수 있다. · 원어민 화자 수준에는 이르지 못하나 기능 수행이나 의미 표현에는 어려움을 겪지 않는다.

5. 신구 체제 개편 사항

· 시행 일정 : 제35회 한국어능력시험(2014. 7. 20 시행)부터 시행
· 이전 체제와 현행(개편) 체제의 세부 내용 비교

구분	이전체제	현행(개편) 체제	
시험 종류	한국어능력시험(TOPIK)	한국어능력시험(TOPIK)	
시험 등급	한국어능력시험 초급(1~2급)	한국어능력시험 초급(1~2급)	
	한국어능력시험 중급(3~4급)	한국어능력시험 중·고급(3~6급)	
	한국어능력시험 고급(5~6급)		
평가 영역	한국어능력시험	한국어능력시험 Ⅰ	한국어능력시험 Ⅱ
	· 어휘 및 문법 (30문항) · 쓰기 (서답형 4~6문항, 선택형 10문항) · 듣기 (30문항) · 읽기 (30문항) ※ 초·중·고급 동일함	· 읽기 (40문항) · 듣기 (30문항)	· 읽기 (50문항) · 듣기 (50문항) · 쓰기 (4문항)
총 문항 수	초·중·고급 104~106문항	70문항	104문항
배점 (시험 시간)	초·중·고급 각 400점 (각 180분)	200점 (100분)	300점 (180분)
등급 판정	· 전 영역 평균점수가 급별 합격점수에 도달하고 평가 영역별 과락점수가 없어야 함. 예) 중급 응시자일 경우 어휘 문법 45점, 쓰기 39, 듣기 60, 읽기 62점일 경우 평균 51.5로 합격점수 50점 이상)을 얻었으나 쓰기 영역의 과락점수 기준 40점 미만이므로 ☞불합격	· 획득한 종합점수에 따른 등급 판정 예) 한국어능력시험 Ⅱ 응시자의 경우 쓰기 39, 듣기 60, 읽기 62점으로 종합점수 161점으로 ☞ 3급 합격 예상 ※ 종합점수에 따른 급간 분할 점수는 매회 차 시험 후 별도 공개	

6. 등급 판별

변경된 한국어능력시험(TOPIK)의 등급은 획득한 종합점수를 기준으로 판정되며, 등급별 분할점수는 아래 표를 참고.

구분	한국어능력시험I		한국어능력시험II			
	1급	2급	3급	4급	5급	6급
등급결정	80점 이상	140점 이상	120점 이상	150점 이상	190점 이상	230점 이상

〈참고 문헌〉

강승혜 외(2006), 한국어 평가론, 한국어 교육 총서3, 태학사.

김영아(1996), 외국어로서의 한국어 능력 평가 방안 연구, 고려대 대학원 박사학위논문.

김유정(1996), 외국어로서의 한국어 능력 평가 연구 – 숙달도 평가를 중심으로, 고려대 대학원 박사학위 논문.

김유정·방성원·이미혜·조현선·최은규(1988), 한국어 능력 평가 방안 연구 – 성취도 평가를 중심으로, '한국어 교육 9-1'

김정숙·원진숙(1993), 한국어 말하기 능력 평가기준 설정을 위한 연구, 이중언어학회지 11호, 이중언어학회.

김중섭(1998), 한국어 능력평가검사의 개발 실태 및 분석, 이중언어학 15, 이중언어학회.

김하수·윤희원·서상규·황지하·원진숙·조항록·진기호(1997), '한국어 능력 평가 제도의 기본 모형 개발에 관한 최종 연구 보고서', 교육부 학술 연구 조성비 지원에 의한 연구 과제.

박갑수(1998), 외국어로서의 한국어 교육 평가, 이중언어학 15, 이중언어학회.

백봉자(1998), 한국어 교육 성취 수준에 대한 평가, 이중언어학 15, 이중언어학회.

서상규·김하수(1997), 한국어 능력 평가 시험의 기본 모형 수립을 위한 기초적 연구, 교육한글 10.

이영식 외 공역(2006), 외국어 평가–원리 및 교실에서의 적용, (주)피어슨에듀케이션코리아.

형성평가

1. 다음 (   )에 알맞은 것을 고르시오.

> 평가란 주어진 (   ) 안에서 개인이 가지고 있는 능력이나 지식, 수행 등을 측정하여, 어떤 대상에 대하여 (   )을 내리는 것

① 공간, 결과 통보   ② 도구, 자료 결과   ③ 영역, 가치 판단   ④ 과정, 정도 성과

정답 ③
정답근거 : 평가의 정의를 설명하고 있다.

2. 다음 중 평가의 목적이 <u>아닌</u> 것은?

① 교수적 기능   ② 진단적 기능   ③ 동기적 기능   ④ 판단적 기능

정답 ④
정답근거 : 교수적, 진단적, 동기적, 관리적, 교과과정적 기능이 있다.

3. 진단 평가의 설명으로 옳지 <u>않은</u> 것은?

① 학생들이 취약점을 지적하고 제시해 주는 것

② 학생의 학습 이후의 상태를 파악하기 위한 것

③ 교수와 학습의 능률을 향상시키기 데 중요한 역할

④ 학생들의 배경과 특성이 되는 행동을 파악하기 위한 것

정답 ②
정답근거 : 학생의 학습이 시작되기 이전의 초기 상태에 대한 진단을 하는 것이다.

4. 숙달도 평가의 설명으로 옳지 <u>않은</u> 것은?

① 월말고사, 중간고사, 기말고사가 해당

② 학생이 가지고 있는 전반적인 언어 능력 측정

③ 실제 상황과 아주 유사한 언어 사용 과제 부여

④ 현재까지 가지고 있는 전체적인 숙련도를 측정

정답 ①
정답근거 : 성취도 평가에 해당하는 예들이고 숙달도 평가는 한국어능력시험이 있다.

5. 듣기 평가의 설명으로 옳지 <u>않은</u> 것은?

① 청취력 평가와 청해력 평가로 구분

② 사실적, 추론적, 평가적 이해는 청해력 평가

③ 여러 가지 하위 능력이나 기능들로 구성된 능력

④ 각각의 구성 요소들을 독립적으로 개별적으로 평가

정답 ④
정답근거 : 듣기 평가는 하위 구성을 독립적으로 평가하기 보다는 각각의 구성 요소들을 통합적이고 복합적으로 평가

6. 다음 듣기 평가의 유형에 대한 설명으로 옳지 <u>않은</u> 것은?

① 음운 듣기 : 한국어의 기본적인 음운이나 억양의 식별을 평가

② 어휘 듣기 : 특정한 핵심 어휘에 집중하여 듣기 능력을 측정

③ 정보 듣기 : 문법적 항목에 집중하여 듣기 능력을 평가하는 것

④ 내용 이해하기 : 들은 내용에 대해 전체적, 부분적인 이해의 정도를 평가

정답 ③
정답근거 : 정보 듣기가 아니고 문법적 특징 듣기의 설명이다.

7. 쓰기 평가의 구성 요소 설명으로 옳지 <u>않은</u> 것은?

① 적절성은 상황에 따라 그에 잘 맞는 종류의 언어 표현을 쓸 줄 아는 능력이다.

② 내용 지식은 글의 요점을 얼마나 잘 부각시켰는가를 보여주는 정도이다.

③ 조직성은 독자가 읽고 이해하는데 혼란을 겪지 않도록 글을 쓰는 것이다.

④ 기술적 세부적 사항에 철자의 정확성, 정확한 구두점이나 부호의 사용 등이 해당된다.

정답 ①
정답근거 : 말하기 평가의 구성 요소인 적절성을 설명하고 있다.

8. 한국어 능력 시험에 대한 설명으로 옳지 <u>않은</u> 것은?

① 과락제도가 폐지되었다.

② 말하기 시험은 아직 시행되고 있지 않다.

③ 쓰기는 객관식과 주관식 문항이 출제된다.

④ 어휘, 문법 영역이 읽기 영역에 포함되었다.

정답 ③
정답근거 : 쓰기 영역의 문항은 바뀐 체제의 시험에선 모두 주관식 문제로 출제되고 있다.

언어교수이론

오승은 〈서강대학교〉

| 학습목표 |

1. 언어교수이론이 생겨나게 된 배경과 장단점을 살펴보고 이들 교수이론의 한국어교육 활용방안을 알아본다.
2. 문법번역식 교수법, 직접식 교수법, 청각구두식 교수법, 시청각 교수법, 자연 교수법, 침묵식 교수법, 전신반응식 교수법, 의사소통중심 교수법, 과제 중심 교수법, 내용중심 교수법 등에 대해 살펴보고 수업에의 적용방법에 대해 모색해 본다.

'외국어 교수법 개관'

1. 외국어 교수법의 개념 및 필요성

외국어 교수법[1]은 특정 언어 이론 및 학습 이론에 바탕을 둔 체계적인 교수 행위를 말한다. 교수자(teacher)가 학습자(learner)에게 외국어를 교수할 때, 언어 이론에 대한 교수자의 이해를 바탕으로 언어를 어떻게 간주하는지에 따라 학습자에게 언어를 제시, 교수하는 방법이 달라진다. 또한 학습자가 언어를 어떻게 학습해 나가는지 학습 과정에 대해 교수자가 더 잘 이해할수록 외국어 교수, 학습에서 더 효율적인 방법, 교수 유형을 개별하거나 더 좋은 선택을 할 수 있게 된다. 즉 언어 이론과 언어 학습 과정에 대해 교사가 이해하는 것은 외국어 교수법의 토대가 된다고 할 수 있다. 외국어 교수법의 역사와 방법론을 살펴보는 것은 더 좋은 수업을 하기 위한 이해의 방편인 것이다.

흔히 교수법이라고 했을 때 두 가지를 지시한다고 생각해 볼 수 있는데, 하나는 가르치는 데 사용되는 구체적인 방법 또는 테크닉으로 기법으로 불리기도 하다. 다른 하나는 언어 교수 및 습득/학습 과정에 대한 철학을 바탕으로 어떻게 언어 학습을 구성해 갈 것인지와 관련한 교수, 학습 원리 또는 접근방식이다. 두 가지는 서로 대치되는 개념이 아니라 교수 학습 방법에서의 미시적인 방법과 거시적인 방법으로 서로 상호보완적인 개념이라고 할 수 있다. 여기에서는 후자의 관점으로 교수법을 살펴보려고 한다.

다음은 각각의 외국어 교수법을 다룰 때 쟁점이 될 수 있는 질문이다. 다음의 쟁점들은

---

1) 외국어 교수법은 외국어 혹은 제2언어 교수법을 포괄한 용어이다. 원래 외국어와 제2언어는 같은 것으로 간주하지 않지만, 교수법에 관해서는 외국어와 제2언어를 구분하지 않고 외국어 교수법으로 통칭하여 기술하므로, 본고에서도 앞으로 외국어 교수법으로 부르기로 한다.

각각의 외국어 교수법들 간의 차이점이 무엇이고 어떤 것을 어떤 근거로 강조하는지 이해하는 데 도움이 될 것이다.

- 언어교육의 목표가 무엇인가? (언어 자체를 교수하는 것이 목표인가? 말하기/듣기/쓰기/읽기와 같은 언어 기능을 가르치기 위한 것인가?)
- 언어의 본질을 어떻게 파악하고 있는가? (언어에 대한 관점이 교수법에 어떻게 영향을 미치는가?)
- 언어 교육에서 가르칠 언어 내용을 선택하는 원리는 무엇인가?
- 수업에서 어떤 구성, 순서, 제시로 하는 것이 학습에 용이한가?
- 모국어의 역할은 어떠해야 하는가?
- 학습자가 언어 학습 과정에서 교수법의 영향을 받는가?
- 어떤 교수 기법과 활동이 가장 잘 적용되는가?

위와 같은 질문을 염두에 두고 외국어 교수법을 검토하는 것은 각각의 외국어 교수법에서 긍정적인 면을 수용하고 활용할 뿐만 아니라, 한국어 교육의 특수한 상황에 맞는 한국어 교육에서의 교수법이란 어때야 하는지, 바람직한 한국어 교수법에 대한 방향을 모색하는 데 도움이 될 것이다.

2. 외국어 교수법의 구분

외국어 교수법은 언어 이론과 언어 학습에 대한 관점에 따라 추구하는 교육 철학과 언어 연습 방법이 각기 달라진다.

첫째, 전통적인 관점인데, 교수자들이 경험적으로 실천하던 방법으로 문법 번역식 교수법과 직접식 교수법을 예로 들 수 있다. 어떤 이론적 뒷받침 없이 전통적으로 해 왔던 교수법이다.

둘째, 구조주의적 관점인데, 언어를 구조적 요소의 조직체로 이해하였기 때문에 언어학습을 언어 구성 요소를 숙달하는 것으로 간주하였다. 구조화된 언어를 항목화하여 학습의 대상으로 삼은 것이다. 대표적인 예로 청각 구두식 교수법과 전신반응식 교수법, 침묵식 교수법을 들 수 있다.

셋째, 기능주의적 관점인데, 언어를 의사소통 기능과 의미의 표현 수단으로 간주한 것으로 언어 학습의 궁극적인 목표를 언어 이해와 언어 사용 능력의 함양으로 설정한 것이다. 의사소통식 교수법과 자연적 교수법이 이에 해당된다.

넷째, 상호작용적 관점은 언어를 인간 사이의 사회적 상호작용 수단으로 이해한 것으로, 타인과의 의사소통과제를 수행함으로써 궁극적으로 언어능력을 증진시킬 수 있다고 파악하였다. 과제 중심 교수법과 총체적 교수법이 대표적이다.

먼저, 전통적 관점과 구조주의적 관점의 교수법을 살펴보고, 기존 교수법에 대한 대안적인 측면을 강조하며 등장했던 교수법을 알아본 다음에, 기능주의적 관점의 교수법과 상호작용적 관점의 교수법을 살펴보고자 한다.[2]

'20세기 중반까지의 외국어 교수법'

1. 문법 번역식 교수법 (Grammar-translation method)

문법 번역식 교수법은 19세기 전반까지 외국어를 가르칠 때 널리 사용된 고전적인 교수법이다. 17세기 이전 유럽에서 행해졌던 그리스어나 라틴어 교수를 예로 들 수 있다. 문법 번역식 교수법은 언어 학습의 목적을 정신 수양과 지적 발달을 도모하는 데 두었으므로, 고전적인 읽기 자료를 읽는 것을 통해 교양을 함양한다는 수업 목표를 설정하였다. 읽기 텍스트에 나오는 어휘와 문법을 익혀 자신의 모국어로 번역하는 방식으로 수업이 진행되었다. 수업에서는 학습자의 모국어를 매개로 교수하며 문법을 연역적으로 교수하였다. 정확성이 강조되고 문법 설명이 자세히 제시되며 문법이나 문장의 구조 연습과 번역 연습을 하였고, 읽기와 번역 문장 쓰기와 같은 문자 언어 학습에 중점을 두어 교수법이었다.

문법 번역식 교수법은 언어 학습의 정확성을 늘리고 읽기와 번역 능력을 향상시킨다는 점이 장점으로 꼽힐 수 있다. 또한 교사에게도 목표어가 아닌 자신의 모국어로 외국어를 교수하여 가르치는 것에 대한 부담이 감소된다는 장점이 있기도 하다. 그러나 언어를 사용하는 것보다는 언어 지식을 익히고 번역하는 데에만 몰두하여 의사소통 능력이 신장되기 어렵다는 점, 문자 중심의 교수이기 때문에 말하기나 듣기 같은 음성 언어에 소홀한 점, 수업의 대부분이 교사 중심의 설명과 번역 중심의 연습이라서 교사와 학습자 간, 또는 학습자들 간의 상호작용이 거의 없다는 점, 암기 위주의 수업이므로 많은 학습자들의 학습 의욕이나 동기를 충족시키기 어렵기 때문에 사춘기 이전의 아동에게는 부적합하는 점이 단점으로 거론되었다.

문법 번역식 교수법이 한국어 교육에 시사하는 점은 학습자 집단이 단일 언어권이었을 때 그들을 대상으로 한 한국어 교육에서 문법 번역식 교수법이 활용될 수 있으며, 통역과 번역과 같은 언어 구조에 대한 정확한 이해와 번역이 요구되는 능력 함양을 위해서도 활용 가능하다는 점이다.

---

2) Richards & Rodgers(2001)에서는 언어 교수법의 역사를 크게 다음과 같이 나눠서 정리하였는데, 여기에서는 이 분류를 가져와서 서술하겠다.

2. 직접 교수법 (Direct method)

직접 교수법은 19세기 전후 그간 통용되어 오던 문법 번역식 교수법에 대한 반발에서 시작된 것으로, 모국어의 개입 없이 목표 외국어를 해당 목표어로 직접 가르치는 교수법이다. 문법 번역식 교수법에서 고전의 독해와 번역에 집중하여 문어적 이해 능력이 향상되어도 실제 목표어의 구어 사용이 어려웠던 점, 당시 유럽을 기반으로 활발하게 진행되어 온 무역 활동에 의사소통을 해야 할 기회가 증대되면서 구두 숙달도가 상대적으로 더 중시되었던 점, 또한 당대 음성학의 발달로 구어에 대한 관심이 확대되었던 점, 게다가 직접 교수법에 대한 관심이 활발하였던 유럽에서는 목표 언어에 능통한 교사를 구하기 쉬웠다는 점이 직접 교수법의 등장에 영향을 미쳤다고 할 수 있다.

직접 교수법은 의미를 처음부터 번역하지 말고 실물로 제시하거나 행동으로 직접 전달하게 하여, 마치 '유아가 말을 배우듯이' 외국어 학습도 모국어 학습처럼 해야 한다고 강조하였다. 따라서 직접 교수법의 수업은 활동적인 교실 수업을 통해 언어를 가장 잘 배울 수 있다고 주장하며 모국어로의 번역은 금지하고 수업은 목표어로 진행하였다. 또한 교사는 문법 규칙을 설명하기보다는 학습자가 직접, 자발적으로 목표어를 사용하도록 격려하는 데 집중하였다. 즉 교사가 문법 예문을 제시한 후 학습자가 문법의 용법을 추론하는 방식의 귀납적인 문법 제시 방식을 이용하게 된다. 구어를 강조했던 직접 교수법에서는 말하기와 듣기를 읽기와 쓰기보다 먼저 가르치고, 어휘 역시 실제적인 일상 장면과 상황을 제시하여 일상적 어휘와 문장을 교수하는 것을 중점적으로 하였다. 또한 발음을 중시하였기 때문에 발음 기호도 도입하며 발음 교수도 중요시하였다. 구두 언어의 의사소통 기술은 교사와 학습자 간의 질문 대답을 통해 진행되었으며, 구체적인 의미는 시각 자료로, 추상적인 의미는 다른 개념과의 관계, 예를 들어 동의어, 반의어 관계와 같은 개념으로 제시하였다.

다음은 직접 교수법의 대표적인 학습 방식인 Berlitze에서 구어를 가르치는 지침[3]인데, 직접 교수법의 전형적인 수업 방식을 엿볼 수 있다.

① 번역하지 말고 실물을 보여줘라.
② 번역하지 말고 행동으로 보여줘라.
③ 연설하지 말고 질문해라.
④ 잘못은 모방하지 말고 바로 고쳐줘라.
⑤ 개개의 단어를 사용하지 말고 문장을 이용해라.
⑥ 너무 많이 말하지 말고 학습자가 많이 말하게 해라.
⑦ 교재를 사용하지 말고 교사의 수업 지도안을 이용해라.
⑧ 교사의 수업 계획대로 진행해라.

---

3) Richards&Rodgers(2001)에서 직접교수법을 설명하면서Titone(1968)에서 인용한 것을 재인용하였다.

⑨ 학습자의 수준에 맞춰 진행해라.

⑩ 너무 천천히, 빨리, 크게 말하지 말고 정상적인 속도로 자연스럽게 말해라.

이와 같은 지침에서도 알 수 있듯이, 직접 교수법에서는 수업 구성 또한 교사가 세심하게 준비한 수업 계획 하에 진행하게 된다. 먼저 텍스트를 읽으면서 교사는 텍스트와 관련한 질문을 하고 학습자가 대답하는데, 이와 같은 교사의 질문은 점차 일반적 상황으로 확장되고 학습자는 이에 대답하면서 텍스트를 이해하게 된다. 그리고 텍스트와 관련된 내용으로 제시된 빈칸을 채우며 텍스트 관련 내용으로 한 단락을 받아쓰기를 한다. 이와 같은 수업 구성을 통해 직접 교수법이 문법 교수 모형에서 PPP모형(Presentation제시-Practice연습-Production생산,발화)에 기반한다는 것을 알 수 있다.

직접 교수법의 장점은 목표 외국어를 직접 사용하여 구두 의사소통 능력을 배양하도록 도모했다는 점을 꼽을 수 있다. 그러나 모국어 사용을 금지하면서 오는 의미 전달의 비효율성, 교사의 능력에 의존하는 수업이 되는 데 반해 목표어에 능숙한 교사를 확보하는 것의 어려움, 명시적인 문법 설명을 안 함으로써 학습자의 오해가 야기된다는 점, 어휘나 표현, 문법을 체계적으로 제시하지 못한다는 점, 성인 학습자의 언어 학습과 유아의 언어 습득은 동일한 것이 아니라는 점에서 단점으로 지적 받고 있다.

직접 교수법이 한국어 교육에 시사하는 점은 동기 부여된 학습자라면 직접 교수법에서와 같이 소규모 학습과 원어민 교사진을 원한다는 점이다. 20세기 초 직접 교수법을 주창하던 사설 외국어 학원의 인기를 떠올려 보면, 시대를 불문하고 배우고자 하는 목표어를 직접 구사하는 교사와 직접 접촉하는 소규모 학습은 매력적인 학습 조건이 될 수 있다. 그러나 소규모 학습과 원어민 교사진을 유지하기 위한 비용이 많이 드는 것은 직접 교수법이 해결해야 할 과제다.

3. 상황적 교수법 (Situational language teaching)

상황적 교수법은 말의 습득을 위해 상황과 연결하여 언어 구조에 대한 지식을 학습하도록 하는 교수법이다. 1930-1960년대 영국의 응용언어학자들이 개발한 구두 접근법(oral approach)으로, 구조주의와 행동주의 심리학에 기반을 둔 교수법이라고 할 수 있다.

상황적 교수법에서는 언어 교수 및 학습을 구어에서 시작해야 한다고 주장하는데, 이때 언어 구조에 대한 지식은 언어를 사용할 수 있는 상황에 반드시 연관시키는 것이 중요하다. 따라서 상황적 교수법에서의 수업은 목표어로 수업이 진행되고 문법 제시에서도 문법이 사용되는 상황을 먼저 보여주는 귀납적 제시를 하였다.[4] 먼저 제시되는 듣기 연습은 학습자의 주의를 끌어 되풀이하는데, 이때 한 번은 단어를 분리시켜 들려줌으로써 정확한

---

4) 상황적 교수법의 구체적인 언어 개념을 확인하려면 안경화 외 공저(2011)를 참조할 것.

발음을 인지할 수 있도록 하였다. 문법 학습은 단순한 형태에서 복잡한 형태로 등급화되어 있으며, 어휘 학습은 필수적이고 일반적인 어휘가 포함되도록 선택해야 한다. 언어적 형식의 새 요소는 상황별로 소개하고 연습하는데, 이때 사물이나 그림, 행동, 몸짓을 사용하는 경우가 많다. 어휘와 문법 학습이 이루어진 후에 읽기와 쓰기가 도입되었다. 수업에서 교사의 오류 교정은 즉각적으로 이루어지지만 학습자의 자가 교정을 최대한 이끌어내는 것이 중요하였다. 기본적으로 상황적 교수법도 PPP 모형(Presentation제시-Practice연습-Production생산, 발화) 절차를 따르고 있다고 할 수 있는데, 제시된 어휘나 문법의 언어 형식을 구두 연습을 통해 일정 정도의 훈련을 거쳐 교수항목이 포함된 읽기를 하거나 쓰기 연습으로 언어를 생산하게 하는 방법이 그것이다.

상황적 교수법은 언어 구조가 반영된 교수항목으로 제시된 문형이나 구어 담화 연습을 하므로 문법을 강조하는 수업에 적합하다. 그러나 언어적 체계를 강조하는 구조주의 언어관과 습관 형성을 강조하는 행동주의 학습 이론이 비판 받으면서 상황적 교수법도 더불어 비판 받게 되었다. 또한 학습자의 상호작용을 강조하는 입장에서 볼 때 통제된 연습을 중시하는 상황적 교수법은 실제 언어 사용을 잘 반영하지 못한다는 점에서 비판 받았다. 또한 상황과 구조를 반영한 교수항목들이 임의적으로 배열되어 각각의 교수항목들 간의 연계성이 부족한 점과 학습 난이도도 고르지 못한 점이 지적되었다.

상황적 교수법이 한국어 교육에 시사하는 바는 구어 담화 연습을 할 때 언어 구조가 잘 반영된 구어 담화를 적절한 상황과 함께 제시되는 것이 효과적이라는 점이다.

4. 청각 구두식 교수법 (Audio-lingual method : ALM)

청각 구두식 교수법은 '귀에 의한 듣기, 입에 의한 말하기'라는 표현에서 알 수 있듯이, 구두 표현 중심의 문형을 모방, 반복, 암기하는 교수법이다. 청각 구두식 교수법은 행동주의 심리학과 구조주의 언어학을 기반으로 하고 있는데, 교사의 자극과 학습자의 반응이 반복되면서 좋은 습관이 강화되어 습관이 형성되면 언어를 자동화, 내재화하여 지체 없이 발화할 수 있다고 주장하였다. 언어는 언어 구성 요소가 조직되어 있는 구조, 체계라는 점을 강조하면서 1950년대 후반에서 1960년대 중반에 걸쳐 인기를 누렸던 교수법이다. 청각 구두식 교수법 역시 구두 언어에 강조를 두고 있는데, 언어는 글이 아니라 말이며 원어민이 말하는 그대로, 즉 일련의 습관처럼 말하는 것이 중요하다고 생각했기 때문에 습관 형성이 곧 언어 학습이 된다고 간주하였다. 청각 구두식 교수법이 2차 세계대전 때 전쟁에서 적군의 언어를 이해하고 표현해야 한다는 필요성에 의해 미 육군에서 운영한 외국어 훈련 프로그램에서 유래되었다는 점을 상기해 보면, 청각 구두식 교수법에서 강조하는 연습 방법의 핵심을 이해할 수 있다.

청각 구두식 교수법에서는 언어 학습의 목적을 이중 언어 사용자처럼 언어를 구사하는 것으로 상정했기 때문에 언어는 구어 행동이며 말을 자동적으로 생성할 수 있도록 반복적인 연습을 강조하는 특징을 보이고 있다. 수업은 대화로 시작되는데, 습관 형성을 위해 제시된 대화를 모방하고 암기해야 한다. 문법은 단계적, 체계적인 교수를 지향하며 문법 분석보다는 예문을 먼저 제시하여 유추하게 하는 귀납적 제시를 주로 한다. 구어를 중점을 두었으므로 목표어의 음운 자질을 정확하게 인식, 발화하는 것을 강조하고 목표어의 주요 문형을 유창하게 사용할 수 있도록 문형을 사용할 때 충분한 어휘적 지식을 사용할 것을 주장하였다. 초기 단계에서부터 발음을 강조하고 어휘를 통제하여 학습자의 오류가 나오지 않게 하였다. 듣기, 말하기, 읽기, 쓰기의 순으로 수업이 진행되며, 자동화할 수 있을 때까지 암기와 반복 학습이 중심이 되었다. 청각 구두식 교수법은 기본적으로 교사 주도적인 수업으로 교사가 준비한 대화로 된 교재와 반복 연습에 필요한 교수자료를 중심으로 수업이 진행되며, 녹음기와 시청각 기자재가 중요하며 어학실습실에서 반복 연습하여 문형과 대화 암기에 실수할 기회를 최소화하도록 하였다. 학습자의 모국어는 사용이 금지되었는데, 모국어가 외국어를 배울 때 방해 요소로 간주했기 때문이었다.

청각 구두식 교수법의 장점은 학습 초기부터 정확한 발음 훈련과 자연스러운 구어를 사용하도록 했기 때문에 듣기/말하기 훈련과 집중적인 문형 연습으로 학습자의 구어 사용 능력이 함양되었고 결과적으로 학습자에게 성취감을 부여한 것이다. 그러나 연습의 대부분이 기계적인 연습이라서 실제 상황에서 응용력이 부족하며, 학습자의 다양한 학습 방법을 고려하지 않고 단조로운 반복연습이 과잉연습되었기 때문에 학습자의 창조성을 무시한 결과로 이어졌다. 또한 문자 언어를 선호하는 학습자나 인지적인 학습을 원하는 학습자에게는 부적합한 교수법이라고 할 수 있고 문형 연습 후 문법을 설명하는 것은 비효율적이라고도 할 수 있다.

청각 구두식 교수법이 한국어 교육에 시사하는 바는 초급에서 학습자의 말을 트이게 하기 위해 자동화 연습이 불가피한데, 이때 청각 구두식 교수법을 활용할 수 있다는 점이다. 또한 자동화 연습을 하기 위해 무조건 기계적인 반복 연습을 하기보다는 규칙을 이해한 것을 바탕으로 연습이 진행될 필요가 있다는 점이다. 결국 효과적인 연습을 위해서는 다양한 연습 방법을 시도하고 운영하며 교정해 나가는 것이 중요하다.

'대안적 외국어 교수법'

1. 침묵식 교수법 (Silent way)

침묵식 교수법은 교사가 발화를 최소화하고 침묵하여 학습자가 발견학습을 통해 언어를 배우고 말을 많이 하도록 이끄는 표현 중심(Production-based)의 교수법이다. 교사의 '침묵'을 강조하면서 학습자 참여를 극대화한 것인데, 기존의 수업에서는 학습자가 의자에 앉아 듣기만 했던 수동적인 역할에서 학습자가 주연 배우가 되어 능동적으로 수업의 중심이 되어야 한다고 강조하였다. 1960년대 Gattegno에 의해 개발되고 1970년대에 널리 퍼지면서 알려지게 되었는데, 침묵식 교수법은 이전 시대에 교사 중심의 청각 구두식 교수법에 반발하여 나오게 된 것이다.

침묵식 교수법은 학습자 스스로 깨우쳐서 학습을 유도해야 한다는 교육 철학에 기반했기 때문에, 가르치는 것은 학습하는 것에 종속되어야 하며 학습은 일차적으로 모방이나 훈련으로 이루어지는 것이 아니라고 간주한다. 학습 과정에서 학습자 스스로 정신이 작동하여 자신의 가설을 세우고 시행착오를 통해 수정하면서 진정한 학습이 이루어진다고 피력하였는데, 학습자의 학습 과정에서 정신이 작동할 때에는 학습자의 모국어 학습 경험에 의지하는 것이라고 하였다. 교사는 학습자의 이와 같은 정신 작용에 의한 활동을 할 때 침묵함으로써 방해하지 말아야 한다고 한 것이다.

침묵식 교수법은 기본적으로 초급 학습자에게 말하기와 듣기 능력을 길러 주는 것을 목적으로 하며, 학습자의 독립성과 자율성, 책임감을 강조하며 학습자의 문제해결능력, 창의적 능력, 발견학습을 강조하였다. 침묵식 교수법은 수업 때 교사가 학습목표를 세심하게 배열하여 준비한 피델 차트(Fidels chart)와 색깔 막대(Cuisennaire rod)를 사용하는데, 이것은 침묵하고 있는 교사 대신에 학습자에게 수업을 인도할 수 있는 시각적인 교구이다.

침묵식 교수법은 심리학에 바탕을 둔 학습자 중심의 방법론으로 학습자의 정의적인 영역과 집중적 학습을 강조한다는 점이 특징적인데, 학습자가 무언가를 발견할 때까지 학습자에게 발화를 강요하지 않으며, 교사의 침묵과 함께 최소한으로 교사의 설명을 줄이고 시범을 보여주는 것이 특징이다. 학습자의 인지적 깨우침이 중요하기 때문에 암기하지 않으며 반복을 회피하기 위한 침묵은 오히려 주의 집중, 내용의 조직화에 도움을 준다고 설명한다. 결국 침묵식 교수법은 학습자의 자각을 중시하는 것으로, 오류 수정 역시 교사가 아니라 자가 교정 및 동료 교정에 진행된다.

침묵식 교수법은 교사가 아닌 학습자 중심의 교수법으로 수업의 패러다임 변화를 강조했다는 점에서 긍정적인 면을 찾을 수 있다. 반복 훈련이 아니라 학습자의 자각을 바탕으로 한 자율성, 문제해결능력, 발견학습을 중시했던 특징 또한 긍정적이다. 그러나 학습 초기에 교사의 침묵이 강조되다 보니 학습자가 목표어에 노출될 기회가 상대적으로 줄었으며 실제적인 언어 사용 상황이나 실제 자료를 접할 기회 또한 줄어들었던 점에서 비판 받았다. 또, 교사가 수업 준비로 피델차트를 매 시간마다 만들기에는 너무 많은 시간이 소요된다는 점, 최소한의 교사의 설명으로는 추상적인 어휘를 학습자에게 이해시키기 어렵다는 점, 교사와 학습자 간의 상호작용이 없다는 점, 학습 효과가 나타날 때까지 어느 정도의 시간이 소요된다는 점이 단점으로 지적되었다.

침묵식 교수법이 한국어 교육에 시사하는 바는 학습자 중심의 인지적 학습을 중시할 필요가 있고, 반복 학습 및 암기 학습의 문제점을 되짚어 볼 수 있다는 점이다.

2. 전신 반응식 교수법 (Total physical response : TPR)

전신 반응식 교수법은 학습자가 주어진 명령에 대하여 몸으로 직접 반응함으로써 외국어를 학습하는 방법이다. 미국의 Asher가 주창한 것으로, 말하기나 읽기, 쓰기 등의 다른 언어 기능보다 듣기에 대한 이해를 먼저 길러야 함을 강조한다. 기본적으로 전신 반응식 교수법은 구조주의 언어학과 문법 중심의 언어관을 바탕으로 하고 있으며, 언어 학습은 모국어 습득처럼 해야 한다는 발달 심리학에 기반을 두고 있다. 1970년대와 1980년대 성행하였다.

전신 반응식 교수법은 외국어 학습도 어린이의 모국어 습득에 착안하여 초급에서 구두 숙달도를 기르는 것이 중요하다고 보았다. 그러므로 말하기 전에 듣기를 통해 이해하는 것이 중요하였다. 학습자는 교사의 명령에 따라 이해한 대로 몸을 움직여서 신체적 동작으로 이해한 것을 표현하였다. 학습자가 자발적으로 발화할 때까지는 말하도록 강요하지 말 것도 강조하는데, 어린이의 모국어 습득에서와 마찬가지로 학습자 역시 침묵기가 있음을 인정한 것이다. 또한 성공적인 언어 학습을 위해 학습자의 긴장감을 풀어줄 필요성을 언급한 것이다.

수업 활동의 주된 흐름은 교사의 명령문에 따라 학습자가 몸을 움직이는 훈련이 주가 되었으며 학습자 오류에 대해서는 처음에는 교사의 과도한 교정을 자제하다가 점차 교정 횟수를 늘려주는 방식으로 교수하였다. 문법은 귀납적으로 지도하였는데, 기본적으로 전신 반응식 교수법은 언어 형태보다는 의미를 강조한 교수법이라고 할 수 있다. 기본 교재 없이 실물자료와 몸짓, 단어카드가 주로 활용되었다.

전신 반응식 교수법은 기본적으로 교수 내용을 선정, 제시하는 교사의 역할을 강조한 교사 중심의 교수법이다. 단, 교사의 역할은 가르치는 것보다 학습의 기회를 제공하는 것이며 학습자의 오류에서 교사가 개입하는 것으로 한정된다는 점이 특징적이다.

전신 반응식 교수법은 아동을 대상으로 한 초급 수업에서 많이 활용될 수 있는데, 잘못된 발음을 강요하지 않고 듣기 이해력을 향상시키며 흥미로운 수업을 할 수 있다는 점에서 긍정적으로 평가된다. 또한 학습자의 수가 많을 때에도 수업이 가능하며 게임으로 수업을 진행하기 때문에 학습자의 불안감과 스트레스를 완화할 수 있다. 그러나 명령에 거부감을 갖는 학습자가 있을 수도 있으며, 신체적으로 표현 가능한 범위 내에서 추상적인 어휘를 가르치기 어렵고 학습자의 말하기 능력을 이끌어내는 것 역시 용이하지 않다는 점에서 비판받았다.

전신 반응식 교수법이 한국어 교육에 시사하는 바는 초급 학습자나 아동 학습자에게도 게임을 활용하여 재미있게 수업을 할 수 있음을 보여주는 것이며, 하나의 교수법만을 사용하는 것 이외에도 다른 교수법과 함께 활용하는 것도 가능하다는 점을 제시해 준 것이다.

3. 총체적 교수법 (Whole language approach)

총체적 교수법은 문자의 해독(decoding)에 초점을 두어 문법, 어휘 등의 요소를 개별적으로 가르치지 않고 언어를 총체적, 종합적으로 가르치는 방법을 의미한다. 언어란 의미를 만들고 다양한 목적을 달성하기 위한 수단으로, 문자 언어가 언어의 중심이라는 가설에서 출발하였기 때문에 읽기와 쓰기 중심의 문식성이 중요한 개념으로 언급되었다. 즉, 문자화된 글의 저자와의 교류를 통해 언어는 학습될 수 있다고 간주한 것이다. 인본주의 및 구성주의 학습 이론에 기반한 것으로, 자신의 학습 경험을 학습 자원으로 여기기 때문에 학습자가 학습 자료와 활동을 선택하는 학습자 중심의 교수법이다. 또한 유의미한 학습과 자기 주도 학습을 강조함으로써 실제성을 중시하고 사회적인 맥락에서 동료 학습자와의 협력 학습에 주력함으로써 언어를 사회적 관점에서 펼치는 상호작용을 통해 학습할 수 있다는 생각에 기반한 것이다. 총체적 교수법은 교육계의 주류 학습법에서 언어 교육으로 적용된 것으로, 개개의 학습자들은 문화의 한 구성원, 지식의 창조자로 존중된다는 생각에 토대를 두고 있다.

총체적 교수법의 특징을 살펴보면, 학습자들의 경험과 관련된 흥미 있는 실제 자료, 예를 들면 문학 작품을 학습 자료로 사용하는데, 개별적인 읽기가 가능하도록 활동을 구성한다. 읽기는 이해를 위한 읽기와 실제적 목적을 위한 읽기로 구분되고, 쓰기는 실제 독자를 위한 활동으로 구성하였다. 읽기와 쓰기가 중심이 되지만 읽기 후 과제를 수행할 때에는 구어 중심의 듣기나 말하기와 같은 다른 기능들과 연계하여 활동하였다. 또한 총체적 교수법은 학습자 중심 학습인 만큼 읽기, 쓰기 활동을 스스로 선택하게 하였다. 그리고 다른 학습자와 협력하여 읽기와 쓰기를 수행하였다. 뿐만 아니라 총체적 교수법은 학습자에게 모험과 시도를 장려하는데, 이는 학습자가 범하는 실수를 결국 언어 사용의 실패가 아닌 학습의 징후로 간주했기 때문이었다. 결국 문학 작품의 사용, 과정적 쓰기, 협력 학습, 학습자의 태도에 대한 관심은 총체적 교수법의 핵심적인 면모라고 할 수 있다.

총체적 교수법은 전통적인 의미에서의 교수법이 아니므로 주된 활동은 개별적인 소집단 읽기나 쓰기로, 등급화되지 않은 대화 일지를 사용하고 포트폴리오를 쓰며 학습자들이 만든 책이나 이야기를 쓰게 하는 것이다.

총체적 교수법은 유의미한 학습을 강조하고 학습자의 선택을 장려하는 학습자 중심 교수법으로, 학습자의 요구나 경험을 존중하며 실제적인 자료를 사용하는 것을 긍정적으로 평가할 수 있다. 그러나 언어 수업에서는 실제 자료 못지않게 교육 자료 또한 필요하며 총체적 교수법에서는 토대가 되는 기본적인 아이디어를 제외하고는 특별한 교수법을 상정하지 않은 것이 부정적인 면으로 지적된다. 물론 분석적으로 교수하지 않아서 정확성이 떨어진다는 단점도 있다.

　총체적 교수법이 한국어 교육에 시사하는 바는 중고급 학습자에게 총체적 교수법을 적용할 수 있다는 점, 그리고 학습 목적의 학습자의 문식성 발달을 위해 총체적 교수법을 활용할 수 있다는 점이다.

4. 암시적 교수법 (Suggestopedia)

암시적 교수법은 심리적 장벽이 제거된 편안하고 안락한 분위기 속에서 권위 있는 교사에게 의지하고 음악과 리듬을 들으며 효과적인 외국어 학습을 하도록 유도하는 교수법이다. 불가리아 정신과 의사 Lozanov에 의해 개발되었는데, 요가의 기법과 구소련 심리학의 영향을 받아 인간의 비이성적, 무의식적 영향에 대해 체계적으로 연구한 것이다. 편안하게 학습을 받을 수 있는 교실 환경을 강조하므로 교실의 장식, 가구 배치, 교실 책상 배열까지도 신경을 썼다. 또한 학습에 음악과 음악의 리듬을 중시하여 수업 시간에 음악을 적극적으로 사용하였다.

　암시적 교수법에서 '암시'란 학습자의 무의식을 의미하는데, 최적의 학습 환경은 수면상태와 같이 편안하지만 깨어 있는 상태이며 외국어 학습에 방해되는 걱정이나 불안, 두려움을 제거하여 학습자가 편안한 심리 상태에서 외부로부터 입력을 받아 마음 속으로 암시적으로 넣을 수 있다고 보았다. 암시적 교수법에서 교사는 마치 부모와 어린이 같은 학습자 관계에서 권위 있는 부모와 같은 권위 있는 존재로, 학습자는 권위 있는 부모의 보호에 있는 어린이의 역할을 맡아 놀이, 게임, 노래, 운동 등을 하는 것으로 간주된다. 언어 학습은 교사의 지도와 학습 환경이라는 양면성에 의해 영향을 받는다고 보았고, 수업 자료도 억양과 리듬을 다양화하여 지루함을 없애고 언어 자료의 의미를 이해하는 데 중점을 두었다.

　극적 효과를 누리기 위해 교사가 대화문을 낭독할 때 고전음악을 사용하기도 하였는데, 암시 교수법에서는 연주회 방식의 유사 수동성(concert pseudo-passiveness), 즉 학습자가 제시된 자료를 이해하거나 조작, 학습하려 하지 말고 음악과 함께 교수자료가 학습자에게 굴러 들어갈 수 있게 하는 상태와 같은 유아화가 필요하다고 하였다. 또한 어휘에 관해서도 고급 수준의 회화 능력을 얻기 위해서는 방대한 양의 어휘 쌍 학습이 필요함을 강조하였다.

　수업 구성을 살펴보면, 학습목표를 배운 다음에 연주회 단계로 진입하게 되는데, 먼저 학습자들이 음악을 듣고 음악에 맞춘 교사의 낭송을 듣고 언어 자료를 읽는다. 교사는 잠시 음악을 멈추었다가 바로크 음악을 다시 틀어주고 언어 자료를 읽어 준다. 이때 학습자들은 책을 덮고 교사의 낭송을 경청한다. 교사의 낭송이 끝나면 별다른 지시 없이 학습자들은 귀가하고 과제로 자기 전과 일어난 후에 배웠던 내용을 한 번씩 훑어 본다.

　암시적 교수법에서는 짧은 기간 안에 높은 수준의 대화 기술을 습득하는 데 목적을 두는

데, 질의 응답, 게임, 역할극을 통해 자연스러운 상호작용과 의사소통을 추구한다. 대화는 주로 줄거리가 연결된 실생활 위주의 내용을 구성되며, 교사는 지식을 갖춘 절대적인 권위자 또는 학습 활동의 촉진자로 간주되는 반면 학습자는 매우 수동적인 역할을 담당한다.

암시적 교수법은 학습 환경을 안락하게 하여 학습자의 긴장과 불안감을 제거하고 긴장이 완화된 상태에서 학습자들이 집중할 수 있기 때문에 많은 학습량을 흡수할 수 있다는 점이 장점으로 꼽히고 있다. 그러나 암시 혹은 무의식의 효과가 과학적으로 증명되지 않았다는 점, 암시적 교수법의 특징을 잘 살려 교수할 수 있는 유능한 교사를 양성하기 어렵다는 점, 암시적 교수법에 적합한 환경을 조성하고 교재를 구성하는 것이 어렵다는 점에서 한계를 지적 받는다.

암시적 교수법이 한국어 교육에 시사하는 바는 학습자의 정서적인 측면이 학습에 큰 영향을 미친다는 것을 강조한 점이다. 즉 감정과 학습의 관계에 대해 더 생각해 볼 여지가 있음을 알려준 것은 참고할 만하다. 또한 현재 뇌심리학의 발달로 대뇌의 좌반구, 우반구 모두 활용하여 기억력을 높이고 장기 기억화 하는 학습법이 주목 받고 있는데, 한국어 교육에서 이런 부분을 활용할 가능성이 있음을 보여주고 있다.

5. 공동체 언어 학습법 (Community language learning : CLL)

공동체 언어 학습법은 심리 상담 기법을 학습에 적용한 교수법으로 언어 상담자인 교사와 피상담자인 학습자를 상정하여 학습자가 모국어 또는 통역된 목표어를 사용하여 교사와 유의미한 대화를 나누며 외국어를 학습하는 교수법이다. 심리학자Curran이 도입한 외국어 학습 원리를 바탕으로 하고 있다. 언어 상담자인 교사와 상담 의뢰자인 학습자 간의 전인적인 신뢰관계, 상호작용을 강조하는데, 이는 공동체 언어 학습법이 인본주의 심리학을 기반으로 하고 있음을 보여준다.

공동체 언어 학습법에서는 심리 상담 기법과 언어 학습 기법이 유사하다고 주장하였다. 인본주의적 교수 기법을 활용해야 함을 강조하면서 학습자가 느끼고 생각하고 아는 것을 목표어에서 배우는 것과 일치시킬 필요성을 언급하였다. 또한 교사와 학습자 간의 신뢰 관계 속에서 상호작용함으로써 상담 학습이 가능하며, 교수 내용을 모국어로 제시하고 그 다음에 목표어로 제시하여 언어 교체 기법을 활용하였다. 그리고 학습자들 간의 엿듣기 (overhears)를 중시하는데, 언어 학습은 반복 연습도 아니며 혼자 인지하는 것도 아닌, 상호작용을 통해 의사소통하면서 학습되는 것이라는 신념에 바탕을 둔 것이다.

공동체 언어 학습법의 수업 구성은 학습자끼리 모국어로 대화하는 것을 교사가 듣고 그 내용을 해당 학습자의 귀에 목표어로 바꿔 속삭인다. 그러면 그 학습자가 다른 학습자들에게 큰 소리로 들은 것을 반복한다. 마지막으로 학습자의 대화는 칠판에 적고 어휘와 문법을 익히게 된다. 이와 같은 수업 구성에서 알 수 있듯이, 공동체 언어 학습법에서는 의존적인 학습자가 독립적으로 대화를 이어가며 학습과정을 이루어가는 공동체를 강조한다. 그리고 번역, 집단 활동, 녹음, 전사, 분석, 반성과 관찰, 듣기, 자유 대화 등의 전통적인 교수기법을 활용한다. 학습자가 모국어로 대화하는 것을 듣고 그 날의 학습목표가 결정되기 때문에 이미 정해진 교수요목 및 교수자료가 없는 것이 특징이다. 또한 학습자들이 얘기하고 싶어하는 화제나 전달내용을 학습자가 스스로 정하고 교사는 학습자들의 언어능력 수준에 맞는 방법으로 전달문의 의미를 전하는 방식은 학습자 중심의 교수법임을 보여주는 한 예이다.

공동체 언어 학습법은 학습자 중심의 교수법이고 인본주의적 언어 학습을 통해 학습자의 정의적인 측면을 강조했다는 점, 학습자의 요구나 흥미를 유발하는 유의미한 화제로 학습 동기를 향상시킨다는 점에서 긍정적인 평가를 받고 있다. 그러나 모국어와 목표어에 능숙한 교수자를 확보하기 어렵고 교재나 교수요목이 따로 없어서 수업이 체계적이지 못하며 그에 따라 평가 또한 어렵다는 점, 또 정확성보다 유창성이 강조되어 상대적으로 정확성이 떨어진다는 점에서 부정적인 평가를 받기도 하였다.

공동체 언어 학습법이 한국어 교육에 시사하는 점은 교사와 학습자, 또는 학습자들 간의 공감대를 형성하는 것이 중요하다는 점이다. 또한 학습자의 요구가 수업 내용에 활용되어 학습자의 흥미 유발을 시킨다는 점도 수업 내용 선정에 참고할 만하다.

6. 능력 중심 언어 교수법 (Competence-based language teaching)

능력 중심 언어 교수법은 능력 중심 교육(competence-based education)의 원리를 언어 교육에 적용한 것으로, 언어 교수의 결과로 학습자가 갖추게 되는 능력에 초점을 둔 교수법이다. 1970년대 미국에서 교과목을 가르친 후 최종적으로 학습자가 얻은 지식, 기능, 행동 양식을 측정하는 능력 중심의 교육 원리를 적용하여, 1980년대 성인용 영어 교육과정 개발에 반영한 것이다.

능력 중심 언어 교수법에는 능력 중심 교육의 특징이 그대로 반영되어 있다. 사회적에서 성공할 수 있는 기능과 실생활의 기능에 초점을 두었기 때문에 업무 수행 중심으로 가르친다. 또한 모든 교과는 단위화(modularized)되어 구성되기 때문에 교과 내용을 처음부터 순서대로 학습할 필요 없이 필요한 부분만 부분적으로 뽑아 쓰게 되어 있다. 학습 결과가 명시화되어 있어 학습자가 분명한 목표를 갖고 수업에 참여할 수도 있다. 평가는 계속적으로 진행되는데, 수행 목표 달성을 통해 숙달도가 평가되며 학습자 중심의 개별 지도를 중점적으로 한다.

능력 중심 교수법의 수업 구성을 살펴 보자. 학습자가 언어 숙달도 평가를 받은 후 반 배치가 되면, 초급은 일반적인 언어 발달과 관련된 핵심적 언어능력을 학습하고 고급은 학습 목적에 따라 반을 구성한다. 예를 들어 직업 훈련 위주의 교육과정에서는 안전 관련 직업,

직업 선정, 작업 계획서, 출퇴근 기록 용지 사용 등 사업장에서 필요한 언어 능력을 기르는 데 중점을 둔다.

능력 중심 교수법은 능력이 세부적, 실용적이라서 학습자의 요구와 흥미를 끌 수 있다는 점, 특히 각각의 능력이 한 번에 하나씩 완전하게 학습되었는지 분명히 알 수 있다는 점이 큰 장점으로 손꼽힌다. 반면, 언어 수업에서 사고 기능보다 업무 수행에 초점을 두었고 수업이 사회가 학습자에게 요구하는 대로 규범적인 방향으로 흐를 수 있는 단점도 있다.

능력 중심 교수법이 한국어 교육에 시사하는 바는 취업 목적이나 직무 수행 능력 향상을 원하는 학습자에게 적절한 교수법이라는 점이다. 직무 수행에 필요한 맞춤 수업이 가능하며 비즈니스 한국어와 같은 학습자의 세부적인 요구에 충실한 교수요목이 개발될 필요성을 보여준다.

'최근의 주요 외국어 교수법'

1. 의사소통 접근법 (Communicative language teaching : CLT)

의사소통 접근법은 외국어 교육 목표를 외국어 의사소통능력 계발에 두는 언어 교수 접근법이다. 1960년대 후반부터 등장하여 1970년대 이후 크게 확장되었는데, 의사소통능력을 강조하는 영국의 기능주의 언어학과 미국의 사회언어학의 영향을 받은 것이다. 언어의 구조뿐만 아니라 기능적인 면을 체계화 시키는 데 관심을 기울인다. 언어 형식이 나타내는 의사소통 기능에 초점을 두고 의사소통 원리, 과제의 원리, 유의미함의 원리 같은 여러 방법론을 포함하고 있다. 의사소통 접근법을 지지하는 소극적이고 보수적인 입장에서는 구조 학습 후에 의사소통을 통하여 의사소통 능력을 길러야 한다고 보는 반면, 적극적이고 급진적인 입장에서는 의사소통 활동을 하다 보면 언어 구조와 의사소통 능력이 향상될 것이라고 보았다.

언어는 실제로 사용되는 맥락 속에서 기능 위주로 접근하는 것이 중요하다고 강조한다. 그러므로 학습 목표는 의사소통 능력[5]을 기르는 것으로 정하고 언어 사용 과정에서 형식보다는 의미를, 문법 설명보다는 상황 제시를 중시하여 실생활과 연관된 언어 사용에 중점을 두고 있다. 목표어로 의사소통하려는 학습자의 시도가 장려되고 유창성이 강조되었다. 자

---

5) Canale&Swain이 1980년에 제2언어 학습과 관련하여 의사소통능력을 규정한 것을 말한다. 그들은 의사소통능력을 다음과 같이 네 가지 능력으로 나누어 제시했는데, 현재까지도 응용언어학에서 이 개념은 자주 사용된다. 첫째, 문법적능력(grammatical competence)은어휘와문법에관한능력이고, 둘째, 사회언어적능력(sociolinguistic competence)은사회적맥락에맞게의사소통을진행할수있는능력을말하며, 셋째, 담화능력(discourse competence)은의사소통이전체담화에서어떤위치에있는가를파악하는능력이고, 넷째, 전략적능력(strategic competence)은의사소통의방향을바꾸거나시작하거나멈추는능력이다. Brown(2001) 참조

료는 학습자의 요구를 반영한 내용, 기능, 의미에 따라 단계적으로 제시되는데, 모국어 사용은 상황에 따라 용인될 수 있기도 하고 번역도 학습에 도움이 된다면 활용될 수 있다. 학습자의 요구와 선호에 따라 학습 활동과 전략이 다양하게 활용되는데, 그만큼 의사소통 접근법에서는 학습자의 참여가 중요하다.

의사소통 접근법은 크게 전(前)의사소통 활동과 의사소통 활동으로 나뉘는데, 전의사소통활동은 다시 문법체계와 언어항목을 결합한 구조적인 활동과 전형적인 대화 연습인 유사 의사소통 활동으로 나뉘고, 의사소통 활동은 다시 정보차 활동이나 문제해결과 같이 상황 구조화된 활동인 기능적 의사소통 활동과 시뮬레이션, 역할극과 같은 사회적 맥락을 중시하는 사회적 상호작용 활동으로 나뉜다.

의사소통 접근법은 의사소통 능력을 배양하기 위해 특정 방법론을 고집하지 않고 학습자의 요구와 선호에 따라 융통성 있게 수업을 구성하는 학습자 중심의 교수 학습법으로, 의사소통 능력을 효율적으로 계발하기 위해 교수법 연구가 현재도 진행되고 있는 점이 큰 장점이다. 반면, 외국어와 제2언어 학습 간의 차이를 고려해야 한다는 점, 교수학습 내용이 문법과 어휘의 난이도 중심이 아니기 때문에 교수자료의 선정과 배열의 기준이 불분명하다는 점, 또한 낯선 언어를 학습할 때에는 비효율적일 수 있다는 점, 반복적이고 누적적인 학습이 아니기 때문에 학습자의 오류 수정이 잘 되지 않는다는 점, 결국 이는 학습자의 문장 생성 능력을 증가시키기 어려울 수 있다는 점을 야기한다는 점에서 단점으로 지적 받고 있다.

의사소통 접근법이 한국어 교육에 시사하는 바는 학습자 중심의 언어 사용 능력을 향상하는 것이 중요하며 학습자의 등급을 설정할 때 학습자의 언어 사용 능력을 중심으로 세부적인 사항까지 고려해야 할 필요가 있다는 점이다.

2. 자연적 접근법 (Natural approach)

자연적 교수법은 아이가 모국어를 자연스럽게 배우듯이 목표 외국어를 의사소통 과정에서 자연스럽게 배우도록 하는 교수법이다. 1970년대 후반 제2언어 습득론자들이 내세운 자연주의 원리에 기반하여 1980년대 초반에 Krashen에 의해 교수법이 확립되었다. 반복, 질문과 대답, 문장의 정확한 생성을 중심으로 하는 기존의 언어 교수법은 언어 능력 향상에 도움이 되지 않는다고 보고 노출과 이해 가능한 입력, 학습에 대한 정서적인 준비를 중요시하였다. 자연 교수법은 다음과 같은 제2언어 습득 가설에 기반을 두고 있다.

Krashen 의 제2언어 습득 가설
· 습득/학습 가설(The Acquisition/Learning Hypothesis) : 습득은 언어의 체계를 구성하는 자연적, 무의식적 과정으로 모국어 습득과 같은 것이고, 학습은 학습자들이 형태에 집중하고 규칙을 찾아내는 의식적인 과정이다.

- 자연 순서 가설(The Natural Order Hypothesis) : 외국어의 문법 구조를 습득할 때 일정한 순서를 따르므로 언어 교육에서도 가급적 이런 순서를 따르는 것이 바람직하다. 학습자의 오류는 필연적이고 자연적인 것으로 일정한 때가 되면 이런 오류는 극복될 것이라는 믿음이 전제되어 있다.
- 모니터 가설(The Monitor Hypothesis) : 습득을 통해 유창성이 달성되는 반면, 학습을 통해 정확성이 달성된다. 즉, 자신의 발화에 수정과 편집을 하기 위해 출력을 감시하는 장치로서의 모니터는 유창성이 달성된 후에 가동되어야 한다.
- 입력 가설(The Input Hypothesis) : 입력은 언어 습득에 있어서 가장 중요한 변수이므로 학습자에게 이해 가능한 입력을 충분히 제공하는 것이 성공적인 외국어 습득을 위해 중요하다. 학습자는 자기의 언어 수준보다 약간 높은 수준의 입력, 즉 이해 가능한 입력(i+1)을 이해함으로써 언어를 습득하므로 학습자는 현재의 언어 능력보다 조금 높은 단계의 구조를 포함하는 이해 가능한 입력을 제공받아야 한다.
- 정의적 여과 장치 가설(The Affective Filter Hypothesis) : 학습자의 감정적 상태나 태도는 언어 습득에서 필수적인 입력을 자유롭게 통과하거나 차단하는 역할을 담당하는 여과 장치이다. 이런 정의적인 여과 장치는 낮을수록 필요한 입력을 덜 방해하고 덜 차단하므로 바람직하다. 제2언어 습득과 관련된 세 가지의 정의적 변인은 다음과 같다.
  - 동기(Motivation) : 높은 동기를 가진 학습자는 일반적으로 언어 습득을 더 잘한다.
  - 자신감(Self-confidence) : 자신감과 자신에 대한 좋은 이미지를 갖고 있는 학습자는 언어 습득에서 더 성공적인 경향이 있다.
  - 불안감(Anxiety) : 개인적으로 덜 불안해하고 수업이 학습자를 덜 불안하게 할 때 제2언어 습득이 더 잘된다.

자연적 접근법은 위와 같은 제2언어 습득 가설을 기반으로 하기 때문에 가능한 한 학습자에게 이해 가능한 입력을 많이 제공해야 하며 그 입력은 학습자에게 흥미를 끌 만한 것이어야 하며 목표어를 사용한 반응을 강요하지 않고 침묵기를 인정함으로써 수업 분위기는 우호적이고 긴장되지 않아야 하며, 유의미한 의사소통 활동에 중점을 두고 있다.

자연적 교수법의 교수요목을 살펴보면, 기본적이고 사적인 의사소통 능력을 바탕으로 듣기와 말하기, 읽기와 쓰기를 연계하여 가르칠 것을 강조한다. 학습자의 침묵기에는 목표어로 답할 필요 없이 활동에 참여했다가 초기 발화 단계에서는 한두 단어로 간단히 답하고 고정된 대화를 하고, 놀이와 정보 전달, 집단 문제해결 과제에 참여하는 과정으로 수업이 진행된다.

자연적 교수법은 문법적으로 완벽한 발화를 강요하지 않고 준비될 때까지 말하기를 강요하지 않는다는 점, 우호적이고 긴장을 푸는 분위기와 유의미한 의사소통 활동을 강조한다는 점에서 긍정적인 평가를 받는다. 반면, 이해 가능한 입력이 구체적으로 무엇을 가르치는지 기준이 모호하다는 점, 침묵기를 인정하면서 학습자의 발화가 지연될 가능성이 있다는 점, 명시적으로 문법을 가르치는 것과 같은 의식적인 학습도 때로는 필요하다는 점, 자연적 접근법에서 주창한 가설이 입증 불가능하다는 점에서 비판을 받기도 하였다.

자연적 교수법이 한국어 교육에 시사하는 바는 이해 가능한 언어 자료는 가능한 한 많이 제시되는 것이 바람직하다는 점이다. 즉 이해를 돕는 것은 어떤 것이든 중요하다고 할 수 있다. 수업 제시 방식은 듣기와 읽기처럼 이해교육을 먼저 한 후 말하기는 저절로 나타나도록 하게 하여 학습자의 불안과 두려움을 최소화하는 것 또한 중요하다고 할 수 있다.

3. 내용 중심 교수법 (Content-based instruction : CBI)

내용 중심 교수법은 외국어와 특정 교과 내용의 학습을 통합하는 교수법으로, 학습자의 관심 분야나 전공 영역의 주제 내용을 중심으로 목표 외국어로 교수하는 것을 의미한다. 내용 중심 교수법에서 '내용'의 의미는 언어를 통하여 의사소통이 이루어지는 주제를 의미하는 것으로, 정보를 얻는 수단으로 언어를 사용할 때 제2언어를 더 성공적으로 배운다는 신념을 바탕으로 하고 있다. 따라서 내용 중심 교수법에서는 교과 내용의 학습과 외국어 학습을 동시에 목표로 삼고 교수요목을 설계할 때 내용 자료를 기준으로 언어 제시 순서 및 학습과정을 구성해야 함을 강조한다. 이렇게 내용을 중심으로 교수가 이루어져서 학습자들이 목표어로 사고하고 의사소통하도록 구성하는 것이 중요한 것이다. 특히, 듣기, 말하기, 읽기, 쓰기 등이 자연스럽게 실제적인 맥락에서 사용되도록 유도할 필요가 있는데, 내용 중심 교수법은 학문 목적, 직업 목적 등의 특수 목적을 위한 외국어 교육에서 주로 활용된다. 다음은 내용 중심 교수법의 다양한 교수모형이다.

· 주제 기반 언어 교육 (theme-based language instruction) : 주제나 화제를 중심으로 교수요목이 구성된 언어 프로그램을 제공하는 것인데, 여기에는 기능도 포함된다.
· 내용 보호 언어 교육 (sheltered content instruction) : 내용 영역을 잘 아는 언어 교사가 적절한 수준의 난이도로 목표어를 사용하여 교수해서 학습자가 내용 교과목을 이해할 수 있도록 하는 것이다.
· 병존 언어 교육 (adjunction instruction) : 서로 연계된 내용 과정과 언어 과정을 함께 제공하는 것으로, 학문적 내용을 다루는 강좌와 함께 이와 관련된 목표어 학습을 위한 언어 강좌를 동시에 수강하여 언어와 내용의 학업 성취를 도모한다.
· 기능 중심 접근 방법 (skill-based approach) : 필기하기, 강의 듣기 등 특별한 학문적 기능에 초점을 둔 것이다.

내용 중심 교수법은 교수모형마다 수업 구성은 약간씩 달리하는데, 실제성 있는 수업 자료를 활용한다는 점에서 공통적이다. 내용 자료에 나오는 언어를 학습하고 간단한 관련 자료로 내용을 도입한 후 주제 내용에 대해 간단하게 말하며 준비한다. 본 주제 자료를 보거나 듣거나 읽은 다음에 주제에 대해 토론하고 이를 바탕으로 글쓰기를 한다. 글 쓴 것을 발표하거나 이에 대해 토의하면서 마무리한다.

내용 중심 교수법은 언어 자체에 대한 학습이 아니라 정보를 얻는 수단으로 언어를 사용해야 언어를 효과적으로 학습할 수 있다는 원리에 바탕을 둔 것이다. 그러므로 수업에서 교사가 학습자의 요구를 충족할 수 있고 흥미 있고 유의미한 내용을 제공하여 학습자의 내적 동기를 증가시킨다는 점이 장점으로 꼽힌다. 그러나 언어 교사들이 언어를 주제의 내용이 아니라 기능으로 훈련 받았고 일반 교과목을 가르치는 데 충분한 지식 없기 때문에 가르치기 쉽지 않다는 단점이 있다. 또한 언어 교사와 일반 교과목 교사가 한 팀으로 가르칠 때 교수의 효율성이 감소할 가능성도 있다.

4. 과제 중심 교수법 (Task-based instruction : TBI)

과제 중심 교수법은 의사소통을 목적으로 의미에 초점을 두고 언어를 이해, 처리, 생산하는 모든 활동을 뜻하는 과제(task)를 언어 교수의 핵심 단위로 사용하는 교수법을 의미한다. 학습자가 주어진 과제를 해결하기 위한 수단으로 목표 언어를 사용하여 실제적인 의사소통 능력을 기르도록 하는 언어 교수법으로, 의사소통식 접근 방법의 원리와 제2언어 습득 연구에 근거하여 개발된 방법이다.

이때 과제란 결과를 달성하기 위해 의사소통 의도를 갖고 목표어를 사용하는 활동을 의미한다. 학습 목적, 내용, 활동 절차, 결과가 포함된 구조화된 언어학습을 하기 위한 노력의 일환으로 과제를 계획하고 수행한다. 과제를 수행할 때에는 의미에 일차적인 초점을 두며 말하기, 듣기, 읽기, 쓰기와 같은 네 가지 언어 기능을 실질적으로 고루 사용한다. 학습자는 과제를 수행하며 언어 습득을 위한 언어 입력과 출력을 동시에 제공 받는데, 실제 의사소통 활동을 행하며 외국어를 배우는 것이 효과적이라고 보기 때문이다. 과제는 크게 실제적인 과제와 교육적 과제로 구성되는데, 실제적인 과제는 음식을 주문하거나 전화번호를 알아내거나 장소를 찾아가는 것처럼 실생활에서 접할 수 있는 상황이 제시된다. 교육적 과제는 교실에서 전화 걸기, 짝 활동, 배달 시키기, 장소 찾기, 역할극처럼 교육적 목적으로 상황을 통제하여 학습에 용이하게 만드는 활동이다. 교육적 과제는 상호작용 유형에 따라 직소 과제 (Jigsaw tasks), 정보 차 과제 (information-gap tasks), 문제 해결 과제 (problem-solving tasks), 결정 과제 (decision-making tasks), 의견 교환 과제 (opinion exchange tasks)가 있다. 기타 과제로는 목록 작성하기, 순서 정하기, 분류하기, 비교하기, 문제 해결하기, 개인적인 경험 나누기, 창의적인 과제 수행하기 등이 있다.

과제를 수업에서 활용할 때에는 과제 전 활동, 과제 활동, 과제 후 활동으로 단계를 구분해서 진행한다. 과제 전 활동에서는 과제의 목표를 확인하고 과제를 준비하는 단계로, 교사는 학습자에게 과제의 주제와 목표를 소개하고 주제와 관련된 어휘를 제시하며, 브레인스토밍과 같은 활동을 하여 학습자가 과제를 준비할 수 있도록 돕는다. 과제 활동에서는 과제를 수행하는 단계로, 학습자가 짝이나 조별로 목표어로 대화하면서 과제를 수행하는데, 과제 내용을 보고하거나 발표할 준비를 하게 된다. 이때 교사는 발표 내용에 대해 의견을 말할 수 있지만 오류 수정은 안 하는 것이 일반적이다. 과제 후 활동에서는 과제 수행 내용을 발표하고 평가하는 단계로, 학습자들의 발표를 녹음, 청취하거나 과제 수행 방법을 비교하고 필요할 경우 교사는 학습자들에게 언어 자료를 연습하게 할 수도 있다.

과제 활동이나 과제 후 활동에서는 형태 초점(focus on form)식의 활동도 가능하다. 의미 중심적 과제 수업에서 문법이나 어휘에 학습자의 관심을 끄는 접근법으로 활용 가능한데, 이런 활동은 유창성과 정확성을 함께 추구한다는 점에서 긍정적이다. 이때 교사의 역할은 언어 형식을 설명하거나 가르치지 않고 과제를 준비하고 제공하는 역할이며, 학습자의 역할은 과제 수행을 통해 자신이 말하고 싶은 것을 전달하기 위해 어휘와 문법을 새로 조합해서 사용함으로써 목표어가 어떻게 의미 전달하는지 직접 경험하는 역할이다.

과제 중심 교수법은 제2언어 습득론에서 광범위한 지지를 받고 있다. 과제를 수행할 때 Krashen의 '이해 가능한 입력'을 가능하게 하고 Long의 '의미 협상'을 하면서, Swain의 '생산적인 출력'을 가능하게 하여 자연적이고 의미 있는 의사소통 활동을 할 수 있게 된다. 그러나 교수를 위한 일차적인 교육적 입력 자료를 과제에 의존하는 경향이 강하며, 체계적인 문법이나 어휘 교수요목이 없는 점, 학습자의 수행 능력 편차에 따라 학습 효과를 극대화하기 위해서는 교사의 부담이 증가할 수밖에 없다는 점, 과제 유형 목록, 과제의 순서를 배열하고 과제 수행 평가에 관련하여 명확한 기준이 없다는 점에서 단점을 찾을 수 있다. 성공적으로 과제 중심 교수법을 활용하려면 학습자 흥미와 학습 수준에 맞는 적절한 과제를 선택하는 것이 중요하다. 또한 정확성을 높이기 위해 어떤 언어적 형태에 초점을 둘지 고려해야 한다.

'후기 교수법 시기의 언어 교수 경향'

1. 외국어 교수법의 흐름

문법 번역식 교수법에 대한 반발로 직접 교수법이 나온 이래로, 1950-1960년대 청각 구두식 교수법이 유행하다가 1970년대 전신반응식 교수법, 침묵식 교수법, 암시적 교수법과 같은 대안적 교수법이 시도되었다. 1980년대에 이르러 의사소통적 교수법이 나오고 1990년대 과제 중심 교수법이나 내용 중심 교수법이 나오면서 현재는 다양한 교수법이 교수 학습 목적과 상황에 맞게 전략적으로 선택되어야 함을 강조하게 되었다.

그간의 교수법의 흐름을 살펴보면, 몇 가지 특징을 살펴 볼 수 있다. 먼저, 교수법에 따라 중요하게 생각하는 언어가 다르다. 문법 번역식 교수법과 총체적 교수법에서 문자 언어를 강조한 반면, 직접 교수법, 상황적 교수법, 청각 구두식 교수법, 침묵식 교수법, 전신 반응식 교수법, 암시적 교수법, 공동체 언어 학습법에서는 구두 언어를 강조한다. 최근의 의사소통 교수법이나 내용 중심 교수법에서는 문자 언어와 구두 언어가 모두 중요하며 통합적으로 교수되어야 한다고 주장한다.

둘째, 교수법에 따라 문법 제시 방법이 다르다. 문법 번역식 교수법에서는 연역적 문법 제시를 선호한 반면, 그 이후 대부분의 교수법에서는 귀납적 문법 제시를 선호한다. 직접 교수법, 상황적 교수법, 청각 구두식 교수법, 전신 반응식 교수법, 침묵식 교수법, 능력 중심 언어 교수법, 의사소통적 교수법, 자연적 교수법, 내용 중심 교수법, 과제 중심 교수법 모두 다양한 예를 통해서 학습자가 문법의 개념을 귀납적으로 이해할 수 있도록 하고 있다.

셋째, 교수법에 따라 수업에서 교수자와 학습자 중에서 어느 것에 중점을 두는지가 다르다. 교수자 중심의 교수법에는 문법 번역식 교수법, 직접 교수법, 상황적 교수법, 청각 구두식 교수법, 전신 반응식 교수법, 암시적 교수법이 있는데, 모두 교수자가 수업의 중심 역할을 담당하여 학습자에게 연습을 주도하는 주체로 입력자의 역할을 한다는 공통점이 있다. 반면, 학습자 중심의 교수법에는 침묵식 교수법, 총체적 교수법, 공동체 언어 학습법, 능력 중심 언어 교수법, 의사소통적 교수법, 자연적 교수법, 내용 중심 교수법, 과제 중심 교수법이 있는데, 교육과정 개발 및 수업 구성에서 학습자의 흥미와 학습 동기를 강조하며 언어 연습 또한 학습자의 능동적인 활동 참여에 바탕을 둔다는 공통점이 있다.

2. 교수법을 적용할 때 고려할 점

이와 같이 다양한 교수법 가운데 어떤 교수법을 채택하는 것이 나의 수업에 가장 적절한지 고민이 되지 않을 수 없다. 교수법을 채택할 때 영향을 미칠 수 있는 질문[6]을 정리하면 다음과 같다.

① 새로운 접근방법/교수법이 어떤 이점을 제공하는가? 더 효과적인가?
② 새로운 접근방법/교수법이 교사의 믿음과 태도, 교실과 학교 조직과 양립할 수 있는가?
③ 새로운 접근방법/교수법이 이해하고 사용하기에 너무 복잡하고 어려운가?
④ 교사들이 사용하기 전에 어떤 학교나 학습에서 실험을 거친 것인가?

---

6) Richards & Rodgers(2001)에서 교수법을 채택하기 전에 위와 같은 질문을 통해 어떤 교수법이 자신에게 적합한지 먼저 고려해야 한다고 제시하고 있다

⑤ 새로운 접근방법/교수법의 이점이 교사와 교육기관에 분명히 알려진 것인가?

⑥ 새로운 접근방법/교수법이 얼마나 분명하고 실용적인가? 교실 수업에서 어떻게 사용할 수 있는지 보여줌으로써 기대를 줄 수 있는가?

하지만 모든 교수법이 바람직한 수업을 위해 긍정적이기만 한 것은 아니다. 교수법에 대한 비판도 적지 않다. 먼저, 교수법의 하향식 접근방식에 대한 비판이다. 전통적인 교수법에서 부족한 점은 학습자 중심 주의, 교사의 창의력을 이용하는 것이다. 교수법을 이해하고 그 원리를 정확하게 적용하는 것이 교사의 역할이라고 한다면, 하향식 접근방식은 지양되어야 할 것이다. 둘째, 어떤 상황이나 적용 가능한 교수법은 없다. 문화적 상황, 교육 단계의 여건, 교수자와 학습자의 상황을 고려하여 교수법을 적용해야 한다. 셋째, 교육과정 개발 절차에 교수법이 연계될 필요가 있다. 어떤 교수법이 어떤 교육과정에도 잘 적용되는 것은 아니다. 교수법은 독립적으로 존재하는 것이 아니라 교육목표나 교수자료, 평가와 항상 연계되어 이해되어야 적절하게 적용될 수 있기 때문이다. 넷째, 교수법을 연구하는 기반이 결여되었다는 점이다. 교수법에 대한 이해는 제2언어 습득에 대한 이해가 바탕이 되어야 제대로 될 수 있다. 교수법에 대한 지속적인 연구는 안정적인 교육과정 수립과 효율적인 수업 구성 및 운영에 큰 밑바탕이 될 것이다. 다섯째, 교수법이 실제 수업과 유사성을 가질 필요가 있다. 실제 수업에서 어떤 교수법의 기저 원리를 반영하면서 그 교수법을 이용하기는 실제 많은 어려움이 따른다. 특히, 중급이나 고급으로 갈수록 교수법의 차이가 별로 드러나지 않게 마련이다. 교수법은 실제 수업과 동떨어진 이상적인 형태가 아니라 현실적인 수업을 반영한 것이어야 한다.

결국 어떤 특정 교수법이 다른 교수법보다 우월하다고 결론 지을 수 없다. 교수법은 교수자가 자신의 판단 경험에 입각하여 창의적으로 교수법을 활용하기 위해 필요한 것이다. 다음은 각각의 교수법의 신념과 이론의 핵심적인 원리를 정리하면 다음과 같다.

· 학습자가 수업에 참여하게 해라.
· 교사가 아니라 학습자가 수업에 초점이 되게 해라.
· 학습자가 참여할 수 있는 기회를 최대한 제공해라.
· 학습자가 책임질 수 있는 활동을 개발해라.
· 학습자의 오류는 되도록 묵인해라.
· 학습자의 자신감을 개발해라.
· 학습 전략을 가르쳐라.
· 학습자의 어려움에 응답하여 학습자가 어려움을 해결하면서 배우게 해라.
· 학습자끼리의 활동을 최대한 이용해라.
· 학습자들 간의 협력을 증진시켜라.
· 정확성과 유창성을 동시에 훈련시켜라.
· 학습자의 필요와 관심사를 다루어라.

3. 최근의 언어 교수 경향

최근의 언어 교수의 경향을 살펴보면, 다음과 같은 점을 확인할 수 있다. 먼저, Canale&Swain의 의사소통 능력 신장을 강조하는 것이다. 의사소통 능력은 다음과 같은 네 가지 능력을 의미하는데, 문법적 능력은 문법을 사용하는 것으로, 사회언어학적 능력은 사회적 맥락에 맞게 의미 기능을 수행하는 것으로, 담화 능력은 담화의 응결성과 응집성을 유지하며 담화를 구성하는 것으로, 전략적 능력은 의사소통을 효율적으로 수행하는 것이다. 어느 한 능력을 강조하기보다는 의사소통 능력을 전반적으로 향상시키는 것이 무엇보다 중요하다.

둘째, 학습자를 중심으로 한 교육 방안을 구성하는 것이다. 활동을 구성할 때에도, 학습자가 자율적으로 학습해야 함을 강조할 때에도, 교육과정을 설계할 때에도 학습자 중심의 교육을 강조한다. 이와 같은 학습자 중심의 교육을 구현하기 위해서는 학습자의 요구와 학습 동기가 교육과정에 반영돼야 하며, 실제 수업 역시 학습자 중심으로 운영돼야 한다.

셋째, 결과 못지 않게 과정을 중시하여 언어를 교수하는 것이다. 이와 같은 과정 중심 교육은 교수 학습 전반에 거쳐 이루어지고 있다. 예를 들어, 결과 중심의 쓰기 수업은 모델이 될 만한 텍스트를 제공하고 이와 유사하게 써서 나온 결과물을 중시하는 반면, 과정 중심의 쓰기 수업은 쓰기 수업의 단계별로 순환적 쓰기과정(구상하기 → 초고 쓰기 → 고쳐 쓰기 → 편집하기)을 통해 학습자의 쓰기 능력을 향상시키는 것을 강조한다.

넷째, 언어의 실제적인 사용이 전제된 교육을 하는 것이다. 이러한 교육은 학습자에게 학습 동기를 부여하고 학습 내용을 실제 상황으로 전이하여 의사소통 능력을 향상시키는 데 효율적이다. 언어 교육에서 이해만을 목표로 한 언어 지식을 쌓는 것은 더 이상 중요하지 않은 것이다. 따라서 최근의 언어 교육에서는 언어를 사용할 수 있는 과제나 활동을 중심으로 수업을 구성하고 있다.

다섯째, 언어 자체보다는 정보 획득 수단으로써 언어를 사용할 때 성공적인 언어 학습이 가능하다는 것이다. 전통적으로는 언어 자체를 배우는 것을 목표로 하는 수업이었다면, 최근의 언어 교육에서는 언어가 다른 것을 학습하기 위한 수단으로 언어를 사용할 수밖에 없는 환경을 만들어 주는 것을 강조한다. 예를 들어, 학문 목적의 외국어 학습이나 직업 목적의 외국어 학습에서는 언어 자체만을 위한 수업보다는 언어를 사용하여 학문적 텍스트나 직업과 관련된 텍스트를 이해하고 사용하도록 한다. 다문화 아동을 대상으로 한 언어 교육 프로그램 역시 언어를 이용하여 사회, 생활, 문화를 학습하도록 하는 것이다.

최근의 언어 교수 경향은 언어 교육이 다음과 같은 것을 강조하는 지향성을 반영한 것이다. 첫째, 언어 지향 언어교육이다. 구조와 기능 중심의 언어 교육에서 담화 언어학, 말뭉치(코퍼스) 언어학을 반영한 언어 교육으로 패러다임이 변화하였고, 문법 수업에서도 과제를 수행할 때 형태 초점 교수법(Form-focused instruction)을 적극적으로 수업에 활용하는 방법을 모색하고 있다.

둘째, 능력 지향 언어교육이다. 능력 중심 교육(competency-based education)의 원리를 언어 교육에 적용한 것으로, 교과목을 학습한 후 최종적으로 학습자가 얻을 수 있는 지식, 기능, 행동 양식을 측정하여 이것을 교육과정의 수행 목표로 제시하고 수행 평가에 반영할 수 있다.

셋째, 기술 지향 언어교육이다. 언어교육에서 기술(technology)을 이용한 교육이 일반화되면서 교수자료가 다양화된 것과 같은 맥락이다. 음성 파일, 이미지 파일, 동영상 파일, PPT, 각종 인터넷 자료가 교수자료로 활용되고 있고 교실 수업에서도 기술을 사용할 수 있는 장치로 컴퓨터나 프로젝터를 적극적으로 활용하기 위해 설치하고 있다. 따라서 한국어 교사 역시 재교육을 통해 시대의 변화에 따르는 기술을 활용할 수 있는 능력을 함양하도록 해야 한다.

넷째, 협력적 교수 지향 언어교육이다. 언어학습을 할 때 학습자 개별적인 학습 활동보다는 다른 학습자들과의 활동을 통해 적극적인 상호작용을 강조하는 협동언어 학습(cooperative language learning)을 의미한다. 언어 숙달도가 다른 학습자들이 소집단 과제나 활동을 통해 상호작용을 하면서 언어를 학습하도록 구조화된 교수법을 제공해야 한다. 이와 같은 협동언어학습에서는 동시적인 상호작용, 긍정적 의존관계, 개인적 책임, 동등한 참여를 강조하여 학습자가 주체적으로 활동에 참여하도록 장려된다.

4. 한국어 교수법으로의 적용

한국어 교육이 본격적으로 시작된 1950년대 후반부터 1980년대에 이르기까지 청각 구두식 교수법이 주류를 이루며 문법 번역식 교수법이 종종 활용되었다. 문형이나 어휘를 제시하는 문형 중심의 구조적인 연습을 중심으로 정확성을 위한 연습이 중점적으로 이루어졌다. 일부에서는 직접 교수법이나 침묵식 교수법, 공동체 언어 학습법이 활용되기도 하였다.

1990년대에 이르러서는 청각 구두식 교수법에서 점차 의사소통 중심 교수법으로 중심이 이동하면서 언어 구조보다는 언어 기능을 강조하고 기계적인 문형 연습의 비중이 약화되며 언어 상황에 따라 유의미하게 언어를 사용하는 활동을 중시하였다.

2000년대에는 특정 교수법이 강조되기보다는 다양한 학습 요건에서의 변인을 고려한 교수법이 강조되었다. 학습자 변인에 따라 여성 결혼 이민자, 이주 노동자, 재외동포, 다문화 아동에게 교수법이 달리 적용될 수도 있고, 학습 목적 변인에 따라 일반 목적의 학습, 학문 목적의 학습, 직업 목적의 학습이 달리 적용될 수 있다. 학습 매체 변인에 따라 CD, 온라인 학습과 같은 다양한 매체가 활용되고, 학습 환경 변인에 따라 국내에서의 한국어 교육(제2언어로서의 한국어KSL), 국외에서의 한국어 교육(외국어로서의 한국어KFL)에 다른 교수법이 활용될 수 있다. 즉, 다양한 교수법이 각각의 변인에 따라 선택되고, 때로는 두 가지 이상의 교수법이 채택되기도 하는 절충식 교수법이 활용되는 시대가 되었다.

〈참고문헌〉

안경화(2014), 「언어교수이론」, 서울대학교 한국어문학연구소,국어교육연수소,언어교육원공편, 『한국어 교육
　　　　의 이론과 실제2(2014개정판)』, 아카넷, 89-132쪽.

안경화, 박지영, 권순희(2011), 『한국어교육 용어해설』, 신구문화사.

정동빈(2000), 「외국어교수학습방법개발을위한응용언어학활용의새로운경향」,『영어언어과학』4권, 한국영어언
　　　　어과학학회, 107-120쪽.

허용(2005), 『외국어로서의 한국어 교육학 개론(개정판)』, 박이정.

Brown, D.(2000). *Principles of Language Learning and Teaching* (4th edit.), Longman. [이흥수 외 공역
　　　　(2007), 『외국어 교수 학습의 원리』, (주)피어슨에듀케이션코리아.]

Brown, D.(2001). *Teaching by Principles: An interactive approach to language pedagogy* (2nd edit.),
　　　　Longman [권오량, 김영숙 공역(2008),『원리에 의한 교수: 언어 교육에의 상호작용적 접근
　　　　법』,(주)피어슨에듀케이션코리아.]

Park, Kyung-ja. (1983). *Language acquisition and teaching*. Korea University Press.

Stern. H. (1983). *Fundamental concepts of language teaching : Historical and interdisciplinary
　　　　perspectives on applied Linguistic research*. Oxford University Press. [심영택 외 공
　　　　역(2015),『영어교육과 한국어교육을 위한 언어 교수의 기본 개념』, (주) 도서출판 하우.]

Richards. J. & Rodgers. T. (2001). *Approaches and Methods in Language Teaching* (2nd edit.).
　　　　Cambridge University Press. [전병만 외 공역(2003), 『외국어 교육 접
　　　　근방법과 교수법』, 캠브리지.]

1. 외국어 교수법은 문법을 어떻게 제시하는지에 따라 수업 구성 절차가 달라질 수 있는데, 다음 중 문법 제시 방식이 <u>다른</u> 하나는?

① 문법 번역식 교수법

② 직접 교수법

③ 상황식 교수법

④ 청각 구두식 교수법

정답 ①
정답근거 : 문법 번역식 교수법에서는 문법 제시를 먼저 한 후 그에 따라 연습했던 연역적 제시 방식을 따르고 있다.
그외 다른 교수법은 예를 먼저 제시한 후 문법을 제시하는 귀납적 제시 방식을 따르고 있다.

2. 문법 번역식 교수법에 대한 설명으로 <u>틀린</u> 것은?

① 문법 규칙을 설명한 후 문장을 번역하는 연습이 주를 이룬다.

② 어휘는 읽기 텍스트에서 선택되고 문법은 연역적으로 사용된다.

③ 수업에서 학습자가 배우고자 하는 목표어를 사용해서 교수한다.

④ 말하기나 듣기에는 관심을 두지 않고 읽기와 쓰기에 중점을 둔다.

정답 ③
정답근거 : 문법 번역식 교수법은 학습자의 모국어를 매개로 문법 규칙 설명을 연역적으로 제시하고 정확하게 연습
하는 것을 강조한 교수법이다.

3. 다음 직접 교수법에서의 지침에 대한 설명 중 나머지와 <u>다른</u> 하나는?

① 번역하지 말고 학습자에게 실물이나 행동으로 보여줘라.

② 너무 천천히, 빨리 말하지 말고 정상적인 속도로 말해라.

③ 교수자가 너무 많이 말하지 말고 학습자가 많이 말하게 하라.

④ 교수자가 수업 계획을 짜지 말고 학습자가 원하는 대로 가르쳐라.

정답 ④
정답근거 : 직접 교수법은 학습자에게 문법을 귀납적으로 제시한다는 점, 일상적인 어휘와 문장을 가르친다는 점에서 학습
에서 문법 번역식 교수법과 차이를 보이지만, 수업 전 가르칠 내용을 교수자가 미리 정하고 이를 계획대로 가르
치도록 한다는 점에서 정해진 교육과정과 수업 지도안을 바탕으로 수업을 진행하는 교수법이다.

4. 다음 중 청각 구두식 교수법과 상황적 교수법의 공통점이 <u>아닌</u> 것은?

① 수업을 목표어로 진행한다.

② 귀납적으로 문법을 제시한다.

③ 언어 교수는 문자 언어에서 시작된다.

④ 습관 형성을 위한 반복 연습이 강조된다.

정답 ③

정답근거 : 청각 구두식 교수법과 상황 교수법 모두 말하기와 듣기와 같은 음성 언어에 중점을 두어 구어 능력을 함양하는 것이 중요하다.

5. 외국어 교수법과 그에 대한 설명을 연결한 것이다. 다음 중 연결이 <u>잘못된</u> 것은?

① 전신 반응식 교수법은 다른 어떤 기능보다 말하기를 강조한다.

② 공동체 언어학습은 타인과의 상호작용을 통해 언어가 학습된다고 본다.

③ 침묵식 교수법은 교수자 중심이 아니라 학습자의 참여를 극대화한 교수법이다.

④ 암시적 교수법은 외국어 학습에 방해되는 걱정, 불안을 제거해야 한다고 강조한다.

정답 ①

정답근거 : 전신 반응식 교수법은 학습자가 주어진 명령에 대하여 몸으로 직접 반응함으로써 외국어를 익히게 하는 교수법이다. 다른 어떤 언어 기능보다 듣기 이해가 먼저 길러져야 한다는 전제가 중요하며 언어적 요소가 포함된 교수자의 지시에 따라 학습자가 이해한 것을 몸을 움직여 표현하는 것으로 수업이 진행된다.

6. 문자 언어가 언어의 중심이라는 가설에서 출발한 것으로 읽기, 쓰기와 같이 문자화된 글을 읽음으로써 학습자가 유의미한 학습을 하도록 강조하는 학습자 중심 교수법은?

① 침묵식 교수법

② 총체적 교수법

③ 암시적 교수법

④ 능력 중심 언어 교수법

정답 ②

정답근거 : 총체적 교수법은 문자의 해독에 초점을 두어 문법이나 어휘와 같은 언어적 요소를 개별적으로 가르치지 않고 언어를 총체적, 종합적으로 가르치는 교수법이다. 학습자가 읽기나 쓰기 활동을 스스로 선택하게 하는 학습자 중심적 학습이다.

7. 침묵식 교수법에 대한 설명 중 틀린 것은?

① 색깔로 되어 있는 차트와 막대기가 교수자료로 활용된다.

② 학습자가 자율적으로 문제를 해결하는 발견학습을 강조한다.

③ 교사는 발화를 되도록 자제하고 학습자에게 말할 기회를 준다.

④ 학습은 일차적으로 모방이나 훈련으로 이루어진다고 간주한다.

정답 ④

정답근거 : 학습이 모방이나 훈련으로 이루어진다고 주장하는 언어 교수법은 청각 구두식 교수법이다.

8. 암시적 교수법과 공동체 언어학습법의 공통점을 기술한 것으로 맞는 것은?

① 학습하기에 최적의 학습환경을 조성하는 것을 중시한다.

② 수업자료로 교사가 대화문을 낭독할 때 음악을 사용한다.

③ 해당 교수법에 맞는 교재 구성이 어렵고 평가 또한 어렵다.

④ 교사와 학습자들과의 공감대를 형성하여 상호작용을 높인다.

정답 ③

정답근거 : 최적의 학습환경 조성을 중시하며 음악을 사용하는 것은 암시적 교수법에 대한 설명이고, 교사와 학습자들과의 공감대 형성으로 상호작용을 높이는 것은 공동체 언어학습법에 대한 설명이다. 두 언어 교수법 모두 이에 맞는 교재 구성이 어렵기 때문에 학습한 이후에 배운 것을 평가하는 것도 어렵다.

9. 다음 중 의사소통 접근법에 해당하는 설명이 아닌 것은?

① 체계적인 문법을 바탕으로 완벽한 발화를 생성하는 것을 중시한다.

② 언어의 구조뿐만 아니라 기능적인 면을 체계화시키는 데 관심을 둔다.

③ 학습자의 요구와 선호에 따라 교수자료, 활동과 전략이 다양하게 활용된다.

④ 유창성이 강조되므로 목표어로 의사소통하려는 학습자의 시도가 장려된다.

정답 ①

정답근거 : 체계적인 문법을 바탕으로 완벽한 발화를 생성하는 것을 강조하는 것은 청각 구두식 교수법이다.

10. 다음은 자연적 접근법에서 크라쉔(Krashen)이 정리한 제2언어 습득 가설이다. 습득을 통해 유창성이 달성되는 반면 의식적 학습에서 얻어진 지식은 언어 산출을 감시하며 수정과 편집을 하며 정확성이 달성하므로 유창성이 달성된 후에 수정과 편집을 담당하는 장치가 가동되어야 한다는 가설은?

① 입력 가설   ② 모니터 가설

③ 자연적 순서 가설   ④ 정의적 여과 장치 가설

정답 ②

정답근거 : 의식적 학습에서 얻어진 지식이 언어 산출을 감시하며 수정과 편집을 담당하는 장치를 모니터라고 한다. 결국 모니터 가설이란 습득에 의해 달성된 유창성에 모니터가 가동되어야 한다는 가설이다.

11. 언어 자체에 대한 학습이 아니라 정보를 얻는 수단으로 언어를 사용해야 한다는 원리로, 배울 내용을 통해 언어를 배운다는 점을 강조하는 언어 교수법은?

① 의사소통 접근법   ② 자연 접근법

③ 내용 중심 접근법   ④ 과제 중심 접근법

정답 ③

정답근거 : 내용 중심 접근법은 언어 학습과 내용 학습의 전체적인 통합을 도모하는 것으로, 언어를 배울 때 언어 발달을 위한 도구로 내용을 사용하는 것이다. 학문 목적, 직업 목적과 같이 특수 목적의 교육에 내용 중심 접근법이 많이 활용된다.

12. 과제 중심 교수법에 대한 비판으로 적합하지 <u>않은</u> 것은?

① 체계적인 문법이나 어휘를 가르칠 교수요목이 없다.

② 과제의 순서를 어떻게 배열할지 명확한 기준이 없다.

③ 학습자의 수행능력 편차에 따라 교사의 할일이 과중하다.

④ 침묵기를 인정하여 학습자의 발화가 지연될 가능성이 있다.

정답 ④

정답근거 : 준비될 때까지 말하기를 강요하지 않는 것은 자연적 접근법인데 이런 침묵기를 인정함으로써 오히려 학습자의 발화가 지연될 수 있다는 비판을 받기도 한다. 과제 중심 교수법은 학습자가 주어진 과제를 해결하기 위한 수단으로 목표어의 사용을 장려한다.

13. 언어 교수법에 대한 설명 중 옳지 <u>않은</u> 것은?

① 문법 번역식 교수법과 총체적 교수법의 공통점은 문자 언어 중심이라는 것이다.

② 직접 교수법과 상황적 교수법의 공통점은 연역적으로 문법을 제시하는 것이다.

③ 청각구두식 교수법과 전신 반응식 교수법의 공통점은 교수자 중심이라는 것이다.

④ 의사소통 접근법과 과제 중심 교수법의 공통점은 교수자료의 불분명한 배열 기준이다.

정답 ②

정답근거 : 직접 교수법과 상황적 교수법 모두 귀납적인 문법 제시를 하도록 구성된다. 두 언어 교수법은 구어를 중심으로 목표어 사용을 강조한다는 점에서 유사하지만, 상황적 교수법은 상황을 통해 새로운 언어 항목이 도입되고 연습되며 문법은 난이도를 고려하여 배치되는 등 체계적인 언어적 요소를 강조한다는 점에서 직접 교수법과 구별된다.

14. 최근의 언어 교수 경향은 언어 자체보다는 정보 획득 수단으로써 언어를 사용할 때 성공적인 언어 학습이 가능하다고 한다. 이러한 시각이 반영된 외국어 학습으로 알맞은 것은?

① 학문 목적의 외국어 학습

② 과정 중심의 외국어학습

③ 학습자 중심의 외국어 학습

④ 언어와 문화의 외국어 학습

정답 ①

정답근거 : 학습 대상으로서 언어를 학습하는 것이 아니라 의사소통의 수단으로써 언어를 사용하는 대표적인 예는 학문 목적 혹은 직업 목적 같은 특수 목적의 외국어 학습이다.

15. 최근의 언어 교수 경향인 과제 중심 교수법에 대한 설명으로 <u>잘못된</u> 것은?

① 언어의 실제적인 사용이 장려된다.

② 의사소통능력을 키우는 것이 목적이다.

③ 학습 결과보다는 학습 과정에 중점을 둔다.

④ 오류 수정을 통한 정확한 발화를 강조한다.

정답 ④

정답근거 : 과제 중심 교수법은 의사소통을 목적으로 의미에 초점을 두고 언어를 이해, 처리, 생산하는 모든 활동을 뜻하는 과제를 언어 학습의 핵심 단위로 사용하는 교수법이다. 과제를 통해 실제적인 언어를 사용함으로써 의사소통능력을 신장할 수 있다. 그러므로 학습자 발화의 정확성보다는 유창성 확보를 중시한다.

한국어교재론

오승은 〈서강대학교〉

ㅣ학습목표ㅣ

1. 교재의 정의 및 기능을 살펴보고 학습자 중심의 한국어 교재를 개발하기 위해 한국어 교육과정과 교수요목이 어떻게 반영될 수 있는지 알아본다.
2. 학습자에 맞는 한국어 교재를 선정하기 위해 교재를 분석하는 기준을 확인하며, 효과적인 한국어 수업을 위해 필요한 부교재 제작 및 활용방법에 대해서 살펴본다.

'교재의 정의와 기능'

1. 교재의 정의

교실 환경에서 교수 행위의 핵심은 교수자와 학습자 간의 교수 학습 활동이다. 교수자의 잘 짜여진 교수 행위와 학습자의 성실한 학습 행위 모두 중요하다. 그러나 이러한 교수 학습 활동을 안정적으로 지원하는 교재의 역할을 무시할 수 없다. 교재가 없다면 교수 행위는 매 수업마다 방향을 잃고 수업 설계를 하는 데 많은 시간을 들일 수밖에 없게 될 것이다. 초보 교사에게는 숙련된 교사의 경험을 대체할 완성도 높은 교재의 도움이 필수적이며, 숙련된 교사에게는 자칫 빠질 수 있는 매너리즘의 그늘에서 벗어나 자신의 교수 설계 및 활동에 대한 성찰을 할 수 있게 도움을 준다.

한편 교재는 학습 행위에도 영향을 미치는데 학습자는 교재를 보면서 자신이 임할 수업에 대한 안내를 받을 수 있으며 교재의 내용을 통해 수업이 자신의 관심과 흥미를 잘 반영할 수 있는지 확인할 수 있는 동시에 앞으로의 수업에 대한 기대를 북돋아 줄 수 있기도 하다.

이와 같이 교수 학습 활동에 광범위하게 영향을 미치는 교재는 어떻게 정의할 수 있는가? 먼저 자료의 범위를 넓게 잡아 교재의 정의를 광의의 개념으로 살펴보면 '언어학습을 유발하기 위한 모든 의도적인 활동에서 동원되는 모든 입력물(input materials)'[1]로 간주할 수 있다. 이런 입력물에는 교재나 연습지와 같은 부교재, 교사지침서와 같은 종이로 된 자료뿐

---

[1] 서종학 외(2007)에서 그간 있어 왔던 교재의 정의를 정리하여 다음과 같이 정의를 내린다. 교재란 '교육 목표를 달성하기 위해 선정된 교육과정으로 이루어진 교육 내용을 교육철학과 함께 교사와 학습자에게 제공하는 물리적 실체로, 교육 정책을 추구해 나가는 총체적 도구'이다.

만 아니라 교사가 학습자에게 제공하는 교사말, 교사나 학습자가 언어 학습을 위해 활용 가능한 교실 밖에서 접하게 되는 언어, TV나 라디오, 인터넷과 같은 실제 언어 자료까지 포함된다. 교실 내 혹은 교실 밖에서 활용 가능한 언어 학습 자료인 셈이다.

반면 협의의 개념으로 교재를 정의해 보면, '학습자들이 교육목표에 도달하도록 교육과정에 따라 교육내용을 미리 선정하여 가시적으로 제시한 것'이다. 수업에서 주교재로 사용되는 교과서와 부교재로 사용되는 연습지, 워크북, 참고서, 사전, 시청각 자료, 과제, 활동과 같이 교수 학습 활동에 직간접적으로 사용되는 모든 언어자료로 교재를 정의할 때 교실 상황에서 활용 가능한 언어 학습 자료로 한정할 수 있다. '교실수업에서 교수기법을 지원하거나 효과를 높여줄 자료'(Brown 2001)라는 정의는 교실수업에서의 교수 학습 활동에 중점을 둔 교재의 정의라고 할 수 있다.

결론적으로 교재에는 교육과정과 교육목표와 같은 교육내용, 교수-학습의 매개체, 학습자의 요구, 효율적인 교수법, 수업 진행용 교육 도구를 모두 아우르는, 교수 학습 행위의 매개체이다.

2. 교재의 기능

교재의 기능은 교실 수업을 기준으로 수업 전 단계, 수업 중 단계, 수업 후 단계로 나누어 교수자와 학습자에게 어떤 역할을 하는지 살펴 보자.[2]

	교수자	학습자
수업 전	(1) 교육목표 제시 (2) 교육과정 구현	(3) 학습동기 유발
수업 중	(4) 교수내용 제공 (5) 교수법 제공 (6) 교수자료 제공	(7) 학습내용 제공 (8) 학습방법 제공
수업 후	(9) 교사와 학습자 매개 (10) 교수평가의 근거 제공 (11) 교육내용의 일관성 확보	(12) 평가 대비 자료 (13) 연습을 통한 정착 기능 수행 (14) 수업 수준의 일정성 확보

1) 교수목표 제시

교재에는 무엇을 가르칠지 교수, 학습목표가 설정, 제시되어 있다. 그러므로 교수자는 교재를 통해 가르칠 내용을 확인, 준비하여 일관성 있게 교수, 평가할 수 있으며, 학습자는 배울 내용을 확인하고 평가에 대비하여 준비할 수 있다.

---

2) 교재의 기능은 서종학 외(2007)의 내용을 정리한 것이다. 19-28쪽

2) 교육과정 구현

교육과정은 학습자의 요구 조사에 따라 학습 내용의 범주를 결정하고 선정하며 학습 방법에 대한 고민 하에 학습 내용을 배열하고 조직하며 진행한다. 교재에는 이와 같은 교육과정이 교수요목을 통해 반영되어 있다. 그러므로 교재의 구성만을 보더라도 교육과정이 문법적 교수요목인지 형태 초점 과제 중심 교수요목인지 확인할 수 있으며, 교사 중심 교수요목인지 학습자 중심 교수요목인지 확인할 수 있다.

3) 학습동기 유발

교재는 선정된 교수, 학습 내용을 학습목표와 학습자의 수준에 맞춰 제시하고 있으므로 학습자의 학습 의욕을 높일 수 있다. 교재의 내용에는 학습자의 목표에 대한 기대치가 반영되어 있으므로 학습자의 측면에서는 학습 내용에 관심을 더 갖게 마련이다.

4) 교수 내용 제공

교재는 교수자가 무엇을 가르칠지 가르치려는 내용이 반영된 것이다. 교수자는 교재를 통해 무엇을 가르쳐야 하는지, 어떤 방법을 사용해야 하는지 안내 받을 수 있어 안정적으로 수업을 준비하고 운영할 수 있다. 특별한 교재 없이 수업 때마다 학습자가 원하는 내용을 가르치는 집단 언어 학습법(Community Language Learning)을 생각해 보자. 교재가 없다면, 교수자는 그때마다 달라지는 교수 내용 때문에 일관되게 가르치기 어렵고 적절한 평가도 하기 어렵게 될 것이다.

5) 교수법 제공

교재는 교육목표와 교육과정에 따라 내용이 선정되고 제시 순서와 방법이 결정된다. 교재 편찬 시 가르칠 내용을 선정할 때 어떤 교수법이 적용될지에 따라 교재의 형식이 달라진다. 예를 들어, 초급인 1급 교재를 개발할 때 청각구두식 교수법이 적용된 교재와 의사소통 교수법이 적용된 교재는 내용과 형식 면에서 다를 수밖에 없다.

6) 교수 자료 제공

학습에 필요한 교수자료는 일반적으로 교재에서 제공한다. 모든 부교재가 교재에 달려 있지는 않지만, 수업에서 사용되는 제시자료로 그림, 사진, 도표와 같은 시각자료, 연습지, 워크북과 같은 연습자료, 활동자료, 읽기 자료 및 오디오나 비디오 같은 듣기 자료는 교재에 포함되어 있다. 초보 교사가 수업 내용의 흐름을 확인할 수 있는 교사용 지침서도 크게 확장된 교재의 의미로 보면 교재에 포함된다고 할 수 있다.

7) 학습내용 제공

교재는 학습자의 연령, 언어권, 학습 목적 등과 같은 학습자 변인을 고려하여 구성된다. 또한 교재는 말하기, 듣기, 읽기, 쓰기와 같은 언어 기능영역, 문자, 발음, 문법, 어휘, 문화와 같은 내용영역으로 분류될 수 있다. 따라서 학습자도 교재를 기본으로 예습, 복습, 자습 등의 학습 활동이 가능하게 된다.

8) 학습방법 제공

교수자가 교재에서 교수법을 제공 받듯이 학습자도 교재에서 학습방법을 제공 받는다. 물론 학습자가 교재를 이용하는 방법은 다양할 수 있지만, 교재에 제시되어 있는 순서는 학습자가 학습해 나가기에 효율적인 순서를 의미하므로 학습자는 교재 제시 순서를 따르는 경우가 많다. 그러므로 교재는 학습자가 개별 학습할 때에 어떻게 학습해야 할지 방향을 제시해 주기도 한다고 말할 수 있다.

9) 교수자와 학습자의 매개

교수자와 학습자는 수업에서 교재를 공유한다. 교재는 교수 행위와 학습 행위가 벌어지는 수업에서 교수자와 학습자의 매개체의 역할을 한다. 또한 교재는 교재 편찬자와 학습자가 만나는 기회가 되기도 한다.

10) 평가의 근거 제공

평가란 교수학습내용 및 영역에서 학습자가 획득한 지식이나 수행을 측정하여 교육에서 이루어진 활동과 교육 대상에 대해 성과 정도를 가치 판단 내리는 행위이다. 이러한 평가는 가르친 내용이 담겨 있는 교재에 근거해서 기준이 마련되어야 올바른 평가가 가능하다.

11) 교수 내용의 일관성 확보

교수자와 학습자, 교수법, 교수환경에 따라 수업은 다양해진다. 수업의 다양성은 좋지만 자칫 산만해질 우려도 있다. 예를 들어 다양한 교사가 한 반을 가르칠 때(team teaching), 교재로 교수내용의 일관성을 확보하여 안정적으로 수업을 운용할 수 있다.

12) 평가 자료 대비

평가를 통해 교수자는 교육목표를 달성했는지 확인하고 학습자 역시 학습 성취도를 확인할 수 있다. 학습자는 교재를 통해 학습목표와 학습내용을 확인하며 성취도 평가를 대비할 수 있게 된다.

13) 연습을 통한 정착 기능 수행

교재에는 선행학습내용과 후행학습내용이 체계적으로 연계되어 있다. 학습자가 개별학습을 진행할 때에도 교재를 이용한다면 체계적인 연습을 안내 받을 수 있으며 언어 훈련 도구로써 교재를 이용하여 학습자는 목표언어의 정확성과 유창성을 증진시키고 궁극적인 언어 능력을 향상시킬 수 있다.

14) 수업 수준의 일정성 확보

실제 수업에서는 교사의 개별적인 성향이나 자질, 능력에 큰 영향을 받게 된다. 숙련된 교사와 초보 교사는 수업 준비와 연습 방법에 있어 수업 운영에 큰 차이를 보일 수밖에 없다. 그러나 교재가 있기 때문에 교재에 입각하여 수업을 진행한다면 교사의 개별적인 성향이나 자질, 능력에 의한 수업의 질적 차이를 최대한 줄일 수 있게 된다.

3. 한국어 교재의 유형

박영순(2003)[3]에 따르면 한국어 교재는 다음과 같은 기준에 의해 유형별로 분류될 수 있다.

- 영역별 : 크게 언어기능영역과 내용영역으로 나눠 생각해 볼 수 있는데, 언어기능 영역별 교재로는 말하기, 듣기, 읽기, 쓰기 교재가 있고 내용영역별 교재로는 회화, 문화, 어휘, 문법과 같은 교재가 있다.
- 수준별 : 학습자의 학습 수준에 따라 초급, 중급, 고급, 최고급(최상급) 등으로 나뉘게 되고 한국학을 전공하는 학습자를 위한 교재도 나뉠 수 있다.
- 성격별 : 교재를 어떻게 이용할지에 따라 교수 학습용 교재, 자습용 교재, 교사용 교재, 인터넷용 교재, 수험대비용 교재로 나뉠 수 있다.
- 위상별 : 교재가 수업에서 어떻게 활용될 수 있는지에 따라 주교재용, 부교재용, 과제용, 평가용, 워크북으로 나뉠 수 있다.
- 목적별 : 학습 목적에 따라 생활하기 위해 또는 취미로 학습하는 일반 목적의 교재, 취업이나 진학을 목적으로 하는 특수 목적의 교재, 관광 한국어, 교양 한국어 등의 교재가 있다.
- 대상별 : 학습자 변인을 고려한 것인데, 연령에 따라 성인 학습자, 대학생, 중고생, 어린이를 대상으로 하는 교재가 있고, 또한 결혼 이주자, 근로자, 외교관, 군인과 같이 한국어를 학습하는 이유가 각기 다른 학습자를 대상으로 하는 교재도 있을 수 있다.
- 언어권별 : 학습자의 언어권에 따라 모국어에 의한 영향으로 학습에 큰 차이를 보일 수 있으므로, 가능하면 언어권별 교재가 있는 것이 좋다. 2000년대 초반에는 영어권, 중어

---

3) 박영순(2003)에서 그 당시 개발되어 온 한국어 교재를 유형별로 정리한 것이다.

권, 일어권, 서어권, 독어권, 불어권의 교재가 있었고, 2010년 이후에는 몽골어, 베트남어, 태국어와 같이 다양한 언어권별 교재가 편찬되고 있다.

'교육과정과 교재 개발'

1. 한국어 교재의 변천사

한국어 교재의 역사를 거슬러 올라가면 근대계몽기, 일제강점기(1877-1958)를 생각해 볼 수 있는데, 이 시기에는 외국인에 의한, 외국인을 대상으로 한 교재라고 할 수 있다. 근대계몽기에는 종교, 무역을 위해 한국어를 학습하는 일이 대부분이었고 교재는 선교사, 외교관을 대상으로 한 교재로 영어, 일어, 불어, 독일어, 체코어로 된 한국어 문법서, 회화서가 있었다. 일제강점기에는 한국에 들어와 있는 일본인을 대상으로 한 교재가 중심이 되었는데, 그 중에는 재외동포를 대상으로 한 교재도 있었다. 이 시기 교재는 문법서와 독본 중심이었는데, 한국어의 문법적 특징이나 예문을 기술하는 것 중심의 내용이었다. 그러나 이 시기의 교재는 체계성을 갖고 집필된 것으로 보기 어렵다. 이 시기를 지나 본격적으로 한국어 교육의 교재가 어떻게 변천해 왔는지 크게 네 부분으로 나눠 살펴 보자.[4]

1기는 한국어 교육의 초창기(1959-1975)로, 국내 한국어교육기관이 최초로 설립되었을 때부터 한국의 경제적 안정이 되기 전까지의 시기이다. 이 시기에는 청각구두 교수법에 의한 교체 연습이 중심이 되었고 교육할 때 모국어를 사용하는 것도 강조되었다. 실제 교재의 내용도 본문이 먼저 제시되고 단어가 설명된 후 문법이 설명되고 이에 해당하는 연습문제 유형이 뒤따르는 순이었다. 이 시기에는 선교사를 위한 교재가 많았고, 미국의 뉴욕, 시카고, 하와이에 한국어 학교가 설립되기도 했다.

2기는 한국어 교재 변화가 시작된 변화기(1976-1988)로, 국내 한국어 교육기관이 설립된 이후로 종교적 목적으로 학습한 선교자 이외에 다양한 목적을 가진 일본인 학습자가 증가한 시기이다. 일본인 학습자를 위한 교재에서는 읽기가 강조되었고 국내 대학 부설의 언어교육기관이 신설되면서 교재의 필요성이 증가하였다. 국외에서 자체적으로 개발한 교재를 사용하기도 하였는데, 재외동포용 교재로는 문교부에서 지원한 초등학교용 국정교과서가 쓰이기도 했다.

3기는 한국어교육의 발전기(1989-2000)로, 88올림픽을 계기로 한국어에 대한 관심이 고조되기 시작한 시기이다. 이 시기에는 국내 한국어 교육기관용 교재가 필요하다는 요구에 체계적인 교재가 개발되기 시작하였다. 또한 국내 한국어 교육기관용 교재는 대개 6등급으

---

4) 한국어 교육의 교재 역사를 연구한 논문에서 시기를 구분한 것은 논자마다 약간씩 다르다. 여기에서는 김은애(2014)의 구분에 따른다.

로 교재가 등급화되는 것이 보편으로 자리잡았다. 청각구두식 교수법에서 벗어나 의사소통 교수법이 시도되기도 했는데, 흑백이지만 시각화를 시도한 교재가 등장하기도 한 시기였다.

4기는 한국어 교재의 도약기(2001-현재)로, 과제 중심, 기능 통합형 교재와 같이 다양한 교재가 개발되었다. 국내 각 대학 기관에서는 기존 교재의 개정판이나 새 교재를 연구 개발하여 출판하였고, 의사소통 교수법을 바탕으로 한 다양한 교재가 개발되었다. 특히, 시각 자료를 활용하여 교재의 시각화를 모색한 교재가 증가하였다. 학습자의 언어권별, 말하기, 듣기, 읽기, 쓰기와 같은 언어 기능별로 교재가 다양화되고 전문화되었으며, 전통적인 교재 이외에도 온라인 교재, 멀티미디어 교재가 개발되었다. 국외 대학에서도 한국어를 전공하는 전공학과를 중심으로 한 교재가 개발되며 한국어 교재의 다양화가 진행되고 있다.

2. 교육과정과 교재

교육과정은 학습자 분석을 통해 교육 정책을 반영한 교육목표, 교육내용, 교육방법, 평가를 포함하는 전반적인 교육계획을 세우게 되는데, 교재에는 이와 같은 교육과정이 반영되어 있다고 할 수 있다. 즉, 교재를 보면 어떤 교육과정에서 어떤 교수학습 목표와 내용으로 교수할지 예측해 볼 수 있다고 할 수 있다. 교육과정에 따라 어떤 점이 강조되며 그것이 교재에 어떻게 반영될 수 있는지 살펴보자.

일반 목적의 학습자를 위한 교육과정에는 학습자의 한국어 의사소통 능력을 배양하는 것을 교수목표로 삼고 있다. 그러므로 교수 내용에는 일상생활에서 필요한 다양한 상황을 제시하고 생존에 필요한 기초적인 내용에서 정치, 사회, 문화 전반에 이르는 전문적 내용까지 수준에 맞게 구성되어야 한다. 이와 같은 교육과정에서는 주제, 과제와 기능을 중심으로 한 교수요목을 설정하고 기본 대화 및 어휘, 문법을 학습하는 것을 주교재로 삼는 것이 적합하다. 경우에 따라서는 말하기, 듣기, 읽기, 쓰기와 같이 언어기능이 통합된 교재가 쓰이기도 하고 언어 기능별로 분리된 교재가 쓰이기도 한다. 또한 발음, 문법, 한자, 작문 학습용 교재도 필요하고 한국 생활을 위해 한국 문화 학습용 교재도 요구된다.

특수 목적의 학습자는 크게 학문 목적의 학습자와 취업 목적의 학습자가 있다. 먼저, 학문 목적의 학습자를 위한 교육과정을 살펴보면, 전공과목 학습에 필요한 한국어 능력을 배양하는 것이 일차적인 목적이 된다. 그러나 학문 목적의 학습자 역시 초급 과정에서는 일상 생활에서 필요한 다양한 상황이 포함된 사회, 문화적 내용이 담겨 있는 교재가 필요하다. 중급 이후부터는 대학 수학에 필요한 교양, 전공 내용이 구성되어야 한다. 초급 과정에서는 일반 목적의 학습자를 위한 교재와 마찬가지로, 주제, 과제와 기능을 중심으로 한 기본 대화, 어휘, 문법 학습을 위한 교재가 공통적으로 요구된다. 말하기, 듣기, 읽기, 쓰기 등 언어기능이 통합된 교재가 쓰이며 발음, 문법, 한자, 작문 학습용 교재도 필요하다. 중급 이후부터는 본격적인 학문 목적 학습자를 위한 교육과정을 위해 한국 문학 강독 등 한국학과 응용 한국어와 관련된 교재가 중심이 된다.

특수 목적의 학습자 중에서 취업 목적의 학습자를 위한 교육과정에서는 직무 수행에 필요한 한국어 능력을 배양하는 것이 일차적인 목적이 된다. 그러므로 교육과정에는 직장에서 필요한 다양한 상황, 예를 들어 발표, 회의, 거래처와의 대화, 회사 보고서 작성 등의 다양한 상황이 제시되고 이를 수행하는 것이 중점적으로 교육된다. 취업 목적의 학습자 역시 초급에는 일반 목적의 학습자와 같이 주제, 과제와 기능을 중심으로 하여 기본 대화, 어휘, 문법 학습을 주교재로 사용하고 말하기, 듣기, 읽기, 쓰기의 언어기능이 통합된 교재가 쓰이다가, 중급 이후부터는 직무 관련 교과목을 위한 교재로 분화되는 것이 일반적이다. 한국 회사에 취업하는 것이므로 한국 문화 학습용 교재 역시 필요하다.

주한 미군 학습자를 위한 교육과정에는 학습자의 한국어 의사소통 능력을 배양하고 지역 전문가를 양성하는 것을 목적으로 하고 있다. 그러므로 초급에는 일상생활에서 필요한 다양한 상황을 제시하고, 중급 이후부터는 정치, 경제, 사회, 군사 등에 관련된 전문적인 어휘와 내용이 포함될 필요가 있다. 또한 이와 같은 학습자를 위해서는 특별 과정과 같이 맞춤형 교육과정을 설계하는 것도 필요하다. 초급 과정은 일반 목적의 학습자를 위한 교재처럼 주제, 과제와 기능을 중심으로 하여 기본 대화, 어휘, 문법 학습용 교재가 주교재로 이용된다. 말하기, 듣기, 읽기, 쓰기 등 언어기능이 통합된 교재가 쓰인다. 중급 이후부터는 한국의 정치, 경제, 사회, 군사 등 전문분야의 실제 자료를 중심으로 한 교재가 주로 쓰이며 한국 문화 학습용 교재와 같이 개별화된 교재가 쓰이기도 한다.

재외동포 자녀를 위한 교육과정은 한국인의 사회, 문화적 배경 하에 의사소통 능력을 배양하는 것을 최우선으로 한다. 그러므로 높임말과 반말의 쓰임, 한국에서 지켜야 할 예절, 문화에 대한 이해가 학습내용에 포함되어야 하는데, 특히 재외동포 자녀는 말하기, 듣기와 같은 구어적 의사소통에는 익숙하나 읽기, 쓰기와 같은 문어적 의사소통에 익숙하지 못하므로 이 부분에 대한 집중적인 학습이 필요하다. 재외동포 자녀를 위한 교재는 초급에서 주제, 과제와 기능을 중심으로 한 기본 대화, 어휘, 문법 학습이 주교재가 되는데, 여기에 덧붙여 읽기, 쓰기의 언어기능을 강화하기 위한 교재, 또한 한국 문화 학습용 교재가 필요하다.

결혼 이주자를 위한 교육과정은 학습자의 한국어 의사소통 능력을 배양하는 것을 목적으로 하였다. 그러므로 가족간의 대화나 지역사회 주민과의 대화와 같이 일상생활에서 필요한 다양한 상황을 제시한다. 또한 제사나 한국 명절문화, 웃어른과의 관계 등 한국문화에 대한 비중을 높게 책정해야 하며 구어적 의사소통에 문제 없도록 하는 것이 중요하다. 결혼 이주자를 위한 교재 역시 주제, 과제와 기능을 중심으로 한 기본 대화, 어휘, 문법 학습용 교재가 주교재로 활용되며 말하기, 듣기, 읽기, 쓰기와 같은 언어기능이 통합된 교재가 일반적으로 사용된다. 한국 문화 학습용 교재도 중요하며 특히 표준어와 방언을 분리하여 학습할 수 있는 교재도 필요하다.

3. 교수요목과 교재

교수요목은 교육목표를 달성하기 위하여 선택된 교육내용과 학습활동을 체계적으로 편성·조직한 계획으로, 일반적으로 교재의 첫부분에 나와 있는 내용 구성표와 같이 교육목표와 교육내용, 학습활동을 구체적으로 나열한 것으로 간주한다. 따라서 각각의 교수요목이 어떤 점을 강조하느냐에 따라 교재의 구성이 달라지는데, 다음의 표는 Brown(1995)에서 각각의 교수요목이 어떤 개념을 중심으로 구성되었는지 정리한 것과 이에 맞춰 조항록(2003)에서 한국어 교재와의 관련성을 살펴본 것을 대응시킨 것이다.

교수요목	기본 개념	한국어 교재와의 관련성
구조 교수요목	음운, 문법과 같은 언어 구조를 중심으로 작성한 것으로, 난이도 측면에서는 난이도가 낮은 것에서 높은 것으로, 빈도수 측면에서는 빈도수가 낮은 것에서 높은 것으로, 형태적 측면에서는 간단한 것에서 복잡한 것으로 교수요목을 배열한다.	1990년대 중반까지의 교재의 교수요목
상황 교수요목	언어 활동이 이루어지는 장소나 상황을 중심으로 작성한 것으로, 식당, 길, 지하철역, 시장과 같은 발화장면이 중시된다.	최근 교재에서 채택
주제 교수요목	각 등급에 맞춰 채택된 주제를 일정 기준에 따라 배열한 것으로, 일반적으로는 상황 교수요목과 혼합 형태로 제시된다. 예를 들어 가족, 날씨, 음식, 전화와 같은 주제를 중심으로 교수요목이 설정된 것을 떠올릴 수 있다.	최근 개발되는 교재에서 채택
기능 교수요목	소개하기, 설명하기, 요청하기, 제안하기 등 언어 활동의 기능적 측면을 중심으로 작성한 것으로, 주제 교수요목과 연계되어 주로 사용된다.	최근 개발되는 교재에서 채택
개념 교수요목	물건, 시간, 거리, 관계, 감정, 용모 등과 같이 실생활 관련 주요 개념을 중심으로 작성한 것으로, 개념의 유용성이나 친숙도에따라 배열하는 것이 일반적이다.	때때로 주제 교수요목의 일부가 포함됨
기능 기반 교수요목	대의파악, 주제파악, 화자 의도파악, 추론하기 등 특정 기능을 중심으로 배열한 교수요목이다.	이해활동 교재에서 많이 사용
과제 기반 교수요목	편지 쓰기, 면접하기, 신청서 작성하기 등 실생활 과제를 중심으로 배열한 교수요목이다.	주제 교수요목과 함께 채택
혼합 교수요목	둘 이상의 교수요목을 함께 활용하여 작성한 교수요목이다.	최근 개발되는 교재에서 채택

이전에는 언어 구조를 중심으로 한 문법적 교수요목이 주를 이루었는데, 그 이후에는 언어를 사용하는 것 중심의 의사소통 목적의 주제 교수요목, 기능 교수요목, 과제 교수요목

중심으로 바뀌게 되었다. 그러나 최근에는 학습자의 정확성과 유창성의 균형 잡힌 향상을 위해 해당 과제를 수행할 때 사용할 형태를 사용하도록 설계된 형태를 고려한 과제 중심 교수요목이 주목 받고 있다.

4. 한국어 교재 개발 원리

한국어 교재를 개발할 때 염두에 두어야 할 개발 원리[5]는 다음과 같다. 이와 같은 교재 개발 원리는 교재 개발 전에 기준으로 삼을 지침이 될 수도 있고 교재 개발 이후에는 자신이 개발한 교재를 평가할 수 있는 기준이 되기도 한다.

· 첫째, 한국어 교수, 학습목적을 반영하여 교재를 개발해야 한다.
· 둘째, 학습자나 교육환경을 비롯한 다양한 변인을 고려하여 교재를 개발해야 한다.
· 셋째, 정확하고 자연스러운 한국어를 익힐 수 있도록 교재가 구성되어야 한다.
· 넷째, 한국어와 함께 한국 문화를 교육할 수 있도록 교재를 개발해야 한다.
· 다섯째, 학습자 요구를 반영해 교육과정, 교육방법, 교육절차를 설계하고 교재를 구성해야 한다.
· 여섯째, 과정 중심의 교육 효과를 극대화할 수 있도록 교재를 구성해야 한다.
· 일곱째, 다양한 매체를 이용해 한국어 교재를 개발해야 한다.

5. 한국어 교재 개발 절차

한국어 교재를 개발하는 절차를 살펴보면 다음과 같다. 먼저, 학습자 요구 조사를 바탕으로 교육과정을 수립한다. 이 교육과정이 일반 목적의 교육과정인지, 취업 목적의 교육과정인지, 학문 목적의 교육과정인지 성격을 분명히 결정한다. 이러한 교육과정을 수립할 때에는 학습자의 요구 조사가 필요한데, 학습자는 어떤 것을 배우고 싶어하는지, 어떤 것이 학습자에게 가장 중요한지 요구조사를 통해 수집된 정보는 교육과정에 최대한 반영하게 된다. 또한 교육과정에는 학습자의 언어는 무엇인지, 이전에 한국어 학습 경험은 어떠한지 학습자 정보가 포함되며, 한 학기에 몇 주, 일주일에 몇 시간 학습할 수 있는지, 복습은 얼마나 자주 할 것인지 학습 시간도 결정되어야 하며 한 반에 몇 명 학습할 것인지 학급 규모도 결정되어야 한다.

교육과정이 결정되면 이에 따라 교육목적, 교육목표 및 교수요목이 설정된다. 교수요목이 설정되는 과정을 자세히 살펴보면, 먼저 설정된 교육목표에 따라 교육내용의 범주가 결정되며 그에 따라 어디까지 가르칠 것인지 교육내용이 선정된다. 더불어 어떻게 가르칠지 교

---

5) 김정숙(2002)에서 교육과정과 관련하여 교재 개발의 원리를 제시한 것이다.

수방법이 결정된다. 이와 같은 전반적인 고려를 통해 어떤 교수요목으로 할 것인지 결정해야 한다. 교수요목의 유형이 결정되면 선정된 교육내용과 교수방법에 맞춰 교육 내용이 배열되고 조직된다.

교수요목이 설계되면, 그 다음 과정으로 교재의 단원을 구성하고 집필을 해야 한다. 이때 한 단원은 어떤 순서로 구성할 것인지 결정해야 한다. 예를 들어 한 단원이 어떤 방법으로 구성될 수 있는지 살펴보자. 먼저, 주제와 기능을 혼합하여 '제2과 주말 활동'이나 '제3과 부탁하기'와 같은 단원 제목을 정한다. 그 다음에는 학습목표를 설정하는데, 이때에는 수행목표와 과제를 함께 제시하는 것이 좋다.

그 밖의 영역으로 발음, 어휘, 문법, 문화도 어떻게 제시할지 고려하여 설정한다. 실제 단원의 내용에서는 도입 부분에서 그림이나 질문을 제시하여 학습자의 배경 지식을 활성화하고 학습동기를 부여한다. 그리고 학습 내용이 제시된 예시문을 바탕으로 목표 발화의 모형이 되는 담화를 담화 맥락에 따라 제시한다. 발음은 해당 단원의 학습 내용 중 어려운 발음을 선정하여 음성자료와 함께 제시하고, 어휘는 의미장을 중심으로 묶어 제시하는 것이 일반적이다. '옷을 입다'가 제시된다면 '신발을 신다', '모자를 쓰다'와 같은 착용동사가 함께 묶여 제시되는 것을 의미한다. 문법은 의미·형태·화용에 대한 설명을 포함하여 문법을 제시하고 연습해야 한다. 과제는 가능하면 실제적 의사소통 상황과 유사한 활동을 중심으로 각 언어기능이 연계된 과제가 되도록 한다. 문화는 해당 단원의 주제와 관련된 문화 자료를 제시한다. 마지막으로는 학습자가 자기 평가를 통한 학습 성취도를 스스로 진단할 수 있도록 한다.

단원 구성이 끝나면 교재에 나오는 인물을 어떻게 설정할 것인지 정하고 실제 교재 집필이 진행된다. 집필 과정에서는 학습자의 학습 수준에 맞고 흥미를 유발하는 다양한 내용이 있는지 고려해야 한다. 집필이 끝나면 사진이나 삽화와 같은 시각 자료가 결정되고 오디오와 같은 청각 자료가 녹음된다. 그리고 실제 교육 현장에 적용할 수 있는지 교재를 시험적으로 사용하는 과정이 필요하다. 이 과정에서 학습자의 피드백을 반영하여 교재를 수정하게 된다. 마지막으로는, 교육과정 및 교재 평가에서 학습자의 요구에 잘 맞는지, 학습 수준에 적당한지, 어떤 점이 보완되어야 하는지 평가를 통해 수정 보완한다.

'교재 평가과 선정'

1. 교재 분석과 평가의 중요성

교재 연구는 크게 교재 분석과 교재 평가로 구분된다.[6] 교재 분석은 교재를 연구하거나 선정하거나 개발하기 위한 과정적 행위로, 교재를 선정하고 효율적인 학습을 하기 위해 필요한 것이다. 교재 평가는 교재 분석을 통하여 이루어지는 결과 행위로, 교재를 개작하거나 교재 개발을 하기 위해 필요한 것이다. 교재는 크게 교사, 교육과정, 교수방법과 같은 교수 변인에 의해 교재 사용이 달라질 수 있으며, 학습자, 학습목표, 학습자 요구와 같은 학습변인에 의해 영향을 받을 수도 있다. 교수(teaching)와 학습(learning)의 매개체로서의 교재에 대한 분석과 평가는 바람직한 언어 수업을 위해 꼭 필요한 과정이다.

2. 교재 평가 영역

교재 평가 영역은 크게 형식 영역과 내용 영역으로 구분된다. 형식 영역은 책의 수, 설계된 수업 기간, 수업 시간, 목차와 같은 교재의 외적 사항을 나타내는 반면, 내용 영역은 학습자의 상황, 학습자의 수준, 학습자 요구, 언어 내용과 언어 기능, 문화와 같은 교재의 내적 사항과 연관된다. 교재를 개작하거나 개발할 때에도 교재의 형식과 내용 영역에 대해 미리 설계한 후 개발에 착수할 수 있다.

3. 교재 선정의 원칙

모든 교수자들이 자신의 학습자에 맞춰 교재를 개발해서 사용한다면 가장 이상적이겠지만, 교수 여건상 이는 불가능하다. 그렇다면, 자신의 학습자에게 가장 잘 맞는 교재를 선정하는 것이 중요하다고 할 수 있다. 다음은 교재를 평가하거나 선정할 때 염두에 두어야 할 원칙[7]이다.

· 의사소통성 (Communicative) : 교재가 의사소통 능력을 향상시킬 수 있도록 고안되었는가?
· 목표성 (Aims) : 교재가 프로그램의 목표 및 목적에 부합하는가?
· 교수성 (Teachability) : 실제 이 교재로 가르칠 때 어려움이 없고, 교수방법론과 밀접하게 연관되는가?

---

6) 한국어 교육의 실제 교육 현장에서는 교재 분석과 교재 평가가 크게 구분되지 않는 경우가 많다. 교재를 평가하기 위해서는 교재 분석이 되어야 하고 교재 분석을 통해 당연히 교재 평가가 될 수밖에 없기 때문이다. 다만, 서종학 외(2007)에서는 이론적인 측면에서 교재 분석과 교재 평가를 구분해 놓은 것이다. 여기에서는 서종학 외(2007)를 따라 논의를 진행하고자 한다.
7) 서종학 외(2007)에서 Grant(1987)의 논의를 재인용한 것이다.

- 부교재 (Available Add-ons) : 교재에 뒤따르는 지침서나 테이프, 워크북 등이 존재하는가?
- 등급성 (Level): 학습자의 숙달도에 따라 적합하게 구성되었는가?
- 매력성 (Your impression) : 교재 전체 과제에 대한 인상이 어떠한가?
- 흥미성 (Student interest) : 학습자가 교재에서 어떤 흥미를 찾아낼 수 있는가?
- 검증 (Tried and tested) : 실제 교육 현장에서 검증된 적이 있는가? 있다면 어떤 상황에서 누구에 의해 검증되었으며 그 결과는 어떠한가?

4. 교재 평가의 분석 기준

교재 평가를 할 때 교재 분석을 하기 위해서는 일정한 기준을 필요로 한다. 교재 평가의 분석 기준은 크게 교수/학습상황 분석, 교재의 외적 구성, 교재의 내적 구성으로 나눌 수 있다. 교수/학습상황 분석에는 기관 정보, 학습자, 교사와 같은 하위 항목으로 나눌 수 있고, 교재의 내적 구성에는 교재 구성 목표 분석, 학습 내용 분석, 학습 활동 분석과 같은 하위 항목으로 나눌 수 있다. 분석 기준은 여러 질문으로 구성되어 있는데, 교재를 평가할 때 이러한 질문에 답하면서 해당 교재가 자신의 수업에 적합한지 따져볼 필요가 있다. 다음은 분석 기준을 항목별로 제시한 것이다.[8]

1) 교수/학습상황 분석

- 기관정보
  ① 기관의 한국어 교수 프로그램의 목표는 무엇인가?
  ② 자세한 교수요목이 존재하는가? 지향하는 교수법은 무엇인가?
  ③ 미리 정해져 있거나 권장된 교재가 있는가?
  ④ 교재 선택 및 개작 측면에서 교사의 자율권을 어느 정도 인정하는가?
  ⑤ 얼마간의 학습 시간이 주어졌는가? 프로그램은 얼마나 집중적인가?
  ⑥ 학급의 규모는 어떠한가?
  ⑦ 교실의 물리적 환경은 어떠한가? 시청각 장비, 복사기, 컴퓨터 등의 기기가 제공되는가?
- 학습자
  ① 한국어를 배우는 목적이 무엇인가? 특수 목적인가? 일반 목적인가?
  ② 학습자의 나이, 수준, 기대, 태도 및 동기가 무엇인가?
  ③ 학습자의 언어 학습 경험은 어떠한가?
  ④ 그들의 선호하는 학습 방식은 무엇인가?
  ⑤ 그들의 관심사는 무엇인가?

---

8) 이해영(2001)에서 한국어 교재의 분석 기준에 대해 다음과 같은 질문을 제시한 것을 정리한 것이다.

- 교사
    ① 교육기관에서 기대하고 있는 교사의 역할은 무엇인가?
    ② 교사는 한국어의 구조에 대해 얼마나 잘 이해하고 있는가?
    ③ 교사가 선호하는 교수방법은 무엇인가?
    ④ 교사는 특정 학생들을 위하여 교재를 응용하거나 보충하는 권리를 가지고 있는가?
    ⑤ 그렇다면 필요할 경우 그렇게 할 수 있는 노련함과 시간을 가지고 있는가?

2) 교재의 외적 구성
① 책은 튼튼하고 외관이 보기 좋은가?
② 교재의 가격은 적절한가?
③ 교재는 어디서나 쉽게 구입할 수 있는가?
④ 어휘 목록, 색인, 소사전, 콘텐츠 맵을 포함하여 사용이 편리한가?
⑤ 배치가 명료하여 책에서 원하는 것을 쉽게 찾을 수 있는가?
⑥ 테이프, 비디오, 교사용 지침서 등 관련 구성물이 제공되며, 구입이 용이한가?
⑦ 교재의 효과적인 사용을 위해 교실 환경 등 특별한 장비가 필요한가?
⑧ 전제되는 한국어 학습 상황은 한국인가? 외국인가?
⑨ 저자 또는 기관 정보가 명시적이어서, 교재 선택에 참조로 활용될 개발자의 교수적 특성에 관한 정보가 있는가?

3) 교재의 내적 구성
- 교재 구성 목표 분석
    ① 교재가 그 책의 지침이 되는 원리를 일관되고 명확하게 밝히고 있는가?
    ② 사용자(기관, 학습자, 교사)가 설정되어 있으며 이들의 요구가 반영되었는가?
    ③ 아울러 교재는 유연성과 융통성을 보이고 있는가?
- 학습 내용 분석 (주제)
    ① 학습자가 고유한 흥미를 유도할 만한가?
    ② 주제가 다양하여 학습자료와 활동의 개별화에 도움이 되는가?
    ③ 제공된 주제가 학습자의 경험을 풍부하게 하는 데 도움이 되는가?
    ④ 주제가 학습내용과 학습자의 언어수준, 연령, 지적 능력에 적합한가?
    ⑤ 제공된 주제가 실제의 사회적, 문화적 맥락과 연결되어 현장 적용성이 있는가?
    ⑥ 성, 인종, 직업 등에 대한 사회적 편견은 없는가?
- 학습 내용 분석 (문법)
    ① 새로운 언어항목의 제시 및 연습을 위해 어떤 기법이 사용되었으며 그것이 학습자에게 적합한가?

② 문법항목이나 이를 다루고 있는 방식은 학습자의 요구에 부합되는가?

③ 제시된 문법은 학습자의 숙달도에 비추어 보았을 때 적절한가?

④ 형식뿐만 아니라 실제적인 사용이 다루어졌는가?

⑤ 새로운 문법항목이 이미 배운 문법항목과 관련이 있는가?

⑥ 새로 나온 문법항목은 후에 충분히 반복되는가?

⑦ 문법항목에 대한 연습은 4가지 언어영역과 연계되어 있으며, 실제적인 과제 중심으로 구성되었는가?

⑧ 문법을 위한 참고 부분이 있어 자습, 개별 학습에 적합한가?

- 학습 내용 분석 (어휘)

① 어휘교육을 위한 자료가 양과 주제 범주의 측면에서 다양하고 충분한가?

② 어휘학습은 학습자의 어휘력을 향상시키는 역할을 하고 있는가?

③ 각 단원이나 텍스트에 제시된 어휘가 학습자의 숙달도, 인지능력에 비추어 보았을 때 적절한가?

④ 새로 나온 어휘는 후에 충분히 반복되는가?

⑤ 어휘학습이 학습자의 어휘 학습 전략 개발에 도움이 되는가?

- 학습 내용 분석 (발음과 억양)

① 발음 방법의 소개, 카세트 테이프의 제공 등으로 학습자의 자율적 학습을 돕고 있는가?

② 학습자의 발음과 억양 관련 학습 전략 개발에 도움이 되는가?

③ 발음 연습이 듣기, 대화 연습과 함께 이루어지는가? 혹은 개별적으로 이루어지는가?

④ 개별음의 조음, 단어의 강세, 구어적 축약형, 문장의 강세, 억양, 음운규칙이 체계적으로 다루어져 학습자의 체계적 학습을 돕는가?

- 학습 내용 분석 (담화와 화용)

① 교재가 문장 이상의 언어 사용의 규칙과 구조를 다루어 활용성이 있는가?

② 문체와 화용적 적절성이 다루어졌는가?

③ 제시된 연습자료의 담화에 불예측성 요소가 포함되어 있는가?

④ 담화 표지의 사용, 간접표현 등의 사용과 관련하여 의사소통 전략의 사용 등이 포함되어 있는가?

⑤ 순서 교대, 인접 쌍, 선호 조직 등 상호작용의 특징을 반영하는 담화 자료를 포함하고 있는가?

⑥ 제시되는 학습 활동이 학습자의 의사소통 전략 개발에 도움이 되는 활동인가?

- 학습 내용 분석 (문화)

① 성취문화 중심인가? 일상문화 관련 내용을 포함하고 있어 현장적용성을 높이고 있는가?

② 교재가 문화적 충격이나 목표 문화에 대한 거부감을 최소화하는 데 기여하고 있는가?

③ 문화 내용은 설명과 제시 위주로 소개되는가? 과제 활동에 포함되는가?

④ 제시된 활동은 학습자가 목표 문화에 대한 이해와 평가를 가능하게 하여 자율 언어 학습을 도울 수 있도록 구성되었는가?

- 학습 활동 분석

① 학습목표가 명확하게 제시되어 학습자가 학습에 주도성과 책임감을 갖도록 하는가?

② 학습자의 적극적인 참여를 제안하고 유도하며, 이것이 학습자의 기대와 부합하는가?

③ 학습활동이 개인화될 수 있도록 허용되어 그들 자신의 학습에 주도성과 책임감을 갖도록 하는가?

④ 학습자들을 위한 학습기술이나 학습전략 개발에 도움이 되는 학습활동이 제안되어 있는가?

⑤ 학습자의 개별적 특성에 따라 학습 활동이 선택될 수 있도록 되어 있는가?

⑥ 자가 점검 평가 활동을 통해 자신의 학습을 반추할 기회를 얻는가?

5. 각 교재의 특성

교재를 이해하는 것은 자신이 기획하는 수업 구성을 이해하는 것과 같다. 교재의 특성을 이해하면 해당 교재에서 어떤 점이 중요한지, 어떤 점이 부족한지 파악하여 수업에 활용할 수 있다. 교재의 특성은 다음과 같은 기준에 따라 분류될 수 있다. 먼저, 언어 기능별 교재로는 말하기, 듣기, 읽기, 쓰기와 같은 각각의 언어 기능별로 교재가 나뉠 수 있다. 이와 같은 교재는 언어 기능 통합 교재와 상반되는 개념으로 기술 분리형 교재로 불리기도 한다. 이렇게 기능별로 교재를 분리하면 해당 기능의 단계적 학습에 유리하다는 장점이 있다.

첫째, 언어 기능별로 교재의 특성을 살펴보자. 말하기 교재는 구어의 특성이 잘 드러나도록 구성하는 것이 중요하며, 말하기에 참여하는 대화 참여자 간의 상호작용을 익힐 수 있도록 설계해야 한다. 반면, 듣기 교재는 듣기 활동에 필요한 구어의 유형이 반영되도록 설계되었는지 확인해야 한다. 듣기 자료도 실제 자료에 가깝도록 실제성이 잘 반영되도록 구성해야 한다. 한편, 읽기 교재는 문어적 특성이 잘 드러나도록 하는 것이 중요하며 읽기 자료를 다양하게 구성해야 한다. 쓰기 교재는 문어적인 글쓰기 활동, 즉 텍스트 유형에 따라 달라지는 문어체가 드러나도록 구성해야 하며 다양한 쓰기 활동이 반영되어야 한다. 언어 기능별 교재를 평가할 때 분석 기준은 다음과 같다.

- 말하기 교재

① 구어에 얼마나 중점을 두고 있는가?

② 구어자료가 학습자의 실생활의 상호작용을 익히도록 되어 있는가?

③ 말하기를 위해 어떤 자료와 교실 활동을 포함하는가?

④ 실생활 관련 말하기 과제를 포함하고 있는가?

⑤ 대화나 토론 등의 활동을 위한 특별한 전략들이 있는가?

⑥ 학습자가 구어 상황에서 불예측성을 다루는 데 도움이 될 만한 연습이 있는가?

⑦ 듣기, 읽기, 쓰기 등 다른 영역과의 통합 활동이 제안되고 있는가?

⑧ 통합 시 제공되는 활동은 필수적 선택으로, 또는 수의적 선택으로 제안되어 학습자의 개별화를 돕는가?

⑨ 학습활동이 개인화될 수 있는 기회를 제공하는가?

· 듣기 교재

① 듣기활동에 요구되는 구어의 유형을 잘 반영하고 있는가?

② 어떤 종류의 듣기 자료가 포함되어 있는가?

③ 듣기자료가 실제에 가깝게 녹음되었는가?

④ 녹음된 테이프 내용의 음질, 말의 속도, 억양, 실제성 등은 양호한가?

⑤ 듣기를 위한 비디오테이프가 있는가? 있다면 얼굴 표정, 몸짓 등을 보여줄 수 있도록 시각적 매체가 잘 이용되는가?

⑥ 듣기자료와 듣기 활동은 학습자의 인지적 수준에 적절하게 부합되는가?

⑦ 듣기자료가 새로운 경험과 정보를 제공하고 있는가?

⑧ 듣기자료의 전체적인 양과 개개의 길이는 학습자의 숙달도에 잘 맞는가?

⑨ 어떤 종류의 교실 활동이 제시되어 있는가? 실제적인가?

⑩ 듣기의 실생활 과제를 포함하고 있는가?

⑪ 듣기능력 향상을 위한 학습 기법이나 전략 개발에 초점이 있는가?

⑫ 말하기, 읽기, 쓰기 등 다른 영역과의 통합 활동이 제안되고 있는가?

⑬ 통합 시 제공되는 활동은 필수적 선택으로 제시되는가? 아니면 수의적 선택으로 제안되어 학습의 개별화를 돕는가?

· 읽기 교재

① 읽기자료의 유형이 다양하게 제시되는가?

② 읽기자료의 주제는 다양하고 편견은 없는가?

③ 읽기자료가 학습자의 인지적 수준과 흥미에 적절하게 부합되는가?

④ 읽기자료가 다양한 경험과 정보를 제공할 수 있는가?

⑤ 읽기자료의 전체적인 양과 개개의 길이는 학습자의 숙달도에 잘 맞는가?

⑥ 읽기자료가 한국어 문어의 특성을 보여주고 있는가?

⑦ 읽기자료가 문어자료로서의 질은 양호한가?

⑧ 읽기능력 향상을 위한 학습기법이나 전략 개발에 초점이 있는가?

⑨ 말하기, 듣기, 쓰기 등 다른 영역과의 실제성 있는 통합 활동이 제안되고 있는가?

⑩ 통합 시 제공되는 활동은 필수적 선택으로 제시되는가? 아니면 수의적 선택으로 제안되어 학습자의 개별화를 돕는가?

⑪ 과제활동이 흥미, 정보 수집 등 일상생활의 개연성 있는 읽기의 목적이 반영된 학습

활동인가?

⑫ 읽기의 실생활 과제를 포함하고 있는가?

⑬ 학습활동이 개인화될 수 있는 기회가 제공되는가?

· 쓰기 교재

① 문어적인 글쓰기 활동이 제안되는가? 즉, 텍스트의 유형에 따른 문어체의 다양한 문체가 강조되는가?

② 쓰기능력의 향상을 위해 어떤 교실활동을 포함하고 있는가? 가령 유도된 쓰기, 통제된 쓰기, 문단 쓰기 등의 활동이 유도되는가?

③ 여러 종류의 쓰기 규칙이 교수되는가?

④ 단락 구성이 적절히 교수되는가?

⑤ 정확성에 얼마나 중점을 두는가?

⑥ 쓰기활동은 과정 중심인가? 결과 중심인가?

⑦ 쓰기활동의 목적과 독자층을 설정하고 활동이 제시되는가?

⑧ 실생활 쓰기 과제를 포함하고 있는가?

⑨ 말하기, 듣기, 읽기 등 다른 영역과의 통합활동이 제안되고 있는가?

⑩ 통합 시 제공되는 활동은 필수적 선택으로 제시되는가? 아니면 수의적 선택으로 제안되어 학습의 개별화를 돕는가?

둘째, 매체별로 교재의 특성을 분류하면 웹 기반 교재와 영상 기반 교재로 나뉠 수 있다. 웹 기반 교재는 학습자의 적극적이고 능동적인 참여를 이끌어내도록 구성해야 하는데, 다차원적인 상호작용의 기회를 제공할 수 있도록 하고 시공간적 제약이 해결되어 자율적인 학습이 가능하도록 해야 한다. 반면, 영상 기반 교재는 학습자에게 언어 사용의 상황과 맥락을 제공할 수 있으며 학습자의 흥미를 유발시킨다는 점에서 긍정적이다. 매체별 교재를 평가할 때 분석 기준은 다음과 같다.

· 웹 기반 교재

a. 요구분석

① 일반 교재와 마찬가지로 학습자의 언어권과 요구, 학습환경을 충분히 고려했는가?

② 100% 온라인 교육용인가? 혼합형 교육용인가?

b. 교수설계

③ 학습목표와 학습맵(map)을 제시하고 있는가?

④ 학습 내용의 수준을 단계별로 구분되어 제시되는가?

⑤ 웹의 화면 구성이 학습자가 쉽게 접근하고 이동할 수 있도록 적절히 배치되어 있는가?

c. 학습내용

⑥ 언어 기능별 학습과 발음, 어휘, 문법, 문화가 포함되어 있는가?

⑦ 학습내용의 난이도와 분량이 적절한가?
d. 학습전략
① 자기주도적 학습(학습자의 수준에 맞는 선택적 학습과 개별화된 학습)이 가능한가?
② 학습동기 유발, 학습 지원 장치가 있는가?
e. 상호작용
③ 학습내용이 제공하는 피드백은 유의미한가?
f. 평가
④ 지원 체계 및 평가와 관련된 학습 관리 시스템을 갖췄는가?
⑤ 학습 진도와 과제 관리가 가능한가?
⑥ 학습 내용에 대한 평가와 결과를 제공하는가?

· 영상기반 교재
a. 실제 듣기자료를 그대로 교실수업에서 들여온 실제 자료를 토대로 만든 교재(예: 드라마, 영화, TV 프로그램, 뉴스)
① 학습자의 관심, 화제성을 반영하여 수업 구성: 체계적인 교수요목을 위한 설계는 어떠한가?
② 듣기 숙달도를 높일 수 있음: 듣기 숙달도 향상을 위해 어떤 학습 전략이 필요한가?
③ 학습자의 학습수준에 비해 어려움: 학습자의 수준에 맞춰 개작이 필요한가?
④ 학습자의 자기주도성 학습을 어떻게 장려할 수 있는가?
b. 교사의 교수요목에 의해 개발된 영상 자료를 토대로 만든 교재 (예 : 학습자의 수준에 따라 단계별로 제작)
⑤ 학습자의 관심, 요구 : 학습자의 요구에 맞는 교재를 개발했는가?
⑥ 어색한 상황이 연출될 수 있음 : 현실에서 적용 가능하고 실용적인가?
⑦ 개발된 후 자료 수정 어려움 : 시의성이 부족한 것을 어떻게 극복할 수 있는가?

셋째, 특수목적별로 교재의 특성을 분류하면 학문 목적 교재, 직업 목적 교재, 결혼 이주민을 위한 교재로 나뉠 수 있다. 학문 목적 교재는 한국 내 대학에 진학하여 학문적 활동을 수행할 수 있도록 구성한 것이다. 최고급 단계의 학습자를 위한 내용 중심 언어 교수법이 반영되어 있고 한국의 외국인 유학생을 위한 주제 중심 언어학습이 주로 이루어진다. 반면, 직업 목적 교재는 직무수행능력 배양이 목적으로, 학습자에 따라 교재의 구성과 성격이 달라진다. 결혼 이주민을 위한 교재는 가족과 지역사회와의 성공적인 의사소통을 할 수 있도록 구성된 교재로, 지역에 따라 표준어와 방언을 구분하여 반영할 필요가 있다. 특수목적별 교재를 평가할 때 분석 기준은 다음과 같다.

· 학문 목적 교재
a. 요구분석

① 학습자의 요구분석, 교육시간, 학습 규모, 교사의 언어적 능력이 교재에 고려되었는가?

② 학습목표와 학습내용, 수행에서 학문 목적 학습자에게 적절한가?

b. 학습내용

① 학문 목적 학습자의 학문적 요구에 부합되는 내용인가?

② 학술 텍스트의 주요 문체인 설명적 텍스트와 논증적 텍스트를 다루고 있는가?

③ 학문적 주제 관련 어휘와 핵심 용어, 사고 도구어(예 : 개념, 특성, 고찰), 담화 표지와 표현, 문법, 문체, 담화 구조가 체계적으로 다루어졌는가?

④ 학문적 활동과 유사한 학습활동(사고력 훈련하기, 문제의식 기르기 등)이 제공되어 있는가?

⑤ 학습 후 학습자가 자가평가를 도울 수 있는 활동이 구성되어 있는가?

c. 학습전략

① 언어의 네 가지 기능이 학습전략과 연관되어 학습되도록 구성되어 있는가?

② 교사와의 협력학습 혹은 개별학습에도 사용될 수 있도록 자기 주도적 학습 전략이 있는가?

· 직업 목적 교재

a. 이주 노동자를 위한 교재

① 일상생활, 직장생활, 현장업무상황을 담은 통합교재인가?

② 이주 노동자가 자신의 권익을 보고하는 기능이 포함되어 있는가?

③ 학습자의 학습수준에 따라 중점으로 하는 교육이 달라지는가? (초급 수준에서는 말하기, 듣기 등 구어교육 → 중고급에서는 읽기, 쓰기 등 문어교육)

b. 비즈니스 한국어 교재

① 학습자의 언어권, 직위, 연령과 같은 학습자 변인이 실제 과제와 관련되어 고려되어 있는가?

② 다양한 학습 조건과 환경을 고려하고 있는가? (회의, 회식, 프레젠테이션, 경조사 등)

③ 비즈니스 상황에 적절한 담화 구조 학습이 잘 되어 있는가?

④ 특정 전문 어휘와 공적 담화에서 통용되는 어휘 목록이 포함되어 있는가?

⑤ 한국의 기업 문화에 대한 내용이 포함되어 있는가?

· 결혼 이주민을 위한 교재

a. 사회적 측면

① 가정과 지역사회 내에서 핵심적인 구성원의 역할을 할 수 있도록 구성되어 있는가?(지역 사회의 다양한 상황, 경어법, 반말 교육이 초급부터 이루어져야 한다)

② 한국 사회 적응에 필요한 문화교육이 다루어지고 있는가?

b. 학습자 측면

① 학습동기와 학습목표를 충족시킬 수 있는 학습이 이루어지고 있는가?(한국생활에

의 적응, 가족과의 대화 등)
  c. 학부모 측면
      ① 자녀와의 의사소통 상황이 구성되어 있는가?
      ② 자녀의 학교생활을 도울 수 있도록 학습내용이 구성되어 있는가?(교사와의 자녀 문제 상담, 학부모로서의 의견 참여 등)
  d. 교수, 학습상황 측면
      ① 가능한 교수, 학습상황을 고려했을 때 적합한 교육과정과 교재인가?
      ② 방문교육 또는 집합 교육을 위한 교재인가? 학습자의 자기 주도적 학습이 가능한 교재인가?

'부교재의 정의'

1. 부교재의 정의

교재는 크게 주교재, 교사용 지침서, 부교재로 구성된다. 주교재는 수업의 교수 학습 내용이 반영되어 주되게 사용하는 교재이며 교실 수업 이외에도 학습자가 개별적인 자율학습으로 이용할 수 있게 구성된 것이기도 하다. 교사용 지침서는 교사를 위한 교재로, 특히 수업의 흐름을 자세하게 설명해 준다는 점에서 교사를 위한 교재라고 할 수도 있다. 교사가 수업에서 설정한 학습 내용에 대해 더 효율적으로 학습시키기 위한 것으로, 수업 방식, 수업 활동, 수업 내용의 유의점과 같은 내용에 관한 자료를 포함하고 있기 때문이다. 또한 수업 활동을 설명할 때 사용할 수 있는 부교재를 제시해 주기도 한다. 그런 의미에서 교사용 지침서는 수업의 길라잡이와 같은 역할을 한다고 할 수 있다. 부교재는 수업에서 사용될 수 있는 주교재 이외의 모든 자료를 의미한다. 여기에는 교사말, 교육적 목적으로 제작된 자료, 실제자료 등이 포함된다. 예를 들어, 실제자료, 사진, 그림, 듣기 자료로서의 CD, 단어 카드, 문형카드, 연습지, 워크북 등이 있다.

2. 부교재의 기능

부교재는 학습 효과를 높이기 위해 사용한다. 부교재를 사용함으로써 모국어 환경과 유사한 환경을 제공하고 학습자들이 쉽게 응용할 수 있는 자료를 사용함으로써 시간, 노력이 절감될 수 있기 때문이다. 다음은 부교재를 사용함으로써 얻을 수 있는 부교재의 기능은 무엇인가?

첫째, 부교재는 학습자의 이해를 높인다. 예를 들어 사진, 그림, 지도와 같은 시각자료는 학습자가 언어로만 제시되었을 경우에 비해 훨씬 쉽게 학습자가 해당 내용을 이해할 수 있게 돕는다. 둘째, 부교재는 자료 활용 가능성을 높인다. 그림 카드나 문형 카드와 같은 부교재는 플래시 카드와 같은 형태로 학습자가 형태 활용을 자동화, 내재화할 수 있을 때까지 훈련시키는 도구로 기능한다. 셋째, 부교재는 평가에 도움을 준다. 특히, 말하기나 쓰기의 표현 영역 평가로 많이 활용되는 역할극이나 그림을 보고 이야기를 만드는 활동을 평가로 활용할 때 제시되는 부교재가 평가를 위한 준비 자료가 될 수 있다. 넷째, 부교재는 교사와 학습자 간의 의사소통을 돕는다. 초급에서 교사와 학습자의 의사소통에서의 어려움은 시각자료로서 어느 정도 해소될 여지가 있기 때문이다. 다섯 째, 부교재는 교사의 역할을 부분적으로 대신할 수 있다. 교사와 같은 시공간에 있지 못할 경우, 컴퓨터를 이용한 프로그램이나 학습용 오디오 자료와 같은 부교재를 통해 학습자는 개별 학습을 할 수 있다.

3. 부교재 선택 및 제작 시 고려사항

부교재를 선택하거나 제작할 때에는 학습자 요인과 기술, 환경 요인, 경제적 요인을 고려해야 한다. 먼저, 학습자 요인을 살펴보자. 첫째, 학습자의 연령에 따라 부교재를 선택하거나 제작할 때 달라질 수 있다. 학습자의 연령이 낮을수록 문자 위주의 부교재 자료에 쉽게 흥미를 잃을 수 있고, 게임이나 노래, 동영상을 이용한 자료에 더 민감하게 반응한다. 반면, 학습자의 연령이 높을수록 실제속도를 반영한 듣기자료나 새로운 기기를 이용하는 프로그램에 어려움을 느낄 수 있다.

둘째, 학습자의 성별 및 성향에 따라 부교재 선택 및 제작이 영향을 받는다. 실생활에서 쉽게 확인할 수 있듯이, 남성 학습자와 여성 학습자는 관심의 초점이 다르다. 예를 들어, 여성 학습자는 트렌디한 드라마를 좋아하는 반면, 남성 학습자는 스포츠나 뉴스에 관심이 있다. 또한, 게임을 좋아하는 학습자가 있는 한편, 문자로 된 자료로 확인 받기를 좋아하는 학습자도 있을 수 있다. 결국 이렇게 다양한 성향과 취향을 갖고 있는 학습자를 대상으로 교사가 해야 할 역할은 학습자가 편안함을 느낄 수 있는 정서적 환경을 만들어 주는 것이다.

셋째, 학습자들의 학습수준 및 선행학습 정도에 따라서도 영향을 받는다. 같은 부교재 자료라고 하더라도 학습자에 따라 그 사용은 달라지게 마련이다. 학습 수준이 낮은 학습자에게는 제시용 혹은 연습용으로 사용 가능한 단어카드가 학습 수준이 높은 학습자에게는 이를 활용한 토론이나 응용할 수 있는 교실 활동으로 확장될 수 있다.

넷째, 문화, 사회적 배경도 부교재 선택 및 제작 시 고려해야 한다. 문화적, 사회적 배경이 다른 학습자가 한 교실에서 공부할 때 부교재 사용은 신중히 채택되어야 하기 때문이다. 예를 들어, 중국 국적의 학습자와 대만 국적의 학습자가 같은 교실에서 학습할 경우, 국기나 지도를 사용한 활동은 학습자들이 민감하게 반응할 수도 있으므로 신중해야 할 필요가 있다.

마지막으로, 학습자의 학습 목적에 따라 부교재는 달라진다. 일반 목적인지 특수 목적인지, 특수 목적 중에서도 진학을 위한 것인지 취업을 위한 것인지 사업을 위한 것인지에 따라 학습 내용과 부교재는 달라질 수밖에 없다. 예를 들어, 진학 목적의 학습자에게는 자료 수집 및 논문 작성법을 지도할 수 있는 부교재가 필요한 반면, 사업 목적의 학습자에게는 계약서, 청구서, 이메일 작성이 학습 내용으로 포함되므로 그에 해당하는 부교재도 바뀌게 된다.

학습자 요인과 달리, 기술, 환경 요인으로도 부교재의 선택 및 제작에 영향을 끼치게 된다. 부교재를 사용하기 위해 특별한 시설이나 기자재가 필요한 경우 이러한 설치가 가능한지 확인할 필요가 있다. 실제로 국외에서 한국어를 가르칠 경우 교실마다 기자재가 설치되어 있지 않을 때에는 부교재가 있어도 활용하기 어렵다. 또한, 기자재는 사용하기 전에 매번 작동 여부를 점검해야 한다. 기기 오작동 때문에 수업이 지연되거나 영향을 받으면 안되기 때문이다.

경제적인 요인도 고려해야 할 점이다. 부교재를 사용하기 위해 새로운 시설을 만들거나 기기를 설치해야 할 경우 비용이 발생하는데, 이때 이와 같은 비용 대비 학습 효과를 고려할 필요가 있다. 교사가 부교재 제작에 너무 많은 시간과 노력이 들어가야 할 경우, 시간이 갈수록 부교재를 지속적으로 사용하기 어렵다고 느낄 수밖에 없다. 예를 들어, 드라마를 이용한 수업이 학습자에게 흥미와 효과를 끌 수 있다는 장점이 있어도 매번 새로 나오는 드라마를 편집해서 부교재를 만들어 수업하기에는 교사에게 너무 큰 부담이 된다.

4. 부교재 제작 및 활용

부교재는 어떤 종류가 있고 이를 어떻게 활용할 수 있는가? 다음에서 부교재의 종류를 알아보고 이를 활용할 수 있는 방법을 살펴 보자.

첫째, 언어 자료로 예문과 연습지로 나뉠 수 있다. 먼저 예문은 문법 도입이나 제시 때 사용하기도 하고 단어를 설명하거나 단어의 사용 맥락 혹은 대화를 제시할 때에도 사용하는 가장 기본이 되는 자료로, 예문은 출력한 형태의 연습지나 복사지, 판서로 학습자에게 제공된다. 연습지는 문법 활용형을 연습하는 정확성을 위한 연습지와 의사소통 중심의 과제 활동지와 같은 유창성을 위한 연습지로 양분된다.

언어자료 이외에도 청각 자료 및 기자재가 있다. 이때에는 무엇보다도 교사의 육성은 학습자와 직접 의사소통이 가능하고 시공간에 관계없이 의사소통이 가능하다는 점에서 활용도가 높은 청각자료라고 할 수 있다. 또한 카세트 테이프, CD, mp3 파일, 녹음기, 휴대전화의 녹음 기능과 같은 기자재의 도움으로 제작 가능한 청각자료는 학습자가 원하는 만큼 반복학습이 가능하므로 개별 학습을 돕는 도구로도 활용 가능하다. 이 역시 시공간에 상관없이 수업을 진행할 수 있다는 점에서 매력적이고 경제적인 듣기자료이다. 뿐만 아니라 이와 같은 청각자료는 학습자에게 입력자료로만 기능하는 것이 아니라 학습자 발화를 녹음한 후 피드백이나 평가를 위한 도구로 쓰일 수도 있다. 어학 학습실도 소음 없이 집중해서 듣기를 공부할 수 있게 하는 청각 기자재이다. 반복 듣기나 발음 지도를 위해 오디오 녹음파일을 이용할 수 있고, 학습자 간 상호 대화도 할 수 있으므로 짝활동이나 토론이 가능하기도 하다.

　시각자료 및 기자재는 가장 일반적인 부교재의 종류이다. 만약 교재가 통합 교재라면 교과서 안에 부교재가 포함되어 있게 된다. 교과서에는 학습 내용이 체계적으로 정리되어 제시되기 때문에 학습자가 자신의 능력에 따라 개별 학습으로 학습 속도를 조절하면서 공부할 수 있고 시간과 장소의 제약을 받지 않는다는 장점이 있다. 칠판이나 화이트 보드도 교사가 수업에서 많이 쓰는 교구인데, 그림을 그리거나 색분필로 색을 달리해서 써서 시각적 효과를 높일 수 있다. 이때에는 교사가 판서에 신경을 쓴 나머지 학습자에게 교사의 등을 계속 보이지 않도록 주의해야 한다. 또한 판서할 때에도 나름대로의 규칙을 정해 왼쪽에는 학습 목표, 오른쪽에는 새 단어를 정리하는 요령이 필요하다.

　대표적인 시각자료로 카드를 들 수 있는데, 한글을 학습할 때 사용하는 자음과 모음카드는 초급에서 꼭 필요한 부교재이다. 특히 초급 학습자가 인쇄체와 필기체 모두 확인할 수 있도록 기회를 제공하는 것이 좋다. 문자카드는 문법 카드나 플래시 카드로 학습자에게 제시할 때 사용하거나 단어카드와 같이 학습자 활동에 사용하기도 한다. 이때 가독성이 좋은 글자체를 선택하는 것이 중요하다. 문자카드에서 부분적으로 색을 달리하여 학습자의 주목을 끌 수도 있다. 플래시 카드일 경우 동사를 줄 때 기본형으로 줄지 활용형으로 줄지 주의해야 하며, 어떤 동사를 어떤 순서로 제시해야 할지도 고민해야 한다. 상황카드는 유창성을 위한 연습을 위한 활동에서 사용되는 부교재인데, 학습자의 학습 수준에 맞게 상황을 기술하는 것이 중요하다. 그림카드는 그림으로 제시된 다양한 형태의 카드로, 초급 학습자에게 의미를 전달하기 위해 쓰이는 경우가 대부분이다. 이때 의미를 명확히 알 수 있게 표현한 카드로 준비하는 것이 중요하다. 중고급에서는 의미 전달용으로 그림카드를 많이 사용하지는 않는다.

　그 밖에도 실물자료 대신에 실제성을 높이고 쉽게 상황 연출이 가능한 사진이 있는데, 사진은 파일로 제작하면 보관과 이동이 용이하기 때문에 활용도가 높다. 지도도 학습자에게 시각적인 정보를 주는 동시에 흥미를 유발시키는 효과도 있으므로 많이 활용된다. 또한 도표는 복잡한 내용을 간략하게 만들어 학습자의 이해를 도울 수 있다는 장점 때문에 많이 활용되는데, 특히 중고급에서 읽기의 제시 자료 혹은 내용이해 질문용, 토의 자료로 활용 가능하다.

　시청각 자료 및 기자재로는 대표적으로 컴퓨터가 있다. 동영상은 중고급 단계에서 학습 내용을 제시하거나 듣기수업에서 듣기자료로서 이용한다. 인터넷 TV뉴스, 한글 자막이 나오는 영화 DVD, 유투브를 들 수 있다. 또, 학습자끼리의 활동 장면을 휴대전화로 녹화해서 동영상 파일로 만들면 오류교정 자료나 수행평가로도 이용할 수 있다. 동영상을 교실 수업에서 이용하려면 텔레비전 화면이나 프로젝터, 스크린 장치가 필요한데, 이 또한 수업 전에 컴퓨터 기기를 점검해서 수업에 지장을 주지 않도록 하는 것이 중요하다. 파워포인트도 교사가 컴퓨터를 이용하여 입력한 자료를 다수의 학습자를 대상으로 제시하고 연습할 때 많이 쓰인다. 플래시 카드 대신에 문형 활용 연습에 쓰이기도 하고 해답을 확인하거나 쓰기 오류를 수정할 때, 퀴즈 활동을 할 때에도 사용될 수 있다. 자료가 깔끔하게 정리되어 제시될 수 있고 교사의 자료 이동 부담을 줄일 수 있다는 점에서 긍정적이지만, 파워포인트는 어두운 환경에서 제시해야 하므로 교실 수업에서 장시간 이용하기에는 어려움이 따른다.

멀티미디어도 컴퓨터를 이용한 대표적인 부교재이다. 그 중에서 SNS는 학습자가 갖고 있는 휴대전화를 이용하여 학습자끼리 실시간으로 의사소통이 가능하므로 여러 명이 채팅방에서 의견을 결정할 수도 있어 실생활에서 적용 가능성이 높고 학습자의 흥미를 유발하기 쉽다. 하지만 연령높은 학습자나 기기 다루는 것이 서툰 학습자에게는 부담이 될 수도 있고 교사가 학습자들을 전체적으로 통제하기 어렵다는 단점이 있다. 영상통화는 학습자가 갖고 있는 휴대전화나 개별 컴퓨터를 이용하여 대화식 학습을 할 수 있는데, 학습자끼리 면대면 방식처럼 실시간으로 구어적 의사소통을 할 수 있고 시간과 장소의 제약을 받지 않으며 학습자의 흥미를 유발하기에도 좋다. 그러나 인간적 접촉 없이 기기만을 이용하면 지루함이 생길 수도 있고 교실 수업에서 개별 컴퓨터를 이용할 수 있게 설치하는 것은 비용상 어려울 수도 있으며 교사가 피드백을 주기 어렵다는 단점도 있다.

실제성 있는 자료로는 실물자료와 실제자료가 있다. 실물자료(realia)[9]는 '책상, 안경' 같은 구체적인 단어를 제시할 때 실물 그대로 제시하는 것으로, 비언어자료를 교실 내로 가져와 언어수업 자료로 사용하는 것이다. 모든 학습자에게 광범위하게 사용할 수 있는데, 특히 문화적인 어휘를 제시할 때 실물자료는 유용하다. 예를 들어, 함이나 버선과 같은 어휘는 외국인 학습자에게 없는 개념이므로 언어적 설명보다는 실물로 보여주는 편이 이해하기 훨씬 쉽다. 초급에서 어휘를 제시할 때에도 유용한데, 어휘량이 매우 제한적인 초급 학습자인 경우 실물과 어휘의 의미를 일대일로 대응하는 것이 기억하기에도 더 좋을 수 있다. 예를 들어 책이나 안경을 사전적으로 설명하기보다는 보여주는 게 더 쉽다. 이런 맥락에서 아동 학습자에게도 실물자료는 유용할 수 있다. 단, 교사가 실물을 통제해서 제시하는 것이 아닐 경우, 즉 교실에 있는 물건을 실물자료로 그대로 제시할 경우 목표어휘 이외의 어휘가 나오지 않도록 통제할 필요가 있다.

실제자료 (authentic material)는 한국어 모어 화자가 접하는 언어자료를 교실 내로 가져와 언어수업의 자료로 이용하는 것이다. 학습자를 교실 밖의 세계와 직접적으로 연결한다는 점에서 학습자에게는 흥미와 필요성을 느낄 수 있게 한다. 하지만 학습자의 학습수준과 너무 차이가 날 정도로 어려운 실제자료는 학습자의 자신감을 떨어뜨려 흥미를 잃게 할 수도 있다. 신문기사, 잡지, 광고 전단지, 안내방송, 가요와 같은 실제자료는 읽기자료와 듣기자료로 모두 사용 가능하다. 특히, 듣기자료에서 실제 속도나 소음을 반영한 실제자료를 이용하는 것이 중요하다고 할 수 있다.

---

9) 부교재에 대한 더 자세한 설명은 Harmer(2007)를 참조할 것.

〈참고문헌〉

김은애(2014). 「한국어 교재론」,서울대학교 한국어문학연구소, 국어교육연구소,언어교육원 공편(2014),『한국어 교육의 이론과 실제2(2014개정판)』, 아카넷, 471-512쪽.

김정숙(2002). 「한국어 교수요목 설계와 교재 구성」, 박영순 편(2002),『21세기 한국어교육학의 현황과 과제』, 한국문화사, 31-60쪽.

김제열(2007). 「한국어 문법 교육론」, 곽지영 외 공저(2007), 『한국어 교수법의 실제』, 연세대학교 출판부, 105-144쪽.

박영순(2003). 「한국어 교재의 개발 현황과 발전 방향」. 『한국어교육』 14권 3호, 국제한국어교육학회. 169-188쪽.

서종학, 이미향(2007). 『한국어 교재론』, 태학사

안영수 편(2008). 『한국어 교재 연구』, (주) 도서출판 하우.

이해영(2001). 「한국어 교재의 언어 활동 영역 분석」, 『한국어교육』 12권 2호, 국제한국어교육학회, 469-490쪽.

조항록(2003). 「한국어 교재개발을 위한 기초적 논의」, 『한국어교육』 14권 1호, 국제한국어교육학회, 249-279쪽.

Brown, D.(2000). *Principles of Language Learning and Teaching* (4th edit.), Longman. [이흥수 외 공역(2007), 『외국어 교수 학습의 원리』, (주)피어슨에듀케이션코리아.]

Celce-Murcia, M.(2001). *English as a Second or Foreign Language*. Newbury House.

Harmer, J. (2007). *The Practice of English Language teaching*(3rd edit.). Longman.

1. 학습자가 교육목표에 도달하도록 교육과정에 따라 교육내용을 미리 선정하여 가시적으로 제시한 것으로 교재를 정의했을 때, 다음 중 교재에 해당하는 것이 <u>아닌</u> 것은?

① 교과서

② 과제

③ 교사말

④ 연습지

정답 ③

정답근거 : 교사말은 언어 학습을 위한 의식적인 활동에서 동원되는 모든 입력물이라고 교재를 광의의 개념으로 정의 내릴 때 포함될 수 있다. 협의의 개념으로서의 교재의 정의에는 수업을 위해 미리 계획되어 제시된 것으로 한정하고 있다.

2. 교재가 교실 수업에서 교수자와 학습자의 매개체의 역할을 한다는 점에서 볼 때, 다음 중 교재에 포함되어 있는 내용이 <u>아닌</u> 것은?

① 교수자의 정보

② 학습자의 요구

③ 효율적인 교수법

④ 교육목표 및 교육내용

정답 ①

정답근거 : 교재에는 학습자 정보(학습동기, 학습목적)에 의해 구성이 달라지지만, 교수자의 정보는 포함되어 있지 않다.

3. 다음은 수업 단계에 따른 교재가 갖고 있는 기능을 연결한 것이다. 연결이 <u>잘못된</u> 것은?

① 수업 전 단계 : 교재는 교수자에게 교수목표를 제시하고 교육과정을 구현하도록 돕는다.

② 수업 중 단계 : 학습자는 교재를 통해 예습, 복습, 자습 등의 학습활동을 할 수 있다.

③ 수업 후 단계 : 시각자료, 연습자료, 듣기자료 등의 교수자료는 교재를 통해 제공 받는다.

④ 수업 후 단계 : 교재에 근거한 기준에 따라 학습한 것에 대한 지식과 수행을 평가한다.

정답 ③

정답근거 : 수업에 필요한 교수자료는 수업 중 단계에서 교재를 활용하여 제공받는다.

4. 다음은 한국어 교재를 유형별로 구분한 것이다. 연결이 잘못된 것은?

① 영역별 교재 : 말하기, 듣기, 읽기, 쓰기, 회화, 문화, 문법

② 위상별 교재 : 주교재용, 부교재용, 과제용, 평가용, 워크북

③ 성격별 교재 : 교수 학습용, 자습용, 교사용, 인터넷용, 수험대비용

④ 수준별 교재 : 일반 목적, 학문 목적, 취업 목적, 관광, 교양

정답 ④

정답근거 : 수준별 교재로는 초급, 중급, 고급, 최고급, 한국학 전공자를 위한 교재 등이 있다. 일반 목적, 학습 목적, 취업 목적, 관광, 교양 등은 목적별 교재 유형이다.

5. 부교재를 선택하거나 제작할 때 고려해야 사항 중 학습자 요인이 아닌 것은?

① 학습자의 학습 수준 및 선행 학습의 정도에 따라 동일한 자료의 부교재 사용은 달라질 수 있다.

② 일반 목적인지, 취업이나 진학과 같은 특수 목적인지에 따라 부교재의 내용은 달라질 수 있다.

③ 부교재 사용을 위해 특별한 시설이나 기자재가 필요한 경우 설치 가능한지 확인이 필수적이다.

④ 문화적, 사회적배경이 다른 학습자가 한 교실에서 공부할 때 부교재 사용을 신중히 채택해야한다.

정답 ③

정답근거 : 부교재 사용을 위해 특별한 시설이나 기자재가 필요한지 설치 여부를 확인하는 것은 기술, 환경 요인이다.

6. 교사용 지침서에 대한 설명 중 틀린 것은?

① 수업의 흐름을 보여주기 때문에 경험이 많지 않은 초보교사에게 유용하다.

② 수업방식, 수업활동, 수업내용의 유의점과 같은 내용에 관한 자료가 포함된다.

③ 교사가 수업에서 설정한 학습내용에 대해 더 효율적으로 학습시킬 때 필요하다.

④ 교사용 지침서에는 수업활동을 설명할 때 가능하면 부교재 설명을 하지 않는다.

정답 ④

정답근거 : 교사용 지침서에는 수업활동을 설명할 때 사용할 부교재도 함께 제시한다.

7. 복잡한 내용을 간략하게 만들어 학습자의 이해를 도울 수 있는 부교재로, 중고급에서는 토의 자료로도 활용 가능한 것은?

① 도표

② 그림

③ 사진

④ 카드

정답 ①

정답근거 : 도표를 통해 복잡한 텍스트의 구조를 더 간략하고 분명히 보여줄 수 있어 이해하는 데 도움을 받는다.

8. 멀티미디어를 이용한 부교재 중 영상통화의 단점을 기술한 것이 <u>아닌</u> 것은?

① 여러 명이 함께 하므로 의견 결정이 어렵다.

② 인간적 접촉이 없어 지루함이 생길 수도 있다.

③ 교사가 학습자에 맞춰 피드백을 주기 어렵다.

④ 개별 컴퓨터를 이용하기에는 설치 비용 문제가 크다.

정답 ①

정답근거 : 여러 명이 함께 하기 때문에 오히려 채팅방에서 의견 결정 가능이 가능한 것이 영상통화의 장점이다.

9. 다음은 교육과정에 따른 교재의 특성을 기술한 것이다.다음 중 설명이 <u>잘못된</u> 것은?

① 학문 목적의 학습자를 위한 교재는 일상 생활에서 필요한 상황, 문화 내용을 빼고 대학 수학에 집중하는 것이 좋다.

② 직업 목적의 학습자를 위한 교재는 발표,회의 거래처와의 대화,회사 보고서 작성 등 직무 수행에 필요한 다양한 상황을 제시한다.

③ 재외동포 자녀를 위한 교재는 높임말과 반말의 쓰임,한국의 예절과 문화에 대한 이해가 학습 내용에 포함되어야 한다.

④ 결혼 이주자를 위한 교재는 가족이나 지역 주민과의 대화에서 필요한 구어적 의사소통을 비중 있게 다룬다.

정답 ①

정답근거 : 학문 목적의 학습자를 위한 교재에도 일상 생활에서 필요한 다양한 상황이나 문화적 내용이 포함되어야 한다.

10. 다음 중 교수요목을 바르게 설명한 것은?

① 상황 교수요목 : 각 등급에 맞춰 채택된 주제를 일정 기준에 따라 배열한 교수요목으로 '가족, 날씨, 음식, 전화' 등을 중심으로 단원이 구성된다.

② 기능 교수요목 : 물건, 시간, 거리, 관계, 감정 등과 같이 실생활 관련 주요 개념을 중심으로 작성한 교수요목으로 유용성이나 친숙도에 따라 배열한다.

③ 주제 교수요목 : 언어 활동이 이루어지는 장소나 상황을 중심으로 작성한 교수요목으로, '식당에서, 길에서, 지하철에서, 시장에서'와 같이 발화 장면을 중시한다.

④ 과제 기반 교수요목 : 언어 구조가 아니라 실생활 과제 중심으로 배열한 교수요목으로,'편지 쓰기, 면접하기, 신청서 작성하기'등을 중심으로 단원이 구성된다.

정답 ④
정답근거 : ①의 설명은 주제 교수요목, ②의 설명은 개념 교수요목, ③의 설명은 상황 교수요목이다.

11. 다음은 초급 교재에 반영된 교수요목의 예이다. 항목의 연결이 적절하지 않은 것은?

	주제	기능	어휘	문법	과제
①	소개	– 자기 소개하기 – 인물 소개 글 이해하기	국적, 직업, 이름	– 예요/이에요 – 뭐예요?	– 자기 소개 글 읽기 – 인사하기
②	생활	– 주말 활동 익히기 – 계획 표현하기	취미, 주말 활동	– 고 싶어요 – 을 거예요	– 취미에 관한 글 읽기 – 주말 약속하기
③	교통	– 고향에 대한 글 이해하기 – 이동 수단, 소요 시간 표현하기	교통수단, 소요시간	– 으면 – 다가	– 길 찾기 – 한국의 교통수단에 대한 듣기
④	음식	– 음식 맛 표현하기 – 음식 주문하기	맛을 나타내는 표현, 음식 이름	– 주세요 – 지 않아요?	– 식당에서 음식 주문하기 – 좋아하는 음식에 대한 글 읽기

정답 ③
정답근거 : 교통이라는 주제에 '고향에 대한 글 읽기'라는 기능을 연결한 것은 적절하지 않다.

12. 다음 중 한국어 교재를 개발할 때 고려할 사항이 <u>아닌</u> 것은?

① 학습자가 어떤 것을 배우고 싶어하며 어떤 것이 학습자에게 가장 중요한가?

② 교수자는 얼마나 교육 경험이 있으며 교재를 효율적으로 활용할 수 있는가?

③ 이 교재가 학습자의 요구, 학습 수준에 잘 맞는가? 어떤 점이 보완되어야 하는가?

④ 이 교재가 학습자의 흥미를 유발하는 내용이 있으며 다양한 교수법을 활용하고 있는가?

정답 ②

정답근거 : 교수자가 가르치기 쉽게 하는 것은 필요하지만 교수자의 교육경험 자체가 고려대상은 안 된다.

13. 교재의 학습활동을 중심으로 교재 선택의 기준을 생각할 때 적절하지 <u>않은</u> 것은?

① 학습자의 적극적인 참여를 제안하고 유도하는가?

② 어떤 학습자가 쓰더라도 동일한 방법으로 교재를 사용할 수 있는가?

③ 자가 점검 평가 활동을 통해 학습자가 자신의 학습을 반추할 기회를 얻는가?

④ 학습목표가 명확하게 제시되어 있어 학습자가 학습에 주도성을 갖도록 하는가?

정답 ②

정답근거 : 학습자의 개별적 특성에 따라 학습 활동이 선택될 수 있도록 되는 것이 바람직하다.

14. 언어 기능별 교재에 대한 설명 중 적절하지 <u>않은</u> 것은?

① 읽기 교재 : 읽기자료가 다양한 경험과 정보를 제공할 수 있는가?

② 쓰기 교재 : 텍스트 유형에 따른 문어체의 다양한 문체가 강조되는가?

③ 듣기 교재 : 학습자가 잘 들을 수 있도록 천천히, 분명하게 녹음되어 있는가?

④ 말하기 교재 : 구어자료가 학습자의 실생활의 상호작용을 익히도록 되어 있는가?

정답 ③

정답근거 : 듣기 교재는 학습자의 수준에 맞춰 적절하게 조절되어야 하지만, 속도와 억양 등이 가능하면 실제에 가깝게 녹음되는 것이 중요하다.

15. 웹 기반 교재를 구성할 때 중점적으로 고려할 사항이 <u>아닌</u> 것은?

① 학습자의 실제적 의사소통능력을 키울 수 있게 되어 있는가?

② 학습 내용의 수준을 단계별로 구분되어 제시되어 있는가?

③ 학습자 수준에 맞는 선택적 학습과 개별화된 학습이 있는가?

④ 웹의 화면 구성이 학습자가 쉽게 이동할 수 있게 배치되어 있는가?

정답 ①

정답근거 : 웹 기반 교재의 경우 학습자가 적극적이고 능동적인 참여를 통해 다차원적인 상호작용의 기회를 제공받도록
하는 것은 중요하나. 실제적 의사소통능력을 키우는 것은 중점적 고려사항이 아니다.

한국어말하기교육론

배소영 〈한양대학교〉

| 학습목표 |

1. 한국어 말하기 교육의 목표와 수업 구성의 원리에 대해 이해하며, 한국어 말하기 수업의 수업 활동 유형에 대해 살펴본다. 그리고 효율적인 한국어 말하기 수업 방법을 익히도록 한다.
2. 말하기의 개념과 특성 및 말하기 교육의 목표와 내용에 대해 살펴보고 말하기 교육의 원리와 수업 활동에 대해 알아본다. 또한 말하기 수업의 구성과 말하기의 오류 교정과 평가에 대해 살펴본다.

'말하기의 개념과 목표'

1. 말하기의 개념과 특성

일반적으로 말하기는 음성 언어를 사용하여 자신의 생각과 느낌, 정보 등을 표현하는 활동이라고 정의된다. 이를 통해 말하기가 '음성 언어' 그리고 '표현'이라는 개념과 관련이 있다는 사실을 확인할 수 있다. 따라서 이 두 가지 개념을 축으로 하여 말하기의 특성을 살펴보고자 한다.

먼저 말하기는 음성 언어를 매개로 하여 이뤄지는 의사소통이므로 구어적인 특성을 보인다. Brown(1994)은 구어의 특성을 다음과 같이 8가지로 설명하고 있다.

1) 무리 짓기

유창한 표현을 단어가 아닌 구로 이뤄진다. 학습자는 인지적으로 적절한 단위를 무리 짓거나 호흡에 적절한 단위로 무리 지어 표현할 수 있다.

2) 중복성

구어는 문자 언어 즉 문어와는 달리 반복하는 말, 고쳐하는 말, 설명하는 말, 덧붙이는 말이 많아서 중복성(redundancy)이 많이 나타난다. 그러므로 화자는 반복과 부연 설명을 통해 의미를 분명하게 할 수 있다.

3) 축약형

구어에는 음성적, 형태적, 통사적, 화용적 축약이 모두 나타난다. 따라서 말하기 교육에서는 축약을 적절하게 사용하도록 해야 자연스러운 발화가 된다.

4) 수행 변인(performance variable)

계획적인 담화를 제외한 구어에서는 화자가 도중에 주저하거나 머뭇거리거나 말을 수정하는 경우가 많다. 모국인 화자와 달리 외국어 학습자는 이런 수행 변인을 새롭게 학습해야 한다.

5) 구어체

대화 속에는 관용적 표현이나 축약형, 공통의 문화적 지식 등이 포함된다. 교사를 학습자들에게 구어체 어휘와 관용적 표현, 구를 지도해야 하며 이러한 표현을 연습할 기회를 제공해야 한다.

6) 발화 속도

구어는 다양한 발화 속도로 전달되는데, 유창하게 발화하려면 적절한 속도를 지녀야 한다. 말하기 교육에서는 적절한 속도를 기르는 연습이 포함돼야 한다.

7) 억양과 강세

구어는 음성을 통해 전달되며, 어조, 억양, 강세 등의 요소가 의미를 전달하는 데 중요한 요소가 된다.

8) 상호작용

대화는 상호작용 규칙(협상하기, 명료화하기, 신호에 주의하기, 순서 지키기, 화제 지정 등)의 지배를 받는다. 말하기는 양방향 활동이므로 의미 협상을 위해서는 이러한 상호작용을 익힐 필요가 있다.

다음으로 말하기는 표현 활동이다. 노명완(1992)에서는 말하기를 '의미를 언어로 변형하는 과정'이라고 하였고, 전은주(1999)는 '의미를 언어로 변형하는 인지적 작용 과정'이라고 하였다. 이런 정의는 말하기는 우리의 머릿속의 생각이 발음 기관을 거쳐 소리로 발현되는 것이라는 관점을 담고 있다. 따라서 말하기 교육은 인지적인 과정과 조음 과정 모두를 그 대상으로 삼는다.

일반적으로 국어교육과 같이 모국어 화자를 대상으로 한 말하기 교육에서는 말하기의 인지 과정에 주목하는 경향이 있다. 그러나 한국어교육에서는 사용 능력이 없는 언어를 대상으로 하기 때문에 조음과 인지, 두 측면을 모두 강조해야 한다. 그러므로 김정숙(2006)에서는 언어 수업에서의 말하기 활동은 언어를 익히기 위해서 수행하는 기계적이고 통제된 말하기 활동을 모두 포함해야 한다고 하면서 다음과 같은 4가지의 말하기 활동의 예를 들고 있다.

⑴ 문법, 어휘, 발음 등의 형태적 측면에 집중하면서 들은 말을 따라 하기.
⑵ 언어 체계에 대한 지식을 강화하기 위하여 다양한 문법 연습을 하면서 그 언어로 문장을 만들어 말하기.
⑶ 정해진 틀 안에서 하는 말하기.
⑷ 현실 세계에서의 말하기 목적을 충족시키기 위한 의사소통적 말하기.

2. 말하기 교육의 목표

한국어 말하기 교육의 목표는 학습자가 한국어를 사용해서 성공적으로 의사소통을 할 수 있도록 돕는 데 있다. 그런데 의사소통은 양방향 활동이므로 성공적으로 수행하기 위해서는 단순히 자신의 의사를 전달하는 기술을 배우는 데서 그쳐서는 안 된다. 더 나아가 상대방의 발화를 해석하고 필요한 경우에 적절하게 반응도 할 수 있어야 한다. 그리고 자신이 필요한 정보를 청자에게 요구하여 알아내거나, 자신이 알고 있는 것을 확인도 할 수 있어야 한다. 이런 의사소통에 필요한 기능과 전략들을 가르치는 것이 말하기 교육의 목표가 된다. 이와 같은 말하기 교육의 중심 목표를 토대로 한국어 말하기의 목표와 내용을 한국어 숙달도에 따라 정리하면 다음과 같다.

⟨표 1⟩ 등급별 말하기 교육의 목표 및 교육 내용[1]

등급	교육 목표	교육 내용		
		과제/기능	내용	담화 유형
고급	사회적·추상적 주제를 다루고, 자신의 전문 분야에서의 기능 수행 능력을 기른다.	주장하기 논증하기 토론하기	사회적 주제 추상적 주제 전문적 내용	확장된 담화
중급	일상적·개인적 주제를 유창하고 정확하게 다루며, 친숙한 추상적·사회적 주제를 다루는 능력을 기른다.	설명하기 묘사하기 비교하기	친숙한 사회적 주제 친숙한 추상적 주제	문단
초급	일상생활을 수행하는 데 필요한 기본적인 의사소통 능력을 기른다.	간단한 질문 간단한 대답	일상적 주제 친숙한 주제 구체적 주제	문장 문장의 연쇄

1) 김정숙(2006)에서 인용

'말하기 교육의 연구사' [2]

1. 문법 번역식 교수법과 말하기

문법 번역식 교수법 하에서 수업은 주로 어휘와 문법을 학습한 후 이를 바탕으로 한 번역 연습을 하는 활동으로 이루어져 있다. 따라서 학습자의 실제적인 말하기 능력을 발전시키는 데는 부족하다는 약점이 있다. 또한 문법의 사용 능력이 맥락의 이해가 중시되는 실제 상황 에서의 담화 능력으로 발전되지 않는다는 점에서 그 활용이 점차 위축되고 있다.

2. 직접 교수법과 말하기

직접 교수법은 1900년을 전후하여 독일과 프랑스에서 정립된 교수법이다. 직접 교수법을 적용한 수업은 목표어로 목표 문법을 도입한 후 교사와의 질문-대화로 이뤄진 반복 연습 을 한다. 그 후 문법 규칙을 귀납적으로 설명하고 연습을 하는 순으로 이뤄진다. 그런데 이 를 상호작용적 측면에서 보면 교사 주도적이라고 볼 수 있다. 따라서 학습자의 역할은 문법 번역식 교수법에 비해서는 능동적으로 발전하였으나 여전히 실제 의사소통에서 대화자들 로서의 역할보다는 교수·학습 과정에서 상대 역할을 하는 데 지나지 않는다.

3. 청각구두식 교수법과 말하기

청각구두식 교수법은 행동주의에 입각하여 목표어를 자동적으로 습득하는 것을 목표로 한다. 이 교수법이 지향하는 바는 학습자가 숙련된 회화 능력을 갖도록 하는 것이다. 청각 구두식 수업에서는 대화 형식으로 된 교사의 발화를 듣고 따라하고, 곧이어 교사의 질문에 대해 학습자가 응답을 반복하는 과정이다. 이런 연습 방법은 학습자의 유창성에는 기여하 지만 다양한 의사소통 상황에 대처할 수 있는 맥락화 능력이 떨어질 수밖에 없다는 단점이 있다.

4. 전신반응 교수법과 말하기

전신반응 교수법은 학습자들의 신체적 반응을 이끌어내는 교육 방법이다. 1970년대 등장 한 이 교수법은 학습자의 긴장감을 최소화하고 즐겁고 활동적인 교실 분위기를 조성한다 는 장점은 있으나 다음과 같은 한계가 있다. 우선 교사 발화가 명령 화행에 치우쳐 있다는

---

2) 이 장은 한국어 표현 교육론 제2장의 내용을 참고하여 작성하였다.

것이다. 또한 추상적 어휘에 대한 설명은 제한적일 수밖에 없기 때문에 중·고급의 학습자에게는 부적절하다는 점이다.

5. 자연적 접근법과 말하기

자연적 접근법은 1977년 Krashen의 언어 습득 가설을 근간으로 한다. 언어 습득 가설은 언어는 학습이 아니라 습득되어야 하는 것이라는 관점을 가지고 있다. 이에 따라 자연적 접근법에서는 말하기에 앞서 충분한 듣기 입력이 선행되어야 한다는 것을 강조하고 있다. 이렇게 충분한 양의 이해 가능한 듣기 입력이 제공된다면 그 이후 학습자는 자동적으로 언어를 습득하게 된다고 여긴다.[3] 즉, 듣기 입력 후 간단한 어휘로 된 초기 발화가 나타나게 되고, 그 단계에서 한 단계 높은 학습 자료가 주어진다면 자연스럽게 발화가 나타나게 된다고 보았다. 자연적 접근법은 외국어 학습자의 초기 불안을 없애준다는 장점은 있으나 정확성이 떨어지고, 발화가 지연될 가능성이 높다는 단점이 있다. 또한 이해 가능한 입력의 수준이 불명확하다는 점도 단점으로 지적되고 있다.

6. 의사소통 교수법과 말하기

의사소통 교수법에서는 언어를 도구로서 인식하기 때문에 언어 구조에 대한 이해보다는 의사소통 능력[4]을 배양하는 데 중점을 둔다. 따라서 언어의 용법(usage) 위주의 교육에서 탈피해 언어 사용(use) 위주의 교육, 맥락 의존성을 바탕으로 한 담화 능력의 배양, 정확성보다는 용인성과 유창성을 중시하는 교육, 사회언어적 요소, 담화적 요소의 교육을 통해 말하기 능력을 배양시킨다.

의사소통 교수법에서 전형성을 보이는 활동은 정보차 활동(information gap), 역할놀이 과제이다. 이러한 활동은 실제로 의사소통적인 요구가 발생하여 이를 충족시키기 위해 수행하는 활동들이므로 실제적인 대화에 가깝다고 볼 수 있다.

의사소통 교수법 하의 말하기 수업은 실제성을 높여 학습자가 현실 세계에서 수행해야 할 의사소통 상황에 대처하게 한다는 점에 장점이 있다. 그러나 언어 구조 학습이 단계적으로 이뤄지기 어렵다는 점과 자료의 선택과 자료 등급을 정하는 데 어려움이 있다는 점이 단점이라 하겠다.

---

3) Krashen은 이해 가능한 입력으로 'i+1'을 제시한다. 여기서 'i'란 현재 학습자의 언어 실력을 말하는데, 언어 구조 면에서 'i'보다 한 단계 높은 'i+1'을 제시함으로써 학습자가 목표어를 습득할 수 있다고 믿었다.

4) Hymes(1972)는 언어 자체에 대한 지식과 그 지식을 사용할 수 있는 능력을 합하여 의사소통 능력이라 하였다. Canale & Swain(1980)은 의사소통 능력의 구성 요소로 문법적 능력, 사회언어학적 능력, 담화적 능력, 전략적 능력 4가지를 들고 있다.

7. 과제중심 교수법과 말하기

최근 의사소통 중심의 관점은 과제 수행 중심의 언어 교육으로 이어지게 되었다. 여기서 과제란 학습자들이 실제로 언어를 통해 수행해야 하는 것을 말하는 것으로, 교실 안에서 인위적으로 일어나는 외국어 사용 활동이 아니라 교실 밖에서도 수행할 가능성이 높은 또는 교실 밖에서는 일어날 가능성은 적지만 교실 밖 언어 사용을 북돋을 수 있는 활동을 말한다. 예를 들면 '물건 사기', '집 찾기', '인터뷰하기' 등과 같은 활동들이 이에 속한다. 의사소통 교수법과 마찬가지로 체계적인 문법 교수가 이뤄지지 않아 정확성에 대한 배려가 부족하고 학습자의 과제 수행 능력에 따라 교육 효과가 달라지므로 교사의 부담이 크다는 단점이 있다.

8. 형태 초점 교수법과 말하기

1980년대 이후 의사소통 교수법과 과제중심 교수법과 같은 의미에 중점을 둔 교수법이 강조됨으로써 학습자의 문법적 정확성이 떨어진다는 우려가 높아졌다. 이에 대한 대안으로 형태 초점 교수법이 등장하였다. 이 교수법의 가장 큰 특징은 유창성과 정확성을 함께 추구한다는 것이다. 형태 초점 교수법 하에서 말하기 수업은 학습자들이 과제를 수행하는 도중에 의사소통 상의 필요에 의해서 자연스럽게 언어의 형태에 관심을 두게 하는 방향으로 진행된다.

'말하기 교육 방안'

1. 말하기 교육의 원리

1) 실제성 중심

말하기 수업에서는 최대한 실제 의사소통 상황과 같거나 유사한 상황 속에서 학습이 이뤄지도록 해야 한다. 실제성(authenticity)이란 언어 사용의 맥락과 기능, 표현이 실제의 의사소통 상황을 반영하는 정도를 의미하는 말이다. 흔히 외국어 학습에서 실제성이 중요하다는 말을 자주 하는데, 실제성이 높을수록 교실 내의 교육 성과가 교실 밖으로까지 전이될 가능성이 높아지기 때문이다. 실제 의사소통 상황을 반영한 학습 과제와 자료를 제공한다면 학습자의 실제 의사소통 상황에 대한 적응력을 높일 수 있다.

그렇다면 어떤 상황이 실제적인 상황일까? 우리가 접하는 일상적인 상황과 공공장소에서 일어나는 일들, 그리고 자신의 업무나 전문 분야의 일들이 모두 실제적인 상황에 속한다. 그런데 이런 상황은 학습자에 따라 달라질 수 있다. 예를 들어, 대학 진학을 목적으로 하는 학습자와 결혼이민을 목적으로 하는 학습자가 매일 맞닥뜨리는 상황은 매우 다를 수밖에 없을 것이다. 그러므로 실제성을 높이기 위해서는 학습자의 요구(needs)를 반영해야 한다.

실제성을 높이기 위한 또 하나의 방안은 말하기 교육에서 구어의 특성을 반영하는 것이다. 학습자들이 교실 밖에서 듣게 되는 발화는 대부분 구어적 발화이기 때문이다. 그러므로 실제의 말하기에서 나타나는 구어적인 특성들을 교실 수업에서도 반영해야 한다.

2) 정확성과 유창성의 균형

정확성(accuracy)이란 명확하고, 또렷하게 발음하며, 문법적으로나 음운적으로 오류가 없는 한국어를 구사하는 능력을 말하며, 유창성(fluency)은 한국어를 막힘없이 자연스럽게 사용하는 능력과 정도를 말한다.[5] 이 두 능력 중 어느 것이 더 중요한지 판가름할 수는 없다. 둘 중 하나의 능력만 부족해도 그 학습자의 말하기 능력이 현저히 떨어진다고 느끼기 때문이다.

그런데 최근 의사소통 중심 교수법과 과제중심 교수법의 등장으로 인해 유창성을 중시하는 풍조가 강해지면서 정확성에 대해서는 다소 소홀히 하는 경우가 많다. 그러나 이러한 교육은 유창하지만 이해하기 어려운 언어를 구사하는 학습자를 배출하게 되는 문제점이 있다. (이미혜, 2002). 또한 초기에 발생한 오류가 수정되지 못한 채 고급까지 지속적으로 발생하는 문제도 있다. 특히 한국어는 미국의 FSI(The Foreign Service Institute)에서 뽑은 가장 배우기 어려운 언어 중 하나로서 문법 형태가 매우 발달한 언어이므로 문법적 지식이나 훈련 없이는 배우기가 매우 어려운 언어이다. 따라서 문법 규칙을 이해하고 이를 학습자의 것으로 내재화시킬 수 있도록 설명과 연습의 단계를 거치는 것이 반드시 필요하다. 이런 점을 고려할 때 한국어 말하기 수업에서는 학습자들이 유창성과 함께 정확성도 균형적으로 발달시킬 수 있도록 해야 한다.

3) 과제 중심의 교육

과제(task)란 '의미를 중심으로 하여 의사소통을 위해 행하는 모든 이해, 처리, 생산, 대응 활동(Nunan, 1989)'을 말하는 것으로, 언어를 이용해 무엇을 행할 수 있는가 하는 언어의 기능적인 측면을 말하는 것이다.[6] 과제에는 실제적인 과제와 교육적인 과제가 있는데, 실제적인 과제에는 다음과 같은 것이 있다.

---

5) 이미혜(2002)

6) 김정숙(2006)

<표 2> 실제적 과제의 유형과 예

과제 유형	예시
일상적 맥락에서 자주 수행하는 말하기 활동	인사하기, 자기소개하기, 길 묻기, 물건 사기, 음식 주문하기 등
공공장소에서 필요한 기능 수행	은행, 우체국, 출입국관리사무소 등 공공기관에서의 업무 처리
자신의 업무나 전문 분야에서 요구하는 기능 수행	안내하기, 발표하기, 협상하기, 토론하기 등

위의 표에서 볼 수 있듯이 실제적 과제란 교실 밖의 실제 생활에서 학습자들이 수행해 내야 하는 여러 기능들을 교실 내에서 해 볼 수 있도록 고안된 과제들을 말한다. 이런 실제적인 과제들을 교실에서 반복적으로 수행해 봄으로써 학습자들은 실제 상황에서 그에 적합한 기능들을 수행할 수 있게 된다. 이러한 장점이 강조되다 보니 말하기 교육에서 실제적인 과제만이 중요하다고 오인하는 경우가 많다. 그러나 말하기 교육에서는 실제적인 과제와 더불어 교육적인 과제도 적절히 안배해야 한다. 교육적인 과제는 교육적인 목표를 위해 인위적으로 조직된 과제를 말하는데 학습자의 수준에 맞는 특정한 언어 상황을 경험해 보게 하기 위한 목표로 구성된 과제들이다. 다양한 학습자의 수준을 고려한다면 교육적 과제를 통해 실제적 과제를 수행할 능력을 갖추도록 과제를 설계해야 한다.

4) 기능 통합적 교육

의사소통은 화자와 청자 사이에 일어나는 상호작용적 성격을 띠고 있다. 의사소통을 할 때 우리의 역할은 청자와 화자로 정해지지 않는다. 의사소통을 하는 도중 화자가 청자가 되고, 청자가 다시 화자가 되는 끊임없는 역할 변동이 일어난다. 따라서 의사소통을 한다는 것은 메시지를 전달함과 동시에 메시지를 받는 역할도 동시에 수행해야 한다. 그러므로 의사소통에서는 말하기 능력뿐만 아니라 듣기 능력도 매우 중요하다. 따라서 말하기 교육을 할 때도 단순히 말하기 기능만을 가르치는 것보다는 다른 기능과의 연계를 통해 말하기를 가르치는 것이 훨씬 더 효과적이다. 예를 들어, 듣거나 읽은 내용을 말해 보게 한다거나 발표할 내용을 쓰게 하는 등의 활동을 통해 말하기 교육을 할 때 듣기, 읽기, 쓰기 등의 다른 기능을 연계해서 가르치는 것이 좋다. 이러한 기능별 연계 활동은 하나의 기술 훈련을 통해 습득된 기능이 다른 기능을 강화시키는 데 도움이 된다는 면에서 효과적이라고 할 수 있다.

5) 담화 차원의 교육

담화란 쉽게 말해서 '이야기'를 의미하는데, 우리가 의사소통을 할 때는 하나의 문장을 발화하는 것이 아니라 '이야기'의 한 부분을 담당하고 있다고 할 수 있다. 그런데 이런 이야기를 만들어 내는 방식은 언어권마다 다르다. 그러므로 우리는 외국인 학습자에게 한국어 담화 공동체에서 사용하는 이야기 방식을 가르쳐야 한다. 이런 이야기 방식은 말하는 목적이나 이야기의 유형(또는 장르)에 따라 달라지므로 말하기 교육을 할 때는 학습자들이 다양한 유형의 담화를 연습해 볼 수 있도록 지도해야 한다. 다음은 말하기 교육을 할 때 참고할 수 있는 구어 담화의 유형을 정리한 표이다.

〈표 3〉 구어 담화의 유형

상호성 여부 듣기상황 / 듣기의 목적	일방향적		쌍방향적	
	공식적	비공식적	공식적	비공식적
친교적	자기소개, 축사			대화
정보교환적	강의, 발표	지시	상담, 문의, 인터뷰	
비평적	연설		토론, 토의	
감상적	낭송, 낭독, 노래			

또한 격식적 상황과 비격식적 상황을 구분해 적절한 언어를 구사할 수 있도록 교육을 해야 한다. 한국어는 다른 언어와 달리 격식/비격식적 상황에 따라 어휘와 문법, 표현에 많은 차이를 갖는다. 따라서 언어 사용 맥락에 따라 적절한 표현을 할 수 있도록 하기 위해서는 이들의 차이를 가르치고 연습시켜, 구별해 사용할 수 있도록 해야 한다.

6) 의사소통 전략과 비언어적 행위 교육

외국인 학습자들이 한국어로 의사소통을 할 때는 많은 장애에 부딪힌다. 교실 내 상황과 달리 실제 상황에서는 많은 예상 못한 문제들을 만나게 되기 때문이다. 이런 모든 상황을 교재나 교실 수업에 반영할 수는 없으므로 이런 어려움을 만났을 때 학습자 스스로 극복할 수 있도록 도와줘야 한다. 학습자 스스로 어려움을 극복하고 의사소통을 이어나가는 데 도움이 되는 방법들을 의사소통 전략이라고 한다. 이런 전략들에는 '정형화된 표현 사용하기, 돌려 말하기, 코드 스위칭(영어 등 매개어를 섞어 말하기), 도움 요청하기, 간투사 사용하기(어…, 음…, 그러니까… 등) 등이 있는데, 이 외에도 허용 외(2005)에서는 다음과 같이 말하기 전략의 유형을 구분하고 있다.

〈표 4〉 말하기 전략의 예

- 분명히 말해 달라고 요구하기(뭐라고요? 그게 무슨 뜻이에요?)
- 반복 요청하기(네? 다시 말씀해 주세요.)
- 시간을 끌기 위한 군말 사용하기(음… 그러니까… 뭐냐하면…)
- 대화 유지를 위한 표현 사용하기(음, 그래서? 그래…)
- 다른 사람의 주의 끌기(있잖아, 자아… 그런데 말이야…)
- 단어나 표현을 모를 때 다른 말로 쉽게 풀어 말하기
- 듣는 사람에게 도움 요청하기(이런 걸 뭐라고 하지요?)
- 정형화된 표현 사용하기(이거 얼마예요? 여기서 공항까지 얼마나 걸려요?)
- 몸짓이나 표정 등 비언어적 표현 사용하기

위의 표에서는 언어적 전략 외에도 비언어적 전략이 포함돼 있는데, 우리는 말하기를 할 때 말 외에 표정이나 몸짓으로도 의미를 전달한다는 점을 고려할 때 비언어적 전략이 포함되는 것이 적절하다.

7) 적절한 오류 수정[7]

오류는 총체적 오류(global error)와 국소적 오류(local error)로 나뉜다. 총체적 오류란 의사소통에 방해가 되는 오류를, 국소적 오류는 의미 이해에 큰 지장을 주지 않는 오류를 말한다. 만약 문법 연습처럼 정확성이 중시되는 연습이라면 국소적 오류도 마땅히 수정을 해 줘야 하겠지만 자유로운 의사소통을 하는 중이라면 그냥 넘어가는 것이 교육적으로 봤을 때 더 효과적일 수 있다. 이처럼 오류를 수정하는 것은 여러 변인을 고려하여 행해져야 한다. 그렇지 않았을 때는 학습자의 말할 의욕을 꺾는 등의 부작용이 일어날 수 있기 때문이다.

오류를 수정하기로 결정했다면 어떤 방식을 하는 것이 좋을까? Harmer(2001)에서는 오류를 수정하는 방법으로 다음과 같은 것을 제시하고 있다.

(1) 반복 요구 : 학습자의 오류 부분을 다시 한번 되물음으로써 오류가 있음을 암시
  (학생 : 학교에 만났어요. 교사 : 뭐라고요? 다시 한번?)

(2) 모방 : 학습자의 오류 부분을 그대로 따라함으로써 오류 사실을 지적
  (학생 : 학교에 만났어요. 교사 : 학교에 만났어요?)

(3) 지적 또는 질문 : 틀렸음을 말해 주거나 질문을 통해 지적
  (학생 : 학교에 만났어요. 교사 : 아, 뭔가 틀렸네요. 뭐가 틀렸죠?)

(4) 표정 : 표정이나 몸짓으로 틀렸음을 암시

(5) 힌트 : 힌트가 될 만한 단서를 제공하여 스스로 고치도록 한다.

---

7) 허용 외(2010), 외국어로서 한국어 교육학 개론, pp370-372

(학생 : 학교에 만났어요. 교사 : 조사에 조심해서 다시 한 번 말해 보세요.)

(6) 직접 고쳐주기 : 올바른 문장으로 고쳐서 말해준다.

(학생 : 학교에 만났어요. 교사 : 학교에서 만났어요.)

2. 말하기 교육에서 교사의 역할

1) 통제자로서의 역할

말하기 수업은 자유로운 분위기에서 학습자들이 자유롭게 의사를 표시하도록 독려하는 것이 중요하지만 학습자들이 지나치게 산만하거나 집중을 하지 못할 때 교사는 영향력 있는 리더로서의 역할을 수행해야 한다. 그러나 지나치면 학습자가 교사에 의존적이 되거나 창의적인 의사소통을 하는 데 방해가 될 수 있으므로 정도를 적절하게 조절해야 한다.

2) 촉진자로서의 역할

학습자가 그룹의 중심이 되도록 하고 과제를 스스로 수행할 수 있도록 교사가 도와주는 역할을 말한다. 또 가끔 학습자들이 무슨 말을 해야 하는지 어려워할 때가 있는데 이럴 때도 교사는 촉진자로서 도움을 주어야 한다.

3) 상담자로서의 역할

학습자가 학습을 할 때 감정적으로 느끼는 두려움을 없애도록 교사는 가능한 작은 규모의 그룹에서 도와주어야 한다. 같은 문제를 가진 학습자들끼리 두려움을 없애는 방법을 모색하도록 도와준다.

4) 관찰자로서의 역할

교사는 학습자를 관찰하여 그 학습자의 강점과 약점을 파악하여 강점은 강화하고 약점은 보완하도록 적절하게 피드백을 해 주어야 한다.

5) 참여자로서의 역할

토론과 역할극처럼 학습자 스스로 하기 어려운 과제에 교사가 참여함으로써 학습자에게 과제 수행에 대한 정보를 제공할 수도 있고 과제를 지속할 수 있는 분위기를 유지해 나갈 수도 있다. 다만 지나칠 경우 교사 혼자 대화를 독점하게 되므로 주의해야 한다.

6) 평가자로서의 역할

학습자들의 활동이나 과제 수행에 대해 적절한 피드백을 제공함으로써 학습자가 어떤 점이 잘 되었고 어떤 점이 부족한지에 대해 알 수 있게 한다. 이때 언어 사용에 대한 평가뿐만 아니라 내용에 대한 평가도 같이 해 주는 것이 좋다.

'말하기 수업의 구성'

1. 말하기 수업의 단계

1) 수업 구성 단계
한국어 말하기 수업은 다음과 같이 5단계로 나누어 구성할 수 있다.

도입 → 제시/설명 → 연습 → 활용 → 마무리

도입 단계에서는 학습 목표와 관련된 적절한 질문, 교재의 삽화, 사진 자료 등의 보조 도구를 활용해서 학습 동기를 끌어내고 학습자가 학습 목표를 자연스럽게 이해할 수 있도록 하는 단계이다.

그 다음으로는 학습 목표가 실제로 제시되는 제시/설명 단계로 이때 목표 문법은 상황 속에서 단순한 모델 대화로서 제시되어야 한다. 그 이후 학습자들은 제시된 문법을 사용하고 익힘으로써 도입 단계에서 제시한 내용들을 분명하게 이해하고 인지하게 된다.

연습 단계에서는 그날 배운 문법 유형을 단순한 것에서 복합적인 것으로 형태를 발전시켜 가면서 연습하는 단계이다. 이때는 반복 연습, 교체 연습 등의 통제된 연습이 주를 이룬다.

활용 단계에서는 실제 상황에서 과제를 수행하도록 하는 단계로 짧은 이야기나 게임, 대화문을 구성하여 의사소통 능력을 향상시킨다.

마지막으로 마무리 단계에서는 교육 내용을 정리하고 교사의 피드백을 통해 학습자를 격려하고 또는 학습자의 오류를 수정해 준 후 교실 밖에서의 과제를 제시하는 단계이다.

2) 실제 수업 모형 예시[8]
다음은 말하기 수업의 5단계에 맞춰 구성한 초급 수업의 예시이다.

---

8) 제8회 한국어교육원능력검정시험 55번 문항 활용

〈단원 정보〉

- 단원명 : 길에서
- 기　능 : 길 찾기, 정보 구하기
- 문　법 : -(으)면
- 어　휘 : 방향 관련 어휘, 교통 관련 어휘

〈단계별 수업 모형〉

도입 단계	① 주제 도입 : 길을 물은 경험 이야기 ② 학습 어휘, 문법 노출 : 경험을 이야기하는 과정에서 자연스럽게 　'길을 모르다/찾다, 오른쪽/건너편으로 가다' 등을 노출시킴 ③ 수업 목표 제시 : 오늘 수업에서 길을 모를 때 묻고, 찾는 대화를 해 보겠다고 목표를 제시
제시 단계	① 문법의 의미와 쓰임 이해시키기 : 대화문, 그림, 교사 설명으로 　'-(으)면'의 의미와 기능을 설명 ② 문법의 형태 정보 제시 : 받침이 있는 동사·형용사 + 으면 　　　　　　　　　　　　　받침이 없는 동사·형용사 + 면 ③ 문법 이해 정도 확인하기
연습 단계	① '-(으)면'을 사용하여 문장을 완성하기 ② 연습 내용 발표 후 오류 수정하기
활용 단계	① 실제적인 과제로 활동하기 : 　※ 영화관이 어디에 있습니까? 한 사람은 외국사람, 한 사람은 한국 사람이 되어서 길을 　　묻고 찾는 대화를 해 봅시다. (지도 그림 첨부) ② 활동 내용 발표 후 오류 수정하기
마무리 단계	① 수업 내용 정리하기 ② 과제물 부여하기 : 자기 집의 약도를 그리고 찾아오는 방법에 대해 써 오기

2. 말하기 활동의 유형

교실에서 사용할 수 있는 말하기 활동에는 여러 가지가 있는데, 이러한 활동을 학자마다 다르게 유형화하고 있다. 여기에서는 리틀우드(Littlewood, 1981)가 제시하고 있는 유형 분류에 따라 말하기 활동의 유형과 예시를 살펴보고자 한다.

리틀우드는 의사소통 학습 과정을 의사소통 행위 전 활동과 실제적 의사소통 활동으로 나누고 이를 다시 세분화하고 있다.

1) 의사소통 학습의 과정

〈표 4〉 의사소통 학습의 과정

의사소통 행위 전 활동	구조적 활동
	인위적 의사소통 활동
실제적 의사소통 활동	기능적 의사소통 활동
	사회적 상호작용 활동

2) 유형별 활동의 종류

(1) 구조적 활동

구조적 활동은 의사소통이 일어나기 전 활동 중 하나로서 구조 연습으로 이뤄진 활동을 말한다. 이 유형의 활동들은 문법 체계와 언어 항목이 결합되는 방식에 초점을 맞춘 활동들이다. 예를 들면, 단순히 듣고 따라하면서 발음을 연습하는 활동과 문장 단위를 듣고 문장을 따라하는 연습들이 이에 속한다.

(2) 인위적 활동

인위적 의사소통 활동은 실제 의사소통을 할 준비를 하게 해 주는 통제된 말하기 활동들을 의미한다. 이 유형의 활동들은 전형적인 대화 주고받기로 이뤄지는 경우가 많은데 동일한 패턴을 반복하여 사용할 수 있는 대화들이 이에 속한다. 이 유형의 예로는 다음과 같은 것이 있다.

① 교체 연습

교체 연습은 한 부분에 들어갈 어휘나 표현을 교체해서 말해볼 수 있게 하는 연습이다.

예)

3. 다음과 같이 묻고 대답해 봅시다.

가 : 마이클 씨는 미국 사람입니까?
나 : 네. 저는 미국 사람입니다.

-은/는 - 입니다
3 23 42

1) 마이클 – 미국   2) 제니 – 캐나다   3) 미미 – 중국
4) 요코 – 일본   5) 로베르 – 프랑스   6) 씽 – 인도

한양 한국어 1

② 질문 듣고 대답하기(응답하기)

질문 듣고 대답하기 연습은 언어적 재료를 주고 질문에 답하게 하는 양식의 활동이다.

예)

> 가 : 옷가게에 무엇을 하러 가세요?
> 나 : 옷을 사러 가요.

1) 시장 – 과일을 사다   2) 공원 – 운동을 하다   3) 슈퍼마켓 – 주스를 사다

4) 약국 – 약을 사다   5) 공항 – 친구를 만나다   6) 은행 – 돈을 찾다

한양 한국어 1

③ 시각 자료(그림, 사진, 도표, 지도, 실물 자료) 활용하기

이 활동은 시각 자료에 있는 내용을 활용하여 질문하고 답을 하는 활동이다.

예)

1. 다음 프로그램을 보고 말해 봅시다.

시간	프로그램	시간	프로그램
07:00	아침 뉴스	19:00	어린이 만화영화
07:30	세계의 요리	20:00	주말 드라마
07:50	TV 유치원	21:00	저녁 뉴스
08:25	주부대학	21:30	스포츠 뉴스
09:25	세계의 뉴스	22:00	한국영화 '괴물'
09:40	오늘의 날씨	23:55	한밤의 음악 여행

1) 아침 드라마는 몇 시에 해요?
2) 아침 뉴스와 저녁 뉴스는 몇 시에 해요?
3) 주말 드라마는 몇 시부터 몇 시까지 해요?
4) 한국영화는 몇 시에 해요?

한양 한국어 1

(3) 기능적 의사소통 활동

　　의사소통 기능(skill)의 중요한 한 면은 메시지를 특정 상황에서 실질적으로 전달할 수

있는 능력이다. 학습자에게 정보를 전달하려는 의사소통 욕구를 불러일으켜 자연스럽게 기능을 연습할 수 있도록 하는 활동을 기능적 의사소통 활동이라고 한다. 이 활동의 목표는 학습자가 의미를 실질적으로 전달하기 위하여 그들이 알고 있는 언어를 사용해야 한다는 것이다. 이에 속하는 대표적인 활동으로서 학습자가 알고 있는 언어를 사용하여 해결해야 하는 문제, 혹은 교환해야 하는 정보활동 등이 있다.

① 정보차 활동

정보차란 한 사람이 가지고 있는 정보를 다른 사람이 갖지 못할 때 생긴다. 따라서 정보차 활동은 다른 사람과 정보를 공유하여 자신이 필요한 정보를 찾아내는 상호작용적 성격의 활동이다. 정보차 활동은 정보의 결함이 대화 참여자 사이의 상호작용을 유발한다는 점에서 실제 의사소통과 유사한 활동이다.

예)

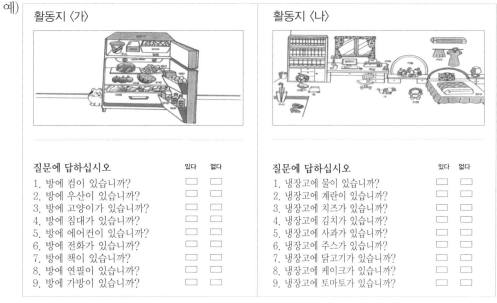

한양 한국어 1

② 직소(jigsaw) 활동

직소 활동은 학습자에게 각기 다른 정보를 주고 의사소통을 통해 서로의 정보를 수합하여 하나의 목표를 달성하게 하는 활동으로서 정보차 활동의 하나로 볼 수 있다. 진정한 정보 차를 만들어 내기 위해 가장 널리 사용되는 협동적 활동이다. 직소 활동의 과제를 수행하기 위해서는 질문과 대답을 통해 자신에게 없는 정보를 얻어서 전체 정보를 완성해야 한다.

예)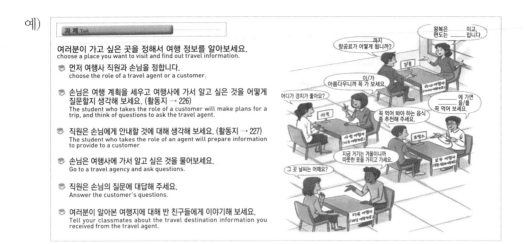

서울대 한국어 2A 128~129

③ 문제해결 활동

학습자에게 일정한 문제를 지닌 가상의 상황을 제공하여 학습자의 경험과 주체적인 활동을 통해 문제를 해결하게 하는 활동으로서 그 문제를 해결하는 과정에서 의사소통을 하게 된다. 과제 해결을 위해 짝 활동 또는 소그룹으로 토의를 하게 되는데, 이 상황에서 자연스럽게 의사소통을 하게 되는 것이다. 이 활동은 유의미한 인지적 활동을 유도하여 과제를 해결하는 것을 목표로 한다.

예)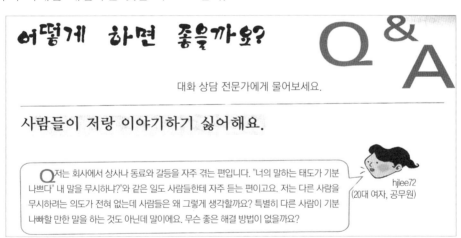

서강 한국어 5A

4) 사회적 상호작용 활동

분명한 사회적 맥락 속에서 행해지는 실제 의사소통과 유사한 활동이다. 의사소통 능력의 중요한 또 한 면은 언어의 기능적 의미뿐 아니라 사회적 의미를 이해할 수 있는 능력이다.

① 역할극

역할극은 특정한 상황 속에서 학습자가 각각 하나의 역할을 맡아 상호작용을 하는 말하기 활동이다. 주어진 대본을 그대로 연기할 수도 있다. 역할극은 학생들이 언어 구조와 어휘, 기능을 익히고 연습하도록 도와주는 뛰어난 절차이다. 이에 더해 사회적인 기술을 익힐 기회도 제공한다. 역할극을 할 때는 학습자들에게 친숙하고 현실적이면서 복잡하지 않은 상황을 설정해야 한다. 역할극을 할 때는 모범 대화문과 필요한 부교재를 제공하는 게 좋다.

예)

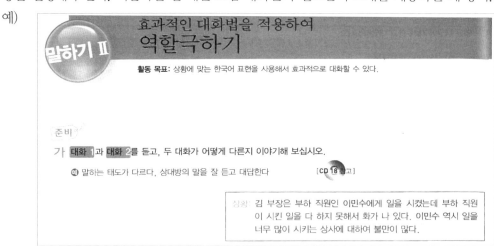

서강 한국어 5A

② 게임

학습자의 흥미를 돋우면서 동시에 학습도 할 수 있다는 장점이 있다. 말하기 교육에서 자주 사용되는 게임으로는 퀴즈를 듣고 이를 빠르게 맞히는 게임이나 스무 고개 같은 게임, 끝말잇기, 퍼즐 게임 등이 있다.

예)

무슨 직업일까요?

다음 여러 가지 직업 중에서 설명하는 것과 같은 직업은 무엇일까요? 질문 내용과 방법에 따라 옆 사람과 함께 해봅시다.

회사원 / 농부 / 광부 / 어부 / 은행원 / 교수 / 교사 / 강사 / 보모 / 공무원 / 외교관 / 군인 / 경찰 / 소방관 / 프로듀서 / 아나운서 / 기자 / 변호사 / 판사 / 검사 / 의사 / 약사 / 간호사 / 사업가 ....

〈질문과 대답 방법〉

1. 특별한 자격증이 필요합니까?	→ 네
2. 유니폼을 입고 일을 합니까?	→ 네
3. 근무지 이동이 심합니까?	→ 그럴 수 있습니다.

서강 한국어 5A

③ 토론

특정한 주제에 대해서 자신의 주장을 펼치면서 상대방을 설득하고, 상대방의 주장에 대해서는 동의하거나 반박하는 기능을 수행해 볼 수 있는 활동이다. 주로 중·고급 단계의 말하기 교실에서 많이 수행된다. 그런데 사전 준비 없이 토론을 진행했다가는 수업이 제대로 진행되지 않아 낭패를 볼 수 있다. 토론 참가자들이 평소 그 주제에 관심이 없었다거나 특별한 의견을 가지고 있지 않은 경우가 있기 때문이다. 그러므로 토론을 하기 위해서는 사전에 관련된 주제에 대한 읽기 자료나 동영상 자료를 같이 학습한 후에 진행하거나 토론 전날 학습자들에게 미리 주제를 공지해 주고 자료를 준비해 오도록 하는 것이 좋다. 이에 따라 토론 수업을 진행하는 단계를 자세히 살펴보면 다음과 같다.

〈표 5〉 토론 진행 단계[9]

순서	토론 순서	단원 구성 항목	세부 활동 내용
1	토론 전 단계	도입	• 토론 주제 제시 • 주제와 관련된 그림, 사진 자료 제시 및 견해 묻기
2		어휘 확인하기	• 토론 주제와 관련된 주요 어휘 확인 및 연습
3		자료 분석하기	• 주제에 대한 나라별 입장과 관련사건 읽기 • 찬성과 반대 측의 자료 읽고 분석하기
4		논거 구성하기	• 논거와 그에 따른 근거 구성하기 • 상대 측의 논거와 문제점 분석하기
5		입론 작성하기	• 〈서론–본론–결론〉에 맞게 입론 작성하기
6	토론 단계	조별 활동	• 같은 입장의 학습자들끼리 논거 정리하기 및 역할 정하기
7		토론하기	• 제시된 토론 순서와 발언 요령을 토대로 토론하기
8	토론 후 단계	평가하기	• 토론에 대해 평가하고 피드백하기
9		주장의 글 써오기	• 토론한 내용을 바탕으로 찬성 또는 반대의 입장에서 주장하는 글 쓰기

예)

한양 한국어 5

---

9) 고영준·윤영(2014)

④ 발표

자신이 선택하거나 주어진 주제에 대해 준비한 이야기를 발표하는 방법이다. 발표할 때는 전체 글에 쓰인 것을 그대로 읽는 것보다 요약하여 말할 수 있도록 지도한다. 발표 주제는 학습자의 숙달도에 따라 달리 해야 한다. 초급이라면 자기소개, 가족 소개, 주말 이야기가, 고급이라면 인물에 대한 조사 발표, 신문 기사 발표, 주제 연구 발표 등이 주제가 될 수 있다.

3. 수준에 따른 말하기 활동

말하기 활동을 할 때는 활동의 효과를 극대화하기 위해 학습자의 숙달도에 맞는 활동을 하는 것이 좋다. 말하기 수업에서 학습자의 수준에 맞지 않게 지나치게 복잡하거나 어려운 활동을 도입한다면 학습자들은 곧 흥미를 잃어 말하기 활동에 적극적으로 참여하지 않게 된다. 그러므로 말하기 활동에서 숙달도를 고려하는 것은 중요한 문제이다. 다음은 각 등급별로 적합한 말하기 활동의 예이다.

〈표 6〉 등급별 말하기 활동의 예[10]

등급	적합한 활동의 예
초급 이상	• 문장 만들어 이야기하기 • 문답이나 대화 완성하기 • 질문에 답하기 • 답을 듣고 질문 만들기
중급 이상	• 단어 게임하기 • 상황에 따른 역할극하기 • 비교해서 말하기 • 이야기 재구성하기 • 설명하기
고급 이상	• 좌담회하기 • 발표하기(프레젠테이션) • 촌극이나 연극하기 • 인터뷰하기 • 특정 주제에 대해 이야기하기

---

10) 김선정 외(2010), 한국어 表現교육론 p51

〈참고문헌〉

서강 한국어 : Student's book; 읽기·말하기 5A, 서강대학교 한국어교육원.

서울대 한국어 : Student's book 2A, 서울대학교 언어교육원.

한양 한국어 1, 한양대학교 출판부.

한양 한국어 5, 한양대학교 출판부.

고영준·윤영(2014), 한국어 토론 교재 개발 방안 연구 – 학문 목적 학습자를 대상으로–, 언어사실과 관점 vol.33, 연세대학교 언어정보연구원.

김선정 외(2010), 한국어 표현교육론, 형설출판사.

김정숙(2006), 한국어 말하기 교수법, 제10회 국외 한국어 교사 연수회 자료집

노명완(1992), 말하기 및 듣기의 본질과 평가의 방향, 제3회 국어 교육 연구 발표대회논문, 한국국어교육연구회.

신재철(2010), 초등영어 교육에서 상호작용을 통한 의사소통능력 신장 방안, 공주교대논총, 공주교육대학 교육연구소, pp119-138.

이미혜(2002), 한국어 말하기 교육의 이론과 실제, 21세기 한국어교육학의 현황과 과제(박영순 편). 한국문화사.

전은주(1999), 말하기·듣기 교육론, 도서출판 박이정.

허용 외(2005), 외국어로서의 한국어교육학 개론, 도서출판 박이정.

1. 다음 중 말하기의 특성과 그 예가 잘못 연결된 것은?

① 축약형 – '이것이'를 '이게'로 말하도록 한다.

② 구어체 – 최신 유행어를 써서 대화문을 만든다.

③ 발화 속도 – '잘 // 못 타요.'로 끊어서 말하도록 가르친다.

④ 억양과 강세 – '벌써 가?'에서 '벌써'를 강하게 발음하게 한다.

정답 ③
정답근거 : 말하기의 특성 중 무리 짓기에 대한 예이다.

2. 다음 중 과제 중심적 교수법의 말하기 활동으로 가장 알맞은 것은?

① 교재의 대화문 외워서 말하기

② 고민을 읽고 해결 방법 의논하기

③ 배운 문법을 사용해서 문장 만들기

④ 교사의 명령을 듣고 그대로 실행하기

정답 ②
정답근거 : ①은 청각구두식 교수법, ③는 문법번역식 교수법, ④는 전신반응 교수법의 활동에 해당한다.

3. 의사소통식 교수법의 말하기 교육에 대한 설명으로 옳지 않은 것은?

① 언어를 의사소통의 도구로서 인식한다.

② 전형적인 활동으로 정보차 활동이 있다.

③ 유창성보다는 정확성에 초점을 두고 있다.

④ 말하기에서 담화 맥락에 대한 이해를 중시한다.

정답 ③
정답근거 : 의사소통식 교수법에서는 정확성보다는 용인성과 유창성을 중시한다.

4. 다음 중 한국어 숙달도와 교육내용이 맞게 연결된 것은?

① 고급 - 우정에 대해서 발표한다.

② 초급 - 자기 집의 위치를 설명한다.

③ 중급 - 환경오염을 주제로 토론한다.

④ 고급 - 지원자와 면접관이 되어서 면접을 해 본다.

정답 ②

정답근거 : 자기 집의 위치 설명과 같이 친숙한 주제는 초급에서 다루는 주제이다.
　　　　　①의 우정은 친숙한 추상적 주제로서 중급의 주제이며,
　　　　　③의 환경오염은 일반적 사회적 주제로 고급의 주제이다.
　　　　　④의 면접의 경우, 친숙한 사회적인 주제로서 중급의 주제이다.

5. 다음 중 말하기 교육의 원리에 대한 설명으로 옳은 것은?

① 말하기는 의사소통 활동이므로 대화 위주로 가르친다.

② 말하기 수업이므로 읽거나 쓰는 활동은 가급적 자제한다.

③ 문법을 설명하고 연습하는 단계도 반드시 포함해야 한다.

④ 구어는 격식에 맞지 않으므로 교실에서는 다루지 않는다.

정답 ③

정답근거 : ① 발표, 토론 등의 다양한 담화 유형을 교육해야 한다.
　　　　　② 통합적인 기능 교육을 위해서 읽고 말하기, 말하고 쓰기 등의 활동을 하는 것이 좋다.
　　　　　④ 실제성을 높이기 위해서 구어 표현을 가르치는 것이 좋다.

6. 다음 대화에서 사용한 말하기 의사소통 전략이 <u>아닌</u> 것은?

> 은영 : 저…, 디나 씨, 동전 있으면 좀 빌려 주세요.
> 디나 : 네? 뭐요?
> 은영 : 동–전요. 100원 500원 이런 거.
> 디나 : 아~, 있어요. 100원짜리요? 500원짜리요?
> 은영 : 100원짜리 있으면 빌려 주세요.

① 은영 – 다른 말로 풀어 말하기

② 디나 – 반복해 줄 것을 요구하기

③ 디나 – 분명히 해 달라고 요구하기

④ 은영 – 시간을 벌기 위한 군말 사용하기

정답 ④
정답근거 : 은영은 첫 번째 발화에서 '저…, 디나 씨'와 같이 청자의 주의를 요구하는 전략을 사용하고 있다.

7. 다음 대화에서 교사가 사용한 오류 수정 방법으로 옳은 것은?

> 교사: 어제 무엇을 했어요?
> 학생: 어제 친구를 만나요.
> 교사: 어제, 친구를 만나요?
> 학생: 아, 만났어요.

① 모방

② 지적

③ 반복 요구

④ 직접 고쳐주기

정답 ①
정답근거 : 학습자의 오류를 따라함으로써 오류 사실을 지적하고 있으므로 모방의 방법을 사용하고 있다.

8. 다음 중 직소 활동에 대한 설명으로 옳은 것은?

> 갑 : 바나나가 얼마나 있습니까?
> 을 : 5kg 있습니다.(갑은 자신의 목록에 5kg을 받아 적음.) 사과는 얼마나 있습니까?
> 갑 : 15kg 있습니다.(을은 자신의 목록에 15kg을 받아 적음.)
>
> …
>
> | 갑의 저장 목록 | 을의 저장 목록 |
> |---|---|
> | 사과 15kg | 사과 (   ) |
> | 바나나 (   ) | 바나나 5kg |
> | 배 10kg | 배 (   ) |
> | 치즈 (   ) | 치즈 3kg |

① 의사소통 전 단계에서 유용한 활동이다.

② 특정한 사회적 맥락 하에서 대화가 이뤄진다.

③ 목표 달성을 위해 의사소통적 상호작용이 요구된다.

④ 정보의 내용보다는 언어의 형식에 주된 관심을 둔다.

정답 ③

정답근거 : 제시된 활동은 직소(jigsaw) 활동으로서 활동의 참여자에게 정보의 격차가 존재하게 하여 의사소통의 필요를 발생시키는 활동이다. 따라서 정보를 모으기 위해서는 의사소통적 상호작용이 요구되는 활동이며, 언어의 형식보다는 정보의 내용에 집중하는 활동이다. 또한 직소 활동은 실제 의사소통 활동 중 기능적 의사소통 활동에 해당된다.

9. 초급 말하기 수업 모형에 관한 단계별 설명으로 옳지 <u>않은</u> 것은?

> 단원 주제 : 집
>
> 기능 : 사물과 장소의 위치 말하기
>
> 문법 : 에 있다/없다, 와/과
>
> 어휘 : 집의 구조, 사물, 위치

① 도입 단계 – 지금 어디에 사는지 물으면서 '집'이라는 단원의 주제로 유도한다.

② 제시 단계 – '자음 + 과', '모음 + 와'라는 형태 정보를 제시한다.

③ 연습 단계 – 교실에 있는 사물에 대해 위치를 묻고 답하게 한다.

④ 활용 단계 – 사물 그림을 제시하고 사물을 열거해 보게 한다.

정답 ④

정답근거 : 활용 단계에서는 실제성 있는 의사소통 연습이 이루어지게 해야 한다. 단순히 사물 그림을 제시하고 열거하게 하는 것은 문법 연습에 해당하므로 '연습 단계'에 해당한다고 볼 수 있다.

10. 중급 학습자에게 적합한 말하기 과제에 해당하는 것을 <u>모두</u> 고른 것은?

> ㄱ. 고향과 한국의 날씨를 비교해서 공통점과 차이점 말하기
>
> ㄴ. 정부의 대중교통 요금 인상안 발표에 대해서 토론하기
>
> ㄷ. 한국 사람들의 여가 생활에 대해서 조사한 후 발표하기
>
> ㄹ. 아르바이트를 하려는 아들/딸과 그에 반대하는 부모가 되어 역할극해 보기

① ㄱ, ㄴ

② ㄱ, ㄹ

③ ㄱ, ㄴ, ㄷ

④ ㄴ, ㄷ, ㄹ

정답 ②

정답근거 : ㄴ과 ㄷ은 고급에 적합한 말하기 과제이다.

한국어쓰기교육론

배소영 〈한양대학교〉

| 학습목표 |

1. 한국어 쓰기 교육의 목표와 수업 구성의 원리에 대해 이해하며, 한국어 쓰기 수업의 수업 활동 유형에 대해 살펴본다. 또한 효율적인 한국어 쓰기 수업 방법을 익히도록 한다.
2. 쓰기의 개념과 특성, 목표 및 내용, 쓰기 교육의 흐름과 교육 원리를 살펴보고, 쓰기 수업의 활동과 구성을 알아본다.

'쓰기의 개념과 목표'

1. 쓰기의 개념과 특성

쓰기란 문자 언어로 자신의 생각과 느낌, 정보를 표현하는 행위를 말한다. 쓰기가 문자 언어로 이뤄진다는 것은 쓰기를 다른 언어 기능과 구분 짓는 중요한 특징이다. Brown(1994)에서는 문자 언어가 가진 특징을 다음과 같이 설명하고 있는데, 이러한 특징을 통해 우리는 쓰기의 특성을 미루어 짐작할 수 있다.

1) 영구성

말하기는 발화가 되는 즉시 사라지지만 쓰기는 이에 비해 영속성을 갖는다. 그러므로 독자는 반복해서 쓰인 단어 또는, 문구, 문장 그리고 글 전체를 읽을 수가 있다.

2) 처리 시간

생산과 수용에 걸리는 시간에 구애를 받지 않는다. 음성 언어의 경우 발화 시간, 또는 이를 수용하여 처리하는 시간이 지나치게 오래 걸리면 대화에 장애를 일으키지만 문자 언어는 그렇지 않으므로 글쓴이나 독자 모두 자신의 속도로 쓰거나 읽을 수 있다.

3) 거리

문자 언어는 메시지가 독자에게 전달되기까지 물리적·시간적 거리가 있다. 글을 쓴 장소와 시간 그리고 글을 읽는 장소와 시간이 동일하지 않기 때문이다. 이러한 거리는 구두 언어와 달리 문자 언어를 더 이해하기 어렵게 만드는 요소이다.

4) 철자법

문자 언어는 음성 언어와 달리 의미를 전달할 때 사용할 수 있는 보조적인 수단[1]이 없다. 가끔 도표나 그림이 보조적 수단으로 사용되기는 하지만 대체적으로는 오로지 문자, 즉 철자에 의미 전달을 의존해야 한다. 이 때문에 독자는 행간에 숨은 작가의 숨은 의도를 찾기 위해 노력해야 하여야 하며 작가의 의도와 다르게 해석이 되기도 한다.

5) 복잡성

문자 언어를 어렵다고 느끼는 주요한 원인 중의 하나는 바로 문장의 복잡성이다. 구어와 달리 문어는 복문으로 이뤄진 경우가 많다. 이 역시 학습자에게 문어를 접근하기 어려운 언어로 인식하게 하는 요인이 된다.

6) 어휘

문어는 구어에 비해 난이도가 높고 다양한 어휘를 사용한다. 그래서 문어에는 일상생활에서는 거의 사용하지 않는 즉 사용빈도가 떨어지는 어휘들이 많이 발견된다.

7) 형식성

글을 쓸 때는 말을 할 때에 비해 지켜야 할 규칙이 더 많다. 이 중에는 수사학적 형식이나 글을 구성하는 형식 등이 있는데, 이러한 형식은 언어권마다 다르므로 쓰기 교육을 할 때 글의 시작이나 끝맺음, 전개 순서 등도 포함시켜 가르쳐야 한다.

한편, 모국어 화자를 대상으로 한 쓰기 교육과 달리 외국인 학습자를 대상으로 한 쓰기 교육에는 단순히 문어의 형태를 베껴 쓰는 행위에서부터 자신의 생각을 자유롭게 표현하는 자유 작문에까지 다양한 활동들이 포함된다. 그러므로 한국어 교육에서 쓰기 교육의 범위는 철자의 교육에서부터 일반적인 작문의 능력 신장에까지 이른다고 볼 수 있다.

2. 쓰기 교육의 목표

쓰기의 '문자 언어'적 특징으로 인해 과거에는 쓰기를 학습한 문법이나 구조를 연습하는 보조적인 수단으로만 간주해 왔다. 그러나 쓰기는 문자 언어로 자신의 생각을 표현해 내는 행위이므로 의사소통 행위임을 잊지 말아야 한다. 바브르치니악(1980, 7)에서는 커뮤니케이션에 대해서 다음과 같이 정의하고 있다.

"커뮤니케이션은 접촉파트너(화자와 이해자, 작가와 독자) 사이에서 교환되는 텍스트를 통해 수행된다. 여기서 텍스트는 길이가 다양한 문어적 발화이기도 하고 구어적 발화, 곧 한 단어

---

1) 음성 언어의 경우, 강세, 리듬, 억양, 말 멈춤, 소리의 크기, 목소리의 질, 그리고 비언어적 단서들이 의미 전달에 도움을 준다.

텍스트에서부터 여러 권의 소설 텍스트를 두루 포괄하는 뜻으로 이해할 것이다."[2]

위의 정의를 통해 우리는 쓰기가 작가와 독자 사이에 일어나는 커뮤니케이션 즉 의사소통 행위임을 이해할 수 있다. 작가는 글을 쓸 때 특정한 목적[3]을 가지고 쓰며, 이러한 목적을 이루기 위해 다양한 전략들을 시도한다. 따라서 쓰기를 교육함에 있어서 문법적으로 오류가 없는 문장을 생성하는 데서 한걸음 더 나아가 논리적으로 완결성이 있는 담화를 구성해 내는 것을 목적으로 삼아야 한다. 그러나 이것은 쓰기 수업의 궁극적 목표일 뿐 단기적인 목표는 될 수 없다. 한국어 교실에는 이제 막 한국어에 입문한 초급 학습자부터 고급 학습자까지 다양한 숙달도의 학습자가 존재하는데, 이들을 모두 하나의 목표 하에 지도하기는 어려울 것이다. 그러므로 각각의 단계에 맞는 단기적인 목표를 살펴볼 필요가 있다. 다음은 초급, 중급, 고급의 각 단계별 목표를 표로 정리한 것이다.

〈표 1〉 한국어 쓰기 교육의 단계별 목표[4]

초급	중급	고급
• 맞춤법의 기본 원리에 맞게 글을 쓸 수 있다. • 기본적 형태의 어형 변화의 구사가 가능하다. • 서류나 서식에 기입할 수 있고 짧은 메시지나 전화 메모 등 실용문을 쓸 수 있다. • 어휘, 문법을 재구성해서 친숙한 주제로 단순한 문장을 쓸 수 있다. • 학습 주제와 관계있는 구어체 문장과 편지 일기와 같은 문어체 문장 표현이 가능하다.	• 맞춤법과 문법에 맞게 문장을 구성하는 데 크게 어려움을 느끼지 않는다. • 문장을 만드는 데 문법적인 오류가 보이기는 하나 비교적 정확한 문장을 구사한다. • 생활과 밀접한 관련이 있는 사회적 소재에 대해서도 어느 정도 글을 쓸 수 있다. • 주어진 텍스트를 요약하고 그에 대한 자신의 주장을 논리적으로 구성할 수 있다.	• 구두법이나 철자 등에 약간의 오류가 있을 수 있으나 문장 구조를 이해하며 친숙한 주제에 대해서는 꽤 긴 글을 쓸 수 있다. • 묘사, 서술, 요약 및 의견 주장 등의 내용을 적절하게 표현할 수 있다. • 정치, 경제, 사회, 문화 전반에 걸친 친숙하지 않은 주제에 관해 쓸 수 있다. • 연대기적 서술, 논리적 서술, 논술, 묘사 등의 문장을 구성할 수 있다.

쓰기 목적은 학습자의 숙달도 외에 학습자의 한국어 학습 목적과도 밀접한 관련이 있다. 예를 들어, 대학 진학을 목적으로 한 학문목적의 한국어에서는 보고서 작성, 강의 듣고 필기하기 등의 기능 교육이 쓰기 교육의 목표가 될 수 있으며 직업 목적의 한국어라면 직장 생활에 필요한 서류 작성하기 회의록 작성하기, 공적인 내용의 이메일 쓰기 등의 교육이 목표에 포함되어야 할 것이다.

---

2) '하인츠 파터(2006), 텍스트의 구조와 이해, 이성만 역, 배재대학교출판부' 에서 재인용

3) Brinker(1985; 202)에 의하면 텍스트의 목적에는 '제보, 호소(설득), 책무, 접촉, 선언' 등이 있다. 또한 D'angelo(1980)에서는 쓰기의 구체적인 목적을 다음과 같이 제시하고 있다. 1. 알리기 위한 것(설명서), 2. 확신시키기 위한 것 또는 설득하기 위한 것(광고), 즐거움을 주기 위한 것(시), 강한 감정을 표현하기 위한 것(사랑의 편지).

4) 김선정 외(2010), 한국어표현교육론, p159

'쓰기 교육의 연구사' 5)

1. 언어 교육 이론과 쓰기 교육

문법 번역식 교수법에서의 언어 수업은 주로 외국어로 된 텍스트를 읽는 데 치중돼 있었다. 따라서 말하기·듣기보다는 읽기·쓰기 기능이 강조되었다. 그러나 이 시기에 쓰기 교육은 문법 규칙에 맞는 예문을 써 보는 것으로서 문법 수업의 보조적인 역할에 지나지 않았다.

직접 교수법에서는 수업은 입말에 의한 간단한 도입과 회화 중심으로 이뤄진다. 그러므로 문법번역식 교수법에 비해 쓰기는 그 위상이 줄어들고 말하기와 듣기에 역점을 두었다고 할 수 있다.

청각구두식 교수법은 구조주의에 입각한 교수법으로서 직접 교수법과 같이 통제된 대화 연습에 주력한다. 따라서 이 시기에도 쓰기는 그 역할이나 위상이 상당히 축소되어 베껴 쓰기나 문법에 맞게 빈칸 채우기, 읽기를 확인하기 위한 보조 수단에 불과하였다. 그리고 말하기 능력이 신장되면 쓰기 능력도 자연스럽게 따라온다고 믿었기 때문에 쓰기에는 큰 관심을 두지 않았다.

의사소통식 교수법에서는 쓰기를 의사소통의 수단으로 보고, 언어 사용 위주의 교육을 강조하였다. 이에 따라 쓰기 교육을 할 때 정확성보다는 유창성을 강조하였다. 그리고 맥락 의존성을 중시 여겨 이를 바탕으로 한 담화 능력을 배양, 그리고 사회언어학적 요소와 담화적인 요소 교육을 강조하였다.

2. 쓰기 교육에 관한 접근법

쓰기는 크게 텍스트와 텍스트의 생산자, 그리고 텍스트의 수요자인 독자 이렇게 3요소로 구성돼 있다. 이에 따라 쓰기 교육은 텍스트를 중심으로 한 방식과 텍스트의 생산자를 중심으로 한 방식, 그리고 텍스트의 수요자를 중심으로 한 방식으로 이뤄져왔다. 이번 장에서는 각 방식의 근간이 되는 접근법에 대해 살펴보겠다.

1) 결과 중심 접근법

결과 중심 접근법은 쓰기 구성 요소 중 텍스트 자체를 중시하는 쓰기에 대한 전통적인 관점을 말한다. 이 접근법에서 텍스트는 그 자체로 온전한 실체이기 때문에 텍스트를 생산하는 작가의 사고 과정이나 텍스트를 읽는 독자의 이해 과정과는 별개로 존재하는 것이다. 따라서 쓰기를 교육한다고 했을 때 그 대상은 최종 결과문인 작문 텍스트 그 자체만을 의

---

5) 이 장은 한국어 표현 교육론 제2장의 내용을 참고하여 작성하였다.

미한다. 이에 따라 결과 중심 접근법에서는 텍스트의 구조, 문체, 수사법, 철자 등의 형식적인 면이 가장 중시된다. 이 접근법 하에서 쓰기 수업은 주로 교사가 제시한 모범적 텍스트를 학습자들이 모방하는 것으로 이뤄진다. 이를 위해 교사는 최대한 모범이 되는 텍스트의 구조와 문체, 수사, 철자 등을 세세하게 분석하여 제공하며, 학습자들은 이를 최대한 모방하도록 요구받는다. 이 교육 방법에서 학습자의 쓰기 수행에 대한 피드백은 주로 글의 정확성에 관한 것으로서 오류에 대한 수정으로 이뤄진다.

2) 과정 중심 접근법

결과 중심 접근법에 대한 반작용으로서 글의 형식이 아닌 글을 생산하는 필자에 관심을 가지는 사람이 늘어나기 시작했는데, 그 결과 과정 중심 접근법이 나타났다. 과정 중심 접근법은 그 명칭에서 알 수 있듯이 글을 생산하는 전 '과정'에 관심을 두는 접근법이다. 한 편의 글이 완성되기까지는 필자는 글을 구상하고, 아이디어를 생성·조직하고, 집필하고, 고쳐 쓰는 과정을 거친다. 따라서 과정 중심의 수업에서는 이러한 글쓰기 단계를 중심으로 학습자를 지도한다. 이미혜(2001)에서는 과정 중심의 쓰기 수업을 다음과 같이 도식화하고 있다.

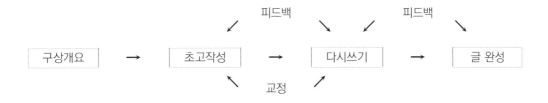

과정 중심 접근법에서는 학생들이 처음에 작성한 글을 최종 결과물로 보지 않는다. 학습자들은 주어진 시간 동안 글을 쓰면서 교사와 다른 학생들로부터 피드백을 받고 이를 반영하여 다시 쓰는 과정을 거친다. 다시 쓰는 과정은 1번에 그치는 것이 아니라 2,3번 반복되는 순환적 과정이다. 이런 과정을 거치는 동안 학습자들은 새로운 아이디어를 얻을 수도 있고 자신의 생각을 글로 표현하기 위한 언어적인 형태를 발견할 수도 있다. 이처럼 과정 중심 접근법에서 쓰기는 복잡하고 순환적인 창의적 과정이다. 그러므로 학습자는 제한된 시간에 글을 쓸 필요가 없고 오류 수정을 위해 결과물을 제출할 필요도 없다.

과정 중심 접근법에서 교사는 학습자에게 글을 쓰기 위한 충분한 시간을 제공해야 하며, 글의 형식이 아닌 내용에 대해 피드백을 해야 한다.

3) 장르 중심 접근법

장르 중심 접근법은 글을 읽을 독자를 중심으로 한 접근법을 말한다. 이 접근법 하에서는 글을 읽을 독자들이 기대하는 바를 충족하도록 목표 언어의 담화 공동체에서 통용되는 텍스트의 특성, 구성 방식 등을 이해하고 글을 쓰도록 지도한다. 따라서 수업에서는 다양한 유형 즉 장르의 글을 써 보도록 하며, 글을 쓰기 전에 텍스트의 장르에 따른 형식을 이해하도록 교수한다. 장르 중심 접근법의 수업에서는 먼저 학습자들에게 모범글을 제공하여 해당 장르의 구성적 특성과 자주 사용되는 표현 등을 익히게 한 후 유도 작문 형태의 연습을 시키고 마지막으로 해당 장르의 글을 자유롭게 쓰도록 한다.

'쓰기 교육 방안'

1. 쓰기 교육의 원리

1) 문법 항목에 대한 정확한 사용을 중심으로 하던 전통적인 방식에서 벗어나 내용과 담화 조직의 구성을 강조해야 한다.

쓰기를 단순히 기호화된 메시지로 인식했던 과거의 쓰기 교육에서는 철자와 구두점, 문법의 정확한 사용을 중시하였다. 그러나 쓰기에 대한 연구가 활발해지면서 쓰기 능력에는 문법을 정확하게 사용하는 능력 외에 글의 내용 전개 및 구성 능력이 포함되어 있음이 밝혀졌다. 따라서 쓰기 교육에서도 문법을 정확하게 사용하는 능력 이상을 것을 가르쳐야 한다. 내용을 응집성 있게, 논리적으로 전개하는 능력을 교육 내용에 포함해야 하는 것이다.

Kellogg(1994)에서는 쓰기 지식을 내용 지식, 담화 지식, 상위인지 지식으로 유형화하고 있다. 내용 지식은 화제 지식이나 영역 특수 지식으로도 불리는데 쓰기 화제 즉 주제에 대한 경험 유무나 친숙한 정도를 포함하는 것으로 볼 수 있다. 담화 지식은 어휘 지식, 문장과 문단을 포함하는 통사 지식, 독자에 대한 이해로 대표되는 수사적 지식 그리고 구조 지식을 포함한다. 상위인지 지식은 자신에 대한 지식, 과제 지식, 전략 지식을 포함하는 것으로 파악된다.[6]

이러한 쓰기 지식의 유형을 볼 때 쓰기 교육에서 단순히 언어적인 것을 교수하는 데 그칠 것이 아니라 내용 지식, 글을 구성하는 능력에 관한 지식, 전략적인 지식 등을 모두 포함해서 교수해야 한다는 것을 알 수 있다.

2) 쓰기의 결과물을 중시하는 데에서 벗어나 쓰기의 과정에 초점을 두어야 한다.

Flower는 글쓰기를 수사적 문제를 탐구하고 계획을 세우는 계획하기, 아이디어 생성하기, 아이디어 조직하기, 문제 분석하기와 논지 구축하기, 독자를 위해 글 설계하기, 독자 중심

---

6) 문광진(2012) 중학생의 설명문 쓰기 능력 구성 요인 및 구조 분석, 한국교원대학교 박사학위 논문

의 글쓰기, 목적을 중심으로 한 교정하기와 문체를 중심으로 한 편집하기 단계로 구성된다고 보았다.[7] 따라서 쓰기 수업에서도 쓰기 결과물만을 중시하는 데서 벗어나 쓰기의 전 과정을 중시하도록 관점의 전환을 해야 한다. 또한 평가를 할 때도 쓰기 전 과정을 평가의 대상으로 삼아야 한다.

3) 실제 의사소통 상황에서 수행할 가능성이 높은 과제를 중심으로 쓰기 교육을 실시해야 한다.

과제(task)란 '의미를 중심으로 하여 의사소통을 위해 행하는 모든 이해, 처리, 생산, 대응 활동(Nunan, 1989)'을 말하는 것으로, 언어를 이용해 무엇을 행할 수 있는가 하는 언어의 기능적인 측면을 말하는 것이다.[8] 과제에는 실제적인 과제와 교육적인 과제가 있는데, 실제적인 과제에는 다음과 같은 것이 있다. 실제적 과제란 교실 밖의 실제 생활에서 학습자들이 수행해 내야 하는 여러 기능들을 교실 내에서 해 볼 수 있도록 고안된 과제들을 말하고, 교육적 과제란 교육적인 목표를 위해 인위적으로 조직된 과제를 말한다. 한국어 교실 내에서는 이런 실제적 과제와 교육적 과제가 적절히 안배가 되도록 조직을 해야 한다.

쓰기에서 의사소통 능력을 높이기 위한 실제적 과제로는 한국 친구나 가족에게 편지나 엽서 쓰기, 축하/감사/위로 카드 쓰기, 신상정보를 묻는 양식 채우기, 전화 메시지 듣고 메모하기, 이력서 쓰기, 자기 소개서 쓰기, 안내문 쓰기, 설문지 작성하기 등이 있다. 그리고 외국인으로서 한국에서 사는 동안 느낀 생각이나 경험한 일들을 잡지나 신문에 투고하는 등의 과제가 있다. 이러한 과제들은 실제 생활에서 학습자들이 자주 접하게 될 쓰기 과제로서 교수 내의 과제 수행이 교실 밖으로 연계가 된다는 장점이 있다.

이 외에 실생활에서 수행 가능성이 낮더라도 언어 사용 능력을 길러 줄 교육적 과제도 적절히 교실 내 활동으로 도입해야 하는데, 예를 들어, 감사 카드 쓰기를 해 본다면 그것을 위해서 '덕분에'나 '-기 바랍니다'와 같은 문법을 사용한 문장 쓰기 연습을 해 볼 수 있다. 이런 교육적인 과제의 활동을 한 후 실제 과제 활동 단계로 넘어간다면 학습자들의 과제 수행력을 높일 수 있을 것이다.

4) 한국어 담화 공동체가 기대하고 요구하는 새로운 글쓰기 방식에 맞추어 글을 쓰도록 해야 한다.

특정한 담화 공동체에는 그 공동체에 속한 사람들이 모두 동의하는 수사적 특징들로 이루어지는 특정한 이야기 방식이 있다. Kaplan(1966)에 의하면 사고로 글을 표현하는 형태는 언어나 문화의 영향을 받는다고 한다. 영어 문화권에서 성장한 사람은 표현 방법이 직선적인 것에 반해 동양의 언어 문화권에서 성장한 사람은 우회적이라는 것이다.

---

7) 김정숙(1999)
8) 김정숙(1999)

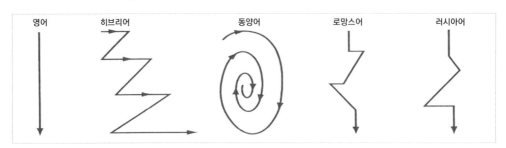

〈그림1〉 Kaplan의 언어 문화권에 따른 수사 구조

한국어 역시 문체와 담화 구성 방식에서 수사적인 특징을 지니고 있다. 그러므로 한국어 쓰기 교육은 학습자들이 이러한 한국어의 수사적 특성을 반영한 쓰기를 할 수 있도록 고안되어야 한다. 그러기 위해서 다양한 유형의 담화를 써 보는 연습을 하면서 각각의 담화 유형이 가지는 수사적 양식들을 따르도록 하고, 담화 유형에 따라 사용되는 전형적인 표현들을 적절히 활용할 수 있도록 가르쳐야 한다.[9]

5) 글의 효과를 극대화하기 위해서 독자의 반응을 예상하며 글을 쓰는 연습을 해야 한다.

글을 쓴다는 것은 독자를 염두에 둔 행위이다. 따라서 글을 쓸 때 이 글을 읽을 독자가 누구인지 머릿속으로 그리고 있다면 글을 쓰는 목적이 더욱 분명해질 것이다. 또한 독자에 따라 사용할 수 있는 어휘나 표현 등도 달라지게 된다. 따라서 독자들의 배경 지식, 독자의 요구, 태도 등을 미리 염두에 두고 글을 쓰도록 지도해야 한다. 그렇게 한다면 학습자들에게 자신이 다른 사람들이 읽을 글을 쓰는 것이며, 그렇기 때문에 독자의 요구나 기대를 충족시키고 글의 효과를 극대화시키기 위한 전략을 최대한 구사해야 한다는 생각을 심어줄 수 있을 것이다. Linda Flower는 독자의 요구를 파악하여 독자를 위해 글을 설계하는 전략으로 독자 분석, 독자의 반응 예상, 창조적 독자를 위한 글의 조직 등을 들었다.

6) 상호활동적, 협력적 활동이 되어야 한다.

쓰기 활동에는 계획하기, 초고쓰기, 다시 쓰기, 편집하기 등의 과정이 포함되는데 이런 쓰기의 전 과정에서 다른 학습자들의 도움을 받는다면 개인이 고립적으로 쓰기를 할 때보다 훨씬 더 나은 결과를 기대할 수 있다. 이런 협력적 쓰기의 장점에 대해서 김정숙(2006)에서는 동료 학습자가 실제 독자로서의 역할을 함으로써 실제 독자로부터 유리된 필자로 하여금 독자를 염두에 두고 효과적인 글쓰기를 할 수 있는 기회를 제공한다고 하였다. 협력적 쓰기를 하기 위해서 쓰기 수업은 소그룹 활동 중심이 되어야 하는데, 그렇게 하였을 때 학습자들은 협력적으로 정보를 모으고 발전시킬 수 있으며, 문제에 부딪혔을 때 함께 해결

---

9) 1980년대 이후에 나타난 사회적 구성구의 관점에서는 쓰기를 사회적인 행위로 설명한다. 즉, 글을 쓰는 동안 작가는 독자와 끊임없이 상호작용을 해야 하는 것이다. 다시 말해서, 독자에게 익숙한 담화적 특성으로 글을 써야 한다는 것이다. 이러한 관점은 장르적 접근법에서 바라보는 쓰기에 대한 관점과 유사하다.

할 수 있게 된다.

7) 다른 언어 기술과의 통합 교육을 실시해야 한다.

실제 의사소통 상황에서는 쓰기·말하기·듣기·읽기의 네 기능이 각기 고립적으로 실현되는 경우는 없다. 쓰기 역시 마찬가지다. 그러므로 쓰기를 가르칠 때 다른 언어 기능과 통합해서 교육을 실시한다면 쓰기 학습이 더욱 실제적이 되어 의사소통 능력을 향상시키는 데 큰 도움을 줄 것이다. 예를 들어, 장르의 특성을 반영한 읽기 자료를 같이 읽고 그 글에 나타난 어휘나 표현, 구조적인 전형성과 글의 전개 방식 등을 파악한 후 이를 모방해서 글을 쓰는 연습을 할 수 있다. 이러한 읽기 자료는 학습자에게 쓰기의 모델을 제공함으로 학습자는 읽기를 통해서 한국어로 된 산문의 문체와 문법적 특질, 그리고 담화 전개 과정을 익힐 수 있다.

8) 쓰기 전략을 사용할 수 있도록 교수해야 한다.

글을 쓰는 효과를 높이기 위해서 또는 글쓰기에서 장애가 발생했을 때 학습자가 스스로 문제를 해결할 수 있도록 쓰기 전략을 가르쳐야 한다. 쓰기 전략에는 바꿔 쓰기, 유사어 이용하기, 동료 검토로 내용 검토하기, 교사의 피드백 사용하기, 문법적 오류 편집하기, 음독 기법(소그룹이나 짝을 지어서 학습자들이 자신들의 최종적인 초안을 서로에게 읽어주는 방식의 기법), 교정보기 등이 있다.

2. 쓰기 교육에서의 오류 수정

1) 학습자 간의 오류 교정

학습자 간의 오류 교정은 다른 학습자의 글을 개별적으로 또는 그룹으로 읽고 그 글에 대해 의견을 나누는 것이다. 외국어 교육 환경에서 학습자들이 서로 오류를 교정할 때는 글을 평가할 수 있도록 기준을 제공하는 것이 효과적이다. 평가 기준은 질문으로 제공할 수 있는데, 질문지에는 문법적인 부분보다 글의 내용과 구성에 초점을 맞춘 내용의 질문이 들어가야 한다.

> 〈평가 기준 질문지의 예시〉
> · 단락의 구성이 알맞게 이루어졌습니까?
> · 제목이 글의 내용에 적합합니까?
> · 한 문장으로 줄일 수 있는 중심 내용이 있습니까?
> · 전체 내용에 맞지 않는 부분은 없습니까?

이러한 기준을 가지고 동료의 글을 평가하다 보면 자연스럽게 자신이 쓴 글에 대해서도 비평가의 눈을 가지고 바라볼 수 있게 된다. 그 결과 올바른 글쓰기의 기준이 내재화되어 좋은 글을 쓰는 데 도움이 될 수 있다.

2) 교사의 오류 교정

글쓰기의 결과를 중시하던 전통적인 쓰기 교육에서는 교사가 학습자의 문법적 오류를 수정해 주는 것을 가장 중시하였다. 그러나 최근의 쓰기 교육에서 교사의 오류 수정은 정확성을 향상시키기 위한 수단이 아니라 학습자가 자신의 의도에 맞는 글을 쓰는 데 도움은 주는 수단으로 바뀌고 있다. 따라서 교사가 오류 수정에서 가장 중점을 두어야 할 부분은 학습자가 표현하고자 했던 의도가 무엇이었는지를 추측해서 그에 맞는 표현을 제시해 주는 것이다. 학습자의 글에 나타난 오류를 다룰 때 염두에 두어야 할 원리를 Bernd Kast(1999)는 다음과 같이 제시하고 있다.

〈오류 교정의 원리〉
· 형태 중심의 연습에 목적을 둔 쓰기 활동에서는 형태를 정확하게 수정해 주어야 한다.
· 학습자가 글을 통해 무언가를 전달할 목적으로 쓴 글에서는 주제에 대한 자신의 생각을 표현하고, 독창적이고 창조적으로 글을 쓸 수 있도록 오류에 관대해져야 한다.
· 대표적인 오류 몇 가지를 표시하고 이를 수업 시간에 다룬다.
· 글의 잘 된 부분에 대한 칭찬과 오류 교정을 함께 제공한다.
· 반복된 오류는 중요하게 다루고 실수는 심각하게 다루지 않는다.
· 아직 학습하지 않은 내용에 대한 오류는 교사가 아무 말 없이 수정해 준다. 수정해 주지 않으면 학습자들이 맞는 것으로 오해할 수 있기 때문이다.
· 학습자 전체를 대상으로 오류를 다룰 때는 누구의 오류인지가 드러나지 않게 한다.

오류를 교정해 주는 방법에는 서면을 이용한 방법과 개인면담이 있는데, 서면을 이용하면 시간을 절약할 수 있고, 반복해서 교정 내용을 확인할 수 있다는 장점이 있다. 반면 개인면담을 했을 때는 학습자의 의도를 파악하는 데 도움이 되므로 두 방법을 상황에 따라 적절하게 섞어서 사용한다.

서면으로 오류를 교정해 줄 때, 교사는 학습자와 약속한 기호를 사용해서 오류를 교정해 줄 수 있는데, 이렇게 간접적인 방법으로 오류를 알려 줬을 때, 학습자 스스로 자신의 글에 대한 문제를 파악해서 교정할 수 있는 기회를 제공한다는 면에서 장점이 있다. 그렇게 하면 학습자 스스로 자신의 오류 유형이 어떠한지를 알게 하는 데 도움이 되므로 장기적인 관점에서 사용하면 좋다.

〈그림2〉 오류 교정의 예[10]

〈그림2〉 오류 교정의 예[10]

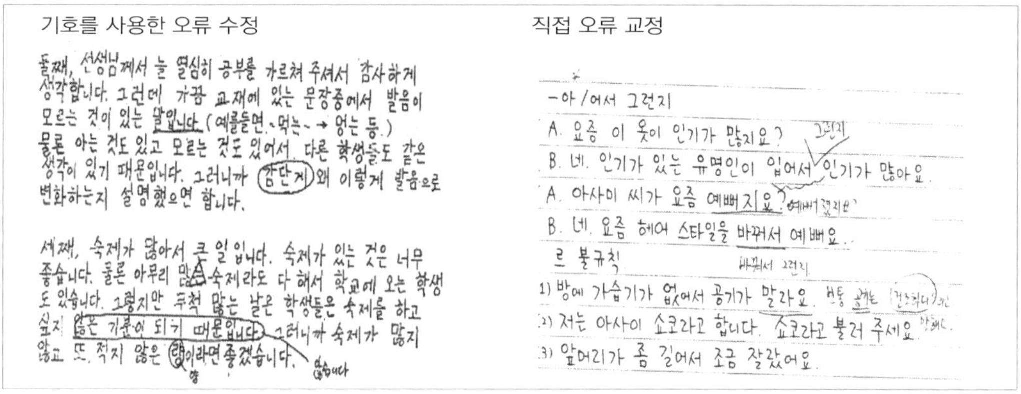

'쓰기 수업의 구성'

1. 쓰기 수업의 단계

한국어 쓰기 수업은 일반적으로 크게 세 단계로 구분한다.

구상하기	→	초고작성	→	다시쓰기
(쓰기 전)		(쓰기)		(쓰기 후)

구상하기 단계에서는 글을 쓰기 전에 글을 쓸 계획을 하는 단계로, 글의 주제와 방향을 정하고, 주제와 관련된 내용을 모으고, 이를 조직하는 단계이다. 쓰기 전 단계에서 아이디어를 모으기 위해서 자주 사용되는 전략으로 브레인스토밍(Brainstorming) 전략이 있다. 이 외에 이 단계에서 사용할 수 있는 전략으로 다음과 같은 것이 있다.

〈쓰기 전략〉

- 브레인스토밍(brainstorming)
- 마인드 맵(mind-mapping)
- 목록화하기(listing)
- 개요짜기(outlining)
- 상의하기
- 자유연상
- 다발짓기(clustering)
- 자유롭게 쓰기(free writing)

초고단계는 본격적으로 생각을 글을 쓰기 시작하는 단계이다. 이 단계에서 작성하는 글

---

10) 김선정(2010)

은 완성된 결과물이 아니라 다시 고쳐 쓸 것을 전제로 한 초고이다. 따라서 이 단계에서는 정확성보다는 유창성에 중점을 두고 쓰도록 한다. 이 단계에서 사용할 수 있는 전략으로 띄어쓰기나 맞춤법과 같은 형식적인 측면은 신경 쓰지 않고 내용에만 초점을 맞춰서 떠오르는 생각을 빠르게 적어나가는 '빨리 쓰기 전략(speed writing)과 글의 일관성을 유지하기 위해서 앞에 쓴 글을 계속 읽어나가면서 쓰는 '읽으면서 써 나가기 전략'이 있다.

그런데, 초고 단계에서 발생하는 오류에는 어떻게 대처해야 할까? Brown(2007)에서는 초고 단계의 쓰기 오류에 대해서는 총체적인 오류가 아닌 국소적인 오류는 무시할 것을 당부하고 있다. 이 외에도 초고 단계의 오류 교정에 대한 몇 가지 원칙들을 소개하면 다음과 같다.

〈초고 단계의 오류 교정의 원리〉

· 전체 논제의 명확성과 전반적인 구조의 관점에서 총체적으로 논평하라.
· 도입 단락에 관하여 논평하라.
· 화제와 관계없는 것처럼 보이는 특징에 대해 논평하라.
· 화제와 관련되는 단락 내에서 부적절한 단어 선택과 표현에 대해서 질문하라.
· 사소한 문법 및 철자 오류는 표시되어야 하지만 학생을 대신해서 교정하지 말라.
· 모든 요지와 뒷받침하는 생각, 주장과 논리에 관해서 논평하라.
· 명확하거나 직접적이지 않은 단어 선택과 표현들에 관해 논평하라.
· 단락들 내부와 단락들 간의 응집장치들을 검토하라.
· 결론의 적합성과 장점에 관해서 논평하라.

다시 쓰기 단계는 이미 작성한 초고를 다듬어 나가는 단계이다. 초고에서 발견되는 언어의 형태적인 오류나 실수를 수정할 뿐만 아니라 글의 구성적인 측면도 검토해야 한다. 즉, 주장이 명료한지, 결론이 적합하고 설득력이 있는지, 전체적인 글의 구성이 어떠한지를 검토해야 한다는 것이다. 그런데 이 과정은 필자 스스로도 할 수 있지만 동료 학습자나 교사의 피드백을 통해서 이루어질 수도 있다. 이 단계에서 활용할 수 있는 전략으로는 협의하기, 타인의 반응 확인하기, 오류 수정하기, 고쳐 쓰기가 있다.

김정숙(2006)에서는 각 단계에서 도입할 수 있는 쓰기 활동에 대해 다음과 같은 표로 정리하고 있다.

〈쓰기의 단계별 활동〉

구상하기	초고쓰기	다시 쓰기
① 아이디어를 내고, 주 아이디어를 찾는다. ② 주제와 관련된 사실이나 내용을 모은다. ③ 주 아이디어로 발전시킬 수 있도록 사실과 아이디어를 조직한다.	① 도입으로 주제문을 쓰고 배경 정보를 제공한다. ② 각각의 지지 문단을 발전시키고 올바른 문단 구성을 따라가는지 확인한다. ③ 의도하는 의미를 표현하기 위해서 분명하고 간단한 문장을 사용한다. ④ 주 아이디어에 초점을 맞춘다. ⑤ 사전을 사용해 적절한 표현을 찾는다.	① 글의 흐름에 일관성, 통일성이 있는지 확인한다. ② 주제가 분명하게 드러나는지 확인한다. ③ 글이 도입, 전개, 마무리로 구성되었는지 확인한다. ④ 문단들의 관계를 확인한다. ⑤ 주제문을 확인한다. ⑥ 철자법, 문법, 문장 구조가 정확한지 확인한다. ⑦ 문장의 의미를 확인한다. ⑧ 글이 재미있는지 확인한다.

2. 쓰기 활동의 유형

효과적으로 쓰기를 교육하기 위해서는 학습자의 요구와 수준에 맞으면서 교실 환경에도 적합한 다양한 활동들을 상황에 따라 적절하게 사용하는 것이 좋다. Brown(1994)에서는 쓰기 활동의 유형을 교실에서 요구되는 환경에 따라 크게 다섯 가지고 구분하고 있는데, 이 장에서는 Brown의 유형 분류에 따라 다양한 쓰기 활동들을 살펴보기로 한다.

1) 모방 쓰기

학습 초기에 글자를 배울 때 주로 사용되는 유형들이다. 이 유형의 쓰기 활동에서는 글자 또는 문장을 단순히 써 보는 연습을 하는데, 베껴 쓰기나 받아쓰기 활동이 이에 속한다.

(받아쓰기)

받아쓰기는 교사가 문장이나 단락을 적당한 속도로 불러주면 학생들이 들은 것은 그대로 쓰는 활동으로 언어의 형태적인 연습에 초점을 맞춘 활동이다. 교사가 학생들에게 문장을 들려줄 때는 한국어의 음운 변동 규칙에 따라 읽어주어야지 정확하게 발음을 하기 위해 단어를 형태소별로 따로 떼어서 읽어주면 안 된다. 예를 들어 '독립' 이라는 단어를 읽어줄 때는 「동닙」으로 읽어야지, 「독」, 「립」으로 형태소별로 따로 떼어서 읽어주어서는 받아쓰는 능력을 향상시킬 수 없다.

2) 통제된 또는 유도된 글쓰기

이 유형의 글쓰기는 문법을 학습하거나 평가하기 위해서 통제된 연습 문제의 답을 작성하

거나 주어진 지시에 따라 작문을 하는 형태의 활동이다. 따라서 이 유형에서는 학습자의
창의력을 발휘할 여지가 많지 않다.

(1) 시각 자료를 이용해서 쓰기

예)

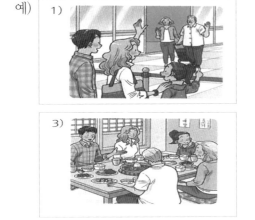 

경희 한국어 쓰기3

(2) 어순 배열하기

예)

다음과 같이 알맞은 것을 연결하고 문장을 완성하십시오.
Connect the proper expressions and complete the sentences.

1. 아침 6시	일어나다		자다
2. 아침 7시	마트에 가다		장을 보다
3. 오후 1시 30분	아침을 먹다		운동을 하다
4. 오후 4시	요리를 하다		점심을 먹다
5. 저녁 6시	도서관에 가다		저녁을 먹다
6. 저녁 7시	텔레비전을 보다		숙제를 하다
7. 밤 11시	학생 식당에 가다		학교에 가다

1. 아침 6시에 일어나서 운동을 했습니다.

2. _____

경희 한국어 쓰기2

(3) 문장 확장하기

예)

1. 보기 와 같이 꾸미는 말을 넣어 문장을 만드십시오.

보기 장미꽃이 예쁘다
⇒ 장미꽃이 **아주** 예쁘다
⇒ **빨간** 장미꽃이 아주 예쁘다
⇒ **집 앞에 핀** 빨간 장미꽃이 아주 예쁘다

1) 친구가 좋다

▶ _____

▶ _____

경희 한국어 쓰기3

(4) 질문에 대답하기

예)

> 다음 질문에 답하면서 글을 쓰세요.
>
> 1. 타임머신을 타고 어디에 가고 싶습니까?
> 2. 거기서 무슨 일을 했습니까?
> 3. 무엇을 보았습니까?
> 4. 무슨 일이 일어났습니까?
>
> 타임머신을 타고 100년 전 미국에 갔습니다.
>
> _____
>
> _____
>
> _____
>
> _____

경희 한국어 쓰기3

(5) 지시대로 바꿔 쓰기

예)

> 1. 보기 와 같이 문장을 바꾸어 쓰십시오.
>
> 보기 나는 이 가방을 10년 전부터 계속 사용하고 있다.
> ⇒ 이 가방은 10년 전부터 계속 사용한 것이다.
>
> 1) 처음으로 돈을 벌어서 이 컴퓨터를 샀다.
> ▶ _____
>
> 2) 작년 생일에 부모님께서 이 시계를 선물해 주셨다.
> ▶ _____

경희 한국어 쓰기3

(6) 빈 칸 채우기

예)

다음을 보고 편지와 엽서를 완성하십시오.
Look at the following and complete the letter and post cards.

선생님께	안녕하세요	그동안 잘 지냈어요?
저는 잘 지내요	다음에 또 쓸게요	답장을 보내 주세요
건강 조심하세요	올림	

1.

제니 씨에게

제니 시, 안녕하세요. 빌리예요.

　①

저는 새로 만난 친구들과 한국어를 열심히 공부하면서 잘 지내고 있어요.

주말에는 친구들과 여행을 다니면서 한국 문화도 배워요.

제니 씨는 어떻게 지내요? 한국은 지금 날씨가 추운데 뉴욕은 어때요?

뉴욕 소식이 궁금하니까　②

그럼　③

환절기에 건강 조심하세요.

12월 3일

한국에서 빌리가

경희 한국어 쓰기3

(7) 문단 완성하기

예)

1. 다음 글을 읽고 (　　　　　)에 들어갈 말을 쓰십시오.

나는 언제나 책을 가지고 다닌다. 친구를 만나러 갈 때나 여행을 갈 때 항상 내 가방에는 책이 있다. 왜냐하면 친구를 기다리거나 차에서 시간이 남을 때 (　　　　　　　　　　).

▶ _____

경희 한국어 쓰기3

(8) 받아적기식 작문(dicto-comp)

이 활동은 교사가 읽어준 글의 내용을 토대로 학습자가 그 내용을 재구성한 작문을 해 보는 활동으로서 듣기와 연계된 쓰기 활동이라고 할 수 있다. 이 활동을 할 때 교사는 우선 천천히 글을 한 번 읽어준 후, 그 글에 나온 내용을 연속적으로 핵심 단어로 제시해 줘야 한다. 그리고 학습자들에게 핵심 단어들을 이용해 들은 내용을 떠올리면서 글을 써 보게 한다.

(9) 이야기 구성하기

예)
> 다음의 표현을 이용해서 완성된 글을 써 보십시오.
>
> 어젯밤, 비, 경부 고속도로, 천안 부근, 고속버스, 미끄러짐, 승용차, 충돌,
> 운전자와 승객, 22명 부상, 졸음 운전

김정숙(1999)

(10) 다시 쓰기

같은 내용의 이야기라도 이야기하는 사람의 언어적 수준이나 관점, 환경에 따라서 다른 이야기가 될 수 있다. 다시 쓰기 활동은 이런 이야기의 특성을 이용한 쓰기 활동이다. 이솝 우화처럼 세계적으로 유명한 이야기를 같이 읽어본 후, 그것을 학습자의 관점에서 다시 써 보게 하는 활동이다.

3) 스스로 글쓰기(자율적 쓰기)

수업 중 글을 쓰는 활동 중 가장 중요한 부분은 자기 자신만을 위한 글쓰기이다. 이런 범주의 가장 두드러진 글쓰기는 수업 시간에 노트를 필기하는 일이다. 강의를 들으면서 노트를 하는 활동을 오직 자신만을 독자로 상정하고 쓰는 글쓰기이기 때문이다. 이 외에도 일기나 일지 쓰기 등이 이 유형에 들어간다.

4) 전시용 쓰기

학교 교육 과정 속에서 쓰기는 전시적인 요소가 포함된 것이 많다. 예를 들어, 학생들의 입장에서 단답형 연습 문제, 작문 시험, 보고서들이 이 유형에 속하는데, 이런 쓰기들은 보여주는 것을 목적으로 하는 쓰기이기 때문이다. 학문 목적을 가진 학습자의 경우, 이런 전시용 쓰기의 기술들을 모두 습득해야만 한다.

5) 실제 쓰기

실제 쓰기란 진정한 의사소통을 목적으로 하는 쓰기를 말한다. 즉, 특정 독자를 염두에 두고 그 독자에게 메시지를 전달할 목적으로 하는 글들이 이에 속한다. 편지와 요청하는 글과 같이 실제적인 의사소통 기능을 수행하는 글쓰기 활동들이 있다.

(1) 편지 쓰기

예)

선생님이나 친구에게 쓰는 '편지'를 완성하십시오.
Write 'a Letter' to your teacher or friend.

보내는 사람	
받는 사람	
첫 인사	
하고 싶은 이야기	
끝인사	

경희 한국어 쓰기2

(2) 요청(제안)하기

예)

'게시판'에 문의하거나 요청하는 글을 완성하십시오.
Write a message or request on 'a Bulletin Borad' to request or inquiry.

제목	
하고 싶은 말	

제목 :

등록된 답변이 없습니다. 첫번째 답변자가 되어주세요. 답변쓰기

답변이 채택되면 수정 및 삭제 할 수 없습니다.

경희 한국어 쓰기3

'쓰기 평가'

1. 쓰기 평가의 유형

1.1. 평가 방법에 따른 분류

1) 객관식 평가와 주관식 평가

평가는 채점 방식에 따라서 객관식 평가와 주관식 평가로 나뉜다. 객관식 평가는 정답을 미리 확정하고 이것을 수험자의 답과 비교하여 맞았는지를 판정하는 방법의 평가이다. 그렇기 때문에 객관식 평가는 주관식 평가에 비해서 채점이 매우 수월하다는 장점이 있다. 채점 시간도 적게 걸릴 뿐만 아니라 기계로 하는 대단위 채점도 가능하고 채점 결과도 항상 일정하다. 그러나 직접적으로 표현을 하는 활동의 평가가 아니기 때문에 쓰기 능력을 평가했다고 보기가 어렵다는 단점이 있다.

주관식 평가는 자유 작문과 같이 학습자가 실제로 글로써 자신의 생각을 표현하기 때문에 실제적으로 쓰기 능력을 평가할 수 있다는 장점은 있으나 채점이 어렵다는 단점이 있다. 주관식 평가의 점수가 일정하게 나오기 위해서는 채점자들이 모두 똑같은 판단 기준과 생각을 가지고 채점을 해야 하는데 그렇게 되기가 불가능하기 때문에 채점의 신뢰도가 높지 않다. 그러므로 이를 극복하기 위해서는 꼼꼼하고 객관적인 채점 기준이 마련돼야 할 뿐만 아니라 채점자에 대한 사전 훈련을 실시하는 등의 노력이 필요하다.

2) 직접 평가와 간접 평가

직접 평가는 실제적인 언어 사용을 평가하는 유형이다. 쓰기에서는 작문형이나 논술형처럼 자유 작문의 형태가 직접 평가에 속한다. 거의 모든 한국어 기관의 배치도 평가나 성취도 평가에서는 직접 평가 유형을 택하여 사용하고 있다.

간접 평가는 학습자의 언어 사용 능력을 간접적인 수단으로 측정하는 유형인데, 언어 사용 기술과 능력보다는 관련 지식을 평가한다는 점에서 한계가 있다. 쓰기 영역에서는 선다형이나 빈 칸 채우기 등의 유형이 이에 속한다. 그러나 간접 평가는 평가의 경제성과 신뢰도 등이 높아서 대단위 시험에서 많이 채택하여 사용하는 유형이다.

1.2. 평가 목적에 따른 분류

1) 성취도 평가

일정 기간 학습을 한 후 학습한 내용을 중심으로 평가를 하는 유형이다. 대부분의 한국어

교육 기관에서 중간, 기말고사 시험을 보는데 이것이 성취도 평가이다. 일정 기간 학습한 내용을 학습자가 어느 정도 성취하였는지를 측정하는 데 목적이 있다.

2) 숙달도 평가

특정 교육과정이나 교과서에 관계없이 학습자가 현재 가지고 있는 전체적인 언어 숙달도를 측정하는 데 목적이 있다. 한국어능력시험(TOPIK)과 같은 대단위 평가는 숙달도 평가에 속한다. 또한 언어 교육 기관에서 입학생과 전학생을 대상으로 실시하는 배치 평가 역시 넓게는 숙달도 평가에 속한다고 할 수 있다.

2. 쓰기 평가의 채점 방식

2.1. 종합적 채점

학습자의 글을 읽고 받은 인상을 가지고 점수를 부여하는 방식의 채점으로서 인상 채점이라고도 한다. 종합적 채점의 장점과 단점은 다음과 같다.

1) 장점
- 빠른 평가
- 비교적 높은 채점자 간 신뢰도
- 점수가 일반인에게도 쉽게 이해가 되는 '표준'을 보여 준다는 점
- 점수가 글쓴이의 장점을 강조하는 데 중점을 둔다는 점
- 여러 다른 영역들의 쓰기에도 응용이 가능한 점

2) 단점
- 단일 점수는 각 점수 내에서의 하부 기술상 차이점을 보여 주지 않는다.
- 진단적 정보가 없다. 즉, 긍정적 역류 효과의 가능성이 없다.
- 쓰기의 모든 장르에 똑같이 적용되지는 않는다.
- 채점자들이 이 점수 체계를 정확하게 이용하기 위해서는 심도 있게 훈련되어야 한다.

2.2. 분석적 채점

쓰기 능력의 구성 요소들 각각에 점수를 부여한 후 이를 합산하여 점수를 주는 방식의 채점이다. 이처럼 쓰기 능력의 구성 요소 각각을 채점하므로 학습자가 쓰기 능력 중 어떤 부분이 부족한지를 파악할 수 있다는 장점이 있다. 자신이 부족한 부분을 인식하여 차후의 글쓰기를 할 때 도움이 되므로 종합적 채점과는 달리 긍정적 역류 효과가 나타난다고

볼 수 있다. 쓰기 능력의 구성 요소를 기반으로 한 채점 기준의 예시는 다음과 같다. 다음 〈표3〉은 한국어능력시험(TOPIK)의 작문 문항 평가 기준표인데, 내용 및 과제 수행, 글의 전개 구조, 언어 사용, 사회언어학적 격식의 4가지 영역으로 나눠서 채점을 한다.

〈표 3〉 쓰기 영역 주관식(작문) 문항 평가 범주

평가 범주		평가 내용
내용 및 과제 수행		요구된 내용을 적절하게 포괄하며, 과제를 적절히 수행하였는가를 평가
글의 전개 구조		적절한 문단 구조를 이용하고 담화 장치를 적절하게 사용하여 응집성 있게 구성 하였는가를 평가
언어 사용	어휘	어휘를 적절하고 정확하며 유창하게 사용하였는가를 평가
	문법	문법을 적절하고 정확하며 유창하게 사용하였는가를 평가
	맞춤법	맞춤법에 맞게 표기하였는가를 평가
사회언어학적 격식		작문의 장르적 특성 등에 맞추어 언역(register)의 사용이 적절한가를 평가

〈참고문헌〉

경희 한국어 쓰기 2, ㈜도서출판 하우.

경희 한국어 쓰기 3, ㈜도서출판 하우.

김민경(2012), 한국어교육의 실천과 과제학문 목적 한국어능력시험을 위한 평가 유형 연구 –쓰기 영역을 중심으로–, 국어교과교육연구 제20호, 국어교과교육학회, pp.103–139.

김선정 외(2010), 한국어 표현교육론, 형설출판사.

김정숙(1999), 담화 능력 배양을 위한 외국어로서의 한국어 쓰기 교육 방안, 〈한국어 교육〉 10권2호, 국제한국어교육학회, pp195–213.

문광진(2012), 중학생의 설명문 쓰기 능력 구성 요인 및 구조 분석, 한국교원대학교 박사학위 논문.

이미혜(2001), 과정 중심의 한국어 쓰기 교육–작문 수업을 중심으로, 한국어교육 제11권 2호.

하인츠 파터(2006), 텍스트의 구조와 이해, 이성만 역, 배재대학교 출판부.

1. 다음 중 쓰기의 특성과 교수내용의 연결이 옳지 <u>않은</u> 것은?

① 영구성 – 글을 완성한 후 수정하도록 한다.

② 거리 – 독자의 수준에 맞게 글을 쓰게 한다.

③ 복잡성 – 이미 출현한 어휘를 반복해서 쓰게 한다.

④ 형식성 – 한국어 문장의 특성에 맞게 글을 쓰게 한다.

정답 ③

정답근거 : 글에 나오는 동일한 어휘를 다양한 방식으로 변주하여 사용하도록 한다.

2. 과정 중심 쓰기 지도를 할 때 교사의 태도로 옳지 <u>않은</u> 것은?

① 피드백을 줄 때 내용에 초점을 둔다.

② 다양한 쓰기 전략을 활용하도록 한다.

③ 오류 수정을 위해 결과물을 제출하도록 한다.

④ 학습자 간 피드백을 통해 글을 발전시키게 한다.

정답 ③

정답근거 : 과정 중심 쓰기는 초고를 작성한 후 다시쓰기를 거쳐 최종적인 글을 작성하게 되므로 오류 수정을 위해 결과물을 제출할 필요는 없다.

3. 쓰기 교육에 대한 접근 방법의 설명으로 옳지 <u>않은</u> 것은?

① 장르 중심 접근법은 특정한 사회적 맥락을 전제한다.

② 필자 중심 접근법은 최종 결과물인 텍스트에 중심을 둔다.

③ 텍스트 중심 접근법은 수사적 규범의 분석과 모방을 중시한다.

④ 과정 중심 접근법은 글쓰기에서 정확성보다 유창성을 중시한다.

정답 ②

정답근거 : 필자 중심 접근법은 과정 중심 접근법을 말하므로 텍스트가 아닌 글을 쓰는 전 과정에 중심을 둔다.

4. 다음 중 쓰기에 관한 지식 중 상위인지 지식을 모두 고른 것은?

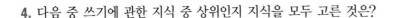

ㄱ. 주제에 관한 지식	ㄴ. 글쓰기 과정에 대한 지식
ㄷ. 글의 구조에 대한 지식	ㄹ. 전략에 대한 지식

① ㄱ, ㄴ ② ㄴ, ㄹ

③ ㄴ, ㄷ, ㄹ ④ ㄱ, ㄴ, ㄷ, ㄹ

정답 ②

정답근거 : 상위인지 지식은 글쓰기 과정에 대한 지식과 전략에 대한 지식, 필자 자신에 대한 지식이 포함된다. ㄱ은 내용 지식, ㄷ은 담화 지식에 속한다.

5. 글쓰기의 원리와 교수 내용의 연결이 옳지 <u>않은</u> 것은?

① 기능 통합 교수 – 딕토콤프(dicto-comp) 활동

② 실제 과제 중심 교수 – '-기 바랍니다'로 문장 완성하기

③ 수사적 – 형식적 관습 교수 – 학술 논문의 서론 작성하기

④ 담화 조직 구성 강조 – 연결어미를 써서 문단 연결하기

정답 ②

정답근거 : ②에 제시된 과제는 실제적 과제를 수행하기 위한 교육적 과제이다.

6. 쓰기 교육에서 오류 수정의 원리로 옳은 것은?

① 오류와 실수를 구별해서 다루어야 한다.

② 아직 학습하지 않은 내용일 때는 수정하지 말아야 한다.

③ 오류 수정의 일차적 목표는 문법적 오류를 수정하는 것이다.

④ 학습자의 정의적인 면을 고려하여 학습자 간 수정은 피한다.

정답 ①

정답근거 : 반복적 오류는 중요하게 다루고 실수는 심각하게 다루지 않는다.

7. 초고 단계에 대한 설명으로 옳지 <u>않은</u> 것은?

① 정확성보다는 유창성에 중점을 두고 쓴다.

② 이 단계에서는 글을 완성했다고 볼 수 없다.

③ 국소적인 문법 오류에 대해서는 관대해질 필요가 있다.

④ 이 단계의 전략으로는 자유롭게 쓰기(free writing)가 있다.

정답 ④
정답근거 : 자유롭게 쓰기(free writing)는 구상하기 단계에서 활용할 수 있는 전략이다.

8. 쓰기의 단계와 활동의 연결로 옳은 것은?

① 구상하기 - 주제가 분명한지 확인한다.

② 초고 쓰기 - 아이디어를 조직한다.

③ 다시 쓰기 - 문단들의 관계를 확인한다.

④ 다시 쓰기 - 사전을 이용해 적절한 표현을 찾는다.

정답 ③
정답근거 : ①번은 다시 쓰기 단계, ②번은 구상하기 단계, ④번은 초고 쓰기 단계의 활동 내용이다.

9. 다음 활동에 대한 설명으로 옳은 것은?

보기 와 같이 꾸미는 말을 넣어 문장을 만드십시오.

> 보기 　다니엘이 가게에 간다.
> ⇒ 다니엘이 **신발** 가게에 간다.
> ⇒ 다니엘이 **운동화를 사러** 신발 가게에 간다.

1) 눈이 크다.

▶ _____

▶ _____

---

① 모방 쓰기 유형의 활동에 속한다.

② 학습 초기에 주로 사용되는 유형이다.

③ 학습자가 창의력을 발휘할 여지가 적다.

④ 진정한 의사소통을 목적으로 하는 활동이다.

정답 ③
정답근거 : 주어진 활동은 통제된 또는 유도된 쓰기 활동으로서 이에 해당하는 설명은 ③번이다. ①번과 ②번은 모방 쓰기 활동 유형, ④번은 실제 쓰기 활동 유형에 대한 설명이다.

한국어듣기교육론

민진영 〈건국대학교〉

| 학습목표 |

1. 한국어 듣기 교육의 이론과 실제 수업 구성에 대해 살펴보고 의사소통능력을 기르기 위한 듣기 교수법을 알아본다.
2. 한국어 이해교육으로서의 듣기 교육이 무엇인지 살펴보고, 듣기 교육의 변천과 교육 방법, 듣기 자료의 선정 방법, 교수 학습 모형과 듣기 전략, 각 단계별 듣기 활동에 대해 알아본다.

'이해 교육으로서의 듣기 교육'

인간이 하는 의사소통의 가장 중요한 수단은 언어이며, 언어를 이용한 의사소통은 크게 표현 능력과 이해 능력으로 나눌 수 있다. 표현 능력이란 자신의 의사를 상대방에게 전달하는 것이고, 이해 능력이란 상대방의 의사를 수용하는 것이다. 이는 언어의 두 가지 형태인 음성 언어와 문자 언어로 나타나며 표현 능력은 말하기와 쓰기, 이해 능력은 듣기와 읽기로 대별된다.

이해 능력은 담화 관계자 사이의 음성언어를 매개로 하여 정보를 얻고 처리하는 과정인 듣기가 있고, 문자 언어를 매개로 하여 정보를 얻고 처리하는 읽기 과정이 있다. 이러한 이해 처리 과정은 궁극적으로는 표현 활동과의 순환적 과정으로 이어져 의사소통 활동을 완성하게 된다. 따라서 이해 교육의 목표는 성공적인 의사소통을 위해 바르고, 효과적으로 이해하는 능력을 기르는 것이라 할 수 있다.

'효과적인 듣기 지도 방법'

1. 학습자의 내재적 동기화 유도

의사소통에 있어서 듣기가 얼마나 중요한지를 학습자들에게 인지시켜야 한다. 학습자 중심의 수업에서는 수업에 사용되는 모든 것들이 학습자의 요구와 흥미를 반영해야 하며, 그렇게 될 때 학습자가 적극적이고 능동적인 자세를 가질 수 있을 것이다. 따라서 학습자의 동기를 최대화시켜 듣기 능력을 향상시켜 줄 듣기 전략을 학습자 스스로 개발할 수 있도록 유도하고 수업 현장이 아닌 곳에서도 듣기 활동을 성공적으로 수행하도록 도와주어야 한다.

2. 실제적 자료로 구성

듣기 자료가 실제적이어야 한다는 것은 사진·그림·동영상·DVD 등의 시각 자료나 담화 자료, 청각적 요소 등으로 구성된 청각 자료가 실제적일 것을 의미한다. 시각 자료가 실제적으로 구성되면 비언어적 의사소통에 대한 정보를 제공받을 수 있어 유용하다. 또한 실제적인 청각 자료에 상황적이고 담화적인 요소들, 주변 소음 등을 숙달도를 고려하여 적절하게 수용하게 되면 이러한 실생활 속의 현장 요소들에 익숙하게 되어 듣는 내용에 대한 당혹감을 줄이고 심리적인 안정을 꾀할 수 있을 것이다.

3. 교수자의 표준발음 구사 및 속도 조절

한국어를 가르치는 교수자는 한국어 표준발음을 구사해야 하고 수준에 따라 말하는 속도를 조절하는 것이 좋다. CD나 MP3를 통해서도 다양하고 정확한 표현과 발음을 듣고 연습할 수 있지만 교수자의 역할을 대신해 줄 수는 없다. 교수자는 교실 언어나 일생생활과 관련된 내용들을 학습자들에게 계속 제공해 줌으로써 도구를 이용한 듣기 자료보다 훨씬 더 많은 것을 가르쳐 줄 수 있다. 무엇보다도 학습자들은 교수자와의 언어학습에서 가장 중요한 상호작용이 가능하며 실제상황의 듣기를 경험할 수 있고 학습자는 교수자의 소리뿐만 아니라 표정, 몸짓 등 눈에 보이는 다른 요소들을 통해서 이해하기도 하므로 교수자의 역할은 아주 중요하다고 볼 수 있다.

'듣기 자료의 선정'

듣기 수업에 사용되는 듣기 자료는 실제 한국어 구어의 특징을 반영한 자료여야 한다. 초급이나 중급에서는 교재에 같이 있는 CD나 MP3가 가장 기본적인 자료가 될 것이고 노래를 이용할 수도 있다. 고급에서는 실제 자료인 드라마, 뉴스, 일기예보 등 실제의 자료들을 이용할 수 있다. 듣기 자료의 예는 다음과 같다.

1) 힉습지 수준 및 듣기 교육 목적에 맞추어 교수자가 작성한 자료 프린트를 녹음한 자료(이때는 교

수자가 직접 녹음하는 경우가 많다.)
2) 공공장소 발화를 녹음한 CD
3) 학습자의 수준에 맞게 제작된 한국어 학습용 자료
4) 뉴스, 드라마, 다큐멘터리 등 대중 매체의 방영물을 녹화한 자료
5) 영화 DVD

'교수 · 학습 모형'

듣기 능력 향상을 위한 수업은 듣기 전 활동, 듣기 활동, 듣기 후 활동으로 나눌 수 있는데 각 단계에 맞는 적절한 지도가 이루어져야 할 것이다.

1. 듣기 전 활동(pre-listening)

이 단계는 본격적인 듣기가 이루어지기 전 단계로 앞으로 듣게 될 내용에 대해 목적과 기대를 가지도록 이끄는 단계이다. 아무런 준비 없이 듣기 활동을 하게 되면 학습자는 수동적인 자세로 듣기 활동에 임하게 되고 듣기 수업의 목적을 이룰 수 없다. 따라서 듣기 전에 먼저 자료에 대한 준비가 되어 있고 들으려는 동기가 유발되어야 한다. 학습자는 무언가를 들을 때 뚜렷한 이유가 있어야 쉽게 몰입하고 집중을 잘하게 되어 보다 잘 이해하며 듣게 된다. 그러나 듣기를 단순히 암기하려고만 하면 긴장과 불안감이 고조되어 듣기 능력을 향상시킬 수 없다. 이런 면에서 듣기 전 활동은 듣기 중 활동 보다 더 중요하다고 할 수 있다. 그러므로 교수자는 학습자들에게 듣기 전 활동에서 앞으로 들려 줄 내용이 무엇인지에 대해 미리 예측하고 무엇을 주의 깊게 들어야 하는지 안내해 줄 필요가 있다. 듣기 전 활동으로 다음과 같은 방법이 있다.

1) 듣게 될 내용에 대한 배경지식을 준다.
2) 듣게 될 내용과 관련된 읽을거리를 준다.
3) 그림을 보여 주어 들을 내용에 대한 예측을 하게 한다.
4) 해당 주제나 상황에 대해 토의하게 한다.
5) 안내 질문을 주어 대답을 생각하게 한다.
6) 듣기 활동을 위한 지시를 분명하게 한다.
7) 듣기 활동을 효과적으로 할 수 있는 방법을 생각하게 한다.

2. 듣기 활동(while-listening)

이것은 듣는 활동 자체가 중심이 되는 단계로 다른 단계에 비해 말하기, 읽기, 쓰기 등과의 통합을 줄이고 듣기 활동 자체에 집중해야 한다. 이 단계에서는 학습자가 듣기 내용을 제대로 이해할 수 있도록 과제를 구성해서 제시하고 교수자는 의도한 과제를 학습자가 잘 수행할 수 있도록 도와준다.

또한 흥미와 난이도를 잘 고려해야 한다. 흥미를 주기 위해서 주제나 내용을 학습자와 관련된 주변의 것이거나 학습자의 인지 수준에 맞춰서 준비해야 한다. 또 활동 행위 자체가 흥미가 있고 다양해야 하며 난이도 면에서는 목적을 알면 누구나 할 수 있을 정도의 쉬운 것이어야 한다. 특히 빈번한 실패는 학습자의 학습 동기를 둔화시켜 학습 의욕을 잃게 만든다. 특히 초급 단계에서는 학습자가 어려움을 느끼지 않고 쉽게 풀 수 있는 단순한 것이어야 한다. 따라서 어려운 것이 도전과 인내력을 주기 위해 가끔 필요하기는 하지만 가급적 초급 단계에서는 피해야 한다.

또한 듣기 활동 내용으로 이전 학습의 지식을 많이 요구하는 활동도 피하는 것이 좋은데 이것은 듣기 자체보다 지식을 채우는데 그 시간을 낭비하게 되고 학습자의 흥미를 상실할 수 있기 때문이다.

듣기 활동은 그림에 해당 사항 표시하기, 그림 배열하기, 그림 완성하기, 그림 그리기, 행동하기, 길 찾기, 표나 차트 완성하기, 이름 붙이기, 내용의 목록표 작성하기, 진위형, 다중택일형, 공란 채우기, 오류 찾아내기, 예측하기, 특정 정보 찾기 등을 할 수 있다.

이 단계에서 주의할 점은 듣기 활동이 마치 듣기 능력을 평가하는 시험문제처럼 구성되어서는 안 된다는 것이다. 활동은 과제의 수행에 역점을 두어야 하며 궁극적으로는 한국어 듣기 능력 향상에 도움이 될 수 있도록 의사소통적이고 실제적이어야 한다. 그리고 하나의 듣기 담화를 가지고 수행하게 되는 과제 활동은 한두 개에서 많아도 세 개를 넘지 않아야 한다.

3. 듣기 후 활동(post-listening)

듣기 후 활동은 실제적인 듣기 활동이 끝나고 행해지는 활동이다. 이 단계는 문법, 단어, 발음, 말하기, 읽기, 쓰기 등 여타의 언어 학습 분야로 연계 학습을 하는 단계이다. 따라서 학습자들은 내용 이해를 확인하고 새로운 문법 구조, 단어, 발음에 대해 간단히 점검한다든지 말하기·읽기·쓰기로 연결되는 학습 활동을 하게 된다.

가장 보편적인 듣기 후 활동은 들은 내용을 단다지 선택형이나 단답형의 질문을 통해 확인하는 것이다. 학습자들이 듣기 내용을 이해했는지 확인함으로써 듣기 단계에서 과제를 성공적으로 수행했는지 검토하게 된다. 듣기 후 활동은 듣기 내용 이해에서 끝나는 것이 아니라 내용의 주제를 심화시키거나 학습 내용을 다른 내용으로 전이시켜 줄 수 있는 기회를 마련한다. 이런 경우 듣기 기능뿐만 아니라 다른 언어 기능과 함께 일어나게 되는데, 듣기 내용을 생각하고 해석하고 토론을 하거나 필답작업을 하게 되어 활동 시간이 많이 걸린다. 그러므로 듣기 후 활동을 계획할 때는 시간을 고려해야 한다.

듣기 후 활동으로 많이 활용되는 방법으로는 내용을 들은 후 표나 차트 완성하기, 문장의 인과 관계, 요약하기, 문장조각을 이어서 들은 것을 이야기로 만들기, 순서 및 등급 매기기, 문장과 짝 맞추기, 요약하기, 문제 해결이나 판단 활동을 위한 정보 도출하기, 대화자 사이의 관계를 인지하기, 대화자의 정의적 상황 파악하기, 역할극 및 모의극, 받아 적기 등이 있다. 이러한 것들은 모두 듣기 활동으로도 많이 활용될 수 있는 것들이다.

'듣기 교수 및 학습 전략'

학습자들에게 듣기의 부담감을 줄여 주고 흥미를 가지고 듣기에 임하도록 만들어 줄 수 있는 전략은 다음과 같은 것들이 있다.

1. 모든 단어를 들어야 한다는 강박관념에서 벗어나게 하기

학습자들에게 필요한 정보만을 선택해서 들을 수 있도록 지도한다. 학습자가 모든 것을 이해하려고 하다 보면 중요한 것이 무엇인지, 말하는 사람의 의도가 무엇인지 파악하지 못하게 되어 마치 나무를 찾다가 숲을 보지 못하는 격이 될 수도 있다. 따라서 교수자는 학습자에게 듣기 활동에서 중요한 것이 무엇이며 주의 집중을 해서 들어야 하는 것이 무엇인지를 사전에 알려주고, 이를 이해할 수 있게 적극적으로 도와야 한다. 그리고 학습자가 다 듣지 않고도 전반적인 내용을 이해할 수 있게 유도하여 듣기에 자신감을 갖고 편안한 마음으로 학습할 수 있게 지도해야 한다.

2. 학습자가 들어야 하는 이유를 분명하게 알도록 하기

일방적으로 들려오는 것을 수동적으로 듣는 것은 지루하고 따분한 일이기 때문에 학습자에게 왜 들어야 하는지 즉, 무엇을 들어야 하는지를 분명히 해 주는 것이 중요하다. 듣기 전이나 듣는 중이나 들은 후에 무엇을 해야 하며 어떤 부분에 주의를 집중해야 하는지를 정확히 지시한다. 예를 들어 듣는 중에 무엇인가를 찾게 할 때는 학습자가 찾아야 할 구체적인 대상을 뜻하는 단어에 주의를 기울이도록 지도해야 하며 그 대상을 설명하고 색, 크기, 모양, 위치 등을 나타내는 말에 주의를 기울이게 한다.

3. 몸짓, 표정, 시청각 자료 활용

언어의 의미를 보충해 주는 여러 가지 시각적, 청각적인 자료를 많이 활용하는 것이 좋다. 교수자가 말과 함께 얼굴 표정, 몸짓을 크게 하고 영상 매체를 이용하는 것도 이와 같은 맥락이라고 할 수 있다. 같은 내용을 CD로 듣는 것보다 직접 얼굴을 대하고 듣는 것이 쉬운 이유도 여기에 있다. 교수자는 듣기 전 활동에서 시청각 자료를 적극적으로 활용하여 학습자의 듣기 활동을 돕는다.

4. 과제 중심적인 접근

과제 중심적으로 접근하는 것이 좋은데 이때 과제는 실생활과 관련된 것으로 교실에서 학습한 것이 그들의 삶의 현장에 그대로 적용될 수 있는 것이어야 한다. 그러므로 전문적인 듣기 교재나 수업용 부교재를 개발하여 과정 중심의 듣기 지도가 되도록 해야 한다.

5. 듣기 활동 유형을 다양하게 구성

원래 듣기는 그 결과가 겉으로 드러나지 않지만 입력 자료를 접한 학습자의 반응을 보면 이해했는지 아닌지를 미루어 짐작할 수 있다. 학습 현장에서 교수자는 학습자의 이해 여부를 점검하기 위해서 가시화된 일련의 활동으로 이해 여부를 점검한다. 이러한 일련의 활동은 핵심어 찾기, 비언어적 단서 찾기, 전달하고자 하는 정보와 배경지식을 연결하기, 추측하기, 요점 듣기 등을 포함한다. 이러한 일련의 활동들은 학습자가 지루하지 않게 듣기 활동을 수행해 나갈 수 있게 한다.

6. 학습자의 인지 능력 고려

듣기 자료는 학습자의 인지 능력이 고려된 흥미 있고 쉬운 것이어야 한다. 즉, 학습자 수준에 맞는 적절한 듣기 자료를 선정하여 듣기 기능을 개발하고 학습자의 전반적인 언어 학습에 도움이 되도록 해야 한다. Krashen은 적절한 수준의 듣기 자료는 이해 가능하면서도 학습자의 현재 수준보다 약간 상회하는 수준(i+1)이라고 하였다. 이미 학습하여 알고 있는 자료에 더하여 새로운 학습 내용이 있는 자료는 학습자에게 도전감을 주고 적절히 반응하게 할 것이다.

7. 교실 한국어 활용

언어를 배우는 좋은 방법은 그 언어를 실제 의사소통 수단으로 사용하고 경험하는 것이다. 초급 단계부터 교수자는 수업 진행에 자주 쓰이는 지시어나 학습자에게 무엇인가를 부탁하고 고마움을 나타내는 말, 학습자의 언행에 칭찬을 하는 말들을 지속적으로 해 주면 실제적인 한국어 사용의 경험을 제공하게 된다. 이런 말들은 학습 초기에는 어렵지만 계속 반복적으로 사용되는 말이기 때문에 처음부터 적절한 상황에서 사용하면 이해하게 된다. 그리고 말을 할 때는 학습자가 익숙해질 때까지 말과 함께 표정이나 몸짓을 약간 과장되게 사용하는 것이 효과적이다.

8. 듣기 전략 지도

1) 예측하기 : 학습자로 하여금 다음에 이어질 내용이 무엇인지 추측하게 한다. 듣기가 단순히 수동적인 활동이 아니라 정신적으로 능동적인 행위임을 말해 주는 것으로 학습자로 하여금 다음에 이어질 내용이 무엇인지 예측하게 하는 것이다. 예측한 것과 실제로 들은 것을 비교해 보고 성공 경험을 제공함으로써 자신감을 갖게 한다.

2) 추론하기 : 말하는 사람의 억양, 표정이나 몸짓과 같은 신체 언어 등에 주의를 기울임으로써 말하는 사람의 의견이나 태도를 추론하고 전하고자 하는 의미를 이해하게 한다.

3) 맥락 파악하기 : 주어진 맥락과 관련되어 학습자가 기존에 가지고 있는 배경지식을 활용하여 해당 단어 뜻을 추측하거나 전체적인 의미를 이해하게 한다.

4) 단어 알려 주기 : 한국어를 듣고 이해하기 위해서는 많은 단어를 이해하는 것이 중요하다. 그러나 이미 알고 있는 단어만으로 된 자료는 극히 제한되어 있기 때문에 대부분의 자료는 학습자가 학습하지 않은 단어가 있을 수밖에 없다. 그러므로 듣기 자료를 들려주기 전에 중요한 단어를 미리 알려주기도 하는데 이런 단어들 중에는 많은 수가 문맥과 상황 속에서 그 의미를 추측할 수가 있다. 주어진 맥락과 관련되어 학습자가 기존에 가지고 있는 배경지식을 활용하여 해당 단어 뜻을 추측하거나 전체적인 의미를 이해할 수 있는 경우에는 그 단어를 설명하지 않아도 될 것이다. 한편, 맥락 속에서는 그 의미를 추측하여 이해할 수 있지만 실제로 활용할 수 없는 단어를 수동적 어휘라고 하는데 듣기능력을 신장시키기 위해서는 이 수동적 어휘를 확장해 나가는 것이 중요하다.

5) 담화 유형과 표지 인식하기 : 담화에서 순서를 나타내는 어휘, 즉 우선, 먼저, 그 다음으로, 두 번째, 전에, 후에, 그리고, 그렇지만, 반면에 등은 다음에 나타날 말이 앞의 말과 어떤 관계에 있는지를 알려 준다. 따라서 이야기나 일련의 설명하는 말을 듣는 데는 이런 어휘들을 인지하는 것이 전체적인 의미를 이해하는 데 매우 중요하므로 학습자들에게 인지시킨다.

'듣기 구성 수업의 실례'

1. 초급 단계에서의 듣기 유형 및 실례

1) 초급단계에서의 듣기 지도는 음운이나 단일어 수준에서 듣기 지도를 하는 것이 좋다. 새로운 언어를 접하는 첫 단계인 자모를 발음하고 익히는 과정에서 가장 기본적인 과제는 하나하나의 음가를 변별하여 들을 수 있는 능력을 기르는 것이다. 이것이 가능해지면 어휘나 문장 안에서 음운 식별이 가능하도록 한다. 초급 단계에서는 듣고 이해한 내용을 표현하는 일이 어려우므로 듣고 맞는 답을 고르게 하거나, 간단한 받아쓰기 등의 방법을 사용하는 것이 좋다.

예1) 소리 식별하기 1
〈보기〉의 기본 모음과 자음의 순서를 들려준 후, 그림에서 순서대로 따라가며 연결해 보게 한다. 마지막으로 어떤 모양인지 추측해 보게 한다.

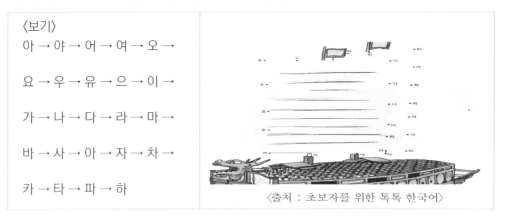

〈출처 : 초보자를 위한 톡톡 한국어〉

예2) 소리 식별하기 2
〈보기〉의 단어를 들은 후 발음이 같은 단어를 찾게 한다.

〈보기〉 차다	① 자다 ( )
	② 차다 (○)
	③ 짜다 ( )

예3) 소리 식별하기 3

〈보기〉와 같은 자모에 의해 의미가 변별되는 최소대립어(ㄱ/ㅋ/ㄲ, ㄷ/ㅌ/ㄸ…)를 중 들려주고 소리를 구별해 보게 한다.

〈보기〉 달/탈, 불/뿔, 모기/먹이

예4) 강세, 리듬, 억양의 형태와 의미 인지하기

왼쪽의 그림과 같은 단어를 들은 후, 선으로 연결하고 오른쪽 빈칸에 그 단어를 쓰게 한다.

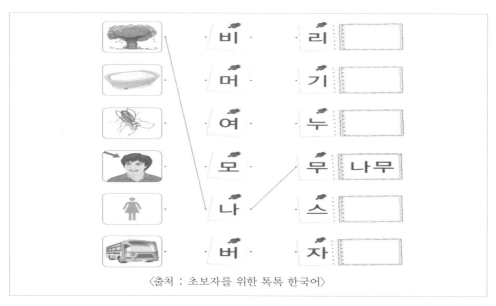

〈출처 : 초보자를 위한 톡톡 한국어〉

2) 초급 단계에서는 약화된 단어를 듣고 인지하기, 담화 내용에 맞는 그림이 어느 것인지 구별하기, 담화를 듣고 찾아가야 하는 건물의 위치를 지도에 표시하기, 담화 내용을 듣고 전체 그림에 해당 위치 그리기, 담화 내용을 듣고 사건의 진행 또는 발생 순서대로 그림을 배열하기 등을 할 수 있다.

예) 들려주는 문장 듣고 쓰기: 다음 문장을 들려준 후 아래의 빈 칸에 쓰도록 한다.

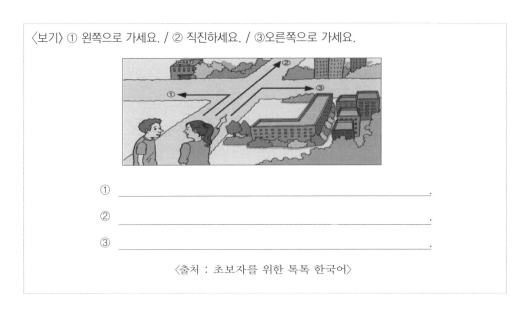

<보기> ① 왼쪽으로 가세요. / ② 직진하세요. / ③오른쪽으로 가세요.

① _____ .
② _____ .
③ _____ .

<출처 : 초보자를 위한 톡톡 한국어>

3) 속도 면에서 초급단계라고 해서 지나치게 속도를 느리게 하는 것은 실제 담화 상황에 빨리 적응하지 못하게 하는 요인으로 작용할 수도 있으므로 보통 속도에서 말하고 듣는 연습을 시키는 것이 좋다. 또한 초급단계에서는 특정 단어나 문법을 이해하지 못하더라도 거기에 너무 많은 시간을 할애하지 않도록 한다.

4) 초급 듣기 수업의 실례

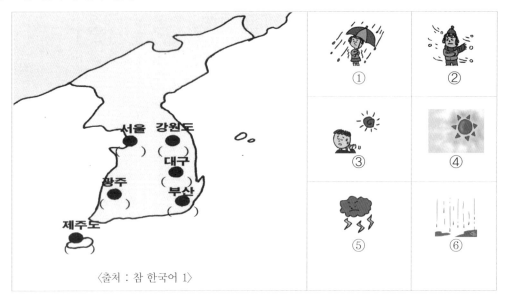

<출처 : 참 한국어 1>

① 주제 : 전국의 날씨를 듣고 쓴 후, 이야기할 수 있다.
② 문법 및 어휘 : –겠–, –지요?, 'ㄷ'불규칙

③ 듣기 전 활동
  · 날씨를 나타내는 어휘를 학습한다(그림 사용).
  · 학습자들의 나라는 지금 날씨가 어떨지 얘기해 보도록 한다.
  · 교재의 그림을 보면서 지금 무엇에 대해 들을 건지를 생각해 보도록 한다.
  · 한국의 계절과 날씨에 대해 이야기해 본다.
④ 듣기 활동
  · 정확하게 듣는다.
  · 전체 내용을 파악한다.
  · 들으면서 문제를 풀도록 한다.
  · 모르는 단어를 들리는 대로 받아 적게 한다.
  · 학습자들이 잘 못 알아들었을 경우 다시 한 번 들려준다.
  · 교재에 있는 각각의 그림을 보면서 어떤 날씨를 나타내는지를 알아본다.
⑤ 듣기 후 활동
  · 답을 맞추어 본다.
  · 테이프의 내용을 교수자와 학습자가 질문하고 대답하면서 확인한다.
  · 쓰기나 말하기로 전이된 학습을 할 수 있다. 예를 들어 실제로 기상 캐스터가 되어 일기예보를 해 본다. 초급이므로 최대한 쉽게 이야기하도록 유도한다.

2. 중급 단계에서의 듣기 유형 및 실례

1) 중급단계에서는 어휘, 문장, 이야기 단위로 듣기 연습을 할 수 있다. 받아쓰기도 문장 단위로 지도할 수 있고 다른 학습자의 단어 설명을 듣고 단어를 알아맞히는 단어 게임을 통해 말하기와 연계하는 수업을 할 수도 있다.
2) 중급에서는 짝이 되는 내용을 선으로 연결하기, 대화를 듣고 시간표 짜기나 스케줄 완성하기, 담화의 중요한 핵심어를 듣고 빈칸에 쓰기, 담화의 중심 생각, 중심 내용 알아보기와 같은 활동을 할 수 있다.

3) 중급 듣기 수업의 실례

> 그녀가 처음 울던 날
>
> 김광석
>
> 그녀의 웃는 모습은 활짝 핀 목련꽃 같아
> 그녀만 바라보면 언제나 따뜻한 봄날이었지
> 그녀가 처음 울던 날 난 너무 깜짝 놀랐네.
> 그녀의 고운 얼굴 가득히 눈물로 얼룩이 졌네.
> 아무리 괴로워도 웃던 그녀가 처음으로 눈물 흘리던 날
> 온 세상 한꺼번에 무너지는 듯 내 가슴 답답했는데
> 이제는 볼 수가 없네. 그녀의 웃는 모습은
> 그녀가 처음으로 울던 날 내 곁을 떠나갔다네.

① 주제 : 학습한 문법이 들어가 있는 노래를 배워서 부를 수 있다. – 김광석의 '그녀가 처음 울던 날'

② 문법 및 어휘 : 아무리 –아/어도, –던

③ 듣기 전 활동

　　가. 교수자와 학습자가 다음과 같은 항목을 가지고 서로 질문하고 답하면서 이야기해 본다.

　　　　· 노래를 좋아하는 편이에요? 어떤 노래를 좋아하세요?

　　　　· 자주 듣는 한국 노래가 있어요? 부를 수 있는 한국 노래는 무엇입니까?

　　　　· 여러분의 나라에도 노래방이 있어요? 한국의 노래방과 같아요?

　　　　· 특별히 좋아하는 가수가 있어요? 왜 좋아해요?

　　　　· 요즘 한국에서는 어떤 노래가 유행이에요?

　　　　· 여러분의 나라에서 인기가 많은 한국 가수가 있어요?

　　나. 오늘 배울 노래의 제목을 알려 준 후 어떤 내용의 노래일지를 추측해서 이야기해 보도록 한다.

④ 듣기 활동

　　· 정확하게 듣는다.

　　· 전체 내용을 파악한다.

　　· 들으면서 빈 칸에 단어를 받아쓰도록 한다.

　　· 학습자들이 잘 못 알아들었을 경우 다시 한 번 들려준다.

　　· 학습자들에게 들은 내용에 대해 이야기해 보도록 한다.

⑤ 듣기 후 활동

　　가. 답을 맞추어 본 후 뜻을 확인해 본다.

나. 다시 한 번 들으면서 따라 불러 본다.

다. 말하기 활동과 연계하여 교수자와 학습자는 다음과 같은 질문을 가지고 서로 이야기해 본다.
- 이 노래를 부르는 사람은 어떤 기분인 것 같아요?
- 이 노래를 들으면서 느낌이 어땠어요? 이 노래를 들으니까 생각나는 사람이나 추억이 있어요?
- 이 노래 속의 사람과 같은 경험을 한 적이 있어요?

3. 고급 단계에서의 듣기 유형 및 실례

1) 고급단계에서는 담화와 문맥의 단위에서 이야기를 이해하는 연습이 가능하다.
2) 듣기만 연습하기보다는 말하기, 읽기, 쓰기와 연계한 수업을 진행할 수 있다.
3) 주장이나 논제가 있는 대화, 뉴스 등을 듣고 주어진 담화의 제목 고르기, 담화 장소, 시간 등 담화 장면을 파악하기, 화자의 발화 태도 추측하기, 들은 내용 요약하기, 두 사람의 대화를 듣고 이후의 사건이나 변화를 추측하기, 서로 다른 정보를 듣고 의견 종합하기, 담화를 듣고 논평하거나 의견 피력하기 등의 활동을 할 수 있다.
4) 고급 듣기 수업의 실례
   ① 주제 : 현재 화제가 되고 있는 뉴스 듣기

"인간 돕는 가사형 로봇 시대 성큼"

[앵커멘트]
단순히 걷는데서 벗어나서 다양한 동작을 동시에 할 수 있는 로봇이 개발됐습니다. 사람을 도와서 설거지나 청소 등의 가사 일을 할 수 있는 로봇 출현이 빨라질 수 있을 것으로 기대됩니다. 김진두 기자가 보도합니다.

[리포트]
신나는 음악에 맞춰 로봇이 춤을 춥니다. 제 자리에서 손만 움직이는 것이 아니라 스텝을 밟으며 상체와 손을 한꺼번에 움직입니다. 단순히 걷거나 뛰는 데서 벗어나 인간과 비슷한 행동을 할 수 있는 로봇으로 진화한 것입니다.
특히 인간의 동작을 실시간으로 데이터로 변환해 로봇에게 적용시키는 것도 가능합니다. 모션캡처 장비를 착용한 사람의 동작을 각기 다른 2대의 로봇이 동시에 따라합니다. 창을 닦거나 노크를 하는 등 집안일을 하는데 필요한 동작들입니다.
사람이 손동작을 막거나 어깨를 눌러도 넘어지지 않을 정도로 균형감각도 뛰어납니다.

> **[인터뷰 : 김창환, KIST 인지로봇연구단]**
>
> "외국의 로봇들 같은 경우에는 걸으면서 움직이는 로봇도 있습니다. 그렇지만 저희들 로봇 같은 경우는 사람의 전체 동작을 걸으면서 유사하게 부드럽게 그리고 가장 가깝게 흉내 낼 수 있다."
>
> 로봇이 사물을 눈으로 확인한 뒤 물건을 집어 들고 전달하는 동작도 한층 빠르고 정교해졌습니다. 특히 이번에 개발된 인공 지능 시스템은 다른 로봇에 그대로 적용시킬 수 있다는 장점이 있습니다. 단지 걷기만 하던 로봇을 심부름이나 청소, 설거지, 요리 등을 할 수 있는 가사용 로봇으로 변신시킬 수 있는 기반을 마련한 것입니다.
>
> **[인터뷰 : 유범재, KIST 인지로봇연구단장]**
>
> "이 로봇의 외관이 어떻게 생겼느냐 하는 것이 중요한 것이 아니고 그 로봇이 (어떤 일을 할 수 있느냐)가 굉장히 중요합니다. 그래서 이번에 개발된 기술은 일반 가정에서 할 수 있는 다양한 동작들을 배워서 그래서 그거를 응용할 수가 있기 때문에…"
>
> 세계 최초로 개발된 '작업하는 휴머노이드 시스템' 을 장착한 로봇 '마루' 는 오는 16일부터 코엑스에서 열리는 '로보 월드 2008' 전시회를 통해 일반에게 처음으로 공개됩니다.
>
> YTN 김진두입니다.

② 표현 및 어휘 : 로봇에 대한 표현 및 어휘

③ 듣기 전 활동

· 로봇에 대해 알고 있는지 이야기해 본다.

· 현재 이용되고 있는 로봇의 기능에는 무엇이 있는지 이야기해 본다.

> 1) 현재 이용되고 있는 로봇의 기능 중에서 여러분이 알고 있는 것은 무엇입니까?
> 2) 앞으로 어떤 로봇이 개발되기를 바랍니까?

· 오늘 들을 뉴스에 나오는 단어와 표현에 대해 알아본다.

> 로봇, 성큼, ~에서 벗어나다, 가사일/집안일, 출현, 스텝을 밟다, ~이/가 진화하다, 실시간, 데이터, ~을/를 변환하다, ~을/를 ~에 적용시키다, 모션캡처, ~을/를 착용하다, 균형감각, ~이/가 유사하다, ~을/를 집어 들다, 한층, ~을/를 변신시키다, 외관, 기반을 마련하다, 작업하다, 휴머노이드 시스템, 인공지능 시스템

④ 듣기 활동

· 1차 듣기 : 전체 내용을 파악한 후 교수자가 제시한 문제를 풀어 보도록 한다.

> 1) 최근에 어떤 기능의 로봇이 개발됐습니까?
> 2) 기존의 로봇들에 비해 이 로봇의 장점은 무엇입니까?
> 3) 여러분은 로봇이 인간의 노동을 대신하는 것에 대해서 어떻게 생각합니까? 그것의 장점과 단점을 생각해 보십시오.

· 2차 듣기 : 들은 단어를 말하게 한 후 추측하여 뉴스를 듣도록 한다.

· 3차 듣기 : 들으면서 빈 칸에 받아쓰도록 한다.

[앵커멘트]

단순히 걷는데서 벗어나서 다양한 동작을 동시에 할 수 있는 _____.
사람을 도와서 설거지나 청소 등의 _____ 빨라질 수 있을 것으로 기대됩니다.
김진두 기자가 보도합니다.

[리포트]

_____ 로봇이 춤을 춥니다. 제 자리에서 손만 움직이는 것이 아니라 스텝을 밟으며 상체와 손을 한꺼번에 움직입니다. _____ 인간과 비슷한 행동을 할 수 있는 _____ 것입니다. 특히 인간의 동작을 _____ 로봇에게 적용시키는 것도 가능합니다. 모션캡처 장비를 착용한 사람의 동작을 각기 다른 2대의 로봇이 동시에 따라합니다. _____ 필요한 동작들입니다.
사람이 손동작을 막거나 어깨를 눌러도 _____ 균형감각도 뛰어납니다.

[인터뷰 : 김창환, KIST 인지로봇연구단]

"외국의 로봇들 같은 경우에는 걸으면서 움직이는 로봇도 있습니다. 그렇지만 저희들 로봇 같은 경우는 사람의 전체 동작을 걸으면서 _____
그리고 가장 가깝게 _____."
로봇이 사물을 눈으로 확인한 뒤 물건을 집어 들고 전달하는 동작도 한층 빠르고 정교해졌습니다. 특히 이번에 개발된 _____ 다른 로봇에 그대로 적용시킬 수 있다는 장점이 있습니다.
단지 걷기만 하던 로봇을 심부름이나 청소, 설거지, 요리 등을 할 수 있는 _____
_____ 기반을 마련한 것입니다.

[인터뷰 : 유범재, KIST 인지로봇연구단장]

"이 로봇의 외관이 어떻게 생겼느냐 하는 것이 중요한 것이 아니고 그 로봇이 _____
_____ 굉장히 중요합니다. 그래서 이번에 개발된 기술은 일반 가정에서 할 수 있는 다양한 동작들을 배워서 그래서 그거를 응용할 수가 있기 때문에…."
세계 최초로 개발된 '작업하는 휴머노이드 시스템'을 장착한 로봇 '마루'는 오는 16일부터 코엑스에서 열리는 '로보 월드 2008' 전시회를 통해 _____.

YTN 김진두입니다.

· 학습자들에게 들은 내용에 대해 이야기해 보도록 한다.

⑤ 듣기 후 활동
· 답을 맞춰 본 후 뜻을 확인해 본다.
· 뉴스의 들은 내용을 다시 확인해 본다.
· 학습자들이 뉴스 앵커가 되어 뉴스를 읽어 보도록 한다. 학습자들이 읽은 내용을 녹음하여 확인하면 좋다.

〈참고 문헌〉

김하영(2001), 한국어 교육을 위한 듣기 텍스트 개발 방안, 고려대학교 교육대학원 석사논문

박경자, 강복남, 장복명 공저(1994), 「언어교수학」, 전영사

박영순 외 (2002), 「21세기 한국어교육학의 현황과 과제」, 한국문화사

배두본(1999), 「영어 교재론 개관」, 한국문화사

손호민(2002), "외국어로서의 한국어 교수법의 미래", 외국어로서의 한국어 교수법의 현재와 미래, 제 12차 국제학술대회

심재기·문금현(2000), "외국어로서의 한국어 교재 연구"–구어 텍스트의 활용을 중심으로–, 「한국 문화와 한국어 교육 정보 구축을 위한 21세기의 관계」, 제 1차 한국어교육 국제학술대회

이해영(1999), "한국어 듣기 교육의 원리와 수업 구성", 한국어교육 제10권 1호, 국제한국어교육학회

한재영 외(2002), "한국어 교수법 개발 최종 보고서", 문화관광부 한국어세계화재단

Diane Larsen–Freeman(1987), *Techniques and Principles in Language Teaching, Oxford University press*

Nunan, D(1988), *The Learner–Centered Currivulum*, Cambridge: Cambridge University Press.

Nunan, David(1989), *Designing Tasks for the Communicative Classroom*. Cambridge University Press.

Richard & Rodgers(1988), *Approaches and Methods in Language Teaching: A description and analysis*

〈참고 교재〉

건국대학교 언어교육원(2012), 함께 배우는 건국 한국어 2–1, 건국대학교 출판부.

건국대학교 언어교육원(2012), 함께 배우는 건국 한국어 2–2, 건국대학교 출판부.

민진영(2011), 초보자를 위한 톡톡 한국어, 도서출판 박이정.

1. 효과적인 듣기 지도 방법이 <u>아닌</u> 것은 무엇인가?

① 듣기 자료는 실제적 자료를 구하기 어려울 때는 교수자가 구성해서 사용할 수 있다.

② 의사소통에 있어서 듣기가 얼마나 중요한지를 학습자들에게 인지시켜야 한다.

③ 교수자는 학습자의 수준에 맞게 속도를 조절해야 한다.

④ 교수자는 표준 발음을 구사해야 한다.

정답 ①

정답근거 : 듣기 자료가 실제적으로 구성되면 자료에 상황적이고 담화적인 요소들, 주변 소음 등을 숙달도를 고려하여 적절하게 수용하게 된다. 학습자들은 이러한 실생활 속의 현장 요소들에 익숙하게 되어 듣는 내용에 대한 당혹감을 줄이고 심리적인 안정을 꾀할 수 있을 것이다.

2. 듣기 자료의 예로 적절하지 <u>않은</u> 것은 무엇인가?

① 영화 DVD

② 한국 사람들의 실제 대화를 가감 없이 녹음한 자료

③ 학습자의 수준에 맞게 제작된 한국어 학습용 자료

④ 뉴스, 드라마, 다큐멘터리 등 대중 매체의 방영물을 녹화한 자료

정답 ②

정답근거 : 한국어 듣기 자료는 학습자 수준 및 듣기 교육 목적에 맞추어 교수자가 작성한 자료 프린트를 녹음한 자료가 적절하다. 한국 사람들의 실제 대화를 가감 없이 녹음한 자료는 학습자의 수준을 맞출 수 없기 때문에 수업 자료로 사용하기에 적절하지 않다.

3. 교수·학습 모형 중 듣기 전 활동(pre-listening)에 해당되는 것은 무엇인가?

① 학습자가 듣기 내용을 제대로 이해할 수 있도록 과제를 구성해서 제시한다.

② 듣기 활동 내용으로 이전 학습의 지식을 많이 요구하는 활동도 피하는 것이 좋다.

③ 활동은 과제의 수행에 역점을 두어야 한다.

④ 학습자들에게 듣기 활동을 효과적으로 할 수 있는 방법을 생각하게 한다.

정답 ④

정답근거 : ①, ②, ③번은 듣기 활동(while-listening)에 해당되는 내용이다.

4. 듣기 교수 및 학습 전략에 해당하지 않는 것은?

① 과제 중심적으로 접근해야 한다.

② 가능하면 학습자들에게 모든 단어를 듣도록 독려한다.

③ 듣기 활용 유형을 다양하게 구성한다.

④ 교수자는 교실 한국어를 사용하도록 한다.

정답 ②

정답근거 : 교수자는 학습자들에게 필요한 정보만을 선택해서 들을 수 있도록 지도한다. 그렇지 않으면 학습자가 중요한 것이 무엇인지, 말하는 사람의 의도가 무엇인지 파악하지 못하게 되어 마치 나무를 찾다가 숲을 보지 못하는 격이 될 수도 있다.

5. 듣기 전략 지도 중 맞지 않는 것은?

① 예측하기

② 추론하기

③ 미리 내용 알려 주기

④ 담화 유형과 표지 미리 알려 주기

정답 ③

정답근거 : 주어진 맥락과 관련되어 학습자가 기존에 가지고 있는 배경지식을 활용하여 해당 단어 뜻을 추측하거나 전체적인 의미를 이해하게 할 수는 있으나 내용을 미리 알려 줄 필요는 없다.

6. 초급 단계에서의 듣기 구성 수업 내용을 적절하지 않은 것은?

① 초급 단계에서는 음운이나 단일어 수준에서 듣기 지도를 하는 것이 좋음

② 초급 단계에서는 담화 내용에 맞는 그림이 어느 것인지 구별하기, 담화를 듣고 찾아가야 하는 건물의 위치를 지도에 표시하기 등을 할 수 있음

③ 초급 단계에서는 담화 내용을 듣고 전체 그림에 해당 위치 그리기, 담화 내용을 듣고 사건의 진행 또는 발생 순서대로 그림을 배열하기 등을 할 수 있음

④ 초급 단계에서는 학습자들의 이해를 돕기 위해 속도를 아주 천천히 할 필요가 있음

정답 ④

정답근거 : 속도 면에서 초급단계라고 해서 지나치게 속도를 느리게 하는 것은 실제 담화 상황에 빨리 적응하지 못하게 하는 요인으로 작용할 수도 있으므로 보통 속도에서 말하고 듣는 연습을 시키는 것이 좋다.

7. 중급 단계의 수업 유형에 해당하지 <u>않는</u> 것은?

① 담화 내용을 듣고 사건의 진행 또는 발생 순서대로 그림을 배열하기

② 대화를 듣고 시간표 짜기나 스케줄 완성하기

③ 담화의 중요한 핵심어를 듣고 빈칸에 쓰기

④ 짝이 되는 내용을 선으로 연결하기

정답 ①
정답근거 : ①은 초급 수준의 듣기 수업에서 할 수 있는 활동의 유형이다.

8. 고급 단계의 수업 유형에 해당하지 <u>않는</u> 것은?

① 담화를 듣고 논평하거나 의견 피력하기

② 주장이나 논제가 있는 대화, 뉴스 등을 듣고 주어진 담화의 제목 고르기

③ 중심 내용 알아보기

④ 화자의 발화 태도 추측하기

정답 ③
정답근거 : ③은 중급 수준의 듣기 수업에서 할 수 있는 활동의 유형이다.

9. 중급 단계에서의 듣기 수업에 관한 설명으로 맞지 <u>않는</u> 것은?

① 어휘, 문장 이야기 단위로 듣기 연습을 할 수 있음

② 받아쓰기도 단어 위주의 초급과 달리 문장 단위로 지도할 수 있음

③ 듣기만 연습하기보다는 말하기, 읽기, 쓰기와 연계한 수업을 진행할 수 있음

④ 다른 학습자의 단어 설명을 듣고 단어를 알아맞히는 단어 게임을 통해 말하기와 연계하는
   수업을 할 수 있음

정답 ③
정답근거 : ③은 고급 수준의 학습자들을 가르칠 때 할 수 있는 듣기 활동이다.

한국어읽기교육론

공유정 〈총신대학교〉

| 학습목표 |

1. 한국어 읽기 교육의 이론과 실제 수업 구성에 대해 살펴보고, 의사소통 능력 신장을 위한 읽기 교수법을 알아본다.
2. 한국어 읽기 교육의 주요 개념과 읽기 기술의 개발 원리, 읽기 교육 방법 및 원리, 읽기를 위한 자료를 살펴보고 단계별 읽기 활동 유형 등에 대해 알아본다.

'읽기 교육이란?'

읽기를 한 마디로 간결하게 정의하기는 어렵다. 읽기는 단순하게 '인쇄된 언어를 해독하는 과정'(Urquhart & Weir, 1998;22)으로 정의되기도 하고, 보다 복잡하게 '텍스트에 나타난 다양한 정보를 추출하여 자신의 배경 지식과 통합시키고 이해하는 과정'(koda, 2005;4)으로 정의되기도 한다(Grabe, 2009;14).

읽기란 단순히 문자를 조합하여 의미를 이해하는 것이 아니라 독자 스스로 자신의 배경 지식을 활용하여 담화 의미를 파악해 가는 과정이다. 이러한 읽기의 특성은 독자와 글 사이의 상호 작용 또는 의사 소통 과정이고 글을 이해하는 과정이며 독자의 배경 지식이 관여하는 과정이라고 할 수 있다. 즉, 읽기는 독자가 글과 상호작용하면서 자신의 언어적 지식 및 선험적 지식을 포함한 모든 지식을 활용하여 자신의 목적에 따라서 글쓴이의 메시지와 의도를 파악해가는 과정이다.

언어 교육의 기본적인 목표는 의사소통 능력을 기르는 것이다. 의사소통 능력의 신장을 위해 말하고, 듣고, 읽고, 쓰는 네 가지 언어기술의 통합적인 교육의 중요함이 강조되어 왔다. 전통적으로 말하기와 쓰기는 능동적, 생산적인 표현 영역으로 여겨왔던 반면에 읽기와 쓰기는 수동적이고 수용적인 이해 영역으로 인식되어 다른 영역에 비해 그 중요성이 간과되어 왔다고도 볼 수 있다. 그러나 학습자는 자신의 의사소통 능력의 신장을 위해 자신에게 필요한 다양한 정보를 얻어야 하는데, 이 과정은 대부분 시각적인 자료를 통해 이루어진다. 시각적인 자료를 통해 정보를 얻으려면 읽기 기능을 이용해야 한다. 학습자들은 일상에서 접하는 메시지나 광고에서부터 인터넷을 이용한 신문이나 자료, 그리고 문학작품에 이르기까지 수많은 읽을거리들을 접하게 된다. 학습자들은 이렇게 다양한 읽을거리들을 이해하고자 하는 기본적인 욕구를 가지고 있으므로 학습자들에게 읽기능력은 필요한 기능일 뿐만 아니라 아주 중요한 기능이라고 할 수 있다. 그러므로 읽기 교육은 한국어 교육을 위해서 필수적이다. 이러한 읽기 교육은 읽을 자료가 갖는 문어적인 특성을 고려하면서 이해를 위한 기재를 효과적으로 활용하는 방법을 고려해야 한다. 아울러 교실에서 학습된 지식을 응용하여 스스로 전략을 개발하여 문제를 해결할 수 있는 능력을 갖추도록 유도해야 한다.

'읽기 교육의 이론'

1. 외국어 교수법과 읽기 교육

외국어 교육에서 읽기 교육에 대한 연구가 이루어진 것은 그리 오래되지 않았다. 문법 번역식 교수법(Grammar Translation Method)에서의 읽기 교육은 단어나 문장의 의미를 모국어로 전환하는 텍스트 위주의 읽기 활동이었고 글을 이해하는 것은 중요한 부분이 아니었다. 1960년대까지 읽기는 듣기와 마찬가지로 수동적인 기술로만 인식되어왔다. 청각 구두식 교수법(Audiolingual Method)에서의 읽기 교육은 말하기 연습에서 필요한 문법적인 구조나 어휘 학습을 위한 수단으로만 사용이 되었다. 1970년대에는 읽기의 중요성이 부각되면서 언어 숙달도가 언어를 잘 알고 사용하는 데 필요한 다양한 요소로 이루어져 있다고 이해되면서, 담화 능력이 언어 숙달도에서 중요한 위치를 차지하게 되었다. 학습자는 이미 읽은 것을 바탕으로 하여 예측, 확인, 수정 과정을 통해 읽기 자료의 내용을 재구성한다고 인식되었다. Coady(1979)에서는 배경지식의 역할을 강조하고, 읽기는 학습자의 배경지식, 개념적인 능력, 이해를 산출하는 과정 전략이 상호작용하여 이루어진다는 것이다. 1980년대부터는 문법적 지식, 어휘와 함께 읽기 전략을 교육하는 것에 주력하였다. 이때부터 제2언어 및 외국어 읽기에 대한 활발한 연구로 다양한 이론(스키마 이론 등)이 확대되었다.

2. 정보 처리 과정

학습자가 글의 정보를 어떻게 처리하는가는 이해 과정의 중요한 부분이다. 정보 처리 모형들은 언어 층위의 변인(어휘, 통사, 수사 구조 등)과 학습자 층위의 변인(인지 발달, 세상과 글에 대한 배경지식 등)을 각기 다르게 강조하여 이해 모형을 설정한다. 다음은 1970년대 이후에 활발히 연구되고 있는 상향식, 하향식, 상호작용식 모형에 대한 설명이다.

2.1. 상향식 모형(bottom-up model)

언어의 상향적인 이해는 주어진 언어 정보 자체로부터 작은 단위에서 큰 단위로 선형적인 단계를 거쳐 정보가 이해되는 것이다. 즉, 소리나 문자로부터 단어, 문장, 단락, 전체 담화로 이해하게 되는 것이다. 이 모형은 텍스트 중심의 이해이며 학습자는 주어진 언어 정보를 조합하여 이해하는 수동적인 역할을 하게 된다. 다시 말하면, 학습자는 글에서 가장 작은 단위인 각 단어 의미의 분석을 시작으로 점점 큰 단위의 문장까지 분석하여 글 전체의 의미를 파악한다는 것이다. 상향식 모형의 읽기 방법은 다음과 같은 것들이 있다.

1) 번역하며 읽기 : 읽기과정에서 일반적으로 사용하는 방법으로 간단한 유형의 지식에 대해 쉽게 이해할 수 있는 경우에 많이 사용된다.

2) 다시 읽기 : 글을 읽고 다시 읽기를 통해서 이해를 강화시키는 방법이다. 길고 복잡한 구조의 문장을 처리할 수 없는 경우에 반복적으로 읽게 된다.

3) 소리 내어 읽기 : 다시 읽기와 유사하지만 학습자가 자신의 발화 기관을 움직여 목표어를 발음해 가면서 읽는 것이다. 형태와 음성을 합해서 의미를 생산하는 과정으로 학습자들이 많이 사용할 수 있는 읽기 방법이다.

4) 환언하기 : 글을 읽는 도중에 자신이 모르는 부분을 만났을 때 글의 일부를 자기가 잘 알고 있는 말로 바꾸어 이해하는 과정으로 목표어의 지식이 활용된다.

5) 끊어 읽기 : 목표어로 된 문법 규칙이나 접속 관계에 따라 유의미한 단위인 구나 절로 끊어 읽는 과정이다. 이것은 주로 읽기 능력이 높은 학습자가 활용하는 방법이다.

6) 분석하기 : 문장의 성분에 대한 지식을 토대로 읽기를 진행시키는 방법으로 어휘의 경우에도 자신이 알고 있는 것과 모르는 것으로 나누어 의미를 추측하는 과정이다.

2.2. 하향식 모형(top-down model)

상향식 모형과 대조되는 이 모형에서는 읽기 과정이 언어 형태를 해독(decoding)하는 과정보다는 의미를 재구성하는 과정임을 강조한다. 읽기는 예측의 과정으로서 주어진 글을 읽기 전에 자신의 배경지식이나 경험에 근거하여 그 글의 내용을 예측하고, 글을 읽어 나가면서 예측한 것을 확인하고 수정해 나가면서 의미를 획득하는 것이라고 보는 것이다. 즉, 학습이 전체에서 부분으로 이루어진다고 보는 관점이다. 이 과정은 과거의 경험, 언어 직관 혹은 기대 수준을 이용하여 언어 정보를 이해해 가는 과정으로 심리 언어학적인 이해 과정과 일치한다. 따라서 인쇄된 내용에 대한 특정 부분을 선정해서 그 다음으로 의미를 파악하며, 필요한 경우에는 개별음에 대한 발음법을 파악한다. 이 과정에서는 학습자와 교재의 상호작용이 핵심을 이루며 이 과정에서 학습자는 읽기 내용에 대한 자신의 지식, 언어의 작용 방식에 대한 지식, 교재의 내용에 대한 동기, 태도, 흥미를 이용할 수 있다.

하향식 모형의 읽기 방법은 다음과 같은 것들이 있다.

1) 추론하기 : 목표어를 학습할 때 학습자가 소재나 제목을 통해서 글의 내용과 이야기를 마음속으로 상상하여 글의 내용을 파악하는 과정이다. 학습자 스스로가 글을 쉽게 받아들일 수 있도록 자신의 스키마를 정리하는 것으로 학습자 스키마는 대조 분석을 통해서 유의미한 의미를 생산할 수 있다.

2) 배경지식 활용하기 : 학습자가 모국어를 통해서나 자신의 개인 경험이나 세상 지식에 비추어 글을 이해하는 과정이다.

2.3. 상호작용식 모형(interactive model)

이 모형은 텍스트 이해라는 관점에서 상향식 모형과 하향식 모형의 상호보완적인 전략적 사용이 필요하다고 보는 것이다. 하향식 모형과 마찬가지로 학습자 위주로 정보를 처리하는 것으로 읽기 과정에서 상향식이나 하향식만으로는 설명될 수 없는 문제점을 고려하여 글의 영향과 학습자의 영향 모두를 설명하려는 모형이다. 즉, 읽기는 필자에 의해 시각적 자극으로 부호화된 의미가 학습자의 마음속에서 의미로 변화하는 상호작용을 일컫는다는 것이다. 이 때의 상호작용 속에는 읽을 자료, 학습자의 선행지식, 학습자의 생리적 지적 작용 등 세 가지가 포함된다. 개인에 따라 이해의 과정이 다르게 보이는 것은 이 세 요인이 개인에 따라 다르게 상호작용하기 때문으로 본다. 따라서 이해의 과정을 선형적인 것이 아니라 순환적인 것으로 보아서 텍스트에 대한 추측을 언어 정보에 근거하여 확인하고 다시 추측하고 다시 언어 정보를 확인하는 과정을 반복한다.

상호작용식 모형의 기본 과정

가. 독자가 갖고 있는 기존 지식이 읽기 학습에 영향을 미친다.

나. 글의 독해에는 개념 중심과 자료 중심의 두 해석 과정이 모두 필요하다.

다. 독해 수준이 깊으면 깊을수록 내용을 더 잘 이해하고 기억도 오래한다.

라. 읽는 상황(읽기에서의 과제, 독자의 읽기 목적, 배경 지식, 독자의 요구, 흥미, 태도 등)이 독해 및 기억에 영향을 미친다.

3. 스키마 이론

인지 심리학의 영향으로 등장한 '스키마(schema)'는 독자의 기억 속에 이미 저장되어 있는 지식 구조로, 사전 지식(prior knowledge) 또는 배경지식(background knowledge)이라고 부르기도 한다. 스키마에는 두 유형이 있는데 내용 스키마(content schema)와 형식 스키마라고도 하는 교재적 스키마(text schema)이다.

내용 스키마는 일반적인 세계 지식의 영역으로, 대상과 사건들의 지식과 학습자들이 읽음으로써 얻어지는 사회 문화적인 지식과 이해를 포함한 것이다. 독자가 내용 스키마와 친숙한 텍스트를 접하게 되면 더 깊은 이해를 할 수 있게 되나, 독자의 직접, 간접적인 경험과 먼 텍스트를 접하게 되면 배경지식의 활성화를 유도해야 한다.

교재적 스키마는 '문화 속에서 읽기 텍스트의 내용이 어떻게 설명되는가, 작가들이 어떤 전형적인 글의 형식을 통해 이해에 도움을 주는가, 텍스트의 형식이 어떻게 의미의 단서를 제공하는가' 등과 같은 담화 구조와 관습의 지식에 대한 것이다. 교재적 스키마에 익숙하고 관련된 경험이 있는 독자는 수월하게 텍스트를 이해할 수 있다.

스키마를 활용한 텍스트 이해는 텍스트에 나와 있는 정보를 수동적으로 처리하는 것이 아니라, 스키마를 이용한 적극적인 이해 활동이다. 따라서 스키마를 활용한 읽기 교육은 읽기 텍스트를 성공적으로 이해하는 데 중요한 역할을 한다.

'읽기의 유형'

읽기를 할 때에는 읽는 목적과 읽기 텍스트의 종류에 따라 읽기의 방법이 다를 것이다. 읽기의 주요 방법은 다음과 같다.

1. 훑어 읽기(skimming)

훑어 읽기는 대충 읽어도 되는 경우, 빠르게 전체를 살피며 읽는 것으로 텍스트를 눈으로 재빨리 훑어보고 요점만을 파악한다. 예를 들어 엘리베이터 안에서 안내문을 읽을 경우나 신문을 자세히 읽기 전에 이러한 과정을 거치는데 짧은 시간 안에 전체적인 내용이 무엇인지 파악해야 하므로 이러한 읽기를 하게 된다.

2. 뽑아 읽기 (scanning)

뽑아 읽기는 텍스트를 쭉 읽으며 정보가 있는 특정 부분을 찾는 것이다. 예를 들어 서점에 가서 책을 고르려고 할 때 목차만을 뽑아 읽는다든지, 신문 기사를 읽을 때 필요한 도표나 통계, 숫자 등 일부 필요한 것만을 뽑아서 읽는다든지 하는 것이다.

3. 확장형 읽기(extensive reading)

확장형 읽기는 보통 즐거움을 위해 다소 긴 텍스트를 읽는 것으로 이는 술술 읽는 활동이며 주로 전체적인 이해를 수반한다.

4. 집중형 읽기(intensive reading)

집중형 읽기는 특정 정보를 얻기 위해 다소 짧은 텍스트를 읽는 것으로 이는 좀 더 정확함을 요하는 활동이며 세부적인 이해를 수반한다.

'읽기 교육의 방법'

읽기는 독자와 텍스트가 함께 작용하여 이루어내는 의미의 재구성 과정이다. 그러므로 읽기 지도도 텍스트나 독자 어느 한쪽 요인만을 중시하는 데서 벗어나 텍스트의 구조, 독자의 스키마, 그리고 이들 사이의 상호작용에 초점이 맞추어져 다음과 같은 방법으로 실시되어야 한다.

1) 학습자의 배경 지식과 경험, 인지 능력을 최대한 활용하여 텍스트의 이해로 이끄는 학습자의 스키마 형성과 작동을 돕는 단계가 읽기 과정에 마련되어야 한다.
2) 읽기 교육은 의미를 중심으로 한 과제 수행 중심으로 실시되어야 한다. 읽기나 쓰기가 말하기나 듣기 기능에 비해 실생활적인 측면이 약하긴 하나 실제 의사소통 상황과 유리시켜 생각할 수 없다. 물론 초기에는 교육적인 과제가 이용될 수 있지만, 언어숙달도가 높아짐에 따라 점차 실생활과 관련된 과제 수행으로 바뀌어야 할 것이다.
3) 읽기 교육은 문장 차원의 이해를 넘어서 전체 담화의 이해를 목적으로 실시되어야 한다. 이는 각각의 문장을 구성하고 있는 언어 기호의 해독에 초점을 맞출 것이 아니라 전체 담화가 전달하고자 하는 내용 중심으로 교육이 실시되어야 함을 말한다.

4) 설명문, 논설문, 신문기사, 문학작품, 광고 등의 다양한 담화 유형을 이용한 교육이 실시되어야 한다. 대체로 글의 장르는 예측 가능한 구조와 예측 가능한 내용을 가진 잘 짜여진 형태를 말한다. 학습자는 일단 하나의 장르에 익숙해지면 그와 같은 장르에 속하는 글을 처음 접하게 되는 경우에도 글의 의미상, 형식상의 구성 원리에 대한 예측이 가능하므로 글에 대한 이해도가 훨씬 높아질 수 있다.

5) 독자가 읽는 도중 낯선 단어를 접하는 경우에도 텍스트의 맥락이나 주변의 문법적 사실로부터 모르는 단어나 구문에 대한 예측을 하고 의미를 추출해 내어 전체 텍스트의 이해에 지장을 받지 않도록 텍스트의 맥락이나 문법적 요소를 이용한 독자의 예측 전략 개발 교육이 실시되어야 한다.

6) 담화 차원에서의 이해능력을 높이기 위하여는 독자의 스키마를 형성하고 텍스트를 이해하는 데 중요한 역할을 하는 지식과 문화 내용에 대한 교육이 언어 기호에 대한 교육과 함께 실시되어야 한다.

7) 하나의 지식 스키마를 활용한 읽기 활동은 전체 교육 과정 안에서 말하기, 듣기, 쓰기의 다른 언어 기술과 통합되어 교육되어야 한다. 이때 읽기 활동은 다른 언어 기술의 학습을 위한 보조 활동이 될 수도 있고 다른 언어 기술이 읽기 활동을 위한 보조 활동이 될 수도 있다. 다른 언어 기술과의 연계가 없는 교육은 효과가 없을 뿐만 아니라 학습을 더디게 만든다.

'읽기 자료의 선정과 읽기 전략'

1. 읽기 자료 선정

읽기 교육을 위해서는 읽기 자료를 선별하고 이를 어떻게 구성할 것인지가 중요하다. 따라서 효과적인 읽기 자료 개발을 위해서는 다음 몇 가지를 고려해야 한다.

1) 읽기 자료는 학습자의 수준에 적절해야 한다.

텍스트나 자료 구성의 난이도와 관련이 있다. 먼저 언어 수준의 난이도로서 어휘, 문법 사항,문장의 길이 등의 난이도가 고려되어야 한다. 어린 모국어 학습자든 외국어 학습자든 읽기 텍스트에 일정 숫자 이상의 모르는 어휘가 있을 때 그 글이 어렵다고 느낀다.

2) 학습자에게 익숙한 내용 혹은 익숙한 장르의 읽기 텍스트를 선정해야 한다.

학습자가 텍스트 내용에 대한 배경 지식이 없는 경우 읽기를 어려워 하기 때문에 학습자에게 익숙한 자료는 학습자들의 어려움을 경감시켜 줄 것이다.

3) 학습자의 흥미에 대한 고려가 있어야 한다.

먼저 읽기 자료의 내용 측면에서의 흥미를 고려해야 한다. 이는 학습자가 모어로서 흥미로 웠던 것이 제 2언어 텍스트에서도 흥미를 줄 것이라고 가정할 수 있다. 또한, 학습자의 읽 기 학습 목적에 부합하는 텍스트 혹은 읽기 방식이 학습자의 흥미를 유발할 수 있다.

4) 읽기 자료를 선정할 때 읽기의 다양한 전략을 개발시킬 수 있는 자료를 선택해야 한다.

모어 화자들은 장르를 알면 어떠한 담화가 일어날지 예측이 가능하다. 즉, 담화의 특징을 알고 있으면 장르를 알 수 있다. 따라서 제 2언어 학습자에게도 장르에 관한 인식이 필요 하며 텍스트를 교사가 직접 제작한다 할지라도 장르의 특성을 실제적으로 유지해야 한다 는 것이다.

5) 읽기 자료는 실제적이어야 한다.

텍스트를 교사가 직접 제작하거나 수정할 때는 학습자들에게 입력 자료로 가능한 텍스트 의 실제성, 그러한 텍스트에 대한 학습자의 해석의 실제성, 언어 학습을 유도하는 과제의 실제성, 언어 학습 교실에서의 실제 사회적 상황의 실제성이 유지되어야 한다.

2. 읽기 자료

등급	담화유형
초급	문장, 대화문, 실용문, 생활문, 설명문, 메모, 초대장, 안내장, 표지, 광고, 일기예보, 편지
중급	문단, 대화문, 실용문, 생활문, 설명문, 메모, 광고, 안내문, 신문 기사, 방송 자료, 수필, 옛날 이야기, 동화, 우화, 편지, 서식, 설문지
고급	대화문, 실용문,설명문, 논설문, 안내문, 신문 기사,방송 자료, 수필, 옛날 이야기, 동화, 시, 소설, 비평, 담화문

3. 읽기 전략 개발

읽기를 할 때 글을 어떻게 읽을 것인가 하는 것은 이해 전략에 해당된다. 예를 들어 학습자 들이 신문의 구직난을 읽는다면 전체 텍스트를 재빨리 훑어보고 내가 원하는 특정 정보가 있는 부분을 찾으려 할 것이다. 그리고 특정 정보를 찾으면 좀 더 정확한 정보를 위해 자세 히 읽게 될 것이다. 또 즐거움을 위해 소설책을 읽는 것은 학술서를 읽을 때와는 달리 전체 적 이해만을 목적으로 술술 읽어내려 갈 것이다.

실제 읽기 교육 현장에서는 이러한 학습자들의 다양한 전략을 교사의 과제 지시를 통해 효과적으로 유도할 수 있다. 글을 읽은 후에 학습자들은 설명하기, 행동하기, 문제 풀이를 통해 답하기, 토론하기, 요약하기, 정리하여 쓰기 등 다양한 활동을 하게 된다. 이러한 과제 활동은 글을 읽는 방향을 제시하는 역할을 한다. 다시 말해 학습자들이 무엇을 해야 하는가는 글을 읽는 방법과 전략을 제시하는 것이다.

'읽기 수업 구성'

1. 읽기 수업 구성의 원리

교실 밖에서의 읽기 활동에는 학습자 스스로 글을 읽고 과제를 수행하는 과정만이 존재한다. 그러나 교실 내에서의 읽기 연습은 실제 상황에서의 읽기를 효율적으로 높이기 위한 능력 개발 과정이므로 읽기 전과 읽은 후에 교사의 역할이 매우 중요하다. 읽기 수업에서 교사는 학습자들이 읽는 목적과 전략을 세우도록 도우며, 다양하고 효과적인 접근 방법을 제공해야 한다. 수업 구성의 원칙은 다음과 같은 것들이 있다.

1) 목적성 있는 읽기 : 학습자로 하여금 글을 읽는 목적을 알게 하여 필요한 정보를 적극적으로 찾고 조합할 수 있도록 한다.

2) 스키마를 활용한 읽기 활동 : 교사는 학습자가 배경 지식과 경험, 인지능력을 최대한 활용하여 스키마를 형성하고, 글을 이해하는 데 활용할 수 있도록 한다.

3) 담화 이해를 위한 읽기 : 읽기 활동의 최종 목표는 문장의 이해를 넘어 전체 담화의 이해가 가능하도록 한다.

4) 언어 기능 간의 통합 : 읽기 수업은 전체 교육 과정 안에서 말하기, 듣기, 쓰기의 다른 언어 기술과 통합하여 구성하고 실시한다.

5) 낭독 방법을 활용한 초급 단계 활동 : 초급 단계의 학습자에게는 문자에 대한 이해를 도와서 상향적인 읽기가 가능하도록 낭독의 방법을 적절하게 이용한다. 낭독 시에는 발음, 끊어 읽기, 자연스러운 어조, 속도 등을 고려한다.

6) 정독 기술을 활용한 중급, 고급 단계의 활동 : 정독을 통해 읽기 속도를 빨리하고 필요한 정보를 찾을 수 있도록 하는 연습을 한다.

7) 빨리 훑어 읽기와 자세히 읽기의 활용 : 글을 훑어 읽고 요점을 파악하는 스키밍(Skimming) 연습, 글을 빨리 꼼꼼하게 읽고 필요한 정보(이름, 날짜, 목록 등)를 찾는 스캐닝 (Scanning) 연습을 하게 한다.

8) 표면적인 의미와 함축된 의미의 이해 : 글의 표면적인 의미뿐만이 아니라 함축된 의미도 화용론적인 정보를 통하여 끌어내도록 한다.

2. 읽기 수업 구성의 단계

읽기 수업은 보통 읽기 전 단계, 읽기 단계, 읽은 후 단계로 구성될 수 있는데 이를 정리하면 다음과 같다.

1) 읽기 전 단계(pre-reading)

읽기 전 단계는 학습자에게 읽는 이유가 무엇이며 어떻게 읽어야 하는지 전략을 알려 줌으로써 읽기 활동을 원활하게 하고 읽는 목적을 갖도록 유도하는 단계이다. 학습자가 읽을 자료에 대해 예상하고 예측할 수 있도록 도와주고 글을 이해하는데 필수적인 어휘나 표현을 상기시키거나 제시하여 읽을 준비를 시킨다.

읽기 전 단계는 글을 읽는데 필요한 언어지식의 제공 뿐 아니라 내용 이해를 위해 스키마를 활성화 시켜 글의 주제에 대하여 이미 갖고 있는 지식, 생각 또는 의견을 끌어내는 것이다. 학습자들의 읽기에 도움을 줄 수 있는 읽기 전 활동으로는 다음과 같은 것들이 있다.

가. 사전 정보 제시하기

주제, 글의 종류, 작가 등에 대한 소개를 해 줌으로써 읽기 텍스트의 이해에 도움을 줄 수 있다.

나. 시각 자료 이용하기

텍스트에 삽입된 삽화나 도표, 그리고 주제와 관련된 사진이나 실물을 이용하여 학습자들이 읽을 텍스트에 대한 이해를 돕게 하는 것이다.

다. 예비 질문하기

학습자들이 읽을 내용과 관련된 질문을 통해 독자의 경험담을 끌어냄으로써 스키마를 활성화시켜 읽을 텍스트에 대한 이해를 도울 수 있다.

학습자의 배경지식과 언어능력 등을 활용하여 구체적인 목적을 가지고, 다양한 읽기 전략을 동원하여 텍스트를 읽고 이해하도록 만드는 단계이다. 이때는 읽기전략 연습과 담화의 이해가 활동의 중심이 되며, 학습자가 스키마로부터 새로운 가설을 확인하고 검증하게 된다. 학습자는 글의 전반적인 이해에서 시작하여 단락, 문장, 또는 단어와 같이 점차 작은 단위로 이동하도록 한다. 교사는 과제를 미리 제시하여 학습자 스스로 훑어 읽고 자세히 읽는 단계를 선택적으로 거치도록 할 수 있다.

가. 훑어 읽기 단계 : 스키밍(skimming)이나 스캐닝(scanning) 등의 읽기 전략을 사용하여 필요한 정보를 알아내거나 전체적인 글의 요지를 파악하게 한다.
나. 자세히 읽기 단계 : 텍스트의 구조 이해하기, 논리 이해하기, 주제 이해하기, 내용 파악 등을 하게 한다.

2) 읽기 단계(while reading)

읽기 단계는 읽기 전 단계에서 형성한 스키마로부터 세운 가설을 텍스트 정보를 이용하여 확인하고 검증함으로써 본격적으로 텍스트 읽기가 진행되는 단계이다. 개인 활동, 짝 활동, 소그룹 활동으로 문제를 해결하도록 한다.

3) 읽은 후 단계(post-reading)

읽은 후 단계는 학습자들의 읽기에 대한 이해를 확인하고 통합적 기능으로 연계시켜, 읽은 내용을 강화시키거나 정리하고 그 내용을 학습자의 지식, 흥미 또는 견해와 관련시키는 단계이다. 이 단계에서는 과제 해결에는 직접적으로 관련이 없으나 학습이 필요한 어휘나 표현을 위해 교사와 학습자가 함께 글을 읽어 나갈 수 있다. 다시 말해 이 단계에서는 글을 새로운 방법으로 다시 읽거나 관련된 자료를 통하여 어휘나 표현, 중심 내용을 확장하는 활동을 한다. 읽은 내용을 말하기, 듣기, 쓰기 활동과 연계시킴으로써 다른 언어 기술로 전이하거나 통합 연습을 통하여 교육 효과를 증대시킬 수 있다.

가. 내용 확인하기
학습자들로 하여금 텍스트에 뒤따르는 질문에 대해 답하게 함으로써 내용 이해를 확인한다.
나. 어휘, 표현 학습하기
새로 나온 문법 구조나 단어 표현, 발음 억양에 대해 간단히 점검한다.
다. 글의 내용 토론하기
읽은 내용에 대한 확인 외에도 읽은 내용을 토대로 추측이나 추론, 또는 비평이나 토론을 할 수 있다.

라. 다른 언어 기능과 통합하기

읽기 활동 후 토론을 거쳐서 발표하기는 말하기 기능과의 연계 활동이고 읽은 내용을 요약하기, 같은 주제의 다른 글쓰기, 같은 유형으로 다른 주제의 글쓰기 등은 쓰기 기능과의 통합 활동이며 읽은 내용과 같은 영화 또는 영상물 보기, 강의 듣기, 읽은 내용과 관계가 있는 듣기 자료를 듣는 것은 듣기 기능과의 통합 활동이라고 할 수 있다.

마. 훑어 읽기

글을 읽는 학습자들에게 필요한 정보를 탐색하기 위해 텍스트를 훑어 읽고 필요한 정보가 있는 부분을 찾아 보게 해서 세부 읽기를 할 때 학습자들의 이해를 돕게 하는 것이다.

'읽기 교육의 사례'

초급

단계 : 초급
주제 : 한국 생활
읽기기능 : 한국 생활에 관한 생활문 읽기

(읽기 전 단계)

여러분은 한국에 언제 왔습니까? 한국 생활이 어떻습니까? 이야기해 보세요.

어떤 일이 있었습니까? 그 때 어떻게 했습니까?

*필수 표현 → A/V-(으)ㄹ때, N 때

(읽기 단계)

제가 한국에 온 지 벌써 6개월이 되었습니다. 6개월 동안 기쁜 일들도 있었지만 힘들고 어려운 일들이 훨씬 더 많았습니다. 처음 한국말을 모를 때는 지하철도 탈 수 없었습니다. 매일 집에만 있으니까 심심하고 재미가 없었습니다. 그리고 한국 음식은 매워서 잘 못 먹었습니다. 한국 친구들을 만날 때 한국말을 잘 못해서 이야기를 많이 할 수 없었습니다. 몸이 아플 때는 고향에 계신 부모님이 보고 싶어서 많이 울었습니다. 그리고 겨울 날씨가 고향보다 훨씬 추워서 감기에도 자주 걸렸습니다. 방학 때는 아르바이트를 해서 많이 피곤했습니다.

1. '이 사람'의 한국 생활은 어땠습니까?

방학 때	
몸이 아플 때	
날씨가 추울 때	
한국말을 모를 때	
한국 친구들을 만날 때	

(읽은 후 단계)

여러분은 한국에서 어떻게 생활하고 있습니까? 특별한 때 무엇을 하는지 'A/V-(으)ㄹ때, N 때'를 사용하여 친구들과 이야기하고 발표해 보세요.

질문	대답
아플 때 누가 제일 보고 싶어요?	
외로울 때 무엇을 해요?	
비가 올 때 무엇을 하고 싶어요?	

〈참고문헌〉

권미정(1999), 외국어로서의 한국어 읽기 교육, 한국어 교육 제 10권 1호, 국제 한국어교육학회
김미옥(1992), 읽기 교육에 관한 연구, 말지 제 17집, 연세대 한국어학당
김정숙(1996), 담화능력 배양을 위한 읽기 교육 방안, 한국어교육 제 7권, 국제한국어교육학회
노명완(1994), 읽기의 관련 요인과 효율적인 지도, 이중언어학회지 제 11권, 이중언어학회
이미혜(2005), 『외국어로서의 한국어교육학』, 한국방송통신대학교출판부
정길준, 연준흠 편(1996), 외국어 읽기 지도의 이론과 실제, 한국문화사

〈참고 교재〉

참 한국어 2, 〈TOPIK KOREA〉

1. 한국어 읽기 학습의 목표로 알맞지 <u>않은</u> 것은?

① 텍스트에 들어 있는 정보를 모두 파악하게 한다.

② 텍스트를 읽고 자신이 원하는 정보를 산출해 내게 한다.

③ 텍스트의 형식 스키마로 내용 파악에 도움이 되게 한다.

④ 텍스트에 있는 어휘와 표현을 통해 의사 소통 능력을 향상시킬 수 있는 기초를 다지게 한다.

정답 ①

정답근거 : 읽기의 목표는 읽기 자료에 들어 있는 모든 정보를 파악하는 것이 아니라 주어진 읽기 자료를 읽고 필요한 정보를 효과적으로 찾아 내는 것이다.

2. 상호작용식 모형의 읽기 수업에 대한 설명으로 옳은 것은?

① 초급단계에서 주로 사용한다.

② 독자보다 텍스트에 더 중점을 둔 읽기 방식이다.

③ 이해의 과정을 선형적인 것이 아니라 순환적인 것으로 본다.

④ 선행 지식과 과거의 경험을 바탕으로 언어 정보를 이해해가는 과정이다.

정답 ③

정답근거 : 상호 작용식 읽기 모형은 독자와 텍스트에 모두 중점을 둔 읽기 방식이고 이해의 과정을 순환적인 것으로 본다.

3. 상향식 읽기 모형의 읽기 방법이 <u>아닌</u> 것은?

① 끊어 읽기

② 추론하기

③ 분석하기

④ 번역하며 읽기

정답 ②

정답근거 : 상향식 읽기 모형은 글에서 가장 작은 단위인 각 단어의 의미 분석에서 시작하여 전체의 의미를 파악해 가는 읽기 모형이다. 그러므로 학습자의 배경지식을 이용하여 소재나 제목을 보고 상상하여 글의 내용을 파악하는 과정을 말하는 추론하기는 하향식 모형이다.

4. 읽기의 전략 중에 뽑아 읽기 (scanning) 방법을 사용할 수 있는 것은?

① 엘리베이터에서 안내문 읽기

② 글의 중심 소재 찾기

③ 글의 형식적 스키마 파악하기

④ 여행지에서 맛집 정보 찾기

정답 ④

정답근거 : 뽑아 읽기는 텍스트를 쭉 읽으며 정보가 있는 특정 부분을 찾는 것이다. 그러므로 여행지에서 맛 집 정보를 찾는 것은 뽑아 읽기 방법이다.

5. 읽기 자료를 선정할 때 고려해야 할 것으로 알맞지 <u>않은</u> 것은?

① 학습자들에게 익숙한 내용이어야 한다.

② 다양한 읽기 전략을 개발시킬 수 있는 자료여야 한다.

③ 학습자의 수준보다 난이도가 약간 높은 자료여야 한다.

④ 학습자들의 흥미를 끄는 내용이어야 하고 학습 목표에 부합한 내용이어야 한다.

정답 ③.

정답근거 : 읽기 자료는 학습자들의 수준에 맞는 자료를 선정해야 한다. 난이도가 높으면 흥미를 잃어버릴 수도 있다.

6. 읽기 전략의 지도 방안으로 적절하지 <u>않은</u> 것은?

① 읽는 목적에 따라 읽는 방법을 달리하게 한다.

② 내용을 예측하고, 알고 있는 정보를 활용하게 한다.

③ 글을 읽으면서 밑줄을 긋거나 메모하여 정보를 자기 것으로 만들게 한다.

④ 한 번에 한 단어씩 또렷하게 읽어서 단어의 의미를 정확히 이해하게 한다.

정답 ④

정답근거 : 초급부터 읽는 도중에 모르는 단어가 있어도 그 단어의 의미에 집착하지 말고 글 전체 의미에 지장을 주지 않을 경우에는 문맥을 통해 추론하거나 그냥 무시하고 지나치는 것이 좋다.

7. 중급 단계에서 '스트레스'에 대한 글을 읽으려고 한다. 수업 순서를 옳게 나열한 것은 무엇입니까?

> ㄱ. 글을 읽고 내용을 파악한다.
> ㄴ. 현대사회에서 스트레스를 받는 상황에 대해 얘기한다.
> ㄷ. 스트레스에 관한 주요 어휘와 표현을 학습한다.
> ㄹ. 직업에 따른 스트레스의 원인에 대해 설문 조사를 한다.
> ㅁ. 글에서 중점을 두고 읽을 내용을 확인한다.

① ㄴ-ㄷ-ㅁ-ㄱ-ㄹ　　　　　　② ㄴ-ㄹ-ㄷ-ㅁ-ㄱ

③ ㄷ-ㅁ-ㄱ-ㄹ-ㄴ　　　　　　④ ㄷ-ㄴ-ㄹ-ㅁ-ㄱ

정답 ①
정답근거 : 읽기 교육은 '읽기 전 단계 – 읽기 단계 – 읽은 후 단계'로 수업을 구성한다.

8. 읽은 후 활동으로 적합하지 <u>않은</u> 것은?

① 글의 내용을 요약해서 쓴다.

② 글의 주제에 대해 토론을 한다.

③ 글과 관련된 짧은 강연을 듣는다.

④ 글의 내용과 관련된 사전 정보를 제시한다.

정답 ④
정답근거 : 읽은 후 활동으로는 텍스트 다시 읽기, 관련 글 읽기, 그룹 토론, 다른 언어 기술과의 통합 등이 있다.

9. 다음에서 읽기 수업의 구성 원리가 <u>아닌</u> 것은?

① 정독을 통해 내용을 꼼꼼히 파악하도록 지도해야 한다.

② 표면적인 의미와 함축된 의미를 모두 파악하도록 지도해야 한다.

③ 초급에서는 낭독의 방법으로 발음, 끊어 읽기 등을 지도 할 수 있다.

④ 스키마를 최대한 활용할 수 있도록 학습자의 배경 지식과 경험을 활성화 시켜줘야 한다.

정답 ①
정답근거 : 정독의 방법만을 권장할 것이 아니라 텍스트의 종류에 따라 읽는 방법도 다르게 지도해야 한다. 여러 가지 읽기 전략을 사용해서 읽기 능력을 기를 수 있도록 지도해야 한다.

한국어발음교육론

강현화 〈연세대학교〉

| 학습목표 |

1. 외국어로서의 한국어 발음 교육의 개념과 특징을 이해하고, 발음 교육에서 중요하게 다루어져야 할 내용을 모음과 자음, 음절, 음운현상으로 나누어 소개한다. 그리고 한국어 발음교육의 원리와 방법을 탐구한다.
2. 한국어 발음의 체계와 특징을 이해함으로써 한국어 발음 교육의 내용 지식을 습득하고, 이를 바탕으로 하여 외국어 로서의 한국어 발음 교육의 기본 원리 및 교육 자료 구성, 교육 방법 등을 살펴보며, 발음 교수의 단계를 구분하여 설명하고 각 단계에 적합한 활동 유형을 나열한다.

'개관'

의사소통에 있어서 발음은 매우 중요하다. 특히 외국어를 말할 때 정확하지 못한 발음을 구사한다면 모국어화자와의 의사소통에서 오해를 낳기 쉽고 때로는 의사소통 자체를 불가능하게 만들 수 있다. 이런 의미에서 발음은 어휘나 문법과 함께 언어 습득의 기본 영역이 된다. 하지만 발음교육은 그동안 한국어 교육에서 어휘, 문법 등 한국어 교육의 다른 분야에 비해 상대적으로 미약한 위치를 차지해 왔으며, 교재에서도 상대적으로 간단히 다루어지는 면이 있어 왔다. 그러나 언어 교육의 목표가 의사소통 능력의 향상에 있다면 그 일차적 수단이 되는 음성 언어에 대한 교육은 필수적이며 체계적일 필요가 있으며, 말하기뿐만 아니라 듣기 분야와 연계하여 함께 다루어져야 하는 구어 교육에서의 핵심 요소라고 하겠다.

교수법의 역사적 흐름에서 볼 때 구두청각 교수법에 이르러서야 발음 교육이 외국어 교육의 시작부터 강조 되어야 하는 분야로 여겨지게 되었으며,[1] 이 시기에는 연습을 통한 발음의 정확성을 강조했다. 반면에 인지적 접근법에서는 모국어화자와 동일한 발음을 추구하는 것은 불가능하다는 전제로 발음 교육이 다소 경시되기도 했다. 최근의 의사소통 접근법에서는 모국어와 동일한 발음을 목표로 하기보다는 의사소통력의 증진을 위한 의사전달에 주력하여, 발음 산출의 정확성보다는 음의 이해와 억양, 강세 등 초분절적 영역으로 확대 전환되고 있다고 하겠다.

지금의 의사소통 교수법의 접근에서 발음의 정확성에 대한 강조가 상대적으로 적어졌다고

---

[1] 1886년 국제음성학회(International Phonetic Association)와 국제음성부호(International Phonetic Alphabet, IPA)가 만들어짐에 따라 언어교육 현장에서는 보다 표준적이고 체계적인 발음교육이 가능하게 되었다.

하더라도, 실제로 학습자의 요구를 분석해 보면 자신의 외국어 발음의 정확도에 대해 여전히 높은 기대가 있음을 확인할 수 있다. 때로는 목표어의 발음이 좋다는 칭찬만으로도 목표 언어의 학습을 지속하는 강한 동기가 되기도 한다. 반면에 발음은 특히 모국어의 영향을 많이 받는 분야로 이미 모국어의 발음 체계에 이미 굳어져 있는 학습자들에게는 가장 어려운 학습 영역이기도 하다.

따라서 목표 언어의 정확한 발음 산출은 음운 이론에 대한 학습만으로는 충분하지 않으며, 음운 지식을 넘어 다양한 맥락에서의 효율적 발음 산출과 이해를 하기 위한 효율적인 교수 방법론에 대한 연구가 요구되는 분야라고 하겠다.

'연구사'

최근 발음교육에 대한 인식이 달라지고 있다. 학습의 초기에만 국한하던 발음교육의 필요성이 고급에 이르기까지 지속적인 교수가 이루어져야 한다는 의견도 많아졌다. 그간 한국어교육에서 다루어온 발음 교수 관련 연구의 쟁점을 연도와 주제별로 살펴보자.[2]

먼저 시기별로 연구 동향을 살펴보면, 한국어에서 발음 교육은 다른 분야에 비해 연구 성과가 많고 급증하는 추세임을 알 수 있다. 2000년 이후 꾸준히 증가하여 2008, 2009년에 이르러서는 연간 30편에 달할 만큼 늘고 있다. 이는 의사소통력의 증진을 위한 의사전달에 주력하는 의사소통 접근법에 의해 개별 음소에 대한 연구뿐만 아니라 억양과 강세 등의 초분절적 요소, 교재 및 교수법 등의 다양한 각도에서 연구가 활발해지고 있기 때문이다.

주제별 연구의 결과를 보면 언어권별 대조분석의 논문이 가장 많았음을 알 수 있다.[3] 최근 중국 유학생들이 증가하면서 중국어권과의 비교 대조 연구가 활발해졌고, 한국어 수요가 급증하고 있는 동남아, 러시아 쪽의 대조분석도 빠르게 증가하고 있다. 또한 중국인 유학생이 급증하면서 중국인 연구자들이 자신의 모국어와 한국어를 대조분석한 연구가 증가하고 있는 것도 눈길을 끈다. 기타 언어권에 대한 연구로는 러시아가 가장 많고 베트남, 몽골이 뒤를 잇고 있다. 한국과 교류가 증가하면서 한국 및 한국어에 대한 관심이 높아지고 있는 나라라는 점에서 공통점을 찾을 수 있다.

내용적 측면에서는 초, 중, 고급별 또는 초성, 중성, 종성, 방언, 억양, 단모음, 변이음 등 세분화되고 구체화된 접근의 연구가 활발하다. 향후에도 의사소통을 위한 발음의 필요성을 절감하는 해당언어권과 한국어의 비교대조 분석은 변함없이 수요가 높을 것으로 추정되며, 원활하고 정확한 의사소통을 위해 가장 절실한 부분인 발음교육의 중요성은 더욱 높아질 것으

---

2) 강현화(2010) 참조.
3) 한국어와 중국어, 일본어, 영어, 기타언어권 및 두 언어 이상과 대조분석한 논문은 총 124편으로 전체 논문 182편 중에서 68%에 달하는 압도적인 편수를 차지하고 있다.

로 예상된다.

다음으로는 발음교수법과 발음교재 개발에 관한 연구가 뒤를 잇고 있다. 2003-2005년 사이 크게 증가했던 발음교육 연구는 다소 주춤한 반면 2005년 이후 발음 교재에 대한 연구가 증가하고 있다. 이는 발음교육에 대한 연구와 관심이 발음교재 개발에 관한 연구로 이어지고 있음을 알 수 있게 한다. 최근에는 독학용 한국어 발음교재 개발과 같은 분야도 보이기 시작한다. 그러나 아직도 발음교육법이나 교재 개발에 관한 연구는 대조분석학적 연구에 비하면 그 수가 절대적으로 부족하다. 개별 학습자들의 상황에 따른 효과적인 발음 교수를 위한 연구들이 꾸준히 진행되어야 할 것이다. 기타 발음교육 관련 연구들은 중간언어 음운론이나 한국어 연속음성 인식을 위한 발음사전 구축이나 음운론적 기초 연구가 수행된 바 있다.

지금까지 발음 분야의 연구는 단연 대조분석학적 관점에서 타 언어들과 한국어의 비교, 대조 분석을 통한 발음교육법의 모색이 가장 큰 비중을 차지했다면 앞으로는 좀 더 구체적이고 현실적인 발음 교수방법 및 교재 개발에 관한 연구가 활성화되어야 할 것이다. 이를 위해서는 이론적, 추상적인 접근보다 한국어 교육 현장에서 실질적으로 적용되고 검증될 수 있는 발음 교수법들이 연구되어야 한다. 이미 기초가 탄탄히 마련되어 있는 다양한 대조분석학적인 이론들을 바탕으로 하여 각 언어권별에 맞는 세분화된 발음교육법의 연구 및 개발도 시급하다.

'발음 교육의 내용'

1. 한국어의 모음

한국어에는 모두 21개의 모음이 있으며 단모음과 이중모음으로 나뉜다. 단모음은 발음하는 처음 소리와 끝소리가 변하지 않으나, 이중모음은 입모양이 바뀌면서 첫소리와 끝소리가 달라진다.

〈표 1〉 한국어의 모음과 조음 방법

	종류	조음 특징	예
모음	단모음	입술 모양이나 혀의 위치가 변하지 않음	ㅣ, ㅔ, ㅐ, ㅡ, ㅓ, ㅏ, ㅜ, ㅗ (ㅟ, ㅚ)
	이중모음	입술 모양이나 혀의 위치가 변함	ㅑ, ㅕ, ㅛ, ㅠ, ㅖ, ㅒ, ㅘ, ㅝ (ㅟ, ㅚ), ㅙ, ㅞ, ㅢ

학자에 따라 단모음에 대한 이견이 있으나, 학교문법에서 한국어의 단모음은 위의 10가지를 제시하고 있다.

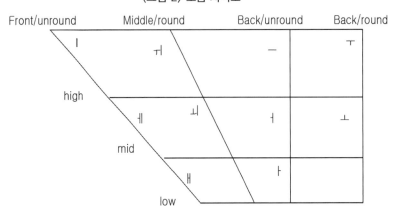

〈그림 2〉 모음 사각도

즉, 표준발음법에 의하면 '귀, ㅚ'는 단모음으로 발음해야 하나, 현실적인 발음을 따라 이중모음으로 발음하는 것도 허용한다. 젊은 세대들은 주로 이중모음으로 발음하며 단모음으로 발음하기를 어려워한다.

단모음들은 아래의 세 가지 기준으로 구분한다.

① 혀의 높낮이 : 고모음, 중모음, 저모음
② 혀의 위치 : 전설모음, 후설모음
③ 입술 모양(원순성) : 원순모음, 평순모음

〈표 2〉 모음 체계도

전후 고저	전설		후설	
	평순	원순	평순	원순
고(폐모음)	ㅣ/i/	ㅟ/y/	ㅡ/i/	ㅜ/u/
중	ㅔ/e/	ㅚ/ø/	ㅓ/ /	ㅗ/o/
저(개모음)	ㅐ/æ/		ㅏ/a/	

다음으로, 한국어의 이중모음은 'ㅣ' 계열과 'ㅜ' 계열이 있으며 'ㅢ'가 있다.

〈ㅣ-계〉 이중모음: ㅑ, ㅕ, ㅛ, ㅠ, ㅖ, ㅒ
〈ㅗ/ㅜ-계〉 이중모음: ㅘ, ㅝ, ㅟ, ㅙ, ㅞ, ㅚ
기타 : ㅢ[4]

---

4) 표준발음법에 따르면 '의' 의 발음은 아래와 같이 다양하다.
어두 - [ㅢ]   예 : 의지[의지], 의미[의미]
자음 + ㅢ - [ㅣ]   예 : 희망 : [히망], 띄다[띠다]

2. 한국어의 자음

자음은 허파로부터 나오는 공기가 입술이나 혀 등에서 여러 가지 방법의 장애를 받아 만들어지는 소리이다. 자음은 두 가지 기준으로 구분된다.

조음 위치 : 양순음, 치조음, 경구개음, 연구개음, 후음
조음 방법 : 파열음, 마찰음, 파찰음, 비음, 유음

〈표 3〉 자음 체계도

조음방법 \ 조음위치		양순음	치조음	경구개음	연구개음	후음
파열음	평음	ㅂ	ㄷ		ㄱ	
	격음	ㅍ	ㅌ		ㅋ	
	경음	ㅃ	ㄸ		ㄲ	
파찰음	평음			ㅈ		
	격음			ㅊ		
	경음			ㅉ		
마찰음	평음		ㅅ			ㅎ
	경음		ㅆ			
설측음/유음			ㄹ			
비음		ㅁ	ㄴ		ㅇ	

한국어의 'ㄹ'은 환경에 따라 발음이 달라진다. 모음 사이에서 'ㄹ'은 [ɾ]로 소리가 나며, 받침이나 그 밖의 환경에서는 [l]로도 소리 난다. 받침에 있는 'ㄹ'을 한국인이 발음하는 것과 비슷한 소리로 발음하도록 하기 위해서는 혀를 뒤로 가져가지 않도록 하며, 의식적으로 혀끝을 내밀도록 지도하여야 한다. 'ㅅ'의 경우에도 '사'와 같은 보통의 'ㅅ'는 [s]로 발음하지만 '시'는 [ʃ]로 '수'는 [sw]로 발음한다. 또한 'ㅎ'은 모음과 모음 사이에서나 앞글자의 받침이 'ㄴ, ㄹ, ㅁ, ㅇ'일 때는 발음되지 않고 'ㅎ'이 탈락되거나 약화된다. 'ㅎ 불규칙'으로 불리는 동사나 형용사에 모음으로 시작되는 어미가 붙을 때 'ㅎ'의 경우도 탈락된다. 그밖에도 다양한 환경에서 'ㅎ'이 탈락된다. 따라서 이들은 해당 환경과 함께 각각의 음가를 익힐 수 있도록 하는 것이 중요하다.[5]

(예) 고향[고향~고양], 불혹[불혹~부록], 남향[남향~나먕], 좋아서[조아서], 많네[만네], 놓는[논는], 닿소[다쏘]

둘째 음절 이하 – [ㅢ] 또는 [ㅣ]　　예 : 주의[주의/주이], 의의[의의/의이]
조사 – [ㅢ] 또는 [ㅔ]　　예 : 우리의[우리의/우리에], 사랑의[사랑의/사랑에]
5) 한국방송통신대학교 평생교육원(2005), 「외국어로서의 한국어교육학」 인용

3. 한국어의 음절

자음과 모음이 결합한 소리의 마디를 음절(syllable)이라고 한다. 한국어의 음절은 초성, 중성, 종성으로 이루어져 있으며, 초성과 종성의 자리에는 자음이 오고, 중성의 자리에는 모음만이 온다. 한국어에서 가능한 음절 구조는 아래와 같이 모두 네 개 유형이다.

가. 모음 : 아, 이, 우, 에, 오
나. 자음+모음: 소, 묘, 개
다. 모음+자음: 옥, 입, 약
라. 자음+모음+자음: 밥, 귤, 맛

첫째, 초성에는 단 하나의 자음만 올 수 있는데, 전체 19개의 자음 중 /ㅇ/을 제외한 모든 자음이 초성으로 쓰일 수 있다. 다만 /ㄹ/의 경우는 '라디오, 러시아' 등과 같은 외래어를 제외하고는 단어의 처음에는 오지 못한다. 둘째, 중성에서는 단 하나의 모음만 올 수 있는데, 단모음이나 이중모음 모두 쓰일 수 있다. 셋째, 종성에는 단 하나의 자음만 올 수 있는데,/ㄱ,ㄴ,ㄷ,ㄹ,ㅁ,ㅂ,ㅇ/의 일곱 가지 자음만 실현 가능하다. '닭, 흙, 넋' 등은 형태상 '자음+모음+자음+자음(CVCC)'의 구조인 것 같으나 이는 철자에 의한 것이며, 실제 발음에서는 겹자음 중 한 자음만 발음되므로 위의 네 가지 음절 구조만이 존재한다.

4. 한국어의 음운현상

음운 현상이란 원래 음소가 제 음가를 잃어버리고 다른 음으로 소리 나는 현상을 말한다.

4.1. 중화 현상

〈표 4〉 음절의 끝소리 규칙

소리 나는 음	철자상의 자음	예
[ㄱ]	ㄱ, ㅋ, ㄲ	국[국], 부엌[부억], 낚시[낙씨]
[ㄴ]	ㄴ	신[신]
[ㄷ]	ㄷ, ㅌ	낟[낟], 낱[낟]
	ㅅ, ㅆ	낫[낟], 났[낟]
	ㅈ, ㅊ	낮[낟], 낯[낟]
[ㄹ]	ㄹ	물[물]
[ㅁ]	ㅁ	곰[곰]
[ㅂ]	ㅂ, ㅍ	짚[집], 옆[엽], 숲[숩]
[ㅇ]	ㅇ	공[공]

4.2. 겹받침의 발음

겹받침이 음절 말이나 자음으로 시작되는 음절 앞에서 하나의 자음이 탈락되고 하나의 자음만 소리 나는 현상을 말한다.[6)]

<표 5> 겹받침의 단순화

앞자음이 발음되는 경우			뒷자음이 발음되는 경우		
철자	소리	예	철자	소리	예
ㄳ	ㄱ	넋 [넉]	ㄺ	ㄱ	닭 [닥]
ㄵ	ㄴ	앉다 [안따]	ㄻ	ㅁ	삶 [삼]
ㄼ	ㄹ	여덟 [여덜]	ㄿ	ㅍ[ㅂ]	읊다 [읍따]
ㄽ	ㄹ	외곬 [외골]			
ㄾ	ㄹ	핥다 [할따]			
ㅄ	ㅂ	값 [갑]			
ㄶ	ㄴ	많다 [만타]			
ㅀ	ㄹ	싫다 [실타]			

4.3. 연음법칙

한 단어 내의 구성이 파생이나 복합의 구성이 아니고 굴절 구성일 때, 'ㄴ'의 삽입이 발생하지 않으면 중화 후 연음되지만, 모음으로 시작하는 조사나 어미가 이어 나오면 첫 번째 받침은 제자리에 그냥 남아 있고, 두 번째 받침은 다음 음절의 초성에서 발음된다.

(예) 국이 [구기], 무릎을[무르플], 밭에서[바테서], 걷었다[거덛따]

　　　값을 [갑슬], 흙에[흘게], 닭을[달글], 앉아[안자]

2음절 한자어를 포함하는 단일어에도 연음규칙은 적용된다.

4.4. 음운의 동화 현상

1) 자음동화 현상 : 인접한 음끼리 닮거나 비슷해져 발음을 편리하게 하는 현상
　·장애음의 비음화 : 장애음이 뒤에 오는 비음 앞에서 비음으로 바뀌어 소리 나는 현상
　예) 밥만[밤만], 낱말[난말], 옷만[온만], 밖만[방만], 늦는[는는]
　·유음의 비음화: 'ㄹ'이 'ㄴ'과 'ㄹ' 이외의 공명음, 즉, 'ㅁ'과 'ㅇ' 뒤에서 'ㄴ'으로 바뀌어 소리 나는 현상

---

6) 다만 아래의 예외가 있다.
　예) ㄼ [ㄹ] : 여덟[여덜] 밟다 [밥따], 밟고 [밥꼬], 넓적하다 [넙쩌카다] 넓죽하다 [넙쭈카다]
　　　ㄺ [ㄱ] : 닭[닥]　'ㄱ' 앞에서 'ㄹ'이 발음: 맑고 [말꼬], 읽거나 [일꺼나]

예) 심리[심니], 종로[종노], 강릉[강능]

· 유음화 : 'ㄴ'의 앞이나 뒤에 'ㄹ'이 오는 경우 'ㄹ'로 바뀌어 소리 나는 현상.

예) 난로[날로], 한라산[할라산], 신라[실라]

2) 구개음화 : 'ㄷ, ㅌ'이 'ㅣ' 모음 앞에서 'ㅈ, ㅊ'으로 바뀌어 소리 나는 현상

예) 같이[가치], 끝이다[끄치다], 굳이[구지], 해돋이[해도지]

3) 격음화 : 'ㅂ, ㄷ, ㅈ, ㄱ'이 'ㅎ'의 앞이나 뒤에 올 때 'ㅍ, ㅌ, ㅊ, ㅋ'로 바뀌어 소리 나는 현상

예) 입학[이팍], 맏형[마텽], 축하[추카], 놓고[노코]

옷 한 벌[오탄벌], 꽃 한 송이[꼬탄송이]

4) 모음 축약 : 두 모음이 하나의 모음으로 줄어 소리 나는 현상

예) 보-+-아→ 봐, 주- + 어 → 줘, 되- +-어 → 돼

누이다 → 뉘다, 뜨이다 → 띄다, 그리-+-어 → 그려

아이 → 애

5) 음운의 탈락 : 두 음운 중 하나의 음이 탈락하는 현상

· 자음 탈락 : 'ㄹ'로 끝나는 체언이나 어간 뒤에 'ㄴ'이 올 때 'ㄹ'이 탈락하는 현상

예) 솔+나무 [소나무], 바늘 + 질 [바느질]

살-으니 [사니], 놀-으니 [노니]

· 용언 어간 말 자음 'ㅎ'은 모음으로 시작하는 어미나 접사가 올 때 탈락한다.

예) 좋은 [조은], 낳았다 [나아따]

파랗- + 으면 → 파라면

6) 모음 탈락 : 'ㅡ' 모음으로 끝나는 어간 뒤에 모음으로 시작하는 어미가 올 때 어간의 'ㅡ'모음이 탈락하는 현상

예) 바쁘-아서 → 바빠서, 쓰-었다 → 썼다

또한 'ㅐ', 'ㅔ'로 끝나는 어간 뒤에 '-어'로 시작하는 어미가 올 때 'ㅓ'가 탈락한다.

예) 보내-어 → 보내, 보내었다 → 보냈다

7) 경음화 : 'ㅂ, ㄷ, ㅅ, ㅈ, ㄱ'이 특정한 환경에서 'ㅃ, ㄸ, ㅆ, ㅉ, ㄲ'으로 바뀌어 소리 나는 현상

① 평음 'ㅂ, ㄷ, ㅅ, ㅈ, ㄱ'이 종성 'ㅂ, ㄷ, ㄱ'뒤에서 'ㅃ, ㄸ, ㅆ, ㅉ, ㄲ'로 바뀌어

소리 난다.

예) 국밥[국빱], 깎다[깍따], 식사[식싸], 옆집[엽찝], 숙제[숙쩨]

② 관형사형 어미 '-(으)ㄹ' 다음의 'ㅂ, ㄷ, ㅅ, ㅈ, ㄱ'이 'ㅃ, ㄸ, ㅆ, ㅉ, ㄲ'으로 바뀌어 소리 난다.

예) 할 것을[할꺼슬], 할 바를[할빠를], 먹을 밥[머글빱]

③ 용언의 어간 말 비음 'ㅁ, ㄴ' 뒤에 'ㅂ, ㄷ, ㅅ, ㅈ, ㄱ'으로 시작하는 어미가 올 때 'ㅃ, ㄸ, ㅆ, ㅉ, ㄲ'으로 바뀌어 소리 난다.

예) 신-다[신따], 안-지[안찌], 넘-더라[넘떠라]

④ 'ㄷ, ㅅ, ㅈ'이 한자어 'ㄹ' 받침 뒤에서 각각 'ㄸ, ㅆ, ㅉ'으로 바뀌어 소리 난다.

예) 갈등[갈뚱], 말살[말쌀], 물가[물까], 갈증[갈쯩]

⑤ 'ㅂ, ㄷ, ㅅ, ㅈ, ㄱ'이 사이시옷 다음에서 'ㅃ, ㄸ, ㅆ, ㅉ, ㄲ'으로 바뀌어 소리 나는 현상

예) 냇가 [내까/낻까], 콧등 [코뜽/콛뜽]

표기상 사이시옷이 나타나지 않는 경우에도 적용된다.

예) 길-가 [길까], 눈-동자 [눈똥자]

8) 'ㄴ' 첨가 : 파생어나 합성어 구성에서 앞말의 끝이 자음이고, 뒷말이 'ㅣ, ㅑ, ㅕ, ㅛ, ㅠ'로 시작할 때 'ㄴ'음이 첨가되어 '니, 냐, 녀, 뇨, 뉴로 소리 나는 현상

예) 솜이불[솜니불], 들일[들닐], 한여름[한녀름], 담요[담뇨], 못잊어[몬니저]

9) 모음조화 : 선행 음절의 모음이 양성모음이냐 음성모음이냐에 따라 후행 모음도 이와 같이 결정되는 현상

예) 좋다 : 좋아서/좋았다

먹다 : 먹어서/먹었다

모락모락, 무럭무럭

4.5. 초분절 음소

초분절음소란 소리의 강세, 장단, 고저 등의 운율적 자질을 말한다.

먼저 강세(stress)는 소리를 발음할 때 들어가는 물리적인 힘을 나타내는 것으로 한국어의 경우에는 영어와는 달리 강세에 의해 의미가 변별되지 않는다. 보통 한국어의 다음절어 단어는 첫 음절에 강세가 있으며, 세 음절의 경우에는 둘째 음절에 강세가 있다.

둘째음절 강세 : 대학교, 보름달, 걸음마, 아름답다 등

장단(length)은 한국어에서 의미가 변별되는 요소이다. 다만 젊은 사람들은 이들을 구별하기가 쉽지 않다. 따라서 외국인에게 장단 요소를 지나치게 가르칠 필요는 없다. 아래의 예는 길게 발음하는 단어들이나 첫음절에서 길게 발음하더라도 단어의 둘째 음절에 올 때는 길게 발음하지 않는다.

눈보라[눈: 보라]　　말씨[말: 씨]　　많다[만: 타]
첫눈[천눈]　참말[참말]　　수많이[수: 마니]

또한 용언의 단음절 어간에 어미 '-아/-어'가 결합되어 한 음절로 축약되는 경우에도 긴소리로 발음한다.

보아 → 봐[봐:]　　기어 → 겨[겨:]　　되어 → 돼[돼:]

고저는 중국어에서는 성조로 단어의 의미를 변별하나 현대 한국어에서는 단어의 높낮이는 존재하지 않으며 문장의 억양(intonation)에 높낮이가 나타난다. 의문문의 경우 의문사를 사용하는 의문문인 경우 문장 끝의 억양이 내려가며, 예/아니요의 대답을 요구하는 의문문인 경우에는 문장 끝이 올라간다.

5. 발음교육의 방법

5.1. 발음 교육의 원리

효율적인 발음 교수를 위해서는 교사들은 스스로 표준 발음을 인지하고 이를 구사하도록 노력하는 게 중요하다. 현실 발음과 다소 차이가 나더라도 교사는 표준 발음법에 따라 발음하려고 노력하는 것이 필요하며, 현실 발음과의 괴리가 매우 큰 경우, 표준 발음과 현실 발음을 비교 해 줌으로 해서 학습자로 하여금 이를 인식하게 하는 것이 좋다. 실제 의사소통에서는 사투리나 대중적인 현실 발음도 중요하지만, 이는 사용역에 변이의 폭이 매우 커서 현실 발음을 고정하기가 쉽지 않은 문제이기 때문이다. 이러한 현실 발음은 학습자 스스로 실제 언어 맥락에서 자연스럽게 접하고 인지하는 게 필요이다. 다만, 학교문법에서 구분하고 있는 /애/와 /에/, /어:/와 /어/에 대한 지도는 지나친 강조보다는 현실적인 발음 방법을 함께 제시해 주는 것이 좋다고 본다.

발음 교수에 대한 2001년도 교재 분석 보고서[7]를 살펴보면 발음 교재는 상대적으로 활발히 개발되지 못했음을 알 수 있다. 하지만 최근 서울대학교(2008), 연세대학교(2007)

---

7) 한국어발음총서 결과보고서(2001) 한국어세계화재단, 문화관광부

등의 발음 독립 교재의 개정 및 출간이 이루어지고 있어, 발음 교재 자체에 대한 관심이 증가하고 있음을 알 수 있다. 최근 교재들은 단순히 발음 방법의 소개를 넘어, 체계적인 연습을 통한 학습과 오류 수정을 위한 다양한 학습 내용이 제시되고 있으며, CD를 이용한 오디오 발음 교수와 학습을 목표로 하고 있음을 확인할 수 있다. 최근 이주여성을 대상으로 한 한국어 교재(2009)에서는 텍스트 교재 안에 주요 상용 문장들에 대한 억양 곡선을 제시하고 있어, 초분절적 요소에 대한 발음 교수에도 노력을 기울이고 있음을 알 수 있다.

흔히 발음지도가 어려운 이유를 살펴보면, 표준 발음에 대한 교사의 측면에서는 인식 부족이나 음운론의 기초 지식의 결여를 들 수 있고 학습자의 측면에서는 청취의 정확성 결여나 연습의 부족, 교정 노력의 부족 등을 들 수 있다. 또한 효율적인 발음 학습의 도구가 부족하거나 발음 연습 시간을 충분히 할애하지 못하는 점, 숙달도별로 지속적으로 발음 교수를 진행하지 못하는 점 등의 교수 환경적 요인이 있다. 반면에 지나치게 정확한 발음을 반복적으로 요구하거나 음운론 수업과 같은 설명적 교수법은 지양해야 하는데, 이는 교수의 효용성을 검증하지 못한 설명식 음운 지식 전달이 학습자의 발음 산출로 이어지기 어렵기 때문이다.

발음 교수에 있어 고려해야 할 사항으로 아래의 몇 가지를 제시할 수 있다.

· 교사는 표준이 되는 발음을 충분히 들려주어야 한다. 하지만 지나치게 천천히 발음해서는 안 되며 일반적 속도로 자연스럽게 발음하는 게 좋다.
· 개별 음의 발음 외에 강세나 억양, 대화 맥락에 따른 적절한 억양 등에 따른 발음 교수가 이루어져야 한다. 특히 억양이나 강세로 인해 의미 해석이 달라지는 경우에는 이에 초점을 두어 가르쳐야 한다.
· 수업 시 학습자의 발음에도 충분한 주의를 기울여야 한다. 잘못된 발음이 화석화되지 않도록 주의 깊게 관찰하고, 필요한 경우 다양한 방법으로 오류를 수정해 주어야 한다.
· 발음을 연습할 때는 발음만이 유리되지 않고, 단어의 의미나 문장의 의미의 이해와 연계하여 이해하도록 해야 한다.
· 수업 외의 시간에도 CD나 웹 사전 등과 같은 보조 자료를 권장하여 반복적인 자율 학습이 이루어지도록 하는 것이 좋다.
· 발음은 모국어의 전이가 가장 많은 영역이므로, 가능하다면 교수자는 학습자의 모국어 발음에 대한 음운적 지식을 가지고 있어, 학습자의 발음 오류를 예측할 수 있는 것이 좋다.

5.2. 발음 교육의 단계

발음 교수의 단계는 학자에 따라 3단계 혹은 5단계로 구분한다. 정명숙(2002)에서는 아래와 같이 5단계로 구분한 바 있다.[8]

---

8) 이 절은 정명숙(2002)을 참조하였다.

1) 도입 단계 : 학습자들이 그 날의 발음 수업에서 학습하게 될 내용이 무엇인지 인식할 수 있도록 하는 단계
- 발음 수업의 교육 내용이 되는 발음이 포함된 단어나 문장을 발화할 수 있도록 하는 질문을 던져 학습자 자신의 발음에 오류가 있음을 스스로 파악하게 한다.
- 그 날의 교육 대상이 되는 발음을 많이 포함하고 있는 듣기 텍스트를 들려줌으로써 인식의 어려움을 학습자 스스로 느끼게 하는 방법을 사용할 수도 있다.
- 발음의 오류로 인해 발생할 수 있는 에피소드를 소개하면서 발음 교육의 내용을 학습자가 인식할 수 있도록 한다. 이는 학습자들에게 발음 연습의 필요성을 실감하게 하여 학습자 스스로 학습 동기를 부여하도록 한다는 점에서 좋다.

2) 제시·설명 단계 : 학습자들에게 자신의 발음에 오류가 있음을 스스로 인식하게 하고, 오류의 발생 원인을 학습자 스스로 탐색할 수 있는 기회를 제공하고 오류 교정 방법을 설명하는 단계
- 학습자들이 발음 오류를 일으킬 수 있는 질문을 던져 학습자에게 발음 오류를 유도
- 발음 교육의 대상이 되는 발음을 포함하고 있는 단어나 문장을 직접 제시하여 읽게 함
- 학습자 스스로 자신의 발음 오류를 탐색하게 하는 단계에서의 활동
  - 억양의 경우 한국어 문장을 학습자의 모국어로 번역하여 읽어 보게 한 다음 한국어 문장과 학습자 모국어로 된 문장을 번갈아 가며 읽게 하는 방법
  - 분절음의 경우 한국어 발음을 학습자 모국어로 전사하게 하거나 학습자가 오류를 일으키는 발음을 교사가 전사하는 방법
- 오류 교정 설명 단계
  - 최대한 명확하고 간단한 방법으로 설명한다. 이때 복잡하고 어려운 음성학적 원리나 음운론적 개념을 배제한다.
  - 설명보다는 구강 그림, 구강 모형 등 시각적인 자료를 이용하여 정확한 발음 방법을 눈으로 확인시킨다.
  - 평음, 격음, 경음 변별 교육의 경우 종이의 흔들림을 보여줌으로써 세 가지 유형의 음이 발생하는 기식의 차이를 시각적으로 보여주는 방법이 있다.
- 발음 교육은 발음 교육(정확한 음의 생산)과 인지 교육(듣고 정확한 음을 구분)의 두 측면에서 모두 이루어져야 하며, 한국어 발음을 듣고 구별할 수 있는 전략도 함께 제시한다.

3) 연습 단계 : 교사의 설명에 따라 자신의 발음 교정을 위해 연습하는 단계
- 발음 연습은 교육 목표가 되는 개별 음소의 발음에서 이들을 포함하고 있는 단어, 문장, 담화 순으로 발화 길이를 늘려가면서 연습하는 것이 효과적이다.
- 학습자들이 계속 반복되는 발음 연습에 흥미를 잃지 않도록 청각, 시각적인 자료를 활

용하거나 재미있는 표현, 같은 음이 반복되는 말놀이 문장, 발음 연습을 할 수 있도록 노래를 개사한 것 등을 활용할 수 있다.
- 정확한 음을 생성해 내도록 하는 연습뿐만 아니라 유사한 음을 정확히 구별해 내도록 하는 청취 훈련도 필요하다.

4) 사용 단계 : 유의미한 맥락 속에서 목표음을 정확하게 발음할 수 있도록 하는 단계
- 연습 단계에서 반복 연습한 발음을 실제적이고 자연스러운 대화 속에서 정확한 발음을 할 수 있게 하여 학습자들에게 성취감을 느낄 수 있게 해 주어야 한다.
- 교육 목표가 되는 발음을 포함하고 있는 단어를 제시어로 하여 역할극 등 다양한 활동을 한다. 이때 학습자들이 개별적인 낱말의 발음에 지나치게 주의를 기울이지 않도록 목표음이 맥락 속에서 자연스럽게 도출될 수 있는 상황을 제시한다.
- 정확한 음의 생성을 위한 말하기 과제뿐만 아니라 학생들에게 유사한 한국어 발음을 구별해 내도록 하는 듣기 과제를 부과한다.

5) 마무리 단계 : 학습자의 발음을 평가해 주고 그 시간에 이루어진 교육 내용을 정리하고 과제를 부여하는 단계.

하지만 이러한 발음 교수의 단계는 독립적 발음 교수에서 활용될 가능성이 많으며, 실제 다양한 수업 맥락에서의 발음 교수는 짧은 시간에 부가적으로 이루어지게 될 수도 있다.
따라서 말하기, 듣기, 읽기, 쓰기의 기능 영역과 연계되어 부가적으로 이루어지는 단어나 문장의 발음 교수는 해당 수업에서 할애할 수 있는 시간이나 대상 발음의 특성, 학습자의 부족한 부분에 대한 보충의 초점에 따라 다소 달라질 수 있다고 판단된다.

5.3. 발음 교육의 활동 유형[9]
발음 지도를 위해 활용할 수 있는 활동 유형을 제시하면 다음과 같다.
1) 듣기 : 정상 속도로 발음되는 개별음이나, 단어 단위의 언어 자료를 충분히 듣게 한다.

2) 듣고 따라하기 : 교사의 발음을 모델로 듣고 따라하게 하거나, 원어민의 녹음 자료를 듣고 따라하게 한다.

3) 목표 언어의 조음 위치 설명 및 모국어 음과의 대조 연습 : 각각의 분절음을 조음 위치나 조음 방법 등과 함께 설명해 주고, 음성적 환경을 달리하여 사용해 보게 한다. 필요한 경우, 학습자의 모국어의 이형태의 음을 활용할 수 있다.

---

9) 이 절은 한국방송통신대학교 평생교육원(2005)의 외국어로서의 한국어교육학을 참조하였다.

4) 최소대립쌍 연습 : 초급에서는 '달/딸/탈'이나 '불/뿔/풀'과 음절 단위의 최소대립쌍 연습이나, 2음절 이상의 단어를 제시하고 학습자들에게 그 차이를 구별하도록 하는 활동을 활용할 수 있다. 필요한 경우, 문맥에 나타난 최소대립쌍을 연습해도 좋다.

5) 큰 소리로 반복해서 읽기 : 초급 수준에서는 내용을 이해한 문장을 반복해서 큰 소리로 읽고 자연스러운 억양으로 원어민 화자의 속도로 읽는 연습을 해 본다.

6) 발화 녹음 후 듣고 수정하기 : 스스로의 발음을 녹음한 뒤 원어민 화자의 발음과 비교하여 수정하는 연습을 할 수 있다. 또는 녹음한 자료를 동료들의 평가나 혹은 교사의 피드백을 얻을 수 있는 자료로 활용할 수도 있다.

7) 역할극을 통한 발음 연습 : 인기 있는 드라마 대본을 암기하여 몸동작과 함께 실제 맥락에서 발음하도록 지도함으로써 감정 표현이나 제스처 등과 같은 비언어적 요소도 함께 학습할 수 있다.

8) 말하기를 통한 연습 : 대화문을 반복해서 자연스럽게 발화함으로써 문맥 안에서의 자연스러운 발음 연습을 유도한다.

'함의'

최근의 교수법은 효율적인 의사소통을 목표로 하므로 외국인 학습자가 모국어 화자처럼 정확한 발음을 하도록 요구하기는 어렵다. 하지만 학습자가 목표 언어를 정확하게 발음할 수 있다면, 그 언어 사용에 대한 자신감을 가지게 되고 학습 동기를 유발할 수 있다는 점에서 중요한 역할을 한다.

하지만 교수 현장에서 발음만을 따로 가르치기가 쉽지 않고, 교재에서도 발음을 목표로 한 교수요목이 체계화되어 있지 않으므로, 교사의 재량에 따라 수업 중에 산발적으로 이루어지는 게 현실이다. 또한 발음교육은 오류 수정의 형태로 주로 초급에만 국한되는 것도 현실이다.

최근의 많은 논의는 중급, 고급에 이르러서도 지속적인 발음 교수가 필요하다는 데에 동의하고 있다. 이를 위해서는 중, 고급 학습자를 대상으로 한 발음 학습에 대한 요구를 조사하여 교재와 학습 현장에 체계적으로 반영하는 것이 필요하며 이를 교수요목에 적절하게 연계하는 작업이 필요하다. 아울러 효과적인 발음 교육을 위해서는 아래의 내용들이 전제되어야 할 것이다.

첫째, 효과적인 발음 교수를 위한 언어권별 발음 대조 연구가 선행되어야 한다. 개별음의 조음 방법은 물론 음절구조, 억양 등의 초분절음소 등에 대한 대조분석 연구가 이루어져야 한다. 특히 변화하는 학습자의 국적을 볼 때, 보다 다양한 언어권의 음운 대조 연구가 이루어져야 한다.

둘째, 음운 대조 연구의 결과들은 효율적인 발음 교수를 위한 교재 및 교구의 개발로 이어져야 한다. 대조언어학에 바탕을 둔 발음 교수의 내용학적 자료 외에도 다양한 멀티미디어 자료 등이 개발되는 것이 바람직하다. 또한 학습자의 발음 자가 점검 프로그램의 개발의 개발이나 학습자의 수준별 발음 교수 자료의 개발도 필요하다.

셋째, 효과적인 발음 교수 및 효율적인 오류 교정을 위한 교사 교육 및 방법론 개발이 시급하다. 그간의 연구는 지나치게 이론 중심에 머물렀기 때문이다.

〈참고문헌〉

강현화(2010), 한국어교육학 연구의 최신 동향 및 전망, 국어국문학 155호, 국어국문학회

공일주(1992), 한국어와 다른 언어와의 대조분석 : 대조분석; 한국어와 아랍어 음운론적 대조와 ERROR 분석, 이중언어학 9, 이중언어학회.

국제한국어교육학회 편(2005), 『한국어교육론1,2,3』, 한국문화사.

김선정(2004), 숙달도 향상을 위한 한국어 파닉스(Phonics) 연구: 인지언어학적 접근, 언어 과학연구 29, 언어과학회.

김은애(2004), 언어권별로 본 한국어 자음 습득 순서에 관한 연구, 제38회 어학연구회 발표 논문집.

김진원(1992), 한국어와 다른 언어와의 대조분석 : 대조분석; 노어와 국어 자음음소의 음성 음운적 대조, 이중언어학 9, 이중언어학회.

김형복(2004), 한국어 음운 변동 규칙의 교수-학습 순서 연구, 한국어교육 15-3, 국제한국어교육학회.

박창원·오미영·오은진(2004), 한·영·일 음운대비, 한국문화사.

양순임(2004), 음절 말 자음과 관련된 변동규칙 교육 방안, 한국어교육 15-3, 국제한국어교육학회.

전나영(1993), 외국인을 위한 한국어 발음지도, 외국어로서의 한국어교육 18, 연세대학교 한국어학당.

정명숙(2002), 한국어 발음 교육의 내용과 방법, 21세기 한국어교육학의 현황과 과제(박영순 편), 한국문화사.

한재영 외(2003), 한국어 발음 교육, 한림출판사.

〈주요 용어〉

단모음, 이중모음, 파열음, 파찰음, 마찰음, 유음, 양순음, 비음, 치조음, 경구개음, 연구개음, 후음, 변이음, 중화 현상, 연음규칙, 음운의 동화 현상, 음운의 축약과 탈락, 모음조화, 초분절음소

1. 다음 중 단모음을 구분하는 준거가 <u>아닌</u> 것은?

① 혀의 높낮이

② 혀의 모양

③ 혀의 위치

④ 입술의 원순성

정답 ②

정답근거 : 혀의 모양이 아니라 입술의 모양이다.

2. 다음 중 'ㅣ' 계열 이중모음이 <u>아닌</u> 것은?

① ㅛ   ② ㅘ

③ ㅠ   ④ ㅒ

정답 ②

정답근거 : 'ㅘ'는 'ㅗ'계 이중모음이다.

3. 다음 모음에 대한 설명 중 옳지 <u>않은</u> 것은?

① 'ㅣ'는 고모음이며 전설모음이다.

② 'ㅗ'는 고모음이며 평순모음이다.

③ 'ㅏ'는 저모음이며 후설모음이다.

④ 'ㅡ'는 고모음이며 후설모음이다.

정답 ②

정답근거 : 'ㅗ'는 원순모음이다.

4. 다음 중 조음방법에 따른 자음의 구분이 <u>아닌</u> 것은?

① 파열음　　　　　　　② 마찰음

③ 비음　　　　　　　　④ 후음

정답 ④
정답근거 : '후음'은 조음위치에 따른 구분이다.

5. 한국어의 자음에 대한 설명으로 옳지 <u>않은</u> 것은?

① 파열음은 평음, 격음, 경음으로 구분된다.

② 치조음에는 파열음, 마찰음, 설측음, 비음이 있다.

③ 후음은 설측음에 속한다.

④ 파찰음은 경구개음이다.

정답 ③
정답근거 : '후음'은 마찰음이다.

6. 한국어의 음절에 대한 설명 중 옳지 <u>않은</u> 것은?

① 초성에는 단 하나의 자음만 올 수 있다.

② 전체 19개의 자음 모두가 초성으로 쓰일 수 있다.

③ 중성에서는 단 하나의 모음만 올 수 있다.

④ 종성에는 일곱 가지 자음만 실현 가능하다.

정답 ②
정답근거 : 자음 중 /ㅇ/은 초성에 올 수 없다.

7. 한국의 초분절음소에 대한 설명으로 옳지 <u>않은</u> 것은?

① 현대 한국어에서는 문장의 억양에 높낮이가 나타난다.

② 한국어는 영어와 같이 강세에 의해 의미가 변별된다.

③ 보통 한국어의 다음절어 단어는 첫 음절에 강세가 있다.

④ 장단(length)은 한국어에서 의미가 변별되는 요소이다.

정답 ②
정답근거 : 영어와는 달리 강세에 의해 의미가 변별되지 않는다.

8. 다음 중 표준 발음으로 바른 것은?

① 밟고 [발꼬]

② 닭을 [다글]

③ 맛있어요 [마시써요]

④ 넓적하다 [널쩌카다]

정답 ③
정답근거 : 밟고[밥꼬], 닭을 [달글], 넓적하다[넙쩌카다]

9. 다음은 한국어의 음운 현상 중 무엇에 대한 설명입니까?

> '같이[가치], 해돋이[해도지]'와 같이 'ㄷ, ㅌ'이 'ㅣ' 모음 앞에서 'ㅈ, ㅊ'으로 바뀌어 소리 나는 현상

① 구개음화   ② 유음화

③ 유음의 비음화   ④ 장애음의 비음화

정답 ①
정답근거 : ②의 유음화는 'ㄴ'이 앞뒤에 'ㄹ'이 오는 경우 /ㄹ/로 소리 나는 현상이며,
　　　　　③의 유음의 비음화는 'ㄹ'이 'ㄴ'과 'ㄹ' 이외의 공명음, 즉 'ㅁ'과 'ㄴ'으로 바뀌는 현상을 말한다.
　　　　　④의 장애음의 비음화는 장애음 'ㄱ, ㄷ, ㅂ'이 뒤에 오는 비음 'ㅇ, ㄴ, ㅁ' 앞에서 비음으로 바뀌는 현상을
　　　　　말한다.

10. 다음은 교사가 실시한 홑받침의 발음 교육 내용이다. 바르지 <u>못한</u> 것은?

① 강조를 위해 초성에서와 종성에서의 발음이 다른 자음 'ㅅ, ㅈ, ㅍ'부터 교육했다.

② 공기가 나가지 않는 특징을 이해시키기 위해 '밥'을 발음하고 입을 다물도록 했다.

③ '낫, 낮, 낯, 낫, 낱'을 불러주고 받아쓰기를 하도록 하여 발음이 같음을 이해시켰다.

④ '바'와 '파', '입'과 '잎'을 칠판에 써주고 발음해 줌으로써 초성에서와 종성에서의 발음이 다름을 이해시켰다.

정답 ①
정답근거 : 초성에서와 종성에서의 발음이 같은 자음부터 교육하는 게 좋다.

11. 발음 교수에 있어 고려해야 할 사항으로 옳지 <u>않은</u> 것은?

① 교사는 표준이 되는 발음을 충분히 들려주어야 한다.

② 개별 음의 발음 외에 강세나 억양, 대화 맥락에 따른 적절한 억양 등에 따른 발음 교수가 이루어져야 한다.

③ 잘못된 발음이 화석화되지 않도록 주의 깊게 관찰하고, 필요한 경우 다양한 방법으로 오류를 수정해 주어야 한다.

④ 발음을 연습할 때는 단어의 의미나 문장의 의미의 이해와 연계하기보다는 발음 자체에만 초점을 두는 게 좋다.

정답 ④
정답근거 : 단어의 의미나 문장의 의미의 이해와 연계하는 게 바람직하다.

12. 발음 교수의 단계와 설명을 잘 짝지은 것은?

① 도입 단계 : 교사의 설명에 따라 자신의 발음 교정을 위해 연습하는 단계

② 사용 단계 : 유의미한 맥락 속에서 목표음을 정확하게 발음할 수 있도록 하는 단계

③ 마무리 단계 : 학습자들이 그 날의 발음 수업에서 학습하게 될 내용이 무엇인지 인식할 수 있도록 하는 단계

④ 제시·설명 단계: 학습자의 발음을 평가해 주고 그 시간에 이루어진 교육 내용을 정리하고 과제를 부여하는 단계

정답 ②
정답근거 : ①은 연습 단계, ③은 도입 단계, ④는 마무리 단계에 대한 설명이다.

한국어문법교육론

오승은 〈서강대학교〉

| 학습목표 |

1. 외국어로서의 한국어 문법의 특성을 이해하고 의사소통 증진을 위해 외국인 학습자에게 한국어 문법을 효과적으로 교육하기 위한 방법을 모색해 본다.
2. 문법의 개념과 중요성, 외국어로서의 문법 교육의 역사를 살펴본다. 또한 문법 항목의 단계화, 문법 교육 방법과 문법 수업 활동 유형 및 문법 교수 기법 문법 수업의 구성 방안에 대해 알아본다.

'문법교육의 정의와 필요성'

1. 문법과 문법교육의 정의

문법이란 간단히 말해서 언어의 규칙체계이다. 그러나 이런 광범위한 정의로는 문법이 어떤 범위를 다루고 있는지 이해하기 애매하다. 좀더 자세한 정의를 살펴보면, 문법이란 음운론적 측면에서 단어나 문장의 발음을 지배하는 규칙, 어휘론, 의미론적 측면에서 단어들의 배열을 지배하는 규칙, 통사론적 측면에서 문장들 간의 관계를 지배하는 규칙, 마지막으로 화용론적 측면에서 담화 규칙을 총망라하는 언어의 규칙체계이다. '문장에 있는 단어들의 규약적인 배열과 관계를 지배하는 규칙체계'라는Brown(2001)[1]의 문법에 대한 정의는 문법을 단순히 문장을 만드는 규칙과 같은 통사론적 측면에 머무르는 시각이 좀더 확대될 필요가 있음을 보여준다.

그렇다면 문법교육은 무엇을 뜻하는가? 문법교육은 말 그대로 문법을 가르치는 것이지만 동시에 위에서 말한 언어학적 규칙 체계로서의 문법적 지식을 이해하는 것에 그치는 것은 아니다. 제2언어(또는 외국어)로서의 문법교육이란 언어학적 규칙 체계로서의 문법을 적절한 문맥에 맞춰 조율된 문법적 의미를 이해한 바탕에서 적절하게 사용할 수 있게 하는 것이다. 제2언어(외국어) 문법교육은 고립된 문장을 생성하는 것이 아니라 다양한 문맥에 기반한 의미를 소통하는 것이기 때문이다. 이때 문맥이 가리키는 의미의 범위는 다음과 같은

---

1) Brown(2001)은 문법의 정의를 내릴 때 음운론적 측면에서 단어나 문장의 발음을 지배하는 규칙, 어휘론, 의미론적 측면에서 단어들의 배열을 지배하는 규칙, 통사론적 측면에서 문장들 간의 관계를 지배하는 규칙, 화용론적 측면에서 담화 규칙을 고려해야 한다고 지적하고 있다.

질문을 통해 구체화시킬 수 있다.

· 말하는 사람과 글을 쓰는 사람이 누구인가?
· 듣는 사람과 글을 읽는 사람이 누구인가?
· 어디에서 의사소통이 이루어지는가?
· 질문하는 문장 앞뒤에서 어떤 의사소통 행위가 발생하는가?
· 함축적인 의미인가? 글자 그대로의 의미인가?
· 문체와 언어 사용역이 어떠한가?
· 언어를 생산하는 사람이 할 수 있는 선택 중 대체 형식이 있는가?

2. 문법교육의 필요성

언어교육에서 항상 중요한 부분으로 생각되는 문법교육은 언어교육학계에서는 그 효용성과 필요성에 대해 의견이 분분하다. 이것은 언어로 소통하는 데 문법이 필요없다는 것이 아니라 문법을 교육하는 것이 언어교육에서 꼭 필요한 것인지에 대한 논의이다. 다음은 문법교육이 필요하다는 문법교육 유용론과 문법교육이 필요한 것이 아니라는 문법교육 무용론의 입장을 차례대로 살펴보기로 한다.[2] 먼저, 문법교육 유용론의 입장이다.

1) 문법은 정치한 규범 언어를 만드는 기준이 된다.
언어가 아무렇게나 암호화하는 것이 아니라 특정한 규칙 아래 규범에 맞춰 사용된다. 이때 문법은 규범 언어를 만드는 기준으로, 어떤 것이 규범 언어적 언어이고 어떤 것이 비규범적 언어인지 진단하고 구별하며 교정하는 잣대이다.

2) 문법이란 문장 제조기(sentence-making machine) 역할을 한다.
문장 제조기로서의 문법 기능은 특히 외국어 학습에서 올바른 문장을 생성해 내기 위한 역할을 한다.

3) 문법이 없다면 오류 교정을 못 받아 오용언어습관이 화석화된다.
규범 언어로서의 문법에 의해 오류를 교정 받을 수 있게 되는데, 문법이 없다면 오류 교정을 못 받아서 잘못 쓴 언어습관이 화석화되어 고착화된다.

---

2) 문법교육의 유용론과 무용론에 대한 설명은 Thornbury(1999)의 논의를 정리한 것으로, 조항록(2003), 김제열(2007), 민현식(2014)에서 문법교육을 설명할 때 함께 소개되었다. 앞의 논의는 진행되는 논리에 따라 약간의 형식적 차이가 있다. 본고에서는 민현식(2014)이 정리한 것을 토대로 논의를 진행하고자 한다.

4) 문법학습에서 강조된 것은 주의, 환기하여 자기 언어 사용 능력을 강화한다.

문법학습을 통해 기억된 것, 지적 받은 것은 학습자가 언어를 사용할 때 형식적 측면에 대한 주의를 일깨워 주므로 학습이 강화되는 효과가 있다.

5) 언어 학습과 이해를 위해 개별 문법 항목을 교수 학습하는 것이 효율적이다.

학습하고자 하는 언어에 무작정 노출되는 것보다는 개별 문법 항목을 차근차근 학습하는 것이 교육에서 더 전형적이며 효율적이다.

6) 다양한 계층과 성격의 청소년, 성인 집단에 언어를 교육할 때 효율적이다.

다양한 계층과 성격의 집단에게 언어를 가르칠 때에는 문법으로 접근하는 가장 체계적인 방법이다.

7) 문법 학습에 기대치가 높은 학습자의 요구에 부응한다.

학습자의 측면에서 보아도 전통적인 문법학습이 여타의 다른 교육에 비해 언어학습에서 더 체계적이고 집중적일 것이라고 기대하게 된다.

8) 외국어 학습 시에 모어 문법 지식이 유용하다.

외국어 학습할 때 자신의 모어 문법 지식과 외국어 문법 지식을 비교, 대조하면서 언어 학습에 대한 이해를 높일 수 있다.

9) 모어 문법에 대한 이해 학습 자체가 개인의 인지능력 발달에 기여한다.

모어 문법에 대한 이해를 바탕으로 한 학습은 언어 사용에서 개개인의 인지능력을 더 발달시킬 수 있다.

문법교육 유용론의 입장은 문법교육이 언어학습에서 체계적으로 학습할 수 있는 방법이 될 수 있다는 것을 강조한 것이다. 반면, 문법교육 무용론의 입장도 살펴 보자.

1) 언어 학습은 기능(skill) 학습이므로 문법의 노하우 지식은 무용하다.

문법 지식을 알고 있는 것과 사용하는 것은 별개의 것이다. 언어는 실천을 통해 사용하는 것이다.

2) 문법적 능력은 의사소통능력(communicative competence)의 한 구성요소일 이지 뿐이다.

문법적 능력이 높다고 해서 언어 능력이 함양된 것은 아니다. 언어 능력은 의사소통능력이 전반적으로 함양되어야 하는 것이며, 이런 의사소통능력을 높이는 것이 언어교육의 목적이 된다.

3) 제2언어 성공은 학습이 아니라 습득이다.

자연주의 교수법에서 크라쉔(Krashen)이 말했듯이 언어는 모국어 습득과 같이 자연스럽게 해야 하는 것이며 학습으로는 한계가 있다. 또한 학습할 때에도 자연 순서(natural order)에 맞춰 학습하는 것이 중요하며 이런 자연 순서가 문법학습 순서와는 다르다.

4) 문법보다 어휘 뭉치(lexical chunks) 학습이 더 중요하다.

언어 학습에서 문법보다는 연어, 표현, 관용표현과 같은 어휘 뭉치 학습이 더 효과적이다.

이와 같은 문법교육의 필요성에 대한 논란은 문법 자체에 대한 효용성에 대한 것이 아니라 문법을 어떻게 간주하며 교육에서 문법을 어떻게 이용할 것인가에 대한 관점의 차이에서 비롯된 것이다. 문법교육은 문법을 적용하여 고립된 문장을 생성하는 것이 아니라 자유로운 의사소통을 위해 문법을 사용하는 것으로 보는 것이 일반적이다.

3. 현대 문법교육의 동향

현대 문법교육의 동향을 알아보기 위해서는 그간 언어교수법에서 문법교육에 대한 생각이 어떻게 바뀌었는지 살펴볼 필요가 있다. 문법 번역식 학습에서는 문법 형식에 초점을 맞춰 교수하는 방법, 즉 형태 중심(Focus on Forms) 교육을 중시했으며 문법 형식을 제대로 알고 있어야 고전 해독을 할 수 있다고 간주하였다. 그러나 이러한 형태 중심 교육은 문법 형식을 정확하게 이해해도 의미 파악이 어렵다는 점에서 비판 받으며 의사소통 접근법(Communicative Language Teaching)에 자리를 내주게 되었다. 의사소통 접근법은 문법 형식이 어떤 것이 쓰이든지 의사소통하는 가운데 문법 형식이 사용되는 것이라는 의미 중심(Focus on Meaning) 교육으로, 문법 형식의 정확성보다는 유창한 의사소통능력을 강조하게 된다. 하지만 의사소통 접근법도 의미에 중심을 둔 나머지 문법적 형식의 정확성이 향상되지 않으며 교육적 효과에 대해 비판을 받게 된다. 그 결과 현대에서는 의사소통을 하되 이때 형태에 초점을 두어 문법 형식의 정확하고 유창한 사용을 동시에 강조한 형태에 초점을 둔 의사소통접근법(Focus on Form)이 대두된다. 이는 문법 형식에 일차적인 초점을 두는 과거의 형태 중심 교육이 아니라 의사소통할 때 사용되는 문법 형식에 초점을 두는 방법으로, 과제 기반 교수법, 내용 중심 교수법, 과정 중심 교수법에서 이것이 활용된 예를 찾을 수 있다.

그렇다면, 현대 문법교육에 어떤 흐름[3]의 변화가 이루어지고 있는가? 문법적 구조를 중시했던 번역식 교육에서 의사소통하는 가운데 형태적 정확성을 높이는 형태초점강화교육으

---

3) 민현식(2014)은 언어교육의 진보적인 흐름 중에서 문법 교육의 측면에 초점을 두어 정리하였다.

로, 문법지식을 전달하는 것을 중시했던 교육에서 문법의식을 갖고 의사소통하는 데 초점을 맞추는 교육으로, 교사 중심 교육에서 학습자 중심의 교육으로, 결과 중심 교육에서 과정 중심 교육으로, 문형 중심 교육에서 과제 중심 교육으로, 연역적이고 주입 설명식 교육에서 상황에 따라 탄력적으로 연역적/귀납적 선택 교육으로, 문법 요소 분리적 교육에서 통합형 문법교육으로, 형태 중심 교육에서 형태/의미/사용의 담화 문법 중심 교육으로 변화되고 있음을 확인할 수 있다.

결국 현대 문법교육의 동향은 문법 기반 통합 교육이라고 할 수 있다. 문법 기반 통합 교육이 되기 위해서는 언어 기능의 네 가지인 말하기, 듣기, 읽기, 쓰기 기능의 통합된 기능 통합교육으로서의 총체적 언어 교수법으로 접근할 필요가 있다. 이런 기능 통합 교육은 기능 기반 접근법이나 기능 분리 접근법과는 대비된다는 점에서 문법의 형태적 접근을 지양하고 의사소통하는 가운데 문법을 사용하는 것을 강화한 것이라고 할 수 있다. 하향식 접근법, 주제나 과제 기반 접근법 또한 같은 맥락에서 이해할 수 있다.

문법 기반 통합 교육이 되기 위해서는 내용 중심 교육을 고려하는 것도 중요하다. 예를 들어 학문 목적의 한국어를 하려는 학습자를 위해서는 전공 교과 영역을 외국어로 학습하는 것에 최종 목표를 두어야 한다. 언어 학습을 하는 궁극적인 목적은 학습한 언어를 사용하여 자신이 하고자 하는 것을 이루어내는 것에 있다. 초급이나 중급 이후의 학습자에게는 내용 중심 교육으로 접근하는 경우가 늘고 있는 것도 같은 이유에서이다.

마지막으로, 문법 기반 통합 교육이 되기 위해서는 형태 초점 문법 교육의 기법이 중요하다. 이것은 형태만을 강조했던 문법교육(Focus on forms)과는 달리, 형태적 정확성을 의식하며 의사소통 과제에 임하는 문법교육(Focus on Form)이다. 형태 초점 문법교육의 기법은 입력을 최대한 제공하여 입력을 강화하고, 과제 수행할 때 필수표현을 제시하며 의미 협상을 통해 상호작용을 강조하고, 출력 강화를 통해 형태적 정확성을 기한다. 창의적 받아쓰기인 딕토글로스(dictogloss)나 가든패스(garden path)[4]가 대표적인 예이다.

4. 문법과 기능

언어 능력을 키우기 위해서는 문법과 단어를 잘 운용하는 것도 중요하지만 화자의 의도를 정확히 추론할 수 있는 능력이 중요하다. 즉, 언어의 사용의 측면을 강조하는 입장에서 문법 교육은 문법 형태가 갖는 기능적 측면을 강조한다. 문법적 기능을 학습할 때 유의해야 할 점을 생각해 보자.

먼저, 하나의 문법적 형태가 여러 가지 기능을 나타낼 수 있다. 예를 들어, 선어말 어미

---

4) 딕토글로스(dictogloss)는 문장 단위가 아니라 문단 단위, 혹은 완성된 텍스트 단위의 글을 들려주고 학습자가 들은 내용을 메모하여 본인의 문법 구성력을 통해 재구성한 후 원본 글과 대조하여 자신의 문법성을 의식적으로 확인하는 기법이다. 가든패스(garden path)는 교사가 의도적으로 학습자의 오류를 유도한 후 교사가 개입하여 오류를 교정하여 학습자로 하여금 문법 형태적 의식 고양을 높이는 기법이다.

'–겠–'은 '이것 좀 잡숴 보시겠어요?'(권유하기), '뭘 드시겠어요?'(의향 묻기), '맛있겠네요'(추측하기), '지금부터 10분 동안 휴식을 갖겠습니다.'(공식 일정 말하기), '저는 이걸로 준비하겠습니다.'(결정하기) 등 다양한 기능으로 나타날 수 있다.

또한, 하나의 문법 기능이 여러 문법적 형태로 나타날 수도 있다. 예를 들어 이유 말하기와 같은 기능을 표현하는 문법 형태는 연결어미 중에서 '–어서, –으니까, –느라고, –으므로, –기에', 의존명사 '–은 까닭에, –는 바람에, –는 통에, –는 고로, –기 때문에', 보조용언 '–어 가지고', 인용 '–는다고' 등으로 다양한 형태가 있다. 물론 이런 형태들 사이의 미세한 의미 차이가 있으므로 같은 기능을 가진 다양한 형태들을 어떻게 사용해야 하는지 문법 교육이 담당해야 할 것이다.

마지막으로, 어떤 기능을 나타낼 때 꼭 하나의 문법 형태로만 사용되는 것은 아니라는 점이다. 하나의 문법 기능은 화용론적으로 다양한 문법 표현으로 나타날 수 있다. 예를 들어, 요청하기의 경우 청자의 능력을 묻는 '–을 수 있어요?'로, 요청의 실현 가능성을 묻는 '–어도 괜찮아요?'로, 청자의 의지 '–을래요?'로, 청자 행위의 예측 '–어 주시겠습니까?'로, 요청 내용에 대한 청자의 허락 '–으면 안 돼요?'로 다양하게 표현될 수 있다.

결론적으로 말하면, 문법 교육에서 문형 연습에 대한 설명과 연습에만 치중하는 것은 문법적 지식을 늘릴 수는 있지만, 적절한 상황과 기능에 맞는 문법적 사용 능력을 기를 수 없다는 점에서 지양되어야 할 것이다. 문법 교육에서 유창성을 기르기 위해서는 표현하고자 하는 담화 상황에 맞는 가장 적절한 기능을 가진 문형이 무엇인지, 또한 유사한 표현 문형과의 차이점은 무엇인지, 왜 이 상황에 이 문형을 쓸 수밖에 없는 것인지 학습자가 이해하고 사용할 수 있도록 해야 한다. 이와 같이 문법의 의미가 담화 맥락에서 추출된다는 것은 그 문법이 어느 상황에서 많이 쓰이는지가 중요하다는 것을 강조한 것이다.

'문법교육의 원리와 절차'

1. 언어교수법에 따른 문법교육에 대한 관점

언어교수법에 따라 문법교육에 대한 관점은 바뀌어 왔다. 언어교수법이 언어에 대한 관점이 반영된 것이므로 당연한 이치일 것이다. 언어교수법에 따라 문법교육의 어떤 점이 강조되어 왔는지 확인해 보자.

문법 번역식 교육에서 문법 교육이란 정확한 번역에 중점을 둔 것으로, 주로 문어 문법을 다루었다. 목표어의 문법 규칙을 정확히 설명하고 학습자에게 주입하는 방식이었는데, 문법 제시 방식은 연역적 제시를 사용하였다. 문법 항목을 독립적으로 암기하고 문장 번역에 이용하였다.

청각 구두식 교육에서는 문법의 상황적 의미, 화용적 의미보다는 구조적 의미를 강조한 것이다. 주로 목표언어의 구조를 반영한 문형연습이 주된 연습으로 활용되었고 문법을 가르치는 것이 아니라 목표어의 문형을 습관이 형성될 때까지 반복연습을 통해 익히게 하는 방식이 중심이 되었다. 교사의 자극을 받아 학습자가 반응하는 전형적인 행동주의 심리학에 바탕을 둔 청각 구두식 교육은 교사 중심의 학습이라고 할 수 있다.

인지주의 교수법에서 문법교육은 문형의 암기보다는 문법체계의 작동에 대한 이해에 초점을 둔 것이다. 그러므로 문법을 반복적으로 연습하기보다는 문법규칙을 설명해서 학습자가 이해하도록 하는 것을 중요하게 간주하였다.

자연적 접근법에서는 문법을 제시하고 설명하기보다는 마치 모국어를 습득하는 것처럼 이해 가능한 입력 자료를 풍부하게 제공하는 것이 중요하다고 강조하였다. 문법을 제시하고 설명하는 것은 학습이며 학습은 결코 습득과 달리 언어능력을 신장하는 데 한계가 있으므로 교실에서의 문법 교육은 불필요하다는 입장을 고수한다.

의사소통 접근법에서 문법적 능력은 의사소통 능력의 일부분으로, 언어 사용 위주의 교육을 중시하는 것이다. 그러므로 언어의 형태보다는 의미를 중시하고 문법 형태를 개별적으로 가르치기보다 요청하기, 소개하기와 같은 문법의 사용을 강조하는 기능으로 제시할 것을 주장한다. 연습 방법도 형태 중심 연습이 아니라 과제 중심의 연습에 중점을 두고 있다.

2. 문법을 가르치는 방법에 대한 문제

문법을 가르치는 방법에 대해서는 많은 논의가 진행되어 왔다. 브라운(2001)[5]은 다섯 가지 질문으로 요약해서 제시하고 있다.

1) 문법을 가르칠 것인가? 가르치지 않을 것인가?

문법을 가르칠 것인지, 가르치지 않을 것인지를 가르는 단일한 기준은 없다. 다만, 문법의 중요성을 결정하는 변수에 따라 문법이 더 중요할 수도, 덜 중요할 수도 있는 것이다. Celce-Murcia(1991)[6]에서는 변수를 학습자 변수와 교육 변수로 나눠 문법교육의 중요성을 가늠할 수 있다고 제시하고 있다. 먼저, 학습자 변수에서는 학습자의 연령이 낮을수록 문법교육은 덜 중요하지만 연령이 높을수록 문법교육은 중요하다. 학습자의 숙달도가 초급일수록 문법교육은 덜 중요하지만 숙달도가 고급일수록 문법교육은 더 중요해진다. 학습자의 교육배경이 낮을수록 문자 언어를 인지하지 못하므로 형식적 교육, 즉 문법교육은 덜 중요하지만, 학습자의 교육배경이 좋을수록 문자 해독 능력이 좋고 잘 교육받아 형식적

---

5) Brown(2001)에서 문법 교수의 무용론과 유용론의 입장 차이를 설명하고 있다.
6) Celce-Murcia(1991)에서 다양한 변인에 따라 문법 교수가 더 필요한지 덜 필요한지 설명하고 있다.

교육인 문법교육이 중요해진다.

교육변수에서는 듣기, 읽기와 같이 이해 중심 교육에서는 문법교육이 덜 중요하지만, 구어인 말하기보다 문어인 쓰기에서는 문법교육이 더 중요하다. 언어 사용역에서도 비형식적인 상황에서는 문법교육이 덜 중요하지만 형식적 상황에서는 문법교육이 더 중요하다. 학습 목적에서도 생존 목적의 학습에서 문법교육이 덜 중요하지만 전문직으로 취업하거나 학문 목적의 학습에서는 문법교육이 더 중요하다. 즉 변수를 살펴 문법교육의 필요성을 가늠할 필요가 있다.

2) 문법을 귀납적으로 제시할 것인가? 연역적으로 제시할 것인가?

최근의 언어교육방법에서는 대부분의 경우 문법을 귀납적으로 제시하는 것이 적절하다. 그 근거로 자연스러운 언어 습득에서 문법은 더 잘 보존되며, 언어 발달 단계에서 볼 때 학습자들에게 규칙 학습보다 습득이 더 좋기 때문이다. 또한 학습자들이 문법 설명으로 중압감을 느끼기 전에 의사 전달의 느낌을 갖는 것이 중요하며, 학습자들이 수동적으로 규칙을 설명 받기보다는 능동적으로 규칙을 발견하는 것이 학습자의 내적 동기 유발에 더 좋기 때문이다.

그러나 실제 수업에서는 귀납적, 연역적 제시가 분리되지 않는 경우가 더 많다. 또한 단일한 언어권의 학습자 집단에서 쉽게 이해하기 어려운 문법인 경우 귀납적 제시가 오히려 학습 이해에 장해가 될 경우도 있다. 예를 들어 '-느라고'와 같은 문법은 예를 통해 제시해도 그것이 이유의 기능으로 받아들여져 너무 많은 비문을 생성해 낼 가능성이 있다. 그러므로 학습자의 성향과 문법적 복잡성에 따라 탄력적으로 제시 방법을 선택할 필요가 있다.

3) 문법을 명시적으로 설명할 것인가? 암시적으로 제시할 것인가?

의사소통 접근법에서는 문법 설명과 문법 용어 사용에 주의해야 한다. 문법 설명은 되도록 짧고 간단 명료하게 하는 것이 좋다. 학습자가 목표어로 설명하는 것을 이해하지 못하면 매개어를 사용하더라도 짧게 하는 것이 좋다. 설명할 때에는 가능하면 문법 용어를 사용하지 않는 것이 좋다. 문법 관계를 표로 나타낼 수 있을 때마다 표와 기타 시각 자료들을 사용한다. 명확하고 모호하지 않은 보기를 들어 설명하며, 학습자들 사이에서 일어나는 다양한 인지주의적 문제를 설명하려 노력해야 한다. 교사와 학습자 모두 규칙에 대해 예외라고 치부하지 않고 어떻게 이해하는 것이 좋은지, 그래서 사용은 어떻게 제한되는지 명확히 하는 것이 좋다. 교사가 문법 설명을 못할 경우 거짓 정보를 주지 않는 것이 중요하다.

4) 문법만을 따로 가르칠 것인가?

의사소통 접근법에서는 문법을 별개의 기능이 아니라 통합적인 방식으로 다룬다. 그러나 중급이나 고급에서는 학습자에게 문법만을 분리한 수업이 필요할 수도 있다. 예를 들어 시험을 대비한다거나 형식적인 글쓰기를 연습하기 위해 수사적인 측면에서 문법을 분리해서 수업할 수도 있다. 문법만을 위한 수업의 정당성은 문법교육의 필요성을 주장하는 것과 맥을 같이 한다. 학습자가 문법에 대한 조언을 익혀서 목표어로 된 학문 텍스트를 더 잘 이해할 수 있기 때문이다. 이를 위해 문법은 유의미한 언어를 사용할 때 상황에 잘 들어맞는 것이어야 하며 학습자가 경험하고 있는 문제와 맞닿아 있어야 한다. 문법 수업의 성과 판단 기준은 시험점수 결과가 아니라 학습자들의 활동에 달려 있다.

5) 교사는 문법 오류를 수정해 주어야 하는가?

교사의 명시적인 오류 수정이 학습자의 언어 향상에 영향을 미친다고 말할 수는 없다. 따라서 의사소통 접근법에서는 수업 단계 중에 국부적인 오류 수정은 자제하고 전체적인 의미 파악에 문제가 되는 총체적인 오류 수정에 일찍 개입하도록 하고 있다. 결국 오류 수정을 할 때 학습자의 의사소통 흐름을 유지할 수 있도록 하며 학습자의 자가 수정을 최대화하고 학습자들의 정서적인 면을 고려해서 오류 수정에 임하는 것이 중요하다고 할 수 있다.

　오류 수정 전 교사는 다음과 같은 질문을 자문하면서 오류에 개입할지 말지를 결정해야 한다.
· 오류를 처치할 것인가? 말 것인가?
· 즉시 처치할 것인가? 천천히 할 것인가?
· 오류 처치를 다른 학습자에게 전이할 것인가?
· 전이 대상은 개인, 소집단, 학습 전체 중 어디인가?
· 다른 학습자가 오류 처치를 주도하게 할 것인가?
· 처치 효과를 평가할 것인가?

Thronbury(1999)[7]는 오류 수정 방법을 다음과 같이 제시한다.
· 부정하기 : 교사가 학습자에게 단서를 제공하지 않고 틀렸음을 명시하여 학습자 스스로 교정해야 한다.
· 교체 표현 즉시 제시하기 : 틀린 부분을 교사가 직접 고쳐준다.
· 문법 용어를 사용해서 오류 지적하기 : 이런 방법은 학습자가 문법 용어를 알 때 사용 가능한데, "조사가 틀렸어요"와 같이 지적하는 것이다.
· 다른 학습자에게 오류 교정을 유도하기 : 학습자가 스스로 오류를 수정할 기회를 막고 다른 사람에게 바로 물어보는 것이다.
· 오류 앞부분 반복하기 : 교사가 오류가 나타난 부분 앞까지 학습자의 발화를 반복하거나 손가락 혹은 억양으로 표시하여 학습자가 오류를 발견할 수 있게 한다.

---

7) Thornbury(1999)에서는 '문법을 어떻게 가르쳐야 할 것인가' 와 같은 질문에 다양한 예로써 구체적인 문법 교수 방법을 제시하고 있다.

- 반복 발화 반문하기 : 학습자의 발화를 그대로 반복하되 의문 억양으로 하여 학습자가 오류를 깨닫게 한다.
- 발화 재반복 요구하기 : 학습자에게 못 알아들었음을 밝힘으로써 무엇이 틀렸음을 암시하면서 학습자가 다시 발화하도록 요구하는 것이다.
- 오류 상황 적용하기 : 오류 표현대로 했을 때 문제점이 있음을 알리는 것이다. 예를 들어 조사를 틀렸다면 "'집에' 라고요?"라고 말할 수 있다.
- 즉시 교정하기 : 학습자의 발화에서 오류가 나오자 마자 바로 교정해 주는 것이다.
- 교정하여 들려주면서 반문하기 : 학습자의 발화를 고쳐주고 학습자에게 반문하면서 확인하는 방법이다.
- 긍정하기 : 교사가 "좋아요"라고 하면서 오류를 무시하고 소통에 초점을 두는 것이다.
- 오류를 판서하고 나중에 한꺼번에 다루기 : 교사가 아무 말도 하지 않고 오류를 칠판에 써 놓고 나중에 다루는 방식이다.

3. 문법교수학습 모형

문법 교수학습 모형은 크게 세 가지로 나눠 볼 수 있다. 먼저, 제시 모형(PPP모형 : Presentation-Practice-Production)은 결과 중심의 문법 교육방법으로 특정 문법 구조에 초점을 두고 그 의미를 밝혀주어 문법 규칙을 이해하도록 지도하는 것이다. 제시(Presentation) 단계에서 바른 언어 사례를 제시하고 연습(Practice) 단계에서 반복 연습을 통해 생산(Production) 단계에서 바른 언어자료를 자율적으로 생성하도록 하는 문법 교수학습 모형이다.

한편, 과제 모형(TTT모형 : Task1-Teach-Task2)은 과정 중심의 문법 교육방법으로 특정 문법 파악에 목표를 두는 것이 아니라, 학습자가 담화 참여자로서 표현하고자 하는 바를 효율적으로 표현할 수 있도록 과제를 구성하는 것이다. 과제1(Task1) 단계에서 의사소통형 과제로 학습자가 의미에 초점을 맞춰 과제를 수행하게 하고, 교수활동(Teach) 단계에서는 이전 단계에서 학습자가 형태적인 측면에서 어려워했던 것을 일깨워 형태에 초점을 맞춰 교수활동을 한 다음에, 과제2(Task2) 단계에서는 이전 과제1과 유사한 과제를 제시하여 학습자가 학습한 형태적 측면에 초점을 맞춰 의사소통적 과제를 수행하도록 하는 문법 교수학습 모형이다.

마지막으로, 상호작용 훈련모형은 기능 중심의 문법 교육방법으로 결과 중심의 문법 교육방법과 과정 중심의 문법 교육방법을 혼합한 것이다. 교사는 특정 문법 형식에 초점을 맞춰 교수하고 언어 사용에서 문법 형식을 응용할 기회를 준다. 담화 이해 단계에서 대화나 글에 나타난 담화를 이해하고, 문법 탐구 단계에서는 담화 내 사용된 문법을 교사와 학습자 간의 상호작용으로 찾은 다음에, 의사소통 상황에서 구연하는 단계에서는 학습자 간의 상호작용으로 의사소통 상황을 구현하는 문법 교수학습 모형이다.

Thornbury(1999)는 문법을 가르칠 때 염두에 두어야 할 경험적 원칙을 다음과 같이 제시한다.

- 문맥의 원칙 : 문법은 문맥 속에서 가르쳐야 하며 다른 문법형태와의 의미 차이를 구별하는 것이 중요하다.
- 사용의 원칙 : 문법 자체를 가르치지 말고 문법 사용을 촉진해야 한다. 학습자에게 문법을 이용하여 의사소통 상황에서 문법을 활용하도록 기회를 부여하는 것이 중요하다.
- 경제의 원칙 : 연습 시간을 최대화하려면 문법 설명은 최소화할 필요가 있다. 교사가 많이 발화할수록 학습자가 발화할 시간은 감소한다는 것을 생각해야 한다.
- 관련성의 원칙 : 문법 지식을 다 가르칠 필요가 없으며, 새로 학습하는 문법은 이미 학습한 것과 어떤 연관이 있는지, 또 어떤 차이가 있는지 의미적으로 구별하는 것이 중요하다.
- 양육의 원칙 : 문법을 배우는 것은 순간적 과정이 아니라 점진적 과정이다. 문법을 가르치기보다는 학습을 위한 바른 조건들을 제공하려는 관점이 필요하다.
- 적절성의 원칙 : 문법 규칙을 학습자의 수준, 요구, 흥미, 기대, 학습 방식에 따라 재해석하여 적절하게 만들어야 한다.

4. 문법수업의 구성 단계

문법수업의 구성 단계[8]는 크게 언어 수업의 구성 단계와 다르지 않다. 많은 문법 수업에서 '도입-제시/설명-연습-사용/활용-정리'의 다섯 단계로 나눠 진행한다. 도입 단계에서는 학습목표를 도입하고 학습자를 동기화하는 단계로, 문법 항목이 사용되는 전형적인 맥락을 제시하고 의미를 구축하도록 대화나 그림 자료로 도입한다. 제시/설명 단계에서는 문법 지식 중심의 수업이 되지 않게 문법 용어 사용을 최대한 자제할 필요가 있다. 문형 제시 형식은 '-은, -고, -어서, -는데, -지만'과 같은 단일 형태소(어미), '-는 것 같다, -는 대로, -을 테니까'와 같은 복합표현, '-다고 해서 -는 것은 아니다'와 같은 문법 덩어리, '-지요?-네요/군요'와 같은 전형적인 대화쌍 등 다양하게 제시할 수 있다.

연습 단계에서는 이전 단계에서 이해한 문법 규칙을 다양한 연습을 통해 내재화하고 자동화하는 것이 필요하다. 이때에는 학습자 오류에 대해 교사의 판단 하에 개입하여 수정하는 경우가 많고 학습자가 의미적인 측면에서 문법 사용을 이해할 수 있도록 연습 과정을 다양하게 해 주는 것이 필요하다. 사용/활용 단계에서는 문법 항목을 큰 담화 단위에서 사용하는 의사소통 단계이다. 학습 목표의 실제적인 의사소통 상황에서 문법 사용을 적용하게 하

---

8) 김제열(2007)에서는 가장 전형적인 문법 수업 방법으로 도입-제시/설명-연습-사용-마무리의 5단계로 구성된다고 보고, 각 단계에 따라 문법 수업의 단계별 구성과 내용에 대해 기술하고 있다.

는 것이며, 교재를 응용하거나 부교재를 사용하여 학습의 활용도를 높여 수업을 진행하는 것이 일반적이다. 정리 단계에서는 교육 내용을 정리하고 학습 목표를 달성했는지 성취도 평가를 하거나 수업 설명을 보충하고 피드백이나 과제를 제시한다.

'문법교육의 내용 및 등급화'

1. 한국어 문법 교수시 고려할 사항

강현화(2005)[9]에서는 한국어 문법을 가르칠 때 고려할 사항으로 네 가지를 꼽는다.

먼저, 교사문법과 학습자 문법의 차이를 구별해야 한다. 교사가 알고 있는 문법 전부를 학습자에게 가르칠 필요는 없다. 교사 문법은 문법적인 지식이 강한 반면, 학습자 문법은 문법의 의미가 무엇이며 어떤 맥락에서 어떻게 사용하는지가 중요하다.

둘째, 이해 문법과 표현 문법의 차이를 구별해야 한다. 학습자에게 제시된 모든 문법을 표현할 수 있어야 하는 것은 아니다. 읽기나 듣기와 같은 이해 영역에 제시된 문법은 이해를 위한 문법으로 간주하고 표현 연습까지 하지 않아도 된다. 이렇게 이해 문법과 표현 문법을 구별하지 않으면 고급 단계에서 학습자는 방대한 문법의 범람 속에 갇히게 될 것이다.

셋째, 구어 문법과 문어 문법의 차이를 구별해야 한다. 학습자가 이와 같은 문체적 차이를 이해하고 구별하여 사용할 수 있도록 문법이 쓰인 맥락을 함께 제시하는 것이 중요하다.

마지막으로, 교수 문법과 참고 문법과의 차이를 구별해야 한다. 교사는 문법을 가르칠 때 어디까지 가르칠지 학습자의 수준을 참고하여 학습 범위를 설정하고 학습 내용을 선정한다. 예를 들어 어떤 문법에 해당하는 사전적 내용을 전부 가르칠 필요는 없다.

2. 한국어 문법교수설계

한국어 문법 교수를 설계[10]할 때에도 일반적인 교육과정 설계의 단계와 큰 차이가 없다. 문법 학습자의 요구 분석에서 시작하여 문법 교육과정의 목적과 목표를 설정한 후, 문법 교육 자료를 선정하고 문법 교수학습을 한 후 문법교수를 평가하는 단계를 거친다.

---

9) 강현화(2005)에서 제시한 네 가지는 반드시 한국어 교육에만 적용되는 것은 아니다. 어떤 언어라도 문법 교육을 할 때 고려해 볼 만한 것이다. 다만, 한국어 교육의 문법 교육의 교육 현장에서 실제 제기되는 경험적인 문제가 포함된 내용이라고 볼 수 있다.

10) 민현식(2014)에서는 언어교육의 교수설계 절차를 차용하여 문법수업의 교수설계를 구성하여 제시한 것이다.

1) 문법 학습자의 요구 분석

우선, 문법수업의 학습자의 요구 분석에서 시작한다. 언어 학습에서 학습자의 동기는 중요하다. 학습자의 동기는 학습자 내재적으로 갖고 있을 때도 있지만, 외부적인 요인에 의해 동기 유발될 수도 있다. 예를 들어, 교실 환경에서 교사의 교수법과 학습 내용을 기대하면서 동기는 유발될 수도 있고, 다른 학습자와 함께 학습 과제를 수행하거나 성취 또는 평가에 따른 보상을 통해 자극될 수도 있다.

2) 문법교육과정의 목적, 목표 설정

다음으로, 문법 교육과정에서 교수목적 및 교수목표를 설정하는 것이다. 교수목적이 국가나 언어 교육기관 수준에서 설정하는 것인 반면, 교수목표는 목적을 구체화한 것으로 교수를 통해 도달할 수 있는 지점을 구체적이고 계량적이며 명시적으로 제시한다. 따라서 이런 교수목표에는 가능하면 가르칠 것을 세부 교육 내용으로 구체화하여 수업 지도안을 설계하는 것이 필요하다. 예를 들어 '두 개의 문형, 열 개의 명사, 세 개의 형용사, 다섯 개의 동사를 익힌다'와 같이 구체적이고 명시적인 목표가 바람직하다.

3) 문법교육 자료 선정

그 다음 단계는 문법교육 자료를 선정하는 것이다. 문법교육 자료를 선정할 때에는 사용(맥락)과 의미, 문법형식에 따라 크게 세 영역으로 나눠 생각해 볼 수 있다. 먼저, 사용(맥락)을 선정할 때에는 상황, 주제, 문화로 구분해서 제시한다. 상황에 따라 집, 가게, 식당, 학교와 같은 고빈도 장면과 기차역, 병원, 약국과 같은 저빈도 장면을 구분한다. 주제에 따라 초급 학습자라면, 개인 신상, 취미, 학업, 건강, 가족과 같은 주제로, 고급 학습자라면, 역사, 정치, 사회, 시사 문제 등의 주제로 접근할 수 있다. 문화에 따라서는 태극기, 애국가, 무궁화와 같은 한국적 상징, 국어의 계통이나 한글과 같은 한국의 언어, 한국의 정치나 외교, 경제, 생활 예절과 같은 것으로 구분하여 제시할 수 있다.

의미를 기준으로 문법교육 자료를 선정할 때에는 언어자료를 활용한 언어기술요소를 추출하여 선정한다. 필수 언어기능인 말하기, 듣기, 읽기, 쓰기를 심화하여 화행과 관련되는 언어 기술을 구축한 후 선정, 배열한다. 예를 들어, 사과하기나 요청하기와 같은 언어 기술 목록을 구축하여 등급별로 어떤 기술을 가르칠지 배열한다.

문법 형식을 선정할 때에는 크게 어휘 요소, 문장 요소, 담화(텍스트) 요소로 구분할 수 있는데, 어휘 요소는 자음과 모음, 음절, 음운 규칙과 같은 발음 요소와 음운 표기 원리, 어휘 항목(동의어, 반의어, 의미장), 어휘구성요소(단일어, 파생어, 합성어) 등이 있다. 문장 요소로는 조사와 용언, 시제와 상, 양태, 높임법과 같은 문법 범주뿐만 아니라 조사, 어미와 같은 단일 구성 표현과 '-을 줄 알다'와 같은 의존명사구문, '-어 가다/보다'와 같은 의존용언 구문이 있다. 담화(텍스트) 요소로는 담화의 내용, 지시, 접속 표현 및 상호 텍스트성이 있으며 결속성(cohesion), 응집성(coherence), 의도성, 정보성, 또는 높임법과 같은 공손 규칙으로 대표되는 담화 규칙이 있다.

4) 문법 교수 학습

다음 단계는 문법 교수 학습이다. 이 단계에서는 문법 지식과 언어의 실제 기능과 통합해야 하며, 구어 문법과 문어 문법과의 통합 역시 중요하다. 필요한 문법 지식을 선택하고 위계화해야 하는데, 이때는 복잡성에 따라 단순한 것부터 복잡한 것으로, 학습성에 따라 학습자가 배우기 쉬운 것부터 어려운 것으로, 교수성에 따라 교수자가 가르치기 쉬운 것부터 가르치기 어려운 것으로 고려해야 한다. 또한, 문법 형태의 규칙성보다는 용법으로서의 문법을 제시하는 것이 중요하다. 그리고 문법을 제시할 때 연역적 제시를 할 것인지 귀납적 제시를 할 것인지, 명시적으로 가르칠지 암시적으로 가르칠지도 선택해야 한다. 문법 교육의 효율성과 적합성을 고려해야 하며, 문법 규칙의 기준을 명확히 하는 것도 염두에 두어야 한다. 문법 규칙의 기준은 다음과 같다.

· 사실성(truth) : 문법 규칙이 사실 언어 자료에 기반하기
· 제한성(limitation) : 규칙의 예외를 밝혀 규칙 적용의 한계를 밝히기
· 명료성(clarity) : 문법 규칙의 설명은 애매, 모호한 설명 없애기
· 단순성(simplicity) : 규칙은 단순하게 하기. 복잡할수록 부담은 증가되기 때문
· 친근성(familiarity) : 규칙은 학습자가 이미 아는 지식을 활용하기
· 적절성(relevance) : 규칙에 대한 학습 집단의 이해가 다를 수 있음을 고려하기

5) 문법 교수 평가

마지막 단계는 문법 교수 평가이다. 문법교수 학습 이후에 학습 효과를 확인하기 위해서 평가는 필수적이다. 문법 영역에서도 일반적인 평가 유형이 적용될 수 있다.

· 배치 평가(placement test) : 학습자를 적절한 수업에 배치하기 위한 목적으로 교육과정 시작 전에 하는 평가
· 진단 평가(diagnostic test) : 학습 지도를 시작하기 전에 학습자 언어의 특정한 측면을 진단, 학습을 결정
· 형성 평가(progress test) : 학습자가 수업 과정을 잘 수행했는지 측정, 수시로 실시 가능
· 성취도 평가(achievement test) : 수업을 통해 학습자가 성취했거나 배운 것을 평가
· 숙달도 평가(proficiency test) : 학습자의 언어 수행 능력이나 언어 지식을 기능적으로 적용할 수 있는 능력 평가

이밖에도 문법 항목별로 평가하는 분리평가(discrete test)와 여러 내용을 종합하여 평가하는 수행평가와 같은 통합평가(integrated test)로 구분할 수 있다.

3. 한국어 문법항목의 등급화

문법 항목의 등급화 선정 기준[11]은 사용빈도, 난이도, 일반화 가능성, 학습자의 기대문법에 따라 달라진다. 첫째, 사용빈도는 언어자료를 통해 문법 항목이 얼마나 많이 사용되느냐를 검색해서 가장 많이 사용되는 항목을 먼저 교육해야 한다는 의미이다. 둘째, 난이도는 의미, 기능, 담화로서의 난이도를 의미하는데, 의미적으로 쉬운 문법 항목을 교수한 후 그 문법 항목의 사회적 기능, 즉 격식적인지 비격식적인지를 확인하고 마지막으로 담화 내에서 어떤 기능을 하는지 교육해야 한다는 것이다. 셋째, 일반화 가능성은 가장 무표적이고 그것을 학습했을 때 파급 효과가 큰 것을 먼저 교육해야 한다는 것이다. 예를 들어 시제 범주를 학습한다면 빈도수와 난이도 문제도 중요하지만, 가장 무표적인 현재를 과거에 앞서 가르쳐야 한다는 것이다. 마지막으로, 학습자의 기대문법은 학습자가 무엇을 먼저 배우고 싶어하는지 고려하여 그것을 가르치는 학습자 중심의 교육을 반영하는 것이다.

'문법교육의 연습과 활동'

1. 문법교육의 수업 활동 유형

문법교육에서 문법을 제시할 때에는 도표나 그림을 활용하고, 문법 설명이 필요하다면 가능한 한 단순화하여 지나치게 분석적이지 않은 것이 좋다. 전체적인 문형의 의미를 학습한 다음에 형태를 분석하며, 불필요한 문법 용어 사용은 피해야 한다. 현재 학습하려는 문법이 선행학습과 연계되어 있다면 비교 설명하여 학습자가 의미와 사용 맥락을 확실하게 알 수 있도록 해야 하며, 예문을 활용하여 유의미한 맥락 안에서 문법을 설명하는 것이 중요하다.

문법 제시 이후에는 문법 연습과 활동을 하게 된다. 이 단계에서 할 수 있는 수업 활동 유형은 크게 문형 연습, 유의미한 연습, 학습자 참여 활동으로 나뉠 수 있다.

1) 문형 연습

먼저, 문형 연습은 학습한 문법을 자동화할 수 있도록 집중적인 훈련을 한다. 기계적인 연습(drill practice)과 통제된 문법 연습(controlled drill practice)이 대표적이다. 예와 함께 살펴보자.

---

11) 김유정(1998)에서는 문법 항목을 선정해야 할 필요성을 언급하면서 객관적인 숙달도를 평가할 수 있는 근거로 문법 항목을 제시해야 한다고 강조한다.

① 기계적인 연습[12]

- 반복연습 : 기계적인 예문을 주고 익숙해질 때까지 반복하는 연습이다. 예를 들어 '-어 보이다'를 학습한 후 단어카드로 '건강하다'를 제시하면, 학습자가 '건강해 보여요'라고 바꾸는 연습이다. 단어카드를 플래쉬 카드처럼 바꾸면서 학습자가 반복연습하도록 한다.

- 대체연습 : 학습 목표에 초점을 두고 어휘 항목을 대체하면서 문장이 익숙해질 때까지 연습한다. 예를 들어, '요즘에는 (과일)이 잘 팔립니다'와 같은 문장을 학습한 다음에 괄호에 '채소, 휴대전화'와 같은 다른 어휘 항목을 대체하면서 연습한다.

- 변형 확장 연습 : 처음에는 학습자에게 유도된 연습으로 가다가 시간이 지남에 따라 알려주는 정도를 줄여나가서 학습자의 자율성을 넓혀 가도록 하는 연습이다. 아래 예와 같이, 처음에 제시한 대화에서 점차 괄호 부분이 늘어 학습자가 자율적으로 어휘와 문법, 표현을 넣는 연습이다. 예를 들어, 어떤 장소에 가는 방법을 묻고 답하는 대화에서 처음에는 '신촌에 가려면 어떻게 (   )?'라고 주고 대답은 '(   )에서 내려서 (   )호선으로 갈아타세요.'와 같이 주어 학습자가 지도를 보고 간단하게 연습할 수 있도록 한다. 다음 대화에서는 '(   )에 가려면 (   )?'와 같이 학습자가 이전 연습보다 더 많은 부분을 채워 말하는 연습을 하는 것이다.

- 연결연습 : 주어진 문법(특히, 연결어미)을 사용해서 앞절과 뒷절을 연결하는 카드의 짝을 찾는 연습이다. 예를 들어 목표 문법이 조건을 의미하는 '으면'일 때 앞절의 카드에서 '열심히 공부하다' 카드를 찾고 뒷절의 카드에서 '한국어를 잘할 수 있어요' 카드를 찾아서 '열심히 공부하면 한국어를 잘할 수 있어요'와 같이 문장을 연결한다.

- 지시대로 연습하기 : 학습자가 주어진 지시대로 문장을 생성하게 하는 연습이다. 교사가 사전에 연습지를 준비해야 하며, 연습지에는 학습자가 어떻게 문장을 생성하면 되는지 예문이 함께 제시되어야 한다.

② 통제된 문법 연습

- 응답연습 : 학습자가 대화라는 맥락 안에서 목표 문법을 이용하여 의미 있게 문장을 생성하는 연습이다. 보기에 어휘 항목을 제시하고 밑줄에 알맞은 말을 넣어 대화를 완성하는 방법이다.

- 주어진 조건 안에서 응답 연습하기 : 그림이나 도표와 같이 주어진 조건을 제시하고 질문을 주어 학습자가 주어진 자료에 입각하여 대답하도록 하는 연습이다.

2) 유의미한 연습

- 문법 구조 인지 : 학습자에게 문법 구조를 제시한 후 간단한 담화 문맥 안에서 특정 형태

---

12) 대부분의 예는 필자가 제시한 것이고 대체연습과 변형 확장 연습이 예는 김제열(2007)에서 제시한 예를 인용하였다.

나 의미를 찾게 반복 훈련한다. 신문기사를 통해 과거 시제로 표현된 부분에 밑줄을 그어 학습자가 사용 맥락 하에 쓰인 형태에 집중하게 하는 것이 대표적인 예이다.

- 어휘를 통한 연습 : 학습자가 주어진 조건에 따라 연습하지만, 다양한 어휘 사용을 통해 창의적 표현을 할 수 있게 하는 연습이다. 예를 들어, '10억이 있다'나 '다시 태어나다'와 같은 어휘 표현을 주어 학습자가 '만약 나한테 10억이 있다면…'이나 '다시 태어난다면…'과 같이 창의적인 표현을 할 수 있게 하는 연습이다.
- 유의미한 문법 연습 : 학습자가 주어진 문장을 응용하여 다양한 방식의 창의적 표현을 구사하는데, 문장 확장하기와 같은 방법으로 응용 연습할 수 있다. 예를 들어, '영희는 아이스크림을 좋아한다'에서 다음 학습자가 '영희는 디저트로 아이스크림을 언제나 먹는다'를 만들면, 다음 학습자가 '영희는 아이스크림이 없으면 못 산다'와 같이 창의적 표현을 만들어 보는 것이다.
- 조건에 따른 문법 연습 : 한 문장의 일부를 조건으로 제시하고 문장을 완성하게 하는 연습이다. 예를 들면, ' 포기하지 않을 거예요.'나 ' 계속 한국어를 공부하고 싶어요.'와 같은 문장을 완성하게 하는 연습이다.
- 자유 작문 : 시청각 자료나 상황적 단서를 주고 그 다음 장면에서 어떤 일이 벌어질지 학습자가 추측하여 각자 자유롭게 말하거나 쓰게 한다.

3) 학습자 참여 활동

- 자유 담화 : 학습자에게 상황 카드를 주고 조건 없이 자유롭게 어떤 것을 설명하거나 긴 대화로 만들거나 자유 주제로 이야기하게 한다. 예를 들어, '수퍼에서 물건을 산 후 계산하려고 했을 때 지갑이 없으면 어떻게 할 것인가'와 같은 상황카드를 보고 학습자가 식당 주인과 손님이 되어 대화를 이어가는 연습을 할 수 있다.
- 담화 구성하기 : 소집단별로 과제를 주고 특정 문형 사례를 제시한 후 각 소집단에서 한 사람씩 돌아가면서 앞사람이 한 이야기를 받아 이어가기를 통해 이야기를 구성하는 연습이다. 예를 들어, '지하철에 가방을 놓고 내렸다면 우선 유실물센터에 가 볼 거예요.'와 같은 문장으로 시작하면, 다음 사람이 '유실물센터에 가서…'와 같이 이야기를 이어가는 것이다.
- 정보 교환하기 : 두 사람이 필요한 정보를 교환하고 정리하는 과정에서 배운 문법을 활용하게 한다. 예를 들어 두 사람이 만날 약속을 하면서 장소와 시간, 할일을 계획한 후, 약속을 표현하는 '-기로 하다'를 이용하여 약속을 설명할 수 있다.
- 역할극 : 해결해야 할 과제의 상황과 문법 항목을 제시한 후 제시된 문법 항목을 이용하여 문제 해결 방안을 역할극을 하게 한다. 예를 들어, 회사에서 상사와 부하직원이 의사소통이 잘 안된 대화를 제시하면, 학습자가 대화의 어떤 점이 문제인지 파악하고 의사소통에 문제가 없도록 대화를 수정하여 역할극으로 과제를 수행한다.

· 실물을 이용한 담화 구성하기 : 교실 현장에 실물을 직접 가져와서 학습자에게 활용하여 의사소통 활동에 참여하게 한다. 예를 들어, 수도권 지하철노선도를 나눠 주고 학습자들에게 목적지를 정해 서로에게 가는 방법을 묻는 담화를 구성하게 한다.

2. 문법 게임을 활용한 지도

문법 연습 방법 중에서 게임을 활용한 연습이 있다. 문법 게임의 장점[13]으로 학습자들 스스로 문법이 어떤 것인지 생각할 수 있도록 유도하고, 심각한 문법을 놀이의 문맥으로 풀어내어 흥미 있게 문법을 학습할 수 있으며, 학습자들의 집중력을 높일 수 있다. 또한 학습자들이 안 사실을 교사가 접근하여 쉽게 정리해 줄 수 있기도 하다. 어떤 문법 게임이 있는지 살펴보자.

· 말판 놀이 : 여러 가지 과제가 쓰여 있는 말판을 만들어 주사위나 동전으로 게임을 하면서 해당 과제를 수행한다.
· 빙고 놀이 : 빙고판에 학습자가 어휘를 선택하여 채운 후 상대방과 같은 것이 나올 때마다 지워 나가면서 제일 먼저 줄을 그을 수 있는 사람이 빙고를 외친다.
· 추측하기 : 학습자들이 며칠 전 행적을 미리 조사하여 연습지를 만든 다음에, 학습자가 그런 행동을 한 사람이 누구인지 추측하게 하는 연습이다.
· 전신 반응법 : 교사가 지시하는 대로 학습자가 동작으로 따르게 하는 연습이다. 대표적인 예는 명령문을 학습할 때 교사가 '일어나세요'라고 말하면 학습자가 동작으로 실제 일어나는 것이다.
· 귓속말 게임 : 학습 목표문법을 이용하여 학습자가 귓속말로 정보를 전달해서 마지막 사람이 정확하게 어떤 정보인지 대답하게 하는 연습이다.

3. 한국어 급별 교수 방법[14]

한국어 문법을 가르칠 때 급별로 교수 방법이 다를 수밖에 없다. 먼저, 초급 문법 교수방법을 확인해 보자.

1) 초급 문법 교수방법

첫째, 문법 항목의 여러 사용법 중 기본 사용법부터 가르친다. 예를 들어 '-(으)니까'를 가르친다고 할 때에는 '비가 오니까 우산을 가지고 가세요.'와 같이 [이유]와 '집에 가니까

---

13) 권순희(2006)에서 문법 게임의 장점을 네 가지로 제시하고 있다.
14) 민현식(2014)는 한국어 교육에서 급별로 문법 교수방법이 달라질 수밖에 없는 것을 위와 같이 정리하여 제시하였다.

편지가 와 있었어요.' 와 같이 [계기적 연결] 중에서 기본 사용법인 [이유]를 먼저 가르쳐야 한다.

둘째, 유사한 의미를 나타내는 문법 항목 간의 학습 순서를 정한다. 예를 들어, [이유]를 표현하는 문법에는 '-어서, -으니까, -기 때문에, -느라고, -는 바람에'와 같이 다양한 문법이 있다. 이런 문법을 한꺼번에 교수하지 말고, 위계화를 정해 가르쳐야 한다.

셋째, 규칙이나 문법 용어를 명시적으로 제시하지 않는다. 개념을 이해시키는 데에는 암시적인 제시 방법이 선호된다. 예를 들어, '-(으)니까'를 가르칠 때 명시적인 제시 방법으로는 '앞의 내용이 뒤의 내용에 대해 이유나 판단의 근거임을 나타낸다'고 가르칠 수 있고, 암시적인 제시 방법으로는 '창문을 닫으세요.' 라고 말하면서 이유를 물으면 '비가 오니까 창문을 닫으세요.' 라고 가르칠 수도 있다.

넷째, 문법의 의미와 기능이 잘 드러나는 간단한 문장으로 예시한다. '-기 전에'를 학습한 다음에는 '청소하기 전에 숙제해요'와 같은 문장은 사람에 따라 순서가 달라질 수 있으므로 피하는 것이 좋다. '자기 전에 기도해요'와 같이 누구나에게 익숙하고 이해되기 쉬운 문장으로 제시해야 한다.

다섯째, 문법 연습 문장은 학습자가 관심을 가지는 주제로 한다. 예를 들어, 한국 문화에 관심이 있는 학습자를 가르칠 때에는 관형형 어미 '-은/는'을 학습 후 한류 스타 사진을 제시하면서 '검은 색 정장에 팔짱을 끼고 있는 사람이 누구세요?' 라고 질문하고 대답하는 연습을 할 수 있다.

마지막으로, 사용 맥락이 중요하지만 예문을 주기 전에 문법 의미 확인한다. 되도록 많은 예문을 주는 것도 좋지만, 학습자가 의미를 이해하기 이전에 예문을 제시하거나 연습을 시작하는 것은 효율적인 연습이 될 수 없다. '-다가' 라는 문법이 도중에 행동이 전환된 의미라는 것을 학습자가 충분히 인지하기 전에 '집에 가다가 친구를 만나요'와 같은 문장을 주면, '집에 갈 때 친구를 만나요'와 어떻게 다른지 구별할 수 없게 된다.

2) 중급 문법 교수방법

비슷한 의미와 기능을 띠는 문법 항목이 많고 뉘앙스 차이가 있는 문법이 많으므로 중급 문법 교수방법에 주의할 필요가 있다.

첫째, 선수학습한 내용과 새로 학습하는 내용과의 비슷한 문법을 비교하는 것은 필수적이다. 의도나 목적을 학습한 다음에, '한국어를 공부하러 한국에 왔어요.' 와 '한국 사람과 얘기하려고 한국어를 공부해요.' 와 '잊어버리지 않도록 메모하세요.' 가 어떻게 다른지 확인하는 과정이 필요하다.

둘째, 문법 항목이 구어나 문어 중에서 언제 사용하는지 확인해야 한다. 예를 들어, '-더라고요'는 구어 문법으로 개인의 경험을 알려줄 때 사용한다는 것을 알아야 적절한 문맥에서 사용할 수 있다.

셋째, 언어권별로 자주 나타나는 오류 사항을 지적한다. 영어권 학습자는 '예쁘려면 잠을 푹 자야 해요.', 일어권 학습자는 '한국에 오기 전에 3년간 백화점에서 일하고 있었어요.' 와 같은 오류를 많이 범하는데, 학습자의 언어에 따라 오류 사항을 지적하여 학습자의 주의를 환기시킬 수 있다.

3) 고급 문법 교수방법

첫째, 새로운 문법을 배우기보다는 중급 단계까지 학습한 내용을 심화하는 것이 좋다. '배가 고프길래 라면을 끓여 먹었다.'는 적절하나 '교통사고가 나길래 약속에 늦었다'는 왜 안 되는지 학습자가 이해 못한다면 가르쳐 주는 것이 필요하다.

둘째, 문장 구조나 문형의 단조로움을 피하고 세련된 문장을 구성하도록 지도한다. 이런 지도가 동반되지 않으면 학습자는 고급이 돼도 자신에게 쉬운 초급 문법만을 사용하게 될 것이다. '시험을 못 봐도 부정행위는 하지 않겠다'와 같은 초급에 해당하는 문장이 고급에서는 '시험을 못 볼 망정 부정행위는 하지 않겠다'와 같이 표현할 수 있어야 한다.

셋째, 표현 간의 미묘한 차이, 비슷한 상황을 묘사하는 다양한 표현, 속담이나 관용어, 언어 관계를 지도해야 한다. 예를 들어, '놀랄 일이다'와 같이 간단히 표현하는 것이 아니라 '놀랄 일이 아닐 수 없다'와 같은 이중 부정을 사용하여 표현할 수 있어야 한다.

〈참고문헌〉

강현화(2005), 「한국어문법교육론」, 한국방송통신대학교 평생교육원 편(2005), 『외국어로서의 한국어교육학』, 방송대출판부, 114-143쪽.

강현화(2009), 「최신 문법교수 이론의 경향과 한국어교육에의 적용」, 『문법교육』 제11집, 한국문법교육학회, 1-27쪽.

권순희(2006), 「한국어문법교육방법과수업활동유형」, 『한국초등국어교육』 31권, 5-40쪽.

김유정(1998), 「외국어로서의 한국어 문법교육: 문법항목 선정과 단계화를 중심으로」, 『한국어교육』 9권1호, 12-34쪽.

김제열(2007), 「한국어 문법 교육론」, 곽지영 외 공저(2007), 『한국어 교수법의 실제』, 연세대학교 출판부, 105-144쪽.

민현식(2014), 「한국어문법교육론」, 서울대학교 한국어문학연구소, 국어교육연구소,언어교육원 공편(2014), 『한국어 교육의 이론과 실제2(2014개정판)』, 아카넷, 325-364쪽.

조항록 외(2003), 「한국어 문법 교수법」, 『"예비교사/현직교사 교육용 교재 개발" 최종보고서』, 문화관광부 한국어세계화재단.

Brown, D.(2000). *Principles of Language Learning and Teaching (4th edit.)*, Longman. [이흥수 외 공역(2007), 『외국어 교수 학습의 원리』, (주)피어슨에듀케이션코리아.]

Brown, D.(2001). *Teaching by Principles: An interactive approach to language pedagogy (2nd edit.)*, Longman [권오량, 김영숙 공역(2008), 『원리에 의한 교수: 언어 교육에의 상호작용적 접근법』, (주)피어슨에듀케이션코리아.]

Celce-Murcia, M.(1979). *English as a Second or Foreign Language*. Newbury House

Thornbury, Scott(1999). *How to Teach Grammar*, Longman [이관규 외 역(2004). 『문법을 어떻게 가르칠 것인가』, 한국문화사.]

1. 문법교육에서 문법 단위를 문장 단위가 아닌 담화 단위로 이해하는 입장에서 중시하는 질문으로 적합한 것은?

① 해당 의미는 어떤 단어들의 배열에 의해 발생하는가?

② 문장 내 문장성분들 간의 관계는 어떤 의미를 생산하는가?

③ 질문하는 문장 앞뒤에서 어떤 의사소통 행위가 발생했는가?

④ 단어와 문장의 정확한 발화를 위해 어떤 음운현상이 발생했는가?

정답 ③

정답근거 : 담화 단위로 문법을 이해하는 입장에서는 문장이 발화된 문맥에 의해 의미가 생산된다고 보므로 의사소통 참여자(화자와 청자), 발화 상황, 발화 의미가 중시된다.

2. 다음 설명 중 문법교육에 대한 입장이 다른 하나는?

① 문법을 알고 있는 것과 문법을 사용하는 것은 별개의 것이다.

② 문법보다 연어, 관용 표현 등의 어휘 뭉치 학습이 더 중요하다.

③ 언어교육의 목적은 문법지식능력이 아니라 의사소통능력이다.

④ 문법에 대한 오류 교정을 못 받으면 오용 언어 습관이 화석화된다.

정답 ④

정답근거 : 문법규칙에 의한 오류 교정의 중요성을 강조하는 입장에서는 문법교육에서 문법적 지식을 교수할 필요성을 주장한다.

3. 현대 문법교육에서 주목 받고 있는 형태초점(Focus on Form) 기법이 아닌 것은?

① 받아쓰기할 때 들은 내용을 메모하고 재구성한 후 원본과 대조한다.

② 학습자에게 유도 질문을 통해 이해에 그치지 않고 표현할 수 있게 한다.

③ 과제 수행을 지시하기 전에 사용할 수 있는 필수적 표현을 미리 제시한다.

④ 교사는 되도록 오류를 지적하지 않고 학습자가 의미에 초점을 맞추게 한다.

정답 ④

정답근거 : 의미에 초점을 둔 의사소통접근법에서 형태적 오류가 남발되는 것에 대한 반성으로 형태초점 교육이 강조된다.

4. 언어교수법에 따른 문법교육에 대한 설명 중 틀린 것은?

① 청각구두식 교수법에서는 습관이 형성될 수 있을 정도로 문법을 반복적으로 연습한다.

② 자연주의적 접근법에서는 명시적인 문법 규칙을 연역적으로 제시하고 설명하도록 한다.

③ 문법번역식 교육에서는 문법항목을 독립적으로 암기하고 문법을 문장 번역에 사용한다.

④ 인지주의 교수법에서는 문형을 암기하는 것보다 문법 체계 작동을 이해하는 것이 중요하다.

정답 ②
정답근거 : 자연주의적 접근법에서는 명시적인 문법 제시나 설명보다는 이해 가능한 자료를 제시하여 문법교육을 학습자 스스로 모국어 문법을 습득하는 것처럼 하도록 한다.

5. 문법교육 원리 중 문법 제시 방식에 대한 설명이 아닌 것은?

① 규칙 설명보다는 규칙 발견이 학습자의 내적 동기 유발에 좋다.

② 자연스러운 언어 습득 환경에서 문법은 더 잘 보존되고 기억된다.

③ 나이가 많을수록 학습수준이 높을수록 문법 형태에 더 초점을 맞춘다.

④ 학습자들이 문법 설명으로 부담스러워하기 전에 의사 전달의 느낌을 갖는다.

정답 ③
정답근거 : 학습자의 연령과 같은 학습자 변수를 고려하는 것은 문법을 가르칠 것인가 가르치지 않을 것인가를 결정 짓는 경우이다. 나머지 설명은 문법을 귀납적으로 제시할 것인가 연역적으로 제시할 것인가에 대한 고려사항이다.

6. 다음은 문법교수학습모형에 대한 설명으로 틀린 것은?

① PPP 모형은 특정 문법 구조와 의미를 밝혀 문법 규칙을 이해하도록 지도한다.

② PPP모형 절차는 언어 사례를 제시하고 반복연습한 후 언어자료를 생성할 수 있다.

③ TTT 모형은 문법 규칙을 먼저 제시한 이후에 의사소통 과제를 구성하도록 한다.

④ TTT 모형 절차는 과제를 교수 활동 전후에 구성하는 과정 중심의 문법교육방법이다.

정답 ③
정답근거 : TTT 모형은 Task1(과제1)-Teach(교수활동)-Task2(과제2)의 구성으로 문법 규칙을 연역적으로 제시하지 않고 학습자가 담화 참여자로서 표현하고자 하는 바를 효율적으로 표현할 수 있도록 교수활동 이전에 학습자가 의사소통과제를 먼저 수행하도록 구성한다.

7. 한국어 문법 교육 단계에 대한 설명으로 맞는 것은?

① 문법에 관한 지식과 언어의 실제 기능을 분리해서 따로 교수한다.

② 문법 수업의 학습목표 설정은 대부분 학습자 요구 분석 이전에 한다.

③ 언어 사용을 강조하는 수업에서 문법 형식은 의미 제시 이후에 제시된다.

④ 문법교육의 숙달도 평가는 수업에서 학습자가 배운 문법을 평가하는 것이다.

정답 ③
정답근거 : ①문법에 관한 지식과 언어의 실제 기능을 통합해서 교수하는 것이 바람직하며, ②문법수업 설계는 학습자의 요구 분석 이후에 문법수업의 학습목표 설정을 하게 된다. ④수업에서 학습자가 배운 문법을 평가하는 것은 문법교육의 성취도 평가이다.

8. 다음 중 문법 교수 시 고려해야 할 문법 규칙의 기준에 대한 설명으로 틀린 것은?

① 사실성 : 제시되는 문법 규칙이 사실 언어 자료에 기반한다.

② 제한성 : 문법 규칙의 예외를 밝혀 규칙 적용의 한계를 밝힌다.

③ 명료성 : 문법 규칙은 학습자가 이미 알고 있는 지식을 활용한다.

④ 적절성 : 문법 규칙에 대한 학습 집단의 이해가 각각 다를 수 있다.

정답 ③
정답근거 : 학습자가 이미 알고 있는 문법 지식을 활용하는 것은 친근성에 대한 설명이다. 명료성은 문법 규칙의 설명이 애매하거나 모호하지 않도록 하는 것이다.

9. 문법 항목의 등급화를 선정할 때 고려할 사항이 아닌 것은?

① 사용 빈도수가 높은가?

② 의미적으로 복잡한가?

③ 구조적으로 더 쉬운가?

④ 학습자가 배우고 싶어하는가?

정답 ③
정답근거 : 김유정(1998)에서는 문법교육의 등급화 선정 시 고려할 사항으로, 사용빈도, 난이도, 일반화 가능성, 학습자의 기대문법을 들어 설명하고 있다. 난이도의 경우 형태적 복잡성을 제외하고 의미적인 복잡성을 기준으로 삼아야 한다고 하였다.

10. 다음 문법수업의 활동 중에서 유형이 다른 하나는?

① 해결해야 할 문제를 제시 받은 후 역할극으로 해결한다.

② 상황 카드를 주고 조건 없이 자유롭게 담화를 이어가도록 한다.

③ 학습자에게 과제를 주고 특별한 형식 없이 토론하거나 쓰게 한다.

④ 학습자가 주어진 지시대로 질문/대답과 같은 문장을 생성하도록 한다.

정답 ④
정답근거 : 유의미한 문법 연습은 주어진 지시에 맞춰 문장을 생성하는 것이다. 반면, 문제 해결, 자유 담화 등은 학습자 참여 활동으로 학습자가 자유롭게 과제에 참여하게 한다.

11. 다음 중 문법 게임의 장점을 기술한 것이 아닌 것은?

① 학습자들의 집중을 높여 문법 사용을 촉진할 수 있다.

② 문법을 정확하게 사용하는 것을 가장 중요하게 생각한다.

③ 심각한 문법을 놀이의 문맥으로 풀어내어 흥미를 증진시킨다.

④ 학습자들 스스로 문법이 어떤 것인지 생각할 수 있도록 유도한다.

정답 ②
정답근거 : 문법 게임은 문법의 정확성을 향상하는 연습이라기보다는 흥미를 갖고 문법 사용을 장려하고 학습자가 스스로 문법에 대해 다시 한 번 생각해 보도록 하는 데 목적이 있다.

12. 급별 문법 교수 방법에 대한 설명이 틀린 것은?

① 문법 항목에 여러 용법이 있다면 기본 용법부터 제시하도록 한다.

② 이전에 학습한 문법과 새로 학습한 문법을 가능한 한 비교하지 않는다.

③ 유사한 의미를 나타내는 문법 항목 간 학습 순서는 난이도를 고려한다.

④ 문법 항목이 구어나 문어 중 어디에서 주로 사용하는지 확인, 제시한다.

정답 ②
정답근거 : 이전에 학습한 문법과 새로 학습한 문법은 같은 의미 범주를 갖고 있는 한 되도록 비교하여 그 의미 차이와 용법을 분명히 구별지을 수 있도록 하는 것이 효과적이다.

한국문화교육론

강현화 〈연세대학교〉

| 학습목표 |

1. 문화의 개념과 언어 교수에서 문화 교수의 필요성을 이해하며, 문화 교육의 연구 동향을 조망하고, 문화 교육의 중요성, 문화 교수의 내용과 범위 및 선정 기준, 어휘, 문법과 연계한 문화 교육의 내용, 문화 교수의 원리와 구체적인 활동 유형에 대해 살펴본다.

'개관'

1. 문화의 개념 및 교수의 중요성

언어교육에서 문화가 주목을 받게 된 것은 의사소통 접근법과 무관하지 않다. 제2언어능력은 언어능력, 의사소통능력, 문화능력으로 구성되어 있으며 상호 연관되어 있다고 보았으며, 문화 능력이란 제2언어를 심리–사회–문화적 현실체와 연결시키는 능력이라고 본다면 제2언어 프로그램에서 문화 능력은 아주 중요한 것이 되기 때문이다.

언어의 기능적 측면을 강조하며 의사소통 능력의 개발을 언어 교수의 목표로 설정한 의사소통 능력 중심의 교수법이 등장하면서 문화적 요인에 대한 관심이 커지기 시작하였으며, Hymes(1972), Canale and Swain(1980), Action and Felix(1986)의 연구는 문화 연계 언어 교육의 주요 이론적 기반이 되고 있다.

일반적으로 문화는 그 사회 구성원의 사고와 행위 양식을 담고 있는 총체적인 개념으로 정의되며 언어는 바로 그러한 문화에 기반하여 구성원의 문화적 양태를 담고 있는 가장 적절한 도구로 인식되고 있다. 언어교육에서의 문화를 논의하기 위해서는 Brooks(1975)의 'big C' 문화(Culture)와 'little c' 문화(culture)의 개념을 생각해 볼 필요가 있다.

① big C : 고전 음악, 무용, 문학, 예술, 건축, 정치 제도, 경제 제도 등 문화적 관례를 일컫는 것
② little C : 일상생활에서 나타나는 행동 양식, 태도, 신념, 가치 체계 등 집단이 공유하는 인간 생활의 모든 면을 포함하는 개념

학습의 대상으로서의 문화를 논의해 보면, 1960년대 이전에는 big C, 즉 문화의 형식적 측면이 강조되었으나, 의사소통의 기능이 강조됨에 따라 little c에 대한 이해가 중요한 목표로서 자리 잡게 되었다. 실제로 big C 문화는 목표 문화에 대한 학습만으로 이해가 가능하지만, 목표 문화권의 사람들과 문화적 마찰 없는 의사소통을 위해서는 little c에 대한 이해가 필수적이기 때문이다. 한편 Hammerly(1986)의 문화 분류는 정보문화, 행동문화, 성취문화로 구분했는데, 언어 교육에서의 문화 교수는 아래의 셋 모두를 포함한다고 하겠다.[1]

· 정보문화(informational culture) : 평균적인 교육을 받은 모국어화자들이 그들의 사회, 지리, 역사, 영웅 등에 대해서 알고 있는 정보와 사실 등을 의미한다.
· 행동문화(behavioral culture) : 일상생활의 총제를 지칭. 한 사회 속에서 한 민족이 행동하는 양식을 의미한다.
· 성취문화(achievement culture) : 목표어 문화에서 성취된 업적을 의미한다.

위의 문화의 유형별 접근은 궁극적으로는 목표 문화 이해에 모두 필수적인 요소이지만, 학습 목적에 따라 우선순위와 교수 범위가 달라질 수 있다는 점에서 구체적인 논의가 필요하다. 대부분의 외국어 프로그램들은 외국 문화에 대한 이해를 외국어 학습의 명시된 목표 중 하나로서 설정하고 있지만, 구체적으로 어떤 내용을 다루어야 하는지에 대한 구체적인 논의는 파악하기 어려운 경우가 많기 때문이다.

대부분의 외국어 프로그램들은 외국 문화에 대한 이해를 외국어 학습의 명시된 목표 중 하나로서 설정하고 있다. 하지만 언어 학습에 있어 목표 문화에 대한 이해가 중요하다는 것은 모두 인정하고 있는 반면, 언어만 학습하면 목표 문화에 대한 이해와 통찰도 자동으로 이루어질 것이라는 잘못된 가정도 존재한다. 그러나 목표 문화에 대한 학습은 언어 학습 과정에서 부수적으로 이루어지는 것이 아니며, 교실이라는 학습 환경 속에서 문화를 교수하는 일도 쉽지 않다. 따라서 한국어 교사의 문화에 대한 지식과, 문화 교수의 목표 및 방법론에 대한 인식은 학습의 성패에 중요한 역할을 하게 된다.

문제는 목표 문화에 대한 태도는 학습의 효율성과도 연계된다는 것이다. 물론 학습자가 상대 문화를 어떻게 보느냐가 꼭 학습의 성패를 결정짓는다고는 할 수 없지만 많은 연구에서는 학습자의 태도는 목표어 습득과 밀접한 관계가 있다고 본다. 문화가 언어 담화 공동체의 사고와 행위를 담고 있는 것이라면 목표어의 텍스트를 이해하는 것은 언어 공동체의 관습과 문화를 이해하는 일이 될 것이다.

---

1) 박경자 외(1997:371-372)

2. 언어교육과 문화교육

언어 교육과 문화 교육이 밀접한 상관성을 가지는 이유는, 언어가 담화 공동체의 관습과 사회, 문화를 담고 있다고 보며, 그렇기 때문에 텍스트의 의미를 파악하기 위해서는 언어 공동체의 관습과 문화를 이해하는 일이 필수적이라고 생각하기 때문이다.

대부분의 제2언어/외국어 연구자 다수는 언어나 문화 차이로 인한 의사소통의 실패에 대해 언급하고 있다.[2] 즉, 모어 화자와 비모어 화자 간에 그리고 서로 다른 언어의 화자 사이의 의사소통에서 발견되는 적절성에 관련된 문화 규범의 위반이 흔히 사회화용적 실패, 서로를 불편하게 하는 의사소통상의 중단, 선입견의 원인이 된다고 하였다.[3] 문제는 외국인들이 부적절한 화용적, 언어적 행동을 보이는 경우, 흔히 이들은 자신들이 그렇게 하고 있다는 것을 모른다는 것이다. 따라서 제2언어로 글을 쓰고 말을 하는 법을 가르칠 때에는 그 언어의 사회문화적 특징을 다루는 학습자의 능력을 발달시켜 이들로 하여금 적절한 선택을 할 수 있게 만들어 주는 것은 매우 중요하다.

그렇다면, 의사소통의 적절성에 대한 학습은 오래 거주하기만 하면 저절로 이루어질까? 많은 학자들의 연구에 따르면 새로운 문화의 학습이 저절로 이루어지지는 않는다고 본다. 흔히 모국어 화자들은 외국인의 언어적 실패에 대해서는 오히려 관용적이지만, 화행적, 문화적 실패에는 관대하지 못하다는 많은 연구 결과가 있는데, 이는 제2언어 문화와 사회화용적 규범을 배우고 이해하지 않으면, 학습자들은 자신들에게 이로움을 주는 중요한 선택을 할 기회도 능력도 생기지 않는다는 것을 의미한다.

따라서 제2언어 언어 문화의 기본적인 교육이 유용하고 실용적이 되려면, 개인들이 다양한 맥락에서, 그리고 폭 넓은 서로 다른 경우에, 서로 다른 장소에서, 공동체에서, 그리고 상호작용에서 어떻게 문화에 관한 지식을 얻고 유지할 수 있는가를 언급해야 한다.(Arens, 2010) 따라서 학습자의 환경과 상황에 따른 보다 구체적인 언어 문화 교수의 필요성이 절실하다.

외국인 학습자들이 한국인과의 의사소통에 성공하려면 자신의 모국어와 한국어는 무엇이 다른지, 얼마나 다른지에 대해 이해해야 하며, 가능하면 목표 언어인 한국어에 근접하게, 한국인의 표현과 유사하게 산출해야 한다. 과거의 언어문화 교육이 주로 (글을 통한) 언어나 문화의 이해에 머물렀다면, 최근의 언어 교육의 목적은 의사소통 능력을 제고하여 목표 언어 화자와 (구어적) 성공적인 소통을 이루어 내는 데에 두고 있다. 따라서 단순한 이해를 넘어 산출 역시 중요한 개념이 된다. 이러한 산출은 단순히 정확하게 말하는 것만을 의미하지는 않으며, 적절하게 말해야 함도 의미한다. 적절성의 문제는 어떤 상황에서 누구에게 어떻

---

2) Michael Byram, Ron Scollon, Suzanne Scollon 등은 문화적 오해, 잘못된 소통, 의사소통의 실패에 대해 언급하고 있다.

3) Eli Hinkel(2010) 시애틀 대학 "제2언어/외국어(L2/FL) 수업에서의 문화 교육" 2010 서강대 언어교육원창립 20주년 기념 국제학술대회 발표집.

게 말해야 할 것이냐의 문제로 언어 외에 언어 사용 맥락 즉 문화와도 연계된다. 흔히 언어만 학습하면 문화는 부차적으로 학습된다고 믿는 사람도 있다. 하지만 문화는 부차적인 것이 아니라 동반되는 것이라고 할 수 있다. Byram and Morgan(1994, 4)에서는 언어에 연계되는 문화 교수의 중요성을 아래와 같이 지적한다.

> "흔히 의사소통에서는 '언어의 문법 체계에 대한 지식'에다가 문화에 따라 상이한 의미를 보충해야 한다는 사실을 간과하곤 한다. 이는 언어사용역에 관련된 문제, 그리고 사회문화적 규범과 체계를 반영하는, 맥락에 어울리는 화용적 행위에 관한 문제일 때 특히 그러하다."

　외국인 학습자가 한국인과의 소통에서 실패를 겪게 되는 구체적인 사례들을 살펴보면, 언어와 문화는 긴밀하게 연계되어 있음을 보다 구체적으로 파악할 수 있다.

　먼저, 언어는 문화와 유리된 것이 아니어서 문화적 차이가 언어적 의사소통의 오류로 이어지기도 한다. 흔히 서양인들은 상대에게 호의적인 행동을 해 주었을 때, 이에 대한 명확한 감사 표현을 하지 않거나, 칭찬에 무반응을 보이는 한국인에 대해 당황스러워 한다. 한국인들은 때로는 칭찬의 응수에 대해 매우 어색해 하거나, 칭찬을 받아들이기보다는 자신을 낮추어 칭찬을 무마하려고 하거나 못 들은 체 하기도 하고, 지나친 칭찬은 자신을 놀리는 것으로 파악해 화를 내기도 한다. 흔히 남편들이 부인의 내조에 대해 '그것을 꼭 말로 고맙다고 해야 아냐?'는 식으로 무뚝뚝하게 대하거나 이심전심으로만 치부하려는 행동에는 그러한 기조가 깔려 있다고 볼 수 있다. 부탁이나 제안에 대한 거절에 있어서도 분명하지 않은 태도를 보이기도 한다. '안 돼, 싫어.' 등의 직접적인 거절 표현을 구사하기 보다는 '어, 집에 가야 하는데…', '어쩌지, 약속 있는데…', '다음에 해 줄게.' 등과 같이 수락할 수 없는 이유를 대거나 추후 약속하기 등의 전략을 구사함을 알 수 있다. 이러한 명확하지 않은 거절의 전략은 외국인에게는 오해를 불러일으킬 수도 있는 것이다.
한국인이 흔히 인사표현으로 사용하는 '어디 가니?', '밥 먹었니?' 등은 사적인 정보에 대한 호기심으로 여겨지거나, '다음에 연락할게' 등은 실제 다음을 기약하지 않는 경우가 많다는 점에서 신뢰할 수 없는 사람으로 여겨질 수도 있다. 외국인들이 이러한 표현들이 실제적 의미를 담고 있지 않고 단순한 인사로 그칠 수도 있다는 것을 안다는 것은 매우 중요하다. 길을 묻는 사람에게 대응하는 길 가르쳐 주기 표현 역시 응답 표현의 양에 따라 덜 친절하게 느껴지거나 지나치게 수다스럽게 느껴질 수도 있다. 또한 한국인이 즐겨 쓰는 공동체적 표현 '우리' 역시 듣는이가 이해하기 어렵거나 불쾌하게 생각될 수도 있다.

　이와는 달리, 외국인 화자의 경우에는 자국어에서는 익숙하지 않은 존대법의 사용에 있어서 과잉 존대로 적절성에 실패를 보이거나, 언제 누구에게 어떤 존대를 사용할지에 대해 어려움을 겪을 수도 있다. 언어 간 차이는 전화 대화에서의 반응 표현에도 나타나는데, 상대방의 발화에 대해 아무 반응을 보이지 않거나 지나치게 자주 '응, 예' 등의 반응 표현을 보이는 것은 발화를 무시하고 있다고 느끼게 하거나 너무 방정맞거나 아부형이라고 느끼게 할 수도 있다.

이러한 언어표현의 적절성의 실패는 언뜻 보면 언어의 문제라고 생각되지만 자세히 들여다보면 언어와 연계된 문화의 문제이며, 이러한 소통의 실패는 단순히 문법이나 발음의 오류와는 달리, 모국어화자에게 용인되기 어려운 의사소통의 실패로 나타날 가능성이 많다.

물론 언어와 연계되지 않는 문화적 행동의 차이로 인한 의사소통 실패가 발생할 수도 있다. 예를 들어, 흔히 한국인은 식사 후 돈을 내는 데에 있어 분담하기보다는 선배나 윗사람이 내는 것을 당연시한다. 아랫사람에게 식사비를 부담케 하는 것은 흔한 일이 아니다. 하지만 일단 한 사람이 식사비를 제공하면 그 다음의 찻값 정도는 나머지 사람들이 내는 것을 기대하기 마련이다. 만약 외국인이 식사비를 낸 한국인에게 찻값을 분담하자고 한다면, 한국인에게는 불쾌함을 줄 수도 있다는 것이다.

'돈'과 관련된 문화도 민감한 경우가 많다. 대부분의 한국인은 '돈'에 대한 생각이 표면적으로 드러나지 않는 사례가 많다. 일을 하는 대가로 얼마를 줄 것이냐고 즉각적으로 묻는 것을 어색해하는 사람이 많으며, 곧바로 돈으로 흥정하는 것에 대해 좋지 않다는 편견을 가진 사람이 많다. 하지만 이런 측면이 외국인에게는 매우 부당하게 느껴질 수도 있다. 문화 간 차이를 '친밀도의 거리'로 설명한 연구도 있다. 즉, 상대방에게 느끼는 친밀도에 따라 대화의 (물리적인) 거리가 생겨나는데, 이러한 거리의 정도는 문화마다 상이하다고 알려져 있다. 따라서 너무 가까이 근접해서 얘기하거나 멀리 떨어져서 대화하는 것도 문화마다 오해를 야기할 소지가 있는 것이다. 또한 윗사람의 눈을 똑바로 보지 못하는 한국 문화적 특성은 때로는 자신 없음이나 숨김으로 오해될 수 있는 반면, 윗사람을 똑바로 보고 자신의 견해를 얘기하는 외국인에 대한 한국인의 생각의 당돌함이나 무례함으로 비춰질 수 있다는 것이다.

그렇다면, 위에서 살펴본 언어 표현과 문화 표현의 차이는 분리되어 학습되는 것일까? 언어 교수와 학습은 효과적으로 의사소통하는 방식을 배우는 것, 그리고 모든 인간 의사소통에서 서로 떼어낼 수 없는 사회적 행동과 언어적 행동을 어떻게 정확하고 적절하게 이해하고 해석하는가와 밀접하게 연결되어 있다는 점에서 이를 분리하기란 쉽지 않다. 즉, 언어적 능력과 문화 간 능력이 조합되지 않으면, 효과적인 의사소통은 실제적으로 불가능하다는 것이다. 결국 문화 간의 차이는 언어 표현의 차이로 연계되며, 외국인들은 목표언어 문화에 접하게 되면서 모국어화자나 목표언어 화자와는 또 다른 양상을 보일 수 있음을 알 수 있다. 결국 문화의 이해와 이에 따른 언어 표현의 학습이 요구되며, 이러한 학습 여부가 의사소통의 성패에 매우 중요한 역할을 하게 됨을 알 수 있다.

  언어교육에서의 문화 교수의 목표는 문화 그 자체를 대상으로 삼을 수도 있고 언어와 연계되는 문화로 한정할 수도 있다고 본다. 개념적으로 보면 문화 내에 언어가 포함된다고 할 수 있다고 볼 수 있지만, 현실적인 교육과정의 운영을 본다면 이와 반대의 경우로 나타나기도 한다. 즉, 국내 대학의 외국어문 전공과 국외의 한국어문 전공의 교육과정, 언어교육 기관의 교육과정을 분석해 보면, 문화교수가 하위 내용으로 포함되어 있는 경우가 대부분이라는 점에서는 문화가 언어의 하위 영역으로 나타나기도 하기 때문이다.

  하지만 위에서 제시한 교육과정들 중 대학기관에서 나타난 문화교수는 대체로 학습자의 모국어로 운영된다는 점에서 엄밀한 의미에서 언어교육의 범주에 들어있다고 보기는 어려운 측면이 있다. 즉 목표 언어를 습득하기 위해서는 목표 문화를 이해하는 것이 필수적이기는 하지만, 이를 반드시 목표 언어교육과 연계할 필요는 없기 때문이다. 목표 언어에 능숙하지 않은 학습자의 언어능력을 고려할 때, 문화 자체에 대한 학습은 학습자의 모국어로 이루어지는 것이 훨씬 효용성이 있기 때문이기도 하다. 즉, 문화교수는 언어에 연계되지 않고 독립적으로 이루어지는 경우가 대부분이다. 이에 반해 언어교육 기관에서 다루어지는 문화교수는 독립적으로 이루어지기보다는 언어교수와 연계되는 경향이 높으며, 목표 언어로 설명되는 경우가 많다. 따라서 초급, 중급의 과정에서는 언어과정과 더 밀접하게 연계되는 경향을 보이며, 고급에 이르면 제한된 범위 내에서 문화 독립적 교수가 이루어지지만, 교수 언어가 목표 언어로만 제한되는 경우에는 역시 한계를 가지게 된다. 위의 내용들을 정리하면, 아래와 같은 문화 교수의 유형을 고려해 볼 수 있다.

			교수 언어	비 고
문화교수 유형	문화독립형	정보 제공	모국어	언어와 무관
	언어연계형	읽기독립교재	목표언어	언어 학습
		언어교재종속형	목표언어	화제 연동
		교재내문화코너형	목표언어	화제 무관

  Brown(2001)은 "언어와 문화는 복잡하고 밀접하게 얽혀 있기 때문에 언어를 성공적으로 학습할 때마다 목표 언어의 문화에 대한 학습도 더불어 하게 될 것이며, 언어를 교수할 때마다 문화적 관습, 가치관, 사고방식, 감정, 행동 양식 등을 교수하게 된다."고 지적했다.

  문제는 제2언어 능력 중의 하나로도 볼 수 있는 문화능력이 제2언어 프로그램에서 우연히 부과된 문화적 행동에 의해서 발달되는 것이 아니라, 교수 학습 활동에 의해 어떻게 관련되는지를 구체적으로 보여줌으로 체계적이고 지속적으로 발달된다는 점이다. 따라서 교사가 문화 지도의 목표 및 방법에 대해 충분히 인식하고, 이를 언어 학습 과정에 적극적으로 통합시켜 지도하는 일은 매우 중요하게 된다. 하지만 막상 교사들이 문화를 교수하기 위해 참고할 수 있는 교수 자료는 충분하지 않은데, 이는 다양한 구성원이 이루고 있는 목표 문화의 특성을 일반화하기 어렵다는 현실과, 자칫하면 문화적 정형[4](cultural stereotypes)을 논하게 되는 우를 범할 수 있다는 문제가 있기 때문이다. 실제로 현대 문화의 특성을 들여다보면 문화의 혼종성이 두드러지고 개별 문화의 변별적 특성을 찾기가 어려워지고 있기 때문이다.

'문화 교육 연구사'

그간 한국어 교육 내에서 다루어진 문화 교수에 관한 논의들을 대상으로 이들의 특성을 연도별, 주제별로 살펴보기로 하겠다.

먼저 시기별 연구의 추이를 살펴보자. 1999년 이후부터 학위논문과 학술지 논문 모두 전체적으로는 꾸준한 증가 추세를 보인다. 주목할 만한 것은 2004년에 학위 논문과 학술지 논문 모두가 급격히 증가하였다는 점이다. 이는 각 대학의 학위 과정의 논문이 양산되기 시작했고, 관련 연구자가 증가되었기 때문이라고 볼 수 있다. 이러한 현상은 비단 문화 분야뿐만 아니라 한국어교육학 연구의 전반에 걸쳐 나타나는 현상이다. 한국어교육학의 다른 영역에 비해 특이한 것은 학술 논문의 형태가 아닌 학위논문의 비율이 상대적으로 높은 점에 주목할 수 있다.

학술지 논문 증가의 원인으로는 2004년도에 〈언어와 문화〉와 〈한국언어문화학〉의 발행을 들 수 있는데, 이외의 학술지에서도 문화 분야에 대한 관심이 꾸준히 증가하고 있음을 확인할 수 있다. 먼저 〈한국어교육〉, 〈이중언어학〉, 〈외국어로서의 한국어교육〉 등과 같은 한국어교육 전문 학술지의 경우에는 학술지별로는 전체적으로 큰 편차를 보이지는 않는다.

시기별로 논문 수를 비교해 보면 2003년과 2005년을 중심으로 논문 수가 증가했었음을 확인할 수 있고, 2007-2008년에도 꾸준한 연구가 이루어졌음을 확인할 수 있다. 해당 연도에 한 해 2번 발행하는 학술지의 규모로 볼 때, 7, 8편의 논문은 적은 숫자가 아님을 확인할 수 있다. 이는 한국어교육 전문지에서도 문화에 대한 관심이 꾸준히 증가하고 있음을 확인하는 것이다. 주목할 만한 현상은 문화와 언어교육을 접목하는 전문학술지의 등장 이래 문화에 대한 논의가 급증한 부분이다. 〈언어와 문화〉, 〈한국언어문화학〉이 등장하면서 전체적인 논문의 수가 급증했음을 확인할 수 있다. 외국어교육학과 응용언어학에도 문화 논문이 한두 편씩 발표되고 있는데, 이들은 주로 문화 대조에 관련된 것들로 한국문화와 타 외국어 문화

---

4) 어떤 개인이 속해 있는 집단이 보편적으로 갖고 있는 특성을 집단의 구성원 개개인의 특성으로 과잉 일반화해서 간주하는 것

간의 문제를 다루고 있음을 확인할 수 있다. 흥미로운 것은 2006년을 기점으로 해당 학술지에도 대조 문화학을 넘어서서 한국문화 학습을 목표로 한 학습자 관련 논문을 다루기 시작했다는 점이다.

다음으로 문화교육 주제를 중심으로 선행 논의들을 분류하면 아래와 같다.

· 거시적 관점 : 언어와 문화의 일반론, 한류와의 연관성, 다문화 사회 개념 적용, 국제어로서의 한국어의 위상 정립.
· 미시적 관점 : 교재 개발 방안, 교수 항목 설정, 요구분석, 문학작품·매체를 통한 실제 수업에의 적용.

학위 논문에 비해 국내 학술지는 연구의 양도 많은 데다가 논의의 관점도 매우 다양해서 거시적, 미시적 연구가 모두 이루어졌다. 하지만 국외 학술지와 비교했을 때에는 문화 간 연구, 문화 접변, 문화 충돌에 관한 연구 부분은 다소 미흡하다고 할 수 있다.

가장 활발한 연구가 이루어진 분야는 목적별 내용 연구 분야로 문학 텍스트를 활용한 문화교수 방법론에 대한 부분이다. 매체 활용에 대한 논의도 비교적 많이 이루어졌다. 하지만 문학 텍스트 활용에 대한 논문들의 경우, 해당 텍스트 선정 타당성에서 논의를 출발하기보다는 경험적 근거에 의해 선택한 한두 작품의 문화 수업 활용 방안에 머무는 사례가 많았다. 이에 반해 매체 활용 문화교수의 경우에도 구체적인 작품의 활용방안을 제시하기보다는 매체를 활용한 교수방법론이 문화교수에 가져올 효용성에 대한 일반론이나 적용 사례를 포괄적으로 언급하는 논의에 치중되어 있다는 한계가 있었다.

다음으로는 교육과정 전반과 관련된 논의가 이루어졌다. 주로 학습자의 요구분석을 바탕으로 한 문화교수요목 설계에 대한 논의나 교재 개발, 교재 분석, 숙달도별로 차별화한 문화교수 내용이나 방법에 대한 논의도 비교적 활발히 이루어진 바 있다. 아울러 많은 비중을 차지하지는 않지만 교사를 대상으로 한 문화교수의 필요성이나 학습자 중심의 교실 활동을 전제로 한 문화교수 방법론의 제안 등이 이루어졌다.

또한 문화교수 일반에 대한 논의와 문화교육의 전반적 내용에 대한 논의가 활발히 이루어졌다. 즉, 다문화 문제, 문화 간 연구의 필요성, 비교 문화적 연구, 한국 문화의 국제화 방향 제시, 문화교육의 현황과 같은 구체적인 내용이 아닌 문화교육 전반에 대한 논의가 많이 이루어졌음을 알 수 있다. 이는 해당 분야의 연구가 초기라는 점에서 일반론에 많은 비중이 주어진 것은 당연한 결과라고 판단된다. 다만 해당 논문의 저자를 고찰해 보면 한국어교육(혹은 언어교육) 관련자라기보다는 인접 학문의 문화 연구자들에 의한 저술이 많았다는 것이 특색이다. 해당 논문의 저자들은 한 주제에 대한 지속적인 관심을 가지고 있기보다는 개인적 관심사를 한국어교육에 적용하거나 문화교수 내용의 일반론이나 문화교수의 필요성 등을 언급하는 개괄적인 논의에 머무는 경우가 많았다.

상대적으로 덜 다루어진 분야는 학습자 유형별 문화교수에 대한 논의인데 결혼 이주자나 재외동포 학습자의 문화 요구에 대한 논의가 일부 다루어졌다.

그간 이루어진 문화 연구의 결과를 총괄적으로 살펴볼 때 다음과 같은 몇 가지 문제점들을 생각해 볼 수 있다.

첫째는 문화교수 내용은 실체를 파악하기 어렵다는 것이다. 이는 문화는 고정적인가 혹은 변화하는가 하는 문제와 연관이 되어 있다. 사실 현대의 문화라는 것은 그 안에 내재된 구시대의 문화를 전제하고 있다고 할 수 있으며, 이로 인한 다양한 세대별 문화 차이가 존재하므로 한국 문화의 일반적 특성을 규명하기란 쉽지 않은 일이 된다. 세대별, 계층별 문화 차이가 개별 문화적 특성보다 더 클 수 있으며, 범문화적 속성과 개별 문화적 속성 간의 구별도 쉽지 않기 때문이다.

둘째는 언어교육에서 다루어야 할 문화의 개념 및 범위 설정에 대한 논의가 어렵다는 데에 있다. 문화교수의 범위는 학습자의 목적별로, 대상별로 차별화 될 수 있는데, 이것은 학습자의 문화 학습에 대한 요구와도 연결된다. 하지만 이러한 분화적 접근이 충분히 이루어지지 못한 채, 그간의 논의는 문화교수 전반에 대한 총괄적인 논의에 머물렀다고 볼 수 있다. 따라서 구체성이 부족하고 일반론에 머물고 있는 측면이 있다.

셋째는 국외에서 이루어지고 있는 문화 교수에 대한 충분한 분석이 이루어지지 못했다. 학습자의 입장에서 본다면 소위 목표 문화의 국제적 영향력이나 선행 지식 여부에 따라 문화 학습의 목적과 방법, 효과는 매우 상이할 수 있다. 하지만 그간의 연구에서 국외의 다양한 문화교수의 방법론 중 무엇을 벤치마킹해야 하는지, 무엇을 차별화해야 하는지에 대한 논의가 부족했다.

넷째는 문화 교수의 내용이 교수자의 문화 교수 능력에 의존했던 점이다. 현행 언어교육 기관의 실정상 문화를 전담하는 교사가 충분하지 않으며, 대부분은 언어를 담당하는 교사에 의해 문화교수가 이루어진 것이 사실이다. 설사 문화와 연관된 지식을 가진 교사가 있더라도 역시 문학 분야에 치중되어 있어 학습자의 요구에 근거한 문화 교수라기보다는 교수자의 지식을 활용한 교수였을 가능성도 있었다고 볼 수 있다는 점이다.

마지막으로는 문화 교수의 수단과 방법론에 대한 논의가 혼재되어 있다는 데에 있다. 이는 학습자의 목표 문화에 대한 요구와도 연관되는 문제인데, 학습자의 문화 학습의 목적에 따라 교수되는 문화의 내용과 방법과 그에 따른 교수의 수단에 되는 매개 언어의 사용에 대해 충분히 주목하지 못한 채, 포괄적인 접근이 이루어졌던 게 사실이다. 문화 독립적 교수가 이루어져야 할지, 언어와 연계된 문화 교수가 이루어질지에 대한 고민이 부족했다. 즉, 학습자가 도달해야 할 문화교수의 목표가 언어교수의 부수적인 학습으로 가능한 것인지, 명시적인 문화 교수가 필요한 것인지의 문제는 학습자의 목적에 따라 달라질 수 있기 때문이다. 이는 문화교수의 독립적 지위 문제와 문화 교수와 언어 교수와의 상관성 문제로 연결된다.

'문화 교육의 내용'

1. 문화 교육의 목표

선행 연구에서는 다양한 관점에서 문화교수의 목표들을 제시해 왔다. 먼저 제2언어 습득에서 문화 교육의 목표를 처음 제안한 것은 Ned Seelye(1988)이다. 그가 제안한 문화 교수의 기본적인 목표들은 근본적으로 언어, 문화, 문화 간 의사소통 교육의 핵심이 되어 왔다. 이러한 목표들은 학습자들이 아래와 같은 새로운 지평과 능력을 발달시키도록 도와주기 위한 것이라고 규정한다.

1) 모든 사회에서 인간들은 문화적으로 조건화된 행동을 보임을 이해한다.
2) 모든 언어에서 나이, 성, 사회적 역할, 사회적 지위 등의 사회적인 변인이 인간들이 말하고 상호작용하는 방식을 결정함을 인식한다.
3) 모든 사회에서 인간들은 공통적인 (또는 전형적인) 상황에서 관습화된 언어를 사용함을 인식한다.
4) 제2언어/외국어의 단어와 구가 내포하는 문화적인 함의를 인식한다.
5) 실제 생활에서의 증거와 경험을 바탕으로 제2언어/외국어 문화에 대한 일반화를 (그리고 선입견을) 평가하고 수정하는 능력을 키운다.
6) 다른 문화를 탐사하는 능력. 즉, 다른 문화에 대한 새로운 정보를 찾고 조직하고 평가하는 능력을 키운다.
7) 제2언어/외국어 문화에 대한 지적인 호기심. 그리고 다른 문화의 구성원들에 대한 이해, 존경심과 다른 긍정적인 태도를 가진다.

Hammerly(1982)에서는 Nostrand and Seelye의 이론을 종합해 10가지 문화 교육의 목표를 제안했다. 이 목표는 제2언어 학습자가 어려움을 느끼는 순서에 따른 것이다.

① 단어와 구절에 대한 문화적 함축 이해

② 일반적 상황에서 어떻게 행동해야 되는지에 대한 이해

③ 제2문화에 대한 이해와 관심 개발

④ 문화 간 차이점 이해

⑤ 문화 내적인 제도와 차이점 이해

⑥ 프로젝트 활동과 같은 연구

⑦ 제2문화에 대한 총체적 관점 개발

⑧ 제2문화에 대한 언급(인식)에 대한 평가

⑨ 제2문화와 그 국민에 대한 감정이입과 같은 공감대 형성

⑩ 제2문화에 대한 학술적 연구

한편 Valette(1977)에서는 문화 교육의 목표를 5가지 범주로 요약했다.

① 문화적 인식

② 기본예절에 대한 이해

③ 일상생활에 대한 이해

④ 문화적 가치에 대한 이해

⑤ 목표 문화에 대한 분석

한재영 외(2005)에서는 이러한 선행 연구들의 목표를 바탕으로 숙달도별로 교수해야 할 문화 교수의 구체적 목표를 제시하기도 했다.[5]

[초급]

· 한국어에 흥미와 자신감을 갖고 한국어로 의사소통 할 수 있는 기본 능력을 기른다.

· 일상생활에 관한 말과 글의 의미를 이해하고 표현한다.

· 표정이나 제스처와 같은 비언어적 의사소통의 차이를 이해한다.

· 문화 간의 차이점을 이해하고 인정한다.

· 한국 문화에 대한 선입견이나 고정관념을 갖지 않고 한국 문화를 객관적이고 체계적으로 이해하려는 태도를 기른다.

[중급]

· 한국어로 다양한 정보를 받아들이고 활용한다.

· 한국인들의 행동 양식과 의사소통 요령을 터득하여 일반적인 화제에 대하여 한국어로 자연스럽게 의사소통한다.

---

5) 한재영 외(2005), 한국어교수법, 태학사: 장경은(2001)

· 한국어의 언어 표현에 담긴 문화적 의미를 이해한다.
· 한국어로 표현된 말이나 글을 통해 한국인의 가치관과 세계관을 이해한다.
· 한국의 사회제도와 풍습을 이해한다.

[고급]
· 한국어로 상황에 맞는 자연스러운 의사소통을 한다.
· 일반적 주제 및 추상적 내용의 말이나 글의 의미를 평가하면서 이해한다.
· 문화 현상의 심층적 의미를 이해한다.
· 한국의 전통 문화를 이해하고 그 문화적 특성을 바르게 소개한다.
· 상호문화적인 이해를 하여 문화적 정체성을 갖는다.

하지만 문화 교수의 목표는 범용적 설정을 하기에는 어려운 측면이 있다. 즉 외국어 학습 단계와 학습자의 다양한 변인(학습 목적, 학습 기간, 태도 등), 학습 환경(시간, 공간 등)을 고려하여 교육 목표는 달리 설정되어야 한다. 이러한 문화 교수의 목표 설정은 궁극적으로 학습자의 의사소통 능력을 발달시키고 목표 언어 사회에 대한 문화적 변용을 촉진하도록 할 수 있을 때 의미를 가지게 될 것이다.

2. 문화 학습의 주체

그렇다면, 외국인들은 한국인의 문화 양식을 이해하면 되는가? 아니면 수용해서 이를 따라야 하는 것일까? 이에 대한 생각은 다양할 수 있으며, 결국 외국인 당사자가 선택할 문제일지도 모른다. 하지만 선택에 앞서 외국인들은 반드시 다음과 같은 사실을 인지해야 한다.

첫째, 다른 문화의 의사소통과 일 처리 방식을 잘 알고자 한다면, 그들은 의사소통 과정에서 자신들이 다른 문화 사람들의 언어 사용이나 해당 문화를 자신의 언어와 문화라는 기준에 맞추어 이해하고 해석하고 있음을 분명하게 알고 있어야 한다. 다시 말해, 개인들이 행동을 하고 말을 하는 서로 다른 문화적 방식들이 서로 다른 사회문화적 규범, 가정, 가치 체계를 바탕으로 하고 있음을 알아야 하며, 이것들은 모두 언어와 행동이라는 양측에서 어떤 구체적인 표출 형태를 가지고 있으며 때로는 이로 인해 의사소통의 실패를 가져올 수도 있다는 것을 알아야 한다는 것이다.

둘째, 외국인들은 목표 문화 수용 여부에 따른 이익 여부에 대해 인지해야 한다. 보통 아동들은 사회화 과정에서 먼저 제1 언어(L1) 공동체의 규범을 따르게 되며, 이는 제2언어 사회화 과정에도 적용된다고 볼 수 있다. 실제로 외국인의 예의에 어긋난 잘못된 표현, 무례함은 모국어 화자와의 의사소통에서 문제를 일으킬 수 있으며, 제2언어 공동체의 사회문화적 규범을 이해하지 못하는 외국인 화자들은 제2언어 사회에서 제 구실을 하는 못할 수도 있다. 또한 적절성 여부를 알지 못해, 목표 언어 공동체에서 통용되는 규범을 따르지 않는 경우, 개인들은 때때로 불리한 지위를 차지하게 되어 사회적 불공평과 불평들을 심화시키게 될 수도 있다. 따라서 외국인들은 근본적인 제2언어의 문화적 개념과 구인들과 친숙하지 않고는 자신들의 교육적, 직업적, 상호작용적 기회를 최대한 누릴 수가 없게 되는 것이다.

하지만 문제는 문화의 교수나 학습이 그리 쉽지 않다는 데에 있다. 문화의 중심적이고 복합적인 의미는 사회문화적 규범, 세계관, 신념, 가정, 가치 체계를 의미한다. Scollon & Scollon(2001)은 어떤 행동이 허용되고 어떤 행동이 적절하고 기대되는가에 대해서는 사회화 과정에서 습득되며, 이는 개인의 정체성과 분리할 수 없다고 하였다. 제2언어에서의 문화를 가르쳐야 하는 주된 이유는 고급의 유창한 화자들의 경우에라도 이들이 신념, 가정, 행동에 통합되는 사회화 과정의 일부로서 습득한 사회문화적 체계가 대체로 이들의 제1문화의 지배하에 있기 때문이다.(Hinkel, 1999)

하지만 Byram & Morgan(1994)이 "학습자들이 자신의 문화를 그냥 내던지고 새로운 문화 속으로 들어갈 수는 없다. 그들의 문화는 그들의 한 부분이며 그들을 사회적 존재로 만든 것이다."라고 지적했듯이, 목표 문화는 교수될 수는 있지만, 진정한 목표 문화의 수용은 결국 외국인 학습자 스스로의 문제라는 것을 알 수 있다.

3. 문화 교육의 내용

문화교수의 내용에 대한 선행 연구는 구체적인 항목에 있어 매우 다양함을 알 수 있다.

- 김정숙(1997) : 일상생활과 관련된 문화 요소, 문화적 특질을 가지고 있는 언어적 요소, 담화 범주와 상황에 적절한 언어 형식, 정치 경제적 요소, 문학과 예술
- 박영순(2002) : 정신 문화(가치관, 민족성, 세계관, 정서, 상징체계, 사상, 종교 및 종교관), 언어 문화(언어학적 요소, 문학적 요소), 예술 문화(대중 문화, 고급 문화), 생활 문화, 제도 문화, 문화재, 학문, 산업기술
- 한재영 외(2005) : 한국의 언어문화, 한국인의 일상생활, 한국인의 인간관계, 한국인의 사고방식 및 성격, 한국인의 예절(동작 언어 포함), 한국인의 자연 및 관광지, 한국의 문화 유산, 한국의 공공시설과 제도, 숙박 시설물 소개와 이용 방법, 터부

하지만 문화교수의 내용 선정은 이렇듯 범용적으로 다루어지기보다는 개별 학습자의 목적에 따라 그 범주가 한정되는 것이 바람직하다. 다음 절에서는 대상별, 목적별 문화 교수의 내용 및 범주 설정에 대한 논의를 해 보기로 하겠다.

4. 문화 교수의 내용 선정

4.1. 문화 교수의 내용 및 범위

문화 교수는 그 목표에 따라 교수의 내용 및 범위, 교수의 방법이 결정된다고 본다. 따라서 먼저 문화교수의 목표를 논의하지 않고서는 그 내용 및 범위를 논하기 어렵다. 결국 문화교수의 목표는 학습자의 요구와 연계되며, 학습자별로 접근할 때 그 효용성을 얻을 수 있다고 보는 것이다.

문화 교수의 내용과 범위를 논하기 위해 학습해야 할 목표 문화를 몇 가지 유형으로 구분해 볼 필요가 있다. 먼저 시기별 구분에서 전통문화와 현대문화로 구분해 볼 수 있다. 다음으로는 문화의 내용 유형에 따라 정보문화, 행동문화, 성취문화로 구분해 볼 수 있는데, 이중 정보문화나 성취문화는 문화 지식이라는 측면에서 하나로 묶을 수 있고, 행동 문화는 목표언어 화자와의 의사소통에 있어 오해나 수용에 영향을 미치는 문화 방식이라는 측면에서 크게 두 가지로 구분할 수 있다. 이들 준거를 이용하여, 문화 교수 내용 선정에 대한 몇 가지 견해를 정리해 보면 다음과 같다.

첫째, 학습 목적별 문화교수의 내용과 범위가 달라져야 한다.

〈표1〉 학습목적별 문화교수의 내용과 범위

학습목적	시기별		문화지식	문화방식
	전통문화	현대문화	정보문화·성취문화	행동문화
이주목적	●	●	●	●
학문목적	◐	●	○	●
일반목적	◐	●	◐	●
직업목적	○	●	○	●
재외동포[6]	◐	●	◐	●

먼저 이주목적 학습자는 결혼을 통한 국적 취득이나 장기 체류를 전제로 한 이주의 형태로 나타나므로 목표 문화 전반에 대한 지식과 목표언어 화자들의 문화 방식에 대해 학습할 필요가 있다고 생각된다. 또한 세대별 문화 차이를 알기 위해서는 전통문화나 현대문화에 대한 이해가 모두 필수적이라고 판단된다. 이는 재외동포의 경우도 마찬가지로, 목표문화에의 지식 및 문화 방식에 대한 이해가 필요하다. 특히 이주목적 학습자의 경우에는 지역별 문화 차이, 세대별 문화 차이에 대한 이해도 있어야 하며, 문화적 차이로 인해 의사소통의 오해가 가장 빈발할 소지가 있으므로 이와 관련된 대조 문화적 접근이 필

---

6) 재외동포는 학습목적에 따른 분류라기보다는 학습대상에 따른 분류에 속하지만, 함께 논의하기로 한다.

수적이라고 볼 수 있다.

이에 반해, 학문목적 학습자[7]나, 직업목적 학습자의 경우에는 전통문화에 대한 학습의 필요성이 상대적으로 덜하며, 문화 지식 자체에 대한 요구 또한 상대적으로 덜하다고 볼 수 있다. 직업목적 학습자는 격식적 문화와 목표 문화권의 공동체 문화(회식문화, 집단주의, 가족주의) 등에 대한 이해가 필요하며, 학문목적 학습자의 경우에는 격식적 문화에 대한 이해와 더불어 학교 환경에 관련된 사제 간 문화 등에 대한 상황별 문화 이해가 필요하다고 본다. 일반목적 학습자는 학습자의 요구에 따라 관심 있는 영역의 정보 문화나, 일상 문화에 대한 문화 학습이 필요하다고 본다. 위와 같은 학습 목적별 문화교수의 범위는 결국 언어와 연계되는 문화교수냐 독립적인 문화교수냐의 문제에까지 확대될 수 있다.

둘째 학습 환경별 혹은 학습자 대상별로 문화교수의 내용과 범위가 달라져야 한다. 국외에서 한국문화를 학습하는 환경은 국외 대학 및 고등학교(정규과정으로서의 학습), 국외 문화원(한국문화원, 세종학당 등), 국외 한국어교육기관(교포 대상의 한글학교 등)으로 세분될 수 있을 것이다. 정규과정에서의 문화교수는 한국학의 범주(문학, 정치, 경제, 사회, 종교 등)로 확대될 것이고 국외 문화원의 경우에는 주로 매체를 통해 전달되는 생활문화에 초점을 맞출 가능성이 많다. 국외 한국어교육기관에서는 예술, 생활문화, 예절 등의 문화에 요구가 높다고 볼 수 있다. 특히 교포를 대상으로 하는 경우, 정체성 확립에 도움을 줄 수 있는 전통 문화나 전통 예술에 대한 실습이 주로 이루어진다.

또한 국외 기관의 경우에는 교수에 사용되는 언어가 학습자의 모국어일 가능성이 매우 높으며, 학습자의 지적 수준이나 연령, 국적에 따라 문화교수의 내용 및 범위가 달라지게 된다. 앞선 연구들을 살펴볼 때, 강현화(2006)에서 이루어진 학문목적 학습자를 대상으로 한 문화 요구분석과 조항록(2006)에 의해 이루어진 재외동포 학습자를 대상으로 한 문화요구분석의 결과는 매우 상이함을 확인할 수 있었다. 이는 결국 학습 대상별 문화교수의 내용이 차별화되어야 함을 의미하는 것이다.

셋째 학습자 모국어 문화권별로 문화 학습의 접근 방식은 달라져야 한다. Shuman(1976)에 따르면 두 문화 간의 사회적 거리가 크면 클수록 학습자는 제2언어 학습에 어려움을 느끼게 된다고 한다. 목표 문화가 자국 문화에 비해 지배적인 정도, 목표 문화에 대한 수용 정도, 두 문화 간의 유사성, 목표 문화와 자국 문화의 사람들이 서로에 대해 갖고 있는 태도, 외국어 학습자들이 목표 문화와 접촉하려는 의도를 갖고 있는지의 여부, 목표 언어를 학습하고 있는 학습자 집단의 크기, 그리고 외국어 학습자들이 자기 문화에 대해 폐쇄적인 정도 등의 다양한 변인들이 고려되어야 한다. 현재의 문화교수에서 이러한 논의는 충분히 다루어지지 못한 면이 있다.

---

7) 한국문화를 전공하려는 학문목적 학습자는 제외한다.

4.2. 문화 교수 내용 선정의 준거

앞서 학습자나 학습 환경의 변인별로 문화 교수의 내용을 달리 선정해야 한다고 논의하였다. 그렇다면 문화 교육 내용 중 구체적인 세부 항목 선정의 근거는 어떻게 삼아야 할까? 이는 언어 교수의 내용 선정과 크게 무관하지 않는데, 문화 교수에 있어서도 대강 아래와 같은 준거들을 고려해 볼 수 있을 것이다.

· 유용성(usefulness) : 의사소통에의 도움
· 학습성(learnability) : 교수 환경 고려
· 교수성(teachability) : 한국어 교사의 교수 능력 고려
· 일반화 가능성 : 해당 문화요소에 대한 선행 연구의 일반화 가능성
· 학습자의 기대 : 학습자의 요구, 기대, 필요
· 문화적 유표성 : 목표 문화의 차별성

위에서 제시한 각각의 근거에 입각한 문화 교수 자료에 대한 연구가 기반이 되지 않는 한 구체적인 문화 교수의 범위 및 내용을 논의하기란 쉽지 않을 것이다. 위의 준거들을 바탕으로 하여, 학습자들에게 제시할 문화의 등급을 논의할 수 있으리라 본다.

먼저, 전통문화에 비해 현대문화가, 정보문화나 성취문화에 비해서는 행동문화에 대한 우선순위가 고려되어야 한다고 본다. 또한 학술적 목적으로 문화를 접근하지 않는 한, 현대문화가 중심이 되어야 하며, 의사소통에 가장 큰 문제를 야기할 행동문화에 대한 이해가 우선시되어야 한다. 그간의 논의에서 한국문화에 대한 비중이 전통문화에 치중된 감이 없지 않았으며, 교재에 제시된 자료 역시 전통문화에 근거한 자료의 비중이 높다는 점은 재고의 여지가 있다.

아울러 문화보편적 현상과 더불어 한국문화의 변별적인 민족지학적 특성에 대한 교수, 학습이 충분히 이루어질 때, 목표언어 화자와의 의사소통에 갈등을 줄일 수 있다는 점도 고려되어야 한다. 강현화(2006)에서는 '가치문화'라는 이름으로 한국 문화의 나타난 변별적 행동양식의 특성을 고려해야 함이 다루어지기도 했는데, 대조문화적 관점에서의 접근이 필수적 준거가 된다고 하겠다.

4.3. 어휘 교수와 문화 교수

문화 연구에 대한 분석을 통해 확인했듯이, 문화 교수의 연구들은 많은 부분 언어와 연계되어 있음을 확인할 수 있다. 목표 언어 화자와의 의사소통에서 중요한 것은 학습자가 해당 문화의 모국어화자의 발화에 배경이 되는 문화적 특성에 대해 충분히 이해할 수 있고, 또한 학습자가 목표 언어를 사용해 의사소통의 갈등을 초래하지 않고 산출할 수 있을 때 가장 우선적 효용성을 가진다고 볼 수 있기 때문이다.

이런 측면에서 보면 어휘는 문화와 가장 많이 연계되는 기초적인 영역이다. 어휘 교수와 연계되는 문화 영역은 몇 가지로 구분될 수 있다.

첫째는 한국어에만 나타나는 어휘들이다. 한국 문화를 상징하는 어휘나 한국어의 특정 어휘장에만 나타나는 어휘들을 통해 한국 문화에 대한 이해를 도울 수 있다. 예를 들어 '쌀' 문화에 기반하는 한국어는 다른 외국어에서는 하나의 어휘로 나타나는 단어들이 '벼, 밥, 쌀, 죽, 떡, 누룽지' 등으로 다양하게 나타날 수 있는데, 이를 통해 결국 한국 문화의 특성을 파악할 수 있게 된다. 이런 측면은 음식 관련 어휘나 음식을 조리하는 데에 사용되는 용언에서도 드러난다. 또한 색채어나 의성어, 의태어, 다양한 표현으로 나타나는 형용사도 한국어 어휘의 변별적 특성이 된다.

둘째는 관용구 및 속담에 드러나는 한국 문화의 특성들이다. 선행 연구들의 많은 부분이 한국어의 관용구나 속담에 대한 문화적 해석이나 대조적 접근들로 이루어져 있다. 관습적으로 사용되어 온 관용표현에 드러난 민족지학적 특성에 대한 연구는 목표 문화를 이해하는 데에 도움을 줄 수 있다. 속담이나 관용구에는 목표 문화가 공유하는 동식물, 성별, 계층, 계급 등에 대한 가치가 드러나 있기 때문이다.

셋째는 금기어, 완곡어, 유행어, 성별어, 존비어, 속어 등에 나타난 문화적 특성을 살피는 일이다. 이를 학습자의 산출 측면에서도 중요한 역할을 하므로 맥락에 어울리는 어휘를 구사할 수 있는 능력을 키우게 된다는 점에서 중요하다.

4.4. 문형 교수와 문화 교수

화자의 심리적 태도는 문장 종결형에서 잘 드러난다. 그간의 많은 연구들이 이러한 한국적 화행 표현과 화행 전략에 관한 것들이다. 화행 연구의 많은 수는 대조 화용분석(Contrasitive Pragmatics)이라는 분야로 진행되었는데, 특히 한국어교육 분야에서는 국적별 화행 수행의 변인을 다룬 연구가 많으며, 개별 화행 연구에서 다룬 많은 논문들은 화행 분석의 방법론으로 한국어 모어화자와 한국인 학습자의 상호 대조, 혹은 한국어 모어화자와 한국인 학습자, 학습자의 모국어 화자 삼자 대조 방식의 대조 연구를 도입하고 있다. 대조 화행에 대한 타 언어교육에서의 연구도 매우 활발한데, 이러한 발화 방식에 대한 문화적 특성의 연구를 통한 화행 방식에 대한 이해와 수행은 목표언어 화자와의 의사소통에서 매우 중요한 의미를 가지기 때문이다. 외국인 화자의 발음이나 어휘에 대한 오류에 대해서는 관용적이지만 화행 전략의 실패에 대해서는 관용적이지 못하다는 선행 연구들을 고려해 볼 때, 향후 언어와 연계되는 화행 교수는 문화교수의 측면에서 매우 중요한 역할을 하게 될 것이다.

또한 문법 범주가 특정 화행과 연계되는 경향도 나타나는데, 비난이나 책임 회피를 위해 인용문을 사용하거나, 완곡하게 표현하기 위해 비단정적 추측 표현을 사용하기도 하며, 청자의 체면 보호를 위해 부정의문문을 사용하기도 하는 양상들이 그것이다. 공공연한 혼잣말의 사용 역시 말대답이나 반박을 회피하려는 공손 전략의 하나로 나타나기도 한다. 이밖에도 비언어적 표현들이 문화교수에 연계되는 언어적 특성에 포함될 수 있다.

4.5. 문화 독립적 교수의 필요성

최근 학문목적 학습자가 빠르게 증가하고 있다. 이들 중 한국의 언어나 문화를 전공하는 학습자들의 특성은 학습의 목표가 언어적 의사소통에 머물지 않고 한국 문화 자체에 있는 경우가 대부분이라는 점에 주목할 만하다.

강현화(2006)에 따르면 외국인 학습자를 대상으로 하고 있는 국내의 국제대학원(한국학 중앙연구원, 서울대, 연세대, 고려대, 경희대 등)들은 다양한 교육과정을 운영하고 있음을 확인할 수 있다. 한국학 중앙연구원은 가장 다양한 전공과 교육과정을 가지고 있는데, 역사, 철학·윤리, 어문·예술, 문화·종교, 정치·경제, 사회·교육, 해외한국학의 총 7개 분야로 나뉘어 있으며, 총 15개의 세부전공으로 구분되어 있다. 서울대의 한국학 과정은 주로 언어와 문학이 주된 과목(약 10과목)을 이루고 있으며 예술, 경제, 정치, 지리, 민속, 사회, 역사의 과목이 각각 한두 과목씩 개설되어 있다. 연세대의 경우에는 한국어를 필수 과목으로 선정하고 역사, 사회·문화, 종교, 예술, 국제관계, 북한문제, 경제 및 경영, 철학 등의 다양한 과목을 개설하고 있다. 고려대의 경우에는 한국의 역사, 정치, 경제, 사회, 국제관계 등의 다양한 과목과 한국어 능력을 제고하기 위한 다양한 언어과목을 개설한 것이 특징이다. 이들 과정의 교수 언어는 주로 영어이며, 국외 대학기관의 한국학 관련 강의 역시 학습자의 모국어로 진행된다. 이는 한국어가 능숙하지 못한 외국인의 경우, 목표어인 한국어보다는 영어로 수업을 하는 것이 더 효율성이 있다고 판단했기 때문으로 해석된다.

국외의 대학에서 이루어지는 문화 교수 역시 학습자의 모국어로 진행되며, 문화 독립적으로 교수될 가능성이 크다. 따라서 학습자가 독립적 문화교수가 목표로 할 경우, 문화 독립적 교수가 이루어지는 것이 바람직하며, 학습의 효용성 면에서 볼 때, 언어 과정과는 독립적으로 이루어지는 것이 바람직하다고 판단된다.

문화 독립적 교수의 필요성은 외국인을 대상으로 한 초기 교육에도 도입되는 것이 바람직한데, 학습자의 모국어를 활용하여 입국 전 혹은 입국 초기에 한국 문화에 대한 개괄적 학습이 이루어지는 것이 바람직하다고 본다. 이후에는 대조 문화적 관점을 도입한 문화 대조적 접근이 지속되는 것이 좋을 것이다.

'문화 교육의 방법'

1. 문화 교육의 원리

박영순(2002:33)에서 제시한 문화 교수의 일반론적인 원리를 소개하면 다음과 같다. 이들 원리에는 구체적인 교수에의 적용 방법들이 제시되어 있다.

① 문화를 문화의 유형에 맞게 교수·학습한다. 예를 들어 체험이 필요한 것은 체험교육을 시킨다. 그리고 한국인의 가치관에 대해서 이해시키기 위해서는 드라마나 소설, 또는 관련된 책을 보게 하는 등 적극적으로 한국문화를 이해하고, 한국어 표현과 어울리는 행동을 할 수 있게 하기 위한 교사의 적극적인 노력이 필요하다.

② 문화를 이해할 수 있는 기회를 많이 제공한다.

③ 학습자의 고유문화와 한국문화를 대조하여 발표하는 과제를 많이 준다.

④ 문화를 알아야만 말이나 글의 진정한 의미를 해석할 수 있는 자료를 많이 제공하여, 의미를 발표하도록 한다. 관용어, 은유, 유머, 농담 등은 특히 이러한 자료의 보고이다.

⑤ 한국문화를 체득할 수 있는 소그룹 활동을 많이 시킨다.

⑥ 최신 문화 이론도 다루고, 이 이론에 따른 문화 분석이나 평가를 하는 활동을 한다.

⑦ 가능한 한 그룹여행이나 한국의 판소리 공연이나 국악 연주, 한국화 전시회 같은 것을 많이 관람하도록 권유한다.

⑧ 한국의 명절 행사나 문화 행사에도 가능한 한 많이 참여할 것을 권장한다.

⑨ 되도록 한국의 유형, 무형 문화재에 대한 기본적인 안내와 더불어 실제로 감상할 수 있는 시간을 갖게 한다.

⑩ 한국의 독특한 문화재를 몇 가지 골라 그것에 대하여 조사하여 그 문화재의 성격과 가치에 대하여 발표하도록 한다.

⑪ 한국어에 있는 문화어 목록을 만들어 쉬운 것부터 체계적으로 가르칠 수 있는 방안을 모색한다.

이밖에도 한국 문화 이해를 위한 실제적 체험 활동과 이러한 이해를 바탕으로 한 발표나 토론 등의 산출 활동을 적극 권장하고 있음을 알 수 있다.

2. 문화 교육 방법 및 활동

교수 현장에서 다루어질 수 있는 주요 문화 교수의 방법을 소개하면 아래와 같다.

1) 비교 방법(comparison method) : 문화 간의 차이점을 이해하고 표현하도록 유도하는 방법으로, 교실에서 문화 비교를 수행하기에 적합한 토론, 발표하기, 프로젝트 수행을 활동으로 유도할 수 있다.

2) 문화 동화장치(culture assimilators) 활용 : 목표 문화에서 오해될 가능성이 있는 사건들을 간결하게 기술하는 것이다. 문화 동화장치는 Albert(1983)에 의해 문화감지 도구(ICS: Intercultural Sensitizer)라는 이름으로 재명명되었는데,[8] 문화감지 도구는 피훈련자가 목표 문화권에서 보편적으로 경험할 수 있는 전형적인 사례를 기술한 후 그러한 상황에 처했을 때 피훈련자가 반응할 수 있는 선택 문항을 3~4개 정도 제시하여, 선택하게 한 후, 각각의 선택 문항에 대해 효과적인 피드백을 받아 다양한 각도에서 문화 차이를 인식할 수 있게 하는 방법이다.

3) 문화 캡슐(culture capsule) 활용 : 문화 동화장치가 주로 읽기 자료로 활용되는 반면, 문화캡슐은 다양한 시각 자료나 실물 자료들을 포함한다. 목표 문화와 타문화권 간의 문화적 차이를 시각 자료로 제시하고, 이와 관련된 질문과 토론 활동이 이루어진다.

4) 문화 섬(the culture island) 활용 : 포스터, 그림 등을 사용하여 목표 문화의 전형적인 측면을 보여줄 수 있는 공간으로 만들어 유지하는 것을 말한다. 문화 섬은 학습자들의 주의를 끌어 질문과 논평을 유도하기 위해 기획된다.

5) 인터넷 활용, 영상 매체나 잡지의 활용 : 인터넷은 목표 문화나 문화 간 비교에 대한 풍부한 자료를 담고 있다. 다양한 시각 자료와 문서 자료를 활용할 수 있다. 영화, 드라마, 광고 등의 매체 역시 효율적인 문화 수업의 방안이 된다.

6) 참여 관찰(participant-observation) : 목표 문화의 공동체 구성원으로 직접 참여하여, 그 사회에서 유형화된 문화적 행위를 인지하고 이해할 수 있게 하는 것이다.

7) 관찰(observation) : 학습자가 관찰자로서 주의 깊게 지켜보는 방법(Saville0Troike, 1982)이다. 관찰 과정에서는 특정 행위에 대한 판단이나 결론을 내리지 않고 단지 관찰 가능한 내용을 객관적으로 기술하는 것이 바람직하다.

8) 접촉 : 수업 중 초대 형식의 방문객과 토의하기, 편지나 메일 교환하기, 언어 교환하기, 버디 활동 등이 주된 활동이 된다.

---

8) 손은경 2002

'함의'

앞선 논의들을 바탕으로 향후 언어교육 내에서의 문화교육이 나아가야 할 방향성을 모색해 보면 다음과 같다.

첫째, 그간 언어교육에서 다루어야 할 문화의 개념 및 범위 설정에 대한 논의가 상대적으로 부족했다는 점을 살필 수 있었다. 이러한 문화 교수의 범위는 학습자의 목적별로, 대상별로 차별화 될 수 있는데, 이것은 학습자의 문화 학습에 대한 요구와도 연결되므로, 향후 논의는 문화교수 전반에 대한 총괄적인 논의에서 벗어나 학습자 목적별, 학습자 대상별 분화적 접근이 이루어져야 함을 의미한다.

둘째, 국내 연구와 국외 연구를 비교했을 때, 간문화적 연구나 민족지학적 문화연구에 대한 논의가 상대적으로 부족했으며, 특히 의사소통에 문제를 일으킬 수 있는 문화교수 내용연구에 초점을 두어야 함을 파악했다. 아울러 소위 목표문화의 국제적 영향력이나 선행 지식 여부에 따라 국외의 다양한 문화교수의 방법론 중 무엇을 벤치마킹해야 하는지, 무엇을 차별화해야 하는지에 대한 논의가 이루어져야 함을 확인했다.

셋째, 언어 교수와 연계된 문화 교수 내용과 독립적 문화 교수의 내용이 변별되어야 함을 살피고, 이에 따른 각각의 문화 교수에서의 방법론이 차별화되어야 함을 주장했다. 학습자의 목표와 문화 학습의 활용도에 따라 교수의 방법과 교수 도구는 달라져야 하며, 이에 대한 연구가 후속되어야 한다.

〈참고문헌〉

강현화(2002) "문화 어휘의 선정과 기술에 대한 연구", 박영순교수 환갑논문집

강현화(2007) "한국인의 가치문화교수방안" 언어와문화 3권

권순희(1996), 언어 문화적 특성을 고려한 한국어 교육의 교재 편성 방안, 국어교육연구 3.

조항록(1998), "한국어 고급과정 학습자를 위한 한국문화교육 방안", 한국어교육 9-2, 국제한국어교육학회

김남헌(2001), 의사소통 향상을 위한 한국어 문화 교육방안 연구, 경희대학교 석사논문.

김정숙(1997), 한국어 숙달도 배양을 위한 한국 문화교육 방안, 교육한글 10, 한글학회.

박영순(2002), 한국어교육을 위한 한국문화론, 한국문화사.

안경화(2001), 속담을 통한 한국 문화의 교육 방안, 한국어교육 12-1, 국제한국어교육학회.

우인혜(2004), 외국인을 위한 한국 문화 항목 선정, 이중언어학 25, 이중언어학회.

윤여탁(2004), 한국어교육에서 문학교육 방법 연구 -미주 지역 한국어교육을 중심으로, 국어교육연구 14집, 서울대 국어교육연구소.

이미혜(2004), 한국어와 한국문화의 통합교육, 한국언어문화학 1-1, 국제한국언어문화학회.

조항록(2005), 한국어 학습자를 대상으로 하는 문화교육의 새로운 방향, 국제한국어교육학회 2005년도 춘계 (제23차) 학수대회 발표집, 국제한국어교육학회.

〈주요 용어〉

big C, little C, 정보문화, 행동문화, 성취문화, 문화 동화장치(culture assimilators), 문화감지도구(ICS: Intercultural Sensitizer), 문화 캡슐(culture capsule), 문화 섬(the culture island), 참여 관찰(participant-observation)

1. 다음 중 '작은 문화'(Little Culture)에 속하지 <u>않는</u> 것은?

① 고전 음악 ② 행동 양식

③ 가치 체계 ④ 문화에 대한 태도

정답 ①

정답근거 : 고전 음악은 '큰 문화'에 속한다.

2. 햄머리가 제시한 언어교육에서의 문화 교수에 대한 설명으로 옳은 것은?

① 정보문화(informational culture) : 일반적인 모국어화자들이 그들의 사회, 지리, 역사, 영웅 등에 대해서 알고 있는 정보와 사실 등을 의미한다.

② 행동문화(behavioral culture) : 목표어 문화에서 성취된 업적을 의미한다.

③ 정보문화(informational culture) : 일상생활의 총제를 지칭. 한 사회 속에서 한 민족이 행동하는 양식을 의미한다.

④ 행동문화(behavioral culture) : 외국인 화자들이 고려하는 목표언어 화자의 사회, 지리, 역사에 대한 문화를 의미한다.

정답 ①

정답근거 : ②는 성취 문화

③은 행동문화

④는 정보문화에 대한 설명으로, 외국인 화자의 관점이 아닌 모국어 화자가 알고 있는 정보로 설명되어야 한다.

3. 문화 교수의 유형 중 언어교육 연계형과 관계가 <u>없는</u> 것은?

① 읽기 독립 교재

② 언어교재 종속형

③ 교재 내 문화 코너형

④ 정보의 학습자 모국어 제공

정답 ④

정답근거 : 학습자의 모국어로 정보를 제공하는 방식은 문화 독립형 프로그램의 예이다.

4. 문화교육의 목표에 대한 설명으로 옳지 <u>않은</u> 것은?

① 제2언어의 단어와 구가 내포하는 문화적인 함의를 인식한다.

② 모든 사회에서 인간들은 문화적으로 조건화된 행동을 보임을 이해한다.

③ 다른 문화의 구성원들에게 대한 지적 호기심을 자제하고 평가를 제한한다.

④ 다른 문화에 대한 새로운 정보를 찾고 조직하고 평가하는 능력을 키운다.

정답 ③
정답근거 : 다른 문화에 대한 지적 호기심을 가지고, 외국문화에 대한 일반화를 평가하는 능력을 키운다.

5. 숙달도별 교수의 목표에 대한 설명으로 옳은 것은?

① 다른 문화에 대한 선입견이나 고정관념을 갖는 것이 출발이다.

② 상호문화적인 이해를 하여 문화적 정체성을 무너뜨려야 한다.

③ 다른 문화를 객관적이고 체계적으로 이해하려는 태도를 기른다.

④ 표정이나 제스처와 같은 비언어적 의사소통에서 드러나는 차이는 배제한다.

정답 ③
정답근거 : 선입견이나 고정관념을 버려야 하며, 문화적 정체성을 확립하여야 한다. 비언어적 의사소통도 중시한다.

6. (햄머리가 제안한) 문화 학습에서 학습자가 느끼는 어려움을 순서에 따라 배열한 것은?
   (어려움이 큰 것이 〈 의 오른쪽)

① 단어에 대한 이해 〈 목표 문화에 대한 총체적 관점 개발 〈 목표 문화에 대한 공감대 형성 〈 문화 간 차이점 이해

② 단어에 대한 이해 〈 문화 간 차이점 이해 〈 목표 문화에 대한 총체적 관점 개발 〈 목표 문화에 대한 공감대 형성

③ 문화 간 차이점 이해 〈 목표 문화에 대한 총체적 관점 개발 〈단어에 대한 이해 〈목표 문화에 대한 공감대 형성

④ 목표 문화에 대한 총체적 관점 개발 〈 단어에 대한 이해 〈목표 문화에 대한 공감대 형성 〈 문화 간 차이점 이해

정답 ②
정답근거 : ②번이 맞는 순서이다.

7. 문화 교육 내용 선정의 준거로 적절하지 <u>않은</u> 것은?

① 유용성 : 의사소통에 대한 도움

② 교수성 : 한국어 교사의 교수 능력 고려

③ 일반화 가능성 : 해당 문화 요소에 대한 선행 연구의 일반화 가능성

④ 문화적 무표성 : 목표 문화의 차별성

정답 ④
정답근거 : 문화적 유표성이 준거이다.

8. 다음에 열거한 비언어적 커뮤니케이션 요소 가운데 외국인 대상의 문화교육의 주된 내용이 <u>아닌</u> 것은?

① 목표문화에서 상용되는 긍정과 부정의 몸짓언어

② 목표문화에서의 근접거리 및 공간에 대한 인식

③ 신체의 특정 부위에 대한 사회문화적 의미

④ 목표문화에서 허용해야 할 자세

정답 ③
정답근거 : 신체의 특정 부위에 대한 사회문화적 의미는 문화교육의 주된 내용이 아니다.

9. 다음 중 문화교육을 위해 교실에 게시하기에 적절하지 <u>않은</u> 것은?

① 대표적인 문화공간의 사진

② 국가 상징물 사진

③ 생활 정보를 담은 각종 전단지

④ 문화체험 보고서

정답 ④
정답근거 : 보고서는 발표나 의견 나누기에는 적합하나, 게시에 적합한 것은 아니다.

한국어한자교육론

윤인현 〈인하대학교〉

| 학습목표 |

1. 한국어교육의 일환으로 한자어 어휘교육법의 필요성을 살피고, 효과적인 교육방법을 모색한다.
2. 한국어 한자어 교육의 목표와 방법을 이해하고, 한자어 교육의 원리를 이해한다.
3. 한자의 기원 및 자형의 변화, 한국어 학습용 기초 한자 어휘를 이해하고 한자어의 뿌리와 한자 문화권의 한자어 교육 현황에 대해 이해한다.한국어 한자어 교육의 목표와 효과적인 교육방법, 한국어 한자어에 대한 기본적 이해를 도모한다. 그리고 한국어 한자어 교육의 실제로서 한국어 한자어 독음교육방법과 외국인학습자에게 필요한 한자어 교육의 범위 등을 이해한다.

'한자(漢字)의 구성 원리 – 육서법(六書法)'

1. 상형(象形)

'상형'은 구체적인 사물의 모양을 본떠서 글자를 만드는 방법이다. 이런 글자를 '상형자 (象形字)'라고 한다.

[象 : 본뜰 상, 形 : 모양 형] – 모양을 본뜬다는 뜻.

한자	그림	의미
人		사람이 서 있는 모습을 본뜬 글자
心		심장의 모습을 본뜬 글자. 심장에 마음이 있다고 여겨, '마음'이라는 뜻이 되었다.
耳		사람의 귀 모양을 본뜬 글자
月		달의 모양을 본떠 만든 글자

山		산의 모양을 본떠 만든 글자
川		흐르는 시냇물을 본떠 만든 글자

 상형자들은 한자의 기본자(基本字)를 이루는 것이므로 잘 알아두어야 한다. 이외에도 상형자의 몇 가지 예를 더 들자면 다음과 같은 것이 있다.

한자	그림	의미
母		자식에게 젖을 물린 어머니 모습을 본뜬 글자
竹		대나무의 모습을 본뜬 글자
馬		말의 모습을 본뜬 글자
高		높은 언덕이나 성 위에 세워진 망루의 형상을 본뜬 글자

2. 지사(指事)

 지사는 사물의 모양으로 나타낼 수 없는 어떤 상황이나 추상적인 개념을 점이나 선 또는 부호로써 나타낸 방법이다. 이런 글자를 '지사자'라고 한다.
 [指 : 가리킬 지, 事 : 일 사] − 일(상황)을 가리킨다는 뜻.

한자	그림	의미
本	木 / 一	· 나무[木]의 뿌리 부분에 한 획(一)을 그었다. · 사물의 밑(바탕)을 나타낸다.
末	一 / 木	· 나무[木]의 윗부분에 한 획(一)을 그었다. · 나무의 끝을 나타낸다.
上	· / 一	· 기준선 위에 점[.]을 찍었다. · '위' 라는 뜻을 나타낸다.
下	一 / ·	· 기준선 아래에 점[.]을 찍었다. · '아래' 라는 뜻을 나타낸다.

3. 회의(會意)

회의는 각각 나름의 뜻을 가진 글자를 둘 이상 합하여 새로운 뜻을 가진 글자를 만드는 방법이다. 이런 글자를 '회의자' 라고 한다.

[會 : 모을 회, 意 : 뜻 의] - 의미들을 모은다는 뜻.

글자1		글자2		한자
人	+	立	=	位
사람(인)		설(립)		자리(위)
	사람이 서 있다			자리, 위치

- 男〔田+力〕: 밭〔田〕에서 힘〔力〕들여 일하는 사람 → 남자
- 東〔木+日〕: 나무〔木〕사이로 떠오르는 해〔日〕가 보인다 → 동쪽
- 明〔日+月〕: 해〔日〕와 달〔月〕 → 밝다
- 信〔亻+言〕: 사람〔人〕의 말〔言〕은 미더워야 한다 → 미덥다, 믿다.
- 休〔亻+木〕: 사람〔人〕이 나무〔木〕아래에 있다 → 쉬다
- 林〔木+木〕: 나무〔木〕와 나무〔木〕가 많다 → 수풀
- 里〔田+土〕: 밭〔田〕과 토지〔土〕가 있다 → 마을

4. 형성(形聲)

형성은 기존의 한자들을 합하여 새로운 글자를 만들되, 한쪽은 뜻을 나타내고, 다른 한쪽은 음(소리)을 나타내도록 만든 방법이다. 이런 글자를 '형성자' 라고 한다.

[形 : 나타낼 형, 聲 : 소리 성] - 소리를 나타낸다는 뜻.

형성자의 음 부분은 원래 음이 그대로 유지되는 경우도 있고, 다소 변하는 경우도 있다.
(변하지 않은 글자의 예 : 住, 宇, 洋 / 변한 글자의 예 : 江, 河)

뜻부분	음부분	한자	
雨(뜻 : 비)	相(음 : 상)	뜻 : 서리	비가 내려 얼어붙은 것을 나타낸 글자
		음 : 상	
口(뜻 : 입)	門(음 : 문)	뜻 : 묻다	입으로 질문하는 것을 나타낸 글자
		음 : 문	
玉(뜻 : 구슬)	里(음 : 리)	뜻 : 다스리다	구슬을 정성껏 다듬는 것을 나타낸 글자
		음 : 리	
扌(뜻 : 손=手)	夫(음 : 부)	뜻 : 돕다	사람이 손을 뻗어 다른 사람을 도와주는 모습을 나타낸 글자
		음 : 부	

형성자는 전체 한자에서 가장 많은 부분을 차지한다. 65% 이상이라는 주장, 85% 이상이라는 주장도 있다. 따라서 어떤 글자가 회의자인지, 형성자인지에 대해서는 학자에 따라 의견이 다른 경우가 상당히 많다. 그리고 음부분이라고 해서 전혀 아무런 의미가 없는 것만은 아니다. 음부분 역시 새로운 글자와 어떤 관계가 있어 사용된 경우가 많다.
형성자의 예를 더 보면 다음과 같다.

- 住 : 亻(뜻부분, 人의 변형) + 主(음부분) → 살 주
- 宇 : 宀(뜻부분, 갓머리, 집 면) + 于(음부분, 어조사 우) → 집 우
- 江 : 氵(뜻부분, 水의 변형) + 工(음부분, 장인 공, 음변화) → 강 강
- 想 : 相(음부분, 서로 상) + 心(뜻부분) → 생각할 상
- 傳 : 亻(뜻부분) + 專(음부분, 오로지 전) → 전할 전
- 雲 : 雨(뜻부분) + 云(음부분, 이를 운) → 구름 운
- 松 : 木(뜻부분) + 公(음부분, 공변될 공, 음변화) → 소나무 송
- 起 : 走(뜻부분, 달릴 주) + 己(음부분, 몸 기) → 일어날 기

이상에서 본 상형, 지사, 회의, 형성이 새로운 글자를 만드는 원리라면, 다음의 전주와 가차는 새로운 글자를 만들지는 않고, 기존에 있는 한자를 활용하거나 전용(轉用 : 다른 데로 돌려서 사용)하는 방법이다.

5. 전주(轉注)

전주는 어떤 글자의 본래 의미에서 그 뜻을 유추하여, 다른 부차적인 의미로 전용하는 방법이다. 이 방법을 통해 기존의 한자에 새로운 의미나 개념을 담을 수 있다. 즉 기존 한자의 원래 의미가 유추, 확대, 변화되어 새로운 의미로 바뀌는 것이다. 뜻만이 아니라 음이 바뀌는 경우도 있다.

[轉 : 구를 전, 바뀔 전, 注 : 물댈 주, 주석할 주] −(원래의 의미를) 바꾸어서 (다르게) 의미를 풀이한다는 뜻.

몇 가지 예를 들면 다음과 같다.

한자	의미의 확대 변화
老 늙을(로)	· 늙으면 경험이 많으므로 → 익숙할(로) · 늙으면 쇠약해지므로 → 쇠약할(로)
椅 가래나무(의)	· 가래나무로 의자를 만들었기에 → 의자(의)
惡 악할(악)	· 악한 것이 미우므로 → 미워할(오)
樂 풍류(악)	· 풍류를 즐거워하다 → 즐거워할(락) · 풍류를 좋아하다 → 좋아할(요)
度 법도(도)	· 법도를 헤아리다 → 헤아릴(탁)

6. 가차(假借)

가차는 글자의 의미와는 관계없이, 음이 같거나 비슷한 글자를 임시로 빌려서 다른 사물이나 형태를 표현하는 방법이다. 의성어, 의태어, 외래어 표기에 흔히 사용된다.

[假 : 임시 가, 借 : 빌릴 차] − 임시로 빌린다는 뜻.

몇 가지 예를 들면 다음과 같다.

余	餘
나(여), 남을(여)	남을(여)

* 余는 餘와 음이 같으므로 남을(여)로도 쓰임

燕	宴
제비(연), 잔치(연)	잔치(연)

※ 燕은 宴과 음이 같으므로 잔치(연)으로도 쓰임

(의성어, 의태어의 예)
- 丁丁 (정정) : '쩡쩡' 나무 찍는 소리.
    丁 (넷째천간 정)의 음만 빌려왔음.
- 堂堂 (당당) : 당당하다. 공명정대하고 당당한 모양.
    堂 (집 당)의 음만 빌려왔음.

(외래어의 예)
- 亞細亞 (아세아) : 아시아(Asia)
- 印度 (인도) : 인디아(India)
- 卡(가) : 카드(card) 가, 자동차(car) 가, 칼로리(calorie) 가
    ※ 卡(지킬 잡, 중국음 qiǎ, kǎ)의 원래 중국음을 빌려 외래어를 표기.
- 卡路里(가로리) : 칼로리(calorie)

(재미있는 어휘들)
　중국어에는 가차의 방법으로 외래어를 표기한 경우가 매우 많다. 몇 가지 재미있는 예들을 보자.

외래어 용어	표기
BMW 자동차	寶馬(바오마)
벤츠 자동차	奔馳(번츠)
할인마트 카르푸	家樂福(자러푸)
한국소주 '처음처럼'	初飮初樂(추인추러)
제과점 뚜레주르(Tout les jours)	多樂之日(둬러즈르)
외식브랜드 '놀부'	樂伯(러보)

'한자의 부수'

1. 부수(部首)

부수는 한자를 분류하는 기준이 되는 '기본 글자'이다. 최초로 '부수'의 개념을 창안한 사람은 『설문해자』를 쓴 허신(許愼)이었다. 그는 540개의 부수로 9353자의 한자를 분류하였다. 부수는 오랜 세월을 거치면서 변화하였고, 현재는 일반적으로 214개의 부수가 사용된다. 특히, 글자 전체가 그대로 부수인 한자를 '제부수' 한자라고 한다. 제부수 한자의 예를 들면 다음과 같은 것들이 있다.

> 人, 口, 心, 身, 耳, 目, 手, 足, 子
> 女, 日, 月, 山, 水, 石, 火, 田, 雨

2. 부수의 위치

부수		설명	예
위치	이름		
■	제부수	글자 전체가 그대로 부수임	日, 月, 山
▐	변	부수가 글자의 왼쪽에 있음	明, 休, 江
▌	방	부수가 글자의 오른쪽에 있음	郡, 動
▀	머리	부수가 글자의 위에 있음	安, 花
▄	발	부수가 글자의 아래에 있음	兄, 無
◘	몸	부수가 글자를 둘러쌈	困, 開
▙	받침	부수가 글자의 왼쪽과 아래를 싸고 있음	近, 建
▛	엄	부수가 글자의 위와 왼쪽을 싸고 있음	序, 疾

3. 부수의 변형

부수는 제부수 한자로 쓰일 때도 있지만, 다른 한자의 일부로 쓰일 때가 훨씬 더 많다. 다른 한자의 일부로 쓰일 때는 원래 모양이 변형되거나 이름이 바뀌는 경우도 있다. 부수의 모양이 변형되는 예들을 보기로 한다.

본래 형태	변형형태	예
人	イ	
사람(인), 사람이 서 있는 모양	사람인변	信
刀	リ	
칼(도), 칼의 모양	선칼도	劍
水	氵	
물(수), 물이 흘러가는 모양	삼수변	江
心	忄	
마음(심), 심장의 모양	심방변	情
犬	犭	
개(견), 개가 앞발을 들고 서있는 모양	개(견), 개사슴록변	狗
衣	衤	
옷(의), 옷을 입고 깃을 여민 모양	옷의변	袖
肉	月	
고기(육), 썰어놓은 고기의 모양	육달월	肥
辵	辶	
쉬엄쉬엄갈(착), 길을 걸어가는 모습	책받침	近
阜	阝	
언덕(부), 흙이 많이 쌓인 언덕의 모습	언덕부, 좌부방	陵
邑	阝	
고을(읍), 囗 + 巴(병부 절)의 변형	고을읍, 우부방	都

*阝(좌부방)은 부수가 글자의 왼쪽에 놓이므로 '좌부변'이라고 해야겠지만, 관습적으로 '좌부방'이라고 한다. 이외에도 부수의 명칭에는 관습적인 점들이 많다.

4. 부수와 한자

부수를 알면 그 부수가 들어간 한자의 대체적인 뜻을 알 수 있다. 물론 오늘날 일반적인 상식으로 볼 때, 어떤 한자의 뜻과 그 부수 사이의 연관 관계를 잘 이해하기 어려운 경우도 많다. 그렇지만 부수의 정확한 의미를 알면 한자 공부에 크게 도움이 된다. 아래에서 대표적인 부수들에 대해 알아보기로 한다.

日 날(일)	* 대체로 해나 시간과 관련된 뜻을 가진다.				
	晝	昭	昔	昨	暎
	낮(주)	밝을(소)	오래될(석)	어제(작)	비칠(영)

禾 벼(화)	* 대체로 벼나 곡식과 관련된 뜻을 가진다.				
	秋	種	秧	租	積
	가을(추)	씨(종)	모(앙)	세금(조)	쌓을(적)

言 말씀(언)	* 대체로 말과 관련된 뜻을 가진다.				
	講	話	託	說	論
	설명할(강)	말할(화)	부탁할(탁)	말씀(설)	논할(론)

門 문(문)	* 대체로 문이나 문에 부속되어 있는 물건과 관련된 뜻을 가진다.				
	開	閉	間	閣	闊
	열(개)	닫을(폐)	사이(간)	집(각)	넓을(활)

雨 비(우)	* 대체로 기상현상과 관련된 뜻을 가진다.				
	雲	雪	霜	露	電
	구름(운)	눈(설)	서리(상)	이슬(로)	번개(전)

扌 재방변	* 手가 변형된 부수 * 대체로 손이나 손으로 하는 동작과 관련된 뜻을 가진다.				
	授	拘	打	拍	拾
	줄(수)	잡을(구)	칠(타)	칠(박)	주울(습)

忄 심방변	* 心이 변형된 부수 * 대체로 마음과 관련된 뜻을 가진다.				
	情	忘	志	忠	怯
	정(정)	잊을(망)	뜻(지)	충성(충)	겁낼(겁)

⺾ 초두	* 草가 변형된 부수 * 대체로 풀과 관련된 뜻을 가진다.				
	花	葉	英	蓮	茂
	꽃(화)	잎(엽)	꽃부리(영)	연꽃(연)	무성할(무)

石 돌(석)	* 대체로 돌이나 돌의 속성과 관련된 뜻을 가진다.				
	破	砲	硏	硬	硯
	깨뜨릴(파)	대포(포)	갈(연)	굳을(경)	벼루(연)

口	* 대체로 입이나 입의 기능과 관련된 뜻을 가진다. * '먹다, 울다, 말하다' 등과 관련된 뜻을 갖는다.				
	呑	含	味	叱	吹
입(구)	삼킬(탄)	머금을(함)	맛(미)	꾸짖을(질)	불(취)

貝	* 대체로 재물, 돈과 관련된 뜻을 가진다. * 옛날에 조개껍데기를 화폐로 사용한데서 유래한다.				
	貧	貪	貨	販	貯
조개(패)	가난할(빈)	탐할(탐)	재화(화)	팔(판)	쌓을(저)

攴	* 攴(칠 복)이 변형된 부수 * 攴은 손바닥에 막대기를 든 모습을 형용한 글자 * 대체로 손이나 손으로 하는 동작과 관련된 뜻을 가진다.				
	攻	政	敎	改	效
등글월문	칠(공)	다스릴(정)	가르칠(교)	고칠(개)	본받을(효)

*고대에는 전쟁, 정치, 교육 등이 매를 때리는 행위와 관련이 있었음을 알 수 있다.

宀	* 宀은 원래 집(면)이라는 글자로, 부수로 사용될 때는 '갓머리'라고 한다. * 대체로 집이나 집의 속성과 관련된 뜻을 가진다.				
	安	宇	宏	寢	宿
갓머리	편안할(안)	집(우)	클(굉)	잠길(침)	묵을(숙)

辶	* 辵(쉬엄쉬엄갈 착)이 변형된 부수 * 대체로 걸어가는 행위와 관련된 뜻을 가진다.				
	迎	追	返	遲	逃
책받침	맞이할(영)	쫓을(추)	돌아올(반)	더딜(지)	달아날(도)

金	* 대체로 광물, 금속과 관련된 뜻을 가진다.				
	銅	銀	針	鈍	釜
쇠(금)	구리(동)	은(은)	바늘(침)	무딜(둔)	가마솥(부)

糸	* 대체로 실과 관련된 것, 실로 만든 물건, 색깔 등과 관련된 뜻을 가진다. 실을 염색 하는 것과 색깔이 관련이 있었기 때문이다.				
	絃	結	紅	素	網
실(사)	악기줄(현)	맺을(결)	붉을(홍)	흴(소)	그물(망)

疒	* 疒은 원래 병들어 기댈 (역)이라는 글자 * 부수로 사용될 때는 '병질'이라고 한다. * 대체로 질병과 관련된 뜻을 가진다.				
	病	症	癌	療	疲
병질	병(병)	증세(증)	암(암)	병고칠(료)	지칠(피)

肉	* 그 모양 그대로 부수로 쓰이기도 하지만, 글자의 왼쪽이나 아래쪽에 놓일 때는 月이라고 쓰고 '육달월'이라고 한다. * 사람의 신체나 살, 고기 등과 관련된 뜻을 가진다.				
	腐	背	腸	育	胃
고기(육)	썩을(부)	등(배)	창자(장)	기를(육)	밥통(위)
邑	* 부수로 쓰일 때, 글자의 오른쪽에 놓이고 阝(고을읍, 혹은 우부방)이라고 한다. * 마을이나 도시 등과 관련된 뜻을 가진다.				
	都	邦	郡	郊	鄕
고을읍	도읍(도)	나라(방)	고을(군)	성밖(교)	시골(향)
阜	* 부수로 쓰일 때, 글자의 왼쪽에 놓이고, 阝(언덕부, 혹은 좌부방)이라고 한다. * 언덕이나 작은 산, 혹은 그 속성과 관련된 뜻을 가진다.				
	防	陵	院	險	隣
언덕부	둑(방) 막을(방)	큰언덕(릉)	집(원)	험할(험)	이웃(린)

이상에서 20개의 부수에 대해 살펴보았다. 이외에도 많은 부수들이 있는데 이에 대해서는 틈틈이 스스로 공부해 두면 매우 유익할 것이다.

5. 자전 찾기

자전(字典)은 한자 사전이다. 한자를 일정한 순서로 배열하여 한자의 소리, 뜻, 용례 등을 풀이해 두었다. 자전에서 한자를 찾는 방법은 음으로 찾는 방법, 부수로 찾는 방법, 총획으로 찾는 방법 등이 있다. 이외에도 중국에서는 사각호마(四角號碼)라는 방법을 사용하기도 한다.

· 음으로 찾는 방법 (자음색인)

한자의 음을 알면 〈자음색인〉으로 찾는다.
예컨대, '學' 자를 자전에서 찾으려면 다음과 같이 한다.

① '學' 자의 음이 '학' 이므로, 자음 색인의 '학' 란에서 '學'을 찾는다.
② '學' 옆에 표시된 쪽수를 확인해 그 쪽수로 간다.

- 부수로 찾는 방법 (부수색인)

> 한자의 부수를 알면 〈부수색인〉으로 찾는다.
> 예컨대 '**安**' 자를 부수색인에 의해 찾는 방법은 다음과 같다.
>
> ① 먼저 '안' 자의 부수를 알아본다.(→ 부수 : 宀)
> ② '**安**' 자의 부수인 '宀' 의 획수를 알아본다.(→ 宀 : **3획**)
> ③ 부수색인 '**3획**' 부분에서 '宀' 을 찾는다.
> ④ '宀' 옆에 적혀 있는 자전의 쪽수로 가서 '宀'을 찾는다.
> ⑤ '宀' 자에서 부수를 뺀 나머지 획수, 즉 '**3획**' 에서 '**安**' 자를 찾는다.

- 총획으로 찾는 방법 (총획색인)

> 한자의 음도, 부수도 모르면 〈총획색인〉으로 찾는다.
> 예컨대,'하늘 천(**天**)' 자를 찾으려면 다음과 같이 한다.
>
> ① 먼저 **天**의 총획을 헤아려 **4획**임을 확인한다.
> ② 총획색인에서 '**4획**' 을 찾는다.
> ③ **4획** 중에서 '**天**' 을 찾아서 표시된 쪽수로 간다.

'이음이의자(異音異義字)'

1. 음과 뜻이 두 가지인 이음이의자

자음이 다르고 자의도 다른 한자 중에서도 음과 뜻이 두 가지인 한자들이다.

한자	뜻	음		해당 한자어
降	내리다	강	降雨	내리다(강), 비(우)
	항복하다	항	投降	던지다(투), 항복하다(항)
車	수레	거	車馬	수레(거), 말(마)
	수레	차	車庫	수레(차), 창고(고)
見	보다	견	見聞	볼(견), 들을(문)
	뵙다	현	謁見	뵐(알), 보일(현)
茶	차	다	茶房	차(다), 방(방)
	차	차	綠茶	푸를(록), 차(차)

洞	마을	동	洞里	마을(동), 마을(리)
	통하다	통	洞察	통할(통), 살필(찰)
復	돌아가다	복	復古	돌아갈(복), 옛(고)
	다시	부	復興	다시(부), 일어날(흥)
否	아니다	부	否認	아닐(부), 인정할(인)
	막히다	비	否塞	막힐(비), 막힐(색)
北	북녘	북	北方	북녘(북), 방향(방)
	달아나다	배	敗北	패할(패), 달아날(배)
殺	죽이다	살	殺傷	죽일(살), 상처(상)
	감하다	쇄	相殺	서로(상), 감할(쇄)
狀	모양	상	狀態	모양(상), 모양(태)
	문서	장	賞狀	상줄(상), 문서(장)
塞	변방	새	塞翁之馬	변방(새), 늙은이(옹), ~의(지), 말(마)
	막다	색	拔本塞源	뺄(발), 근본(본), 막을(색), 근원(원)
省	살피다	성	省察	살필(성), 살필(찰)
	덜다	생	省略	덜(생), 간략할(략)
拾	줍다	습	拾得	주을(습), 얻을(득)
	열	십	拾壹	열(십), 한(일)
食	먹다	식	食品	먹을(식), 물품(품)
	밥	사	一簞食	한(일), 대광주리(단), 밥(사)
識	알다	식	知識	알(지), 알(식)
	기록하다	지	標識	표시할(표), 기록할(지)
惡	나쁘다	악	惡習	나쁠(악), 익힐(습)
	미워하다	오	憎惡	미워할(증), 미워할(오)
易	바꾸다	역	交易	서로(교), 바꿀(역)
	쉽다	이	難易	어려울(난), 쉬울(이)
切	끊다	절	切斷	끊을(절), 끊을(단)
	모두	체	一切	한(일), 모두(체)
參	참여하다	참	參加	참여할(참), 더할(가)
	석	삼	參拾	석(삼), 열(십)
則	곧	즉	然則	그럴(연), 곧(즉)
	법	칙	法則	법(법), 법(칙)

徵	부르다	징	徵兵	부를(징), 군사(병)
	음률이름	치	宮商角徵羽	궁상각치우
沈	잠길	침	沈沒	잠길(침), 잠길(몰)
	성	심	沈氏	성(심), 성씨(씨)
拓	열다	척	開拓	열(개), 열(척)
	박다	탁	拓本	박을(탁), 밑(본)
暴	사납다	포, 폭	暴惡	사나울(포), 악할(악)
	드러내다	폭	暴露	드러낼(폭), 드러낼(로)
行	다니다	행	行路	다닐(행), 길(로)
	줄, 항렬	항	行列	줄(항), 줄(렬)
畫	그림	화	名畫	이름(명), 그림(화)
	꾀하다	획	計畫(=劃)	꾀(계), 꾀할(획)

2. 음과 뜻이 여러 가지인 이음이의자

자음이 다르고 자의도 다른 한자 중에서도 음과 뜻이 여러 가지인 한자들이다.

한자	뜻	음	해당 한자어	
更	고치다	경	變更	변할(변), 고칠(경)
	밤시각	경	三更	석(삼), 밤시각(경)
	다시	경	更生	다시(갱), 살(생)
龜	거북	귀	龜甲	거북(귀), 껍질(갑)
	땅이름	구	龜浦	땅이름(구), 물가(포)
	트다	균	龜裂	틀(균), 찢을(렬)
度	법도	도	制度	만들(제), 법도(도)
	정도	도	溫度	따뜻할(온), 정도(도)
	헤아리다	탁	度支部	헤아릴(탁), 지탱할(지), 부서(부)
讀	읽다	독	讀書	읽을(독), 책(서)
	구두	두	句讀點	구절(구), 구두(두), 점(점)
	이두	두	吏讀	아전(리), 이두(두)
索	줄	삭	鐵索	쇠(철), 줄(삭)
	쓸쓸하다	삭	索莫	쓸쓸할(삭), 없을(막)
	찾다	색	索出	찾을(색), 나타날(출)

	말씀	설	說明	말씀(설), 밝을(명)
說	달래다	세	遊說	놀(유), 달랠(세)
	기쁘다	열	不亦說乎	아닐(불), 또(역), 기쁠(열), 어조사(호)
	거느리다	솔	統率	큰줄기(통), 거느릴(솔)
率	앞장서다	솔	率先	앞장설(솔), 먼저(선)
	비율	률	利率	이로울(리), 비율(률)
	자다	숙	宿所	잘(숙), 장소(소)
宿	오래되다	숙	宿願	오래될(숙), 원할(원)
	별	수	星宿	별(성), 별(수)
	때	신	良辰	좋을(량), 때(신)
辰	지지(地支)	진	壬辰	아홉째 천간(임), 지지(진)
	별	신·진	日月星辰	일월성신 : 해와 달과 별
	풍류	악	音樂	소리(음), 풍류(악)
樂	즐겁다	락	樂園	즐거울(락), 동산(원)
	좋아하다	요	樂山樂水	좋아할(요), 뫼(산), 좋아할(요), 물(수)
	나타나다	저	著名	나타날(저), 이름(명)
著	짓다	저	著書	지을(저), 책(서)
	붙다	착	著(=着)想	붙을(착), 생각(상)
	편하다	편	便利	편할(편), 이로울(리)
便	소식	편	便紙	소식(편), 종이(지)
	똥오줌	변	便所	똥오줌(변), 장소(소)

3. 잘못 사용되는 한자어들

· 금도(襟度)

  '금도'에서 금(襟)은 옷깃, 가슴, 마음 등을 의미하고, 도(度)는 정도, 크기를 의미한다. 금도란 다른 사람이나 세상을 용납할 만한 마음의 도량(度量)을 의미한다.

  어떤 사람의 금도가 넓다, 크다, 작다 등의 표현은 맞다. 그러나 "금도를 넘어섰다"와 같은 표현은 잘못이다.

· 난상토론(爛商討論)

  난(爛)은 충분히 익는다는 뜻이고, 상(商)은 헤아려 생각한다는 뜻이다. 난상토론은 '충분히 생각하여 토론한다'는 뜻이다. 흔히 난상토론을 '어지러이 격론을 벌인다'는 뜻으로 이해하는데, 이는 잘못이다.

- 유명세(有名稅)

유명(有名)은 이름이 알려졌다는 뜻이고, 세(稅)는 세금이란 뜻이다. 유명세란 '이름이 널리 알려진 탓에 치르는 곤욕이나 불편'을 가리키는 말이다. "유명세를 치르다"는 맞는 표현이지만, "유명세를 탄다"는 잘못된 표현이다.

- 와중(渦中)

와중은 소용돌이치며 흐르는 물의 가운데, 즉 정신없이 바쁘거나 어지러운 상황을 가리킨다. 그러므로 "여행하는 와중에 싸움이 벌어졌다"든지, "학교 가는 와중에 전화가 왔다"는 등의 말은 잘못된 표현이다.

- 즐비(櫛比)하다

즐(櫛)은 빗을 의미하고, 비(比)는 나란하다는 의미다. 즐비하다는 말은 빗살처럼 나란하고 빽빽이 있다는 뜻이다.

"나무에 감이 즐비하게 달렸다"는 식의 말은 잘못된 표현이다. "선반에 물건이 즐비하다"는 옳은 표현이다.

- 동병상련(O), 동병상린(×)

동병상련(同病相憐)이란 같은 병을 앓는 사람끼리 서로 가엾게 여긴다는 뜻으로, 어려운 처지에 있는 사람끼리 서로 가엾게 여김을 일컫는 말이다.

- 삼수갑산(O), 산수갑산(×)

삼수갑산(三水甲山)은 삼수와 갑산인데, 둘 다 함경도에 있는 고을 이름이다. 험준한 산으로 둘러싸인 곳이며, 조선시대의 대표적인 귀양지였다. 그래서 최악의 상황에 처했을 때, "삼수갑산을 가는 한이 있어도" 같은 표현을 쓰는 것이다.

- 성대모사(O), 성대묘사(×)

성대모사(聲帶模寫)는 '성대로 모사한다', '자신의 목소리로 다른 소리를 흉내낸다'는 뜻이다. 흔히 "성대묘사를 한다"고 하는데, 이는 잘못된 표현이다.

- 야반도주(O), 야밤도주(×)

야반도주(夜半逃走)는 남들이 모르게 한밤중에 도망한다는 뜻이다. 야반(夜半)이란 한밤중이란 뜻이다.

· 풍비박산(O), 풍지박산(×), 풍비박살(×)

풍비박산(風飛雹散)이란 바람이 흩날리고 우박이 흩어진다는 뜻이다. 사물이나 일이 형체를 알아볼 수 없을 정도로 흩어지고 망가지는 것을 의미한다. 흔히 "풍지박산이 났다", "풍비박살이 되었다"고들 하는데, 이는 잘못된 표현이다.

· 혈혈단신(O), 홀홀단신(×)

혈혈단신(孑孑單身)이란 외로울 혈(孑), 홀 단(單), 몸 신(身), 즉 '외롭고 외로운 홀몸'이라는 뜻이다. '고아'(孤兒)를 의미하기도 한다. 흔히 '홀홀단신'이라고 하는데 이는 잘못된 표현이다.

1. 다음 중 形聲字(형성자)끼리 묶인 것은?

① 月 – 馬 – 鳥　　　② 山 – 日 – 川　　　③ 河 – 江 – 花

④ 林 – 明 – 炎　　　⑤ 樂 – 惡 – 度

정답 ③

정답근거 : ① ②는 상형자이고, ④는 회의자임.

2. 한자의 六書(육서)에 들지 않는 것은?

① 象形　　　　② 假借　　　　③ 會意　　　　④ 指事　　　　⑤ 轉換

정답 ⑤

정답근거 : 전주(轉注) – 전주는 어떤 글자의 본래 의미에서 그 뜻을 유추하여, 다른 부차적인 의미로 전용하는 방법이다.

3. 다음에서 한자의 구성원리가 다른 것은?

① 中　　　　② 本　　　　③ 下　　　　④ 東　　　　⑤ 末

정답 ④

정답근거 : 東은 회의자임. (東 : 日 + 木)

4. 다음에서 假借(가차)의 원리로 만들어진 한자어가 아닌 것은?

① 漁夫　　　② 印度　　　③ 佛蘭西　　　④ 亞細亞　　　⑤ 卡路里

정답 ⑴

정답근거 : 漁夫(어부) – 고기잡이를 직업적으로 하는 사내.
　　　　　② ③ ④는 외국어 표기의 가차임.

5. 다음 한자의 부수와 원형을 밝힌 것 중 잘못된 것은?

① 刑–刂–刀　　② 能–月–肉　　③ 獨–犭–犬　　④ 孝–耂–老　　⑤ 狗–犭–犬

정답 ⑷

정답근거 : 孝(효)의 부수는 子이다.

6. 부수의 原形(원형)이 드러난 글자는?

① 技　　　　② 情　　　　③ 進　　　　④ 然　　　　⑤ 晝

정답 ⑤

정답근거 : ①(扌, 手)　②(忄, 心)　③(辶, 辵)　④(灬, 火)

7. 다음 중 '冀' 자의 부수는?

① 八　　　　② 北　　　　③ 異　　　　④ 匕　　　　⑤ 共

정답 ①

정답근거 : '冀' 바랄 기

8. 다음 중 부수가 다른 글자는?

① 病　　　　② 症　　　　③ 癌　　　　④ 療　　　　⑤ 腐

정답 ⑤

정답근거 : 腐(부)의 부수는 肉(고기 육, 육달 月)이다. ① 病, ② 症, ③ 癌, ④ 療 등은 疒(병 질, 원래는 '병들어 기댈
역' 이라는 글자)이 부수이다.

9. 다음에서 한자의 讀音(독음)이 틀린 것은?

① 行列 – 항렬

② 便紙 – 편지

③ 吏讀 – 이독

④ 投降 – 투항

⑤ 更生 – 갱생

정답 ③

정답근거 : 吏讀(이두)

10. 〈보기〉의 밑줄 친 단어를 한자로 바르게 쓴 것은?

〈보기〉 : 안전 <u>표지</u>

① 表紙   ② 標識   ③ 標紙   ④ 標知   ⑤ 表識

정답 ②
정답근거 : 標識(표지)

11. '宿願'의 뜻으로 맞는 것은?

① 잠자기 좋은 곳

② 남을 부추겨 좋지 않은 일을 시킴

③ 문장이 빼어나고 아름다운 것

④ 소원이 꿈 속에서 이루어짐

⑤ 오래도록 지녀온 소원

정답 ⑤
정답근거 : 마을의 숙원(宿願) 사업을 이루다.

12. 한자어의 讀音(독음)이 바르지 <u>않은</u> 것은?

① 著想(저상)   ② 謁見(알현)   ③ 敗北(패배)

④ 樂山(요산)   ⑤ 徵兵(징병)

정답 ①
정답근거 : 著想(붙을 착, 생각 상)

한국어교안작성법

공유정 〈총신대학교〉

| 학습목표 |

1. 한국어 수업의 특성과 교안의 형식을 이해하고 수업 자료 활용과 수업 운영 방법을 이해함으로써 한국어 수업을 설계하고 교안을 작성하도록 한다.
2. 한국어 교안 작성법, 유의점과 실례, 교안 평가에 대해 알아보고 수업 운영에 필요한 부교재와 적절한 교사 말이 무엇인지 살펴본다.

'교안 작성의 의미'

사전에 충분히 계획된 수업은 수업의 효과를 높일 수 있기 때문에 교수 설계는 반드시 필요한 작업이라고 할 수 있다. 사전에 충분한 준비가 없이 수업을 진행한다면 효율적인 수업은 기대하기 어렵고 수업 진행에서 실수를 하는 경우도 있을 것이다. 특히 초보 교수자의 경우 이런 일이 발생할 가능성이 더욱 높다. 그러므로 더 효율적이고 재미있는 수업을 하기 위해서는 교수·학습의 방법에 철저한 준비가 필요하다. 뿐만 아니라 학습자의 특성을 고려한 수업, 다양한 교수 매체의 활용, 정확하고 바른 교수를 위해서도 교수 설계가 반드시 이루어져야 한다. 학습 목표에 맞는 교수 설계를 하여 체계적이고 효율적인 교수·학습이 이루어지려면 반드시 교안이 필요하다. 교안은 형식적, 추상적으로 작성되어서는 안 되며 교수자의 외국어 학습 경험이나 교수 경험, 교수 방법에 대한 선행 연구, 학습자의 요구 등을 참조하여 실질적이고 구체적으로 작성되어야 한다.

'교안 작성의 원리'

1. 학습 목표 설정

학습 목표는 교수·학습의 목적에 따라 목표 설정이 달라질 수 있다. 목적에 따라 설정된 학습 목표는 효과적인 교수 방법과 평가를 하는 데에 매우 중요하게 사용된다. 학습 목표는 교수·학습의 방향을 잡아주고 교수·학습의 효율성을 증진시키며 교수자와 학습자에게 정해진 시간 내에 목표를 성취할 수 있게 한다. 그러므로 학습 목표는 학습자의 숙달도와 특성, 학습 기간 등에 따라 세분화해서 설정해야 한다.

1) 목표는 학습 결과를 기술해야 한다.
   예) '-(으)ㄹ게요'를 사용해서 다른 사람과 약속할 수 있다.

2) 목표는 교육 과정의 목표와 일치해야 한다.

3) 목표는 명확해야 한다.

4) 목표는 실행할 수 있는 것이어야 한다.

2. 학습 내용의 선정 및 조직

학습의 목표가 설정된 후에는 학습 목표를 달성하기 위해 구체적인 학습 활동을 해야 한다. 그중 중요한 것은 교수·학습 내용의 선정 및 조직이다.

2.1. 학습 내용의 선정 기준

1) 내용의 타당성
   내용을 선정할 때 교육 목표에 맞는 내용이고 수준에 맞는 내용이어야 한다.

2) 내용의 유용성
   학습자가 실제 상황에서 유용하게 사용할 수 있는 내용이어야 한다.

3) 학습 가능성
   교수자가 학습자에 맞게 가르칠 수 있는 내용이고 그것을 학습자가 학습할 수 있는 내용이어야 한다.

4) 연계성
   내용이 학습 목표와 연계가 잘 되어야 한다.

2.2. 학습 내용의 조직 원리

1) 계열성의 원리

한국어 문법에서 순서가 어떻게 조직되느냐에 따라 교수·학습의 효율성이 달라지기 때문에 문법의 난이도에 따라 순위를 정해야 한다.

2) 계속성의 원리

학습자가 학습한 내용이 일시적으로 끝나 버리는 것이 아니라 계속적으로 연계되어야 한다.

3) 범위의 원리

가르쳐야 할 내용을 어느 정도까지 넓혀서 가르쳐야 하는지 범위를 정해야 한다.

4) 통합성의 원리

네 가지 언어 기능들이 자연스럽게 연결될 수 있도록 각 기능간의 통합이 이루어져야 한다. 듣기-말하기, 말하기-쓰기, 듣기-쓰기, 읽기- 말하기 등 다양한 형태의 언어기능의 통합을 말한다.

3. 학습 활동

1) 도입

학습 활동의 첫 단계로서 교수자와 학습자간에 학습을 위한 자연스러운 분위기를 조성하고 전 시간에 학습한 내용에 대해 질문을 통하여 습득 정도를 확인한다. 이때 너무 자세하거나 해서 시간이 지체되어서는 안 된다. 또한 본 시간의 학습 목표와 학습할 내용을 시청각 자료 등을 이용해서 제시하여 학습자의 의욕을 높이는 활동을 한다.

2) 전개

학습에 있어서 본론에 들어가는 단계로 제시, 연습, 활용의 순서로 진행한다. 이때 학습 목표나 학습 내용과 관련된 사항을 상황을 중심으로 제시하여 학습자들이 이해하면 유의미한 상황에서 연습할 수 있도록 지도한다. 또한 교수자가 판단하여 학습 내용에 따라 다양한 연습 방법을 활용하여 학습자의 활동을 유도하며 학습자의 수준에 따라 좀 더 심화된 학습으로 전개시킬 수 있다.

3) 정리

본 시간에 학습한 내용에 대해 간단히 점검하는 단계로 질의 응답이나 지필 평가를 통해서 학습 목표에 따른 학습자의 이해도를 측정한다. 또한 이 단계에서는 숙제를 제시하고 다음 시간에 배울 내용에 대해 예고를 하기도 한다.

'교안을 작성할 때 유의할 점'

1) 학습 목표와 학습자의 수준에 맞는 어휘와 문형을 제시해야 하며 학습자의 흥미를 유발할 수 있는 내용이어야 한다. 다시 말해 학습자 중심의 수업 설계를 해야 한다.
2) 새 어휘와 문법, 문형을 우선적으로 제시하고 강조할 필요가 있는 어휘와 문형은 선별하여 제시한다. 이미 배운 것도 복습을 위해 응용한다.
3) 비슷하거나 같은 문형일 때는 문장구조의 제약조건을 비교해서 제시
　　예) A/V+아/어서: '시간 순서'와 '이유'
4) 제시 문장이나 질문은 쉬운 것에서 복잡한 것으로, 짧은 문장에서 긴 문장으로 한다.
5) 예문은 자연스럽고 다양해야 하며 학습자의 사전 지식이나 배경을 알고 그에 맞는 예문을 제시해야 한다. 각 예문은 너무 비약적으로 제시하지 않는다.
6) 즉시 사용이 가능한 생동감을 유발할 수 있는 살아있는 문장을 제시해야 한다.
7) 매 학기 학습자의 수준이나 상황에 맞게 보충하거나 새롭게 작성해야 한다.
8) 수업 후 교안에 대해 평가를 한 후 부족한 부분이나 새로운 내용, 방법 등을 보완하는 것이 필요하다.

'교안의 평가'

1) 도입, 전개 마무리의 순으로 구성되어 있는지 확인한다.
2) 도입 부분이 학생들의 관심과 흥미를 유발할 수 있는지 확인한다.
3) 어휘와 문형은 유기적이고 단계적인지 확인한다.
4) 적절성과 타당성 확인. 각 급에 나오는 기본 어휘나 문형은 적절하게 다루어졌는지 확인한다.
5) 학생들의 발화를 도출하기 위한 질문은 적절한지 확인하다.
6) 학생들이 학습하기 어려워하는 문형들이 무엇이었는지 확인한다.

'교안 작성법'

교안은 크게 나누어서 단원별 교안과 본시 교안으로 구분할 수 있다. 단원별 교안은 한 과 전체를 어떤 계획을 가지고 가르칠 것인지 진도계획, 일반적 목표, 단원 목표 등에 대해 전반적으로 기술한 것을 말한다. 본시 교안은 해당 수업 시간에 지도할 학습 목표, 진행 절차, 학습 내용, 시간, 보조 자료 등을 상세히 기록하는 형식을 취한다.

1. 수업의 전체 개요

학습자의 숙달도, 학습 목표, 수업 내용, 단원 주제, 수업 일시(차시), 준비물, 시간 등을 제시한다.

– 단원 주제 : 수업할 단원에서 성취해야 할 목표와 관련된다.
– 학습 목표 : 수업을 통해 학습자가 성취해야 하는 것으로 해당 단원의 목표와 연계하여 적는다. 또한 수업에서 도달되어야 하는 목표를 구체적으로 적는다.
  예) '-(으)ㄹ게요'의 형태 의미, 쓰임을 알고 이를 활용할 수 있다.
    '-(으)ㄹ게요'를 사용해서 다른 사람과 약속할 수 있다.

2. 수업 내용 및 방법

– 각 단계의 수업 진행을 순차적, 구체적으로 기술한다.
– 교사의 설계된 발화와 학습자의 예상 발화를 기술한다. 특히 도입 단계는 교사/학습자 발화를 적어 수업의 흐름을 파악할 수 있도록 한다.
– 연습 단계는 연습 형식(유형 및 방법), 내용 등을 구체적으로 기술한다.
– 문법 항목을 중심으로 한 교안일 경우, 활용 단계는 이론적인 내용과 함께 간략하게 기술한다.
  예) 활동이 연극일 경우 과제 기능, 상황, 진행 방법 등을 간략하게 기술한다.
– 활동마다 소요되는 예상 소요 시간을 제시하고 사용하는 학습 자료(유인물, 칠판 제시물, 사진/그림 등 시각 자료)와 수업 운영에 필요한 기자재(CD, PPT 등)의 사용 시점과 사용 방법 및 사용 내용 등을 명시적으로 기술한다.

3. 수업 절차

도입	제시	연습	사용	마무리
·학습목표 인식 흥미유발 ·배경지식의 활성화	·문법규칙 제시 의미/형태/화용	·구조적 (형태적)연습 ·유의미한 연습	·실제 의사 소통 /과제 수행	·정리 ·평가 ·다음 차시예고

1) 도입(warm-up)
① 학습목표를 자연스럽게 도입하여 학습자를 동기화 시키는 단계
② 일방적인 전달보다 맥락을 이용한 유의적 방법을 통해 교육 목표 제시
③ 학습할 문법 항목(어휘, 표현, 문법)을 도입한다.
  예) 해당 단원의 주제와 관련된 그림자료 등을 제시하여 질문하거나 상황을 제시하여 자연스럽게 학습 내용을 노출시켜 학습자의 흥미를 이끌어 낸다. 학습자들은 아직 배우지 않은 학습항목이라 구체적으로 알 수는 없지만 배울 내용이 무엇인지 대강 확인하게 된다.

교사 유도 대화

T : 마이클 씨 집에 가 봤어요?
S : 네, 가 봤어요. / 아니요, 안 가 봤어요.
T : 수미 씨는 다니엘 씨 집에 가 봤어요. 간 적이 있어요.
　　흐엉 씨는 안 가 봤어요. 간 적이 없어요.

→ 관련 대화를 하면서 문법 항목이 사용되는 상황을 이야기함.

T : 지금 뭐 해요?
S : 공부해요.
T : 민수 씨는 지금 공부해요. 어제는요?
S : 친구를 만나요.
T : 아, 어제 친구를 만났어요.

선행 문법을 복습하면서 새로운 문법 항목이 사용되는 상황을 이야기함.

---

2) 제시(presentation)
① 교사가 목표 학습 항목을 이해시키는 단계
  - 학습자는 교사의 설명을 통해 도입 단계에서 유추를 통해 짐작한 내용을 확인한다.
  - 교사는 설명을 통해 학습자가 학습항목을 이해하도록 인지시킨다.
② 실제적인 문맥 속에서 학습 목표를 분명하게 제시
  - 어휘나 문법 항목의 의미, 형태, 화용 등을 명확하게 제시해야 한다.

③ 이 단계에서는 어휘 및 표현, 문법에 대한 설명이 주를 이룬다.

④ 제시 단계에서의 교육 원리

- 어휘나 문법 항목의 의미, 형태, 화용영역을 모두 교육해야 한다.
- 학습자의 모국어나 한국어 선수학습 요소를 연계시키거나, 개인적인 지식이나 경험을 활용하여 유의적인 학습이 이루어지도록 한다.
- 해당 문형의 형태에 따라 연역적 방법과 귀납적 방법을 적절하게 활용한다.
  예) '-어요/아요', 먹어요, 놀아요 → 어간의 마지막 모음의 달라짐은 연역적으로 설명한다.
  예) 친구를 만나서 영화를 봤습니다. / 친구를 만나고 영화를 봤습니다.

⑤ 제시 방법

가. 직접 설명하기 : 교사가 메타 언어를 사용하여 문법 항목의 의미와 형태를 직접 설명한다.

나. 그림이나 실물 이용하기 : "-지 마세요"에 대한 의미와 형태를 제시한다.

다. 두 문장 비교해 보기 : 순서의 '-어서/아서(기학습)'와 '-고(목표 항목)'

> 예)친구를 만나서 영화를 봤습니다. / 친구를 만나고 영화를 봤습니다.

3) 연습 (Practice)

① 제시단계에서 이해한 의미나 규칙을 반복 학습을 통해 내재화시키는 단계

② 선행 학습 요소와 통합된 연습이 이루어져야 한다.

③ 연습은 단순한 것에서 복잡한 것으로 진행되어야 한다.

- 통제된 반복학습 : 따라하기, 교체연습, 변형연습, 문장구성연습, 묻고 대답하는 연습 등
- 기계적인 반복 연습에서 유의적 연습으로 이어져야 한다.
  * 활동에 대한 기술과 연습 내용의 예를 함께 제시해야 한다.

④ 연습 방법

가. 따라 하기 - 새로운 문법 항목의 발음과 형태 및 구조에 익숙해지게 돕는 가장 기본적인 연습. 그러나 너무 길어지면 지루해질 수 있다.

> 1) 교사가 쇼핑하는 그림을 보여주면서 말하면 학습자들이 따라 한다.
>   교사 "주말에 무엇을 하고 싶어요?"
>   학습자 "주말에 무엇을 하고 싶어요?"
>
> 2) 교사가 다른 사람인 것처럼 연기하면서 말하면 학습자들도 따라한다.
>   교사 "저는 주말에 쇼핑을 하고 싶어요."
>   학습자 "저는 주말에 쇼핑을 하고 싶어요."

나. 교체 연습 - 대화의 내용 중 일부 어휘나 표현을 교체하여 하는 반복 연습으로 짝

활동이나 소집단으로 실시할 수 있다.

> 1) 문법 항목이 들어간 문장을 칠판에 쓴다.
>   가 : 주말에 무엇을 하고 싶어요?
>   나 : ＿＿＿＿＿＿＿＿＿고 싶어요.
> 2) 준비한 그림카드를 보여주고 교사가 한 학습자와 대화를 하며 시범을 보여준다.
> 3) 소집단별로 그림 카드를 이용해 대화의 내용을 바꾸어 연습을 한다.
>   학습자1 : 방학 때 무엇을 하고 싶어요?
>   학습자2 : (그림을 골라 보여주며) 저는 여행을 가고 싶어요.
>   (다른 학습자에게)방학 때 무엇을 하고 싶어요?
>   학습자3 : (그림을 골라 보여주며) 저는 기타를 배우고 싶어요.
>
>   반복

다. 전환하기 – 긍정문을 주고 부정문으로 전환하거나 직접인용문을 주고 간접 인용문으로 전환시키는 연습

> 나는 아침에 빵을 먹어요 -------------- 나는 아침에 빵을 먹지 않아요.

라. 연결하기 – 서로 관련된 두 문장 혹은 어휘들을 골라 연결한 후 문장으로 만드는 연습

> | 돈이 없다 |
> | --- |
> | 피곤하다 |
>
> | 친구를 만나다 |
> | --- |
> | 여행을 가다 |
>
> – 돈이 없어서 여행을 못 가요.
> – 피곤해서 친구를 못 만나요.

마. 문장 완성하기 – 서로 관련된 두 문장 혹은 어휘들을 골라 연결한 후 문장으로 만드는 연습

> 대화에 들어갈 말을 [보기]에서 골라 대화를 완성하세요.
> [보기] 비가 안 오다/ 약속이 없다/ 숙제가 없다/ 바쁘다
>   1) 가 : 내일 등산을 갈 수 있어요?
>   나 : 네, 비가 안 오면 등산을 갈 수 있어요.
>   2) 가 : 오늘 저녁에 같이 영화 보러 갈 수 있어요?
>   나 : 네. ＿＿＿＿＿＿＿＿＿보러 갈 수 있어요.
>   ① 먼저 [보기]의 어휘를 읽으면서 모르는 어휘가 있는지 확인한다.
>   ② 대화를 학습자와 같이 해 보면서 시범을 보인다.
>   ③ 학습자들은 혼자서 문장을 완성한 뒤 짝과 함께 대화를 연습해 본다.

4) 활용(use)

① 도입, 제시, 연습 단계를 통해 학습한 언어 내용을 의미 전달이나 가능 수행에 중점을 두고 사용하는 의사소통적 단계 → 과제(task) 수행단계이다.
 – 과제 활동은 말하기, 듣기, 읽기, 쓰기 중 선택적으로 사용한다.
② 학습한 어휘와 문법 형태들을 이용하여 실제 생활에서의 과제를 교실에서 연습해 보게 하는 단계이다.
③ 필요한 경우가 아니면 학습자가 자율적인 활동이 되도록 한다.
④ 가능한 단계적인 활동 방법을 구체적으로 제시한다.
⑤ 연습 방법
 가. 역할극
  역할극은 실제 상황과 유사한 상황을 가정하여 대화를 해 보는 활동이다. 모든 연습이 끝나고 학습한 내용에 대한 이해가 충분히 되었을 때의 연습이다.

> 예) 물건사기
> 가 : _____이/가 있습니까?
> 나 : 예, 있습니다. 몇 _____드릴까요?
> 가 : _____에 얼마입니까?
> 나 : _____에_____입니다.
> 가 : _____ 주십시오.
> 나 : 여기 있습니다.
>
> – 과일 가게 : 사과 한 개 / 1,000원
> – 문구점 : 공책 한 권 / 1,500원
> – 마트 : 맥주 한 병 / 2,000원

 나. 정보차 활동 (information gap)

> – 짝을 지은 후 서로 다른 정보지를 나누어 준다.
> – 정보차 활동을 어떻게 하는지 설명하고 시범을 보인다.
> 여러분은 여러분이 가진 그림을 서로 보여 주면 안 됩니다. 먼저 그림 A를 가진 사람이 질문하면 그림 B 를 가진 사람이 대답하십시오. 서로 질문하고 들은 답을 쓰십시오.
> – 연습이 끝나면 서로 정보지를 보면서 수정하거나 확인한다.

 다. 게임
  게임은 일정한 규칙이 있고 승부가 있는 활동으로 학습자들의 흥미를 유도하여 학습 목표를 달성할 수 있도록 해 주는 활동이다. 학습자들 스스로 참여하여 게임을 하는 중에 반복 학습이 이루어질 수 있고 적극적인 활동을 함으로써 협력과 경쟁의 과정을 통해 특정한 목표를 성취할 수 있다.

예) 자모 빙고 게임

학습자들이 어려워 하는 것 중의 하나가 자음과 모음을 익히는 것이다. 빙고 게임을 하면 칸을 채워가는 중에 자연스럽게 자모음을 익힐 수 있다.

ㅈ	ㅍ	ㄴ
ㅎ	ㄱ	ㅅ
ㄷ	ㅋ	ㅁ

1) 먼저 교사가 자음이나 모음 중에 하나씩을 불러준다.
2) 학습자들은 빈칸에 하나씩 받아 적는다.
3) 빈칸을 모두 채우면 학생들이 돌아가며 하나씩 발음하게 한다.
4) 규칙에 따라 먼저 세 칸이나 세 줄을 먼저 만든 학습자가 빙고를 외치게 한다.

라. 반복 질문을 통한 인터뷰

먼저 교사가 한 학습자에게 인터뷰를 하면서 시범을 보인다.
교　사 : 스타스 씨는 제일 친한 친구가 누구예요?
학습자 : 세르게이 씨요.
교　사 : 어떻게 만났어요?
학습자 : _____

1) 정보지에 비어있는 질문은 학습자 스스로 만들어 넣어 질문하게 한다.
2) 교사는 학습자들이 질문을 만드는 동안 돌아다니며 질문을 잘 만들었는지 확인한다.
3) 질문지를 각자 들고 교실을 돌아다니면서 서로 질문을 하고 그 대답을 질문지에 쓴다.
　 질문을 하면서 그 이유에 대해서도 간단하게 서로 이야기하도록 한다.
4) 인터뷰를 끝내고 나면 들었던 대답 중 재미있었던 것을 발표하게 한다.

마. 문장이나 대화 만들기

1) 그림을 보면서 학습자들과 그 내용에 대해 간단히 이야기한다. 모르는 어휘나 표현은 넘어가거나 설명해 준다.
　 교　사 : 이 그림을 보세요. 무슨 일이 있는 것 같아요?
　 학습자 : 차가 많이 막혀요.
　 교　사 : 시계를 보니까 9시예요. 학교에 늦었어요.
2) 학습자들은 그림을 기초로 자신의 상상을 넣어서 글을 완성한다.
3) 창의적인 내용을 쓴 몇몇 학습자의 글을 발표하게 한다.

5) 마무리 (Follow up)

① 교육 내용을 정리하고 교육 내용과 관련해 학습자들을 격려하고 용기를 복돋우는 단계
② 미진한 요소를 강화시키는 단계
③ 질문 등을 통해 학습 달성 여부를 확인 → 학습자의 성취도 평가
④ 숙제 제시, 다음 차시 학습에 대한 예고 및 동기 부여

'교안의 실제'

[단원별 교안]

수업 일시	년 월 일		담당자		급	2급 [12명]
단원명	제12과 돈을 바꾸려고 왔는데요					

시간 (시간 당 50분)	학습목표	학습 내용 및 학습 활동	학습자료
1	새로 나온 어휘를 이해, 습득, 활용할 수 있다. 환전하는 대화문을 정확하게 듣고 발음할 수 있다.	복습 어휘 학습 어휘 활용 연습 본문 대화 듣고 따라하기 발음 교정하기	교과서 어휘, 문형 자료 듣기 MP3 파일 PPT (환전하는 그림 또는 사진) 연습지
2	새로 나온 문법을 이해, 습득, 활용할 수 있다.	문법 : -으려고 문법 활용 연습	
3	은행에서 환전하는 대화문을 읽고 이해하며 정확하게 발음하여 읽을 수 있다.	은행에서 환전할 금액을 결정하고 환전하는 내용의 대화문 읽기 활동	
4	은행에서 돈을 환전할 수 있다.	은행에서 환전하는 대화문을 구성하여 짝 활동으로 역할극 하기	

[본시 교안]

(초급 단계 교안의 예)

숙달도	1급		
단원 주제	약속 (제13과)		
수업 내용 (목표 문법)	-(으)ㄹ게요		
수업 목표	1. '-(으)ㄹ게요 '의 형태, 의미, 쓰임을 알고 이를 활용할 수 있다. 2. '-(으)ㄹ게요 '를 사용해서 다른 사람과 약속할 수 있다.		
수업 일시	년 월 일		
준비물	PPT 자료, 연습 활동 유인물	수업시간	50분

단계 (시간)	교수·학습 활동	유의할 점
도입 단계 (5분)	학습 주제인 '약속'으로 대화 상황을 이끌면서 목표 문법을 노출시킨다. 교사 : 오늘 우리 반 모두 같이 밥 먹기로 했지요? 학생1: 네. 교사 : 몇 시에 어디에서 만날까요? 학생2: 학교 정문에서 만나요. 괜찮아요? 교사 : 네, 좋아요. 그렇게 합시다. 　　　그럼 제가 4시 40분쯤 전화할게요. 　　　일찍 갈게요. 여러분 늦지 마세요. 학생들과 약속을 이야기하면서 목표 문법 '-(으)ㄹ게요'가 약속을 말할 때 사용하는 것임을 노출하고 학습목표를 제시한다.	학생들이 흥미를 가지고 있는 주제를 선택하여 대화를 이끌도록 한다.
제시 단계 (10분)	목표 문법의 제시 단계로 목표 문법의 의미와 형태를 대화 상황을 통해 명확하게 제시한다. ***목표 문법 제시** 오늘의 목표 문법을 칠판에 제시한다. 	-(으)ㄹ게요
---	 ***목표 문법의 의미 설명** '-(으)ㄹ게요'가 화자의 의지를 나타내어 상대방에게 약속함을 나타내는 의미임을 알려주며 이런 뜻으로 사용된 전형적인 예문을 제시하여 목표 문법을 설명한다. A : 지금 통화할 수 있어요? B : 미안해요. 지금 지하철 안이에요. 제가 나중에 전화할게요. A : 왜 또 늦었어요? 지금 몇 시예요? B : 미안해요. 다음부터는 일찍 올게요. ***-(으)ㄹ게요** 화자의 의지를 나타내거나 상대방에게 약속을 할 때 사용한다. 화자의 의지·약속의 의미로 쓰일 때의 '-겠습니다'의 비격식체임을 알려준다. ***목표 문법의 형태 제시** 학습자들이 자발적으로 형태 변화 규칙을 추측해 보도록 유도하면서 설명해 나간다. 형태는 '자음+을게요'　'모음+ㄹ게요'이다. 다시 말해, 받침이 있으면 '-을게요' 받침이 없으면 '-ㄹ게요'이다. -(으)ㄹ게요 · 받침 O + 을게요 · 받침 X + ㄹ게요 · 받침 ㄹ + 게요	PPT자료

받침 O + 을게요		받침 X, ㄹ받침 + ㄹ게요	
·앉+을게요	앉을게요	가 +ㄹ게요 →	갈게요
·먹+을게요	먹을게요	만들 + 게요 →	만들게요

제시 단계 (10분)	***예문 제시** 형태 제시 후 학생들이 대화 상황에서 형태조작을 하여 발화할 수 있도록 몇 개의 대화문을 제시한다. A : 오늘 연필을 안 가져 왔어요.　　　　A : 지금 아기가 자고 있어요. B : 그래요? 내가 빌려 줄게요.　　　　　B : 알겠어요. 조용히 할게요. 제시할 때 A 문장만 보여준 후 학생들이 B의 발화를 하면 B 예문을 제시하여 확인 할 수 있게 해 준다.	PPT자료

연습 단계 (15분)	목표 문법의 연습 단계이다. 연습 활동은 단순한 것(형태 조작 연습 포함)에서 복잡 한 것의 순서로 제시한다. **연습1. 짝 활동(유인물 배부)** 형태 변화의 정확성을 위한 통제된 연습으로 제시된 내용에 따라 담화를 구성하게 한다. 연습1. 다음 상황에 맞게 상대방에게 약속해 보세요. 다음부터 일찍 오다　·이사를 도와주다　　　·나중에 다시 걸다 지금 바로 담배를 끄다 ·내일 전자사전을 돌려주다 ·떠들지 않다 	보기	왜 또 늦었어요? 지금이 몇 시예요?
1	제 전자사전 언제 돌려줄 거예요?
2	손님, 죄송하지만 이곳은 금연석이에요.
3	주말에 이사하려고 하는데요. 혹시 토요일에 시간 좀 있어요?
4	왕카이는 지금 없는데요. 2시쯤 들어올 거예요.
5	조용히 좀 해 주세요. 바로 옆방에 아기가 자고 있어요. | A : 왜 또 늦었어요? 지금이 몇 시예요? B : 미안해요. 다음부터 일찍 올게요. **연습2. 짝활동(유인물 배부)** 의사소통에 중점을 둔 활동으로 학습자에게 약속을 하는 문답 연습을 하게 한다. 연습2. 다음 상황에 맞게 '-(으)ㄹ게요'를 사용해서 말해 보세요. 〈보기〉 A : 지금 한국대 정문에 있어요. B : 그래요? 저도 지금 가고 있어요. 빨리 갈게요.	연습활동이 이 루어지는 동안 교사는 각 학습 자의 활동을 관 찰하며 오류를 수정해 준다.

		상황	약속
	보기	친구와 약속이 있어요. 지금 친구가 약속 장소에 도착했어요.	(가)빨리 갈게요
	1	전화가 왔어요. 그런데 버스 안이에요.	
	2	친구가 연필을 안 가져왔어요.	
	3	지금 너무 졸려요. 커피를 마시고 싶어요.	
	4	오늘 친구의 생일이에요. 친구가 나를 초대했어요.	
	5	친구의 전자사전을 빌렸어요. 그런데 아직 안 줬어요.	

(가)빨리 가다　　(나)내일 돌려주다　(다)생일 파티에 가다
(라)펜을 빌려 주다 (마)다시 전화하다 (바)커피를 사 오다

연습
단계
(15분)

연습활동이 이루어지는 동안 교사는 각 학습자의 활동을 관찰하며 오류를 수정해 준다.

활용
단계
(15분)

목표 문법을 이용한 실제 의사소통 단계이다. 목표 문법을 사용할 수 있는 상황을 제시하여 담화를 구성하게 한다. 또한 그 상황에서 사용할 수 있는 기능 표현을 제시해 준다.

(예)

전화로 모임에 대한 정보 주기

* 다음 표현을 사용하여 친구에게 전화를 걸어 친구의 소식을 알려주고
  시간과 장소에 대한 정보를 말해 주세요.

이름	소식	시간	장소
마이클	나타샤 결혼식	다음달 첫 번째 토요일	서울호텔

〈기능표현〉 전화 바꾸기

A: 여보세요? 마리나 씨 집이지요?
B: 네, 그런데요.
A: 마리나 씨 계세요? / 마리나 씨 좀 바꿔 주세요.
B: 네, 잠깐만 기다리세요.
 (잠시 후)
C: 여보세요? 전화 바꿨습니다.

활용 단계 (15분)	A : 안녕하세요. 마리나 씨? 저 마이클이에요. 　　나타샤 씨 결혼 소식을 들었어요? C : 아니요. 결혼식이 언제예요? A : 다음 달 첫 번째 토요일이에요. C : 어디에서요? A : 서울호텔에서요. 마리나 씨도 갈 거지요? C : 네, 갈 거예요. 그런데 나타샤 씨 결혼 소식은 어떻게 알았어요? A : 안드레아 씨한테서 들었어요. C : 아, 그랬군요. 우리 반 친구들은 모두 알아요? A : 아니요, 아직 몰라요. 다른 친구들한테 내가 연락할게요.	
마무리 단계 (5분)	오늘 학습한 수업 내용 '-(으)ㄹ게요'를 요약, 정리한다. 교사 : ** 씨, 내일은 숙제를 꼭 해 오세요. 학생 : 네, 꼭 해 올게요. 교사 : ** 씨, 내일은 지각하지 마세요. 학생 : 네, 일찍 올게요. 학습자들의 질문을 받는다. 교사 : 여러분, 질문 있어요? 학생1 : (　　　　　　　　　　　　　　　　　　　　) 연습 및 활용 단계의 활동 내용을 대화로 쓰는 것을 숙제로 부과한다.	

〈참고문헌〉

곽지영 외(2007), 한국어 교수법의 실제, 연세대학교 출판부, p23-41

김신자(2005), 효과적 교수 설계, 문음사

김영만(2005), 한국어 교육의 이론과 실제, 도서출판 역락

김인식 외(2004), 수업 설계의 원리와 모형 적용, 교육과학사

한송화(2000), "교안작성법" 한국어 교수법 이론과 실제, 연세대학교 한국어 교사 연구소

1. 교안 작성 시 학습 내용의 선정 기준이 <u>아닌</u> 것은?

① 내용의 타당성　　　　　　　　② 내용의 유용성

③ 내용의 계속성　　　　　　　　④ 학습 가능성

정답 ③

정답근거 : 학습내용의 선정 기준 – 내용의 타당성/내용의 유용성/학습 가능성/연계성. 계속성의 원리는 학습 내용의 조직 원리에 해당한다.

2. 교안의 단계는 크게 도입, 전개, 정리로 나눌 수 있다. 다음 중 전개에 해당되지 <u>않는</u> 것은?

① 마무리　　　　　　　　　　　② 제시

③ 연습　　　　　　　　　　　　④ 활용

정답 ①

정답근거 : 전개 단계에는 제시, 연습, 활용이 들어가며 마무리는 정리 단계에 해당한다.

3. 본시 교안 작성 시 포함 되어야 할 항목이 <u>아닌</u> 것은?

① 시간 배당　　　　　　　　　　② 보조 자료

③ 진도 계획　　　　　　　　　　④ 학습 목표

정답 ③

정답근거 : 본시 교안은 세부적인 교안이다. 진도계획은 단원별 교안에 해당한다.

4. 다음은 교안 작성을 설명한 것입니다. 설명이 알맞지 <u>않은</u> 것을 고르십시오.

① 도입 단계에서는 학습자들을 동기화시켜 줘야 한다.

② 제시 단계에서는 형태에 대한 설명을 해 줘야 한다.

③ 연습 단계에서는 의미에 대한 설명을 한 후에 연습을 해야 한다.

④ 활용 단계에서는 실제 생활에서의 의사소통을 목적으로 구성해야 한다.

정답 ③

정답근거 : 의미에 대한 설명은 연습 단계가 아닌 제시 단계에서 이루어져야 한다.

5. 다음 중 연습 단계의 연습 방법이 <u>아닌</u> 것은 무엇인가요?

① 따라 하기

② 전환 하기

③ 역할극 하기

④ 교체 연습하기

정답 ③

정답근거 : 역할극 하기는 실제 상황을 재현해 보는 활동이므로 활용 단계의 연습 방법이다.

6. 다음 중 제시 단계에서 해야 할 것이 <u>아닌</u> 것은 무엇인가요?

① 의미 제시

② 형태 설명

③ 문법 설명

④ 의미 노출

정답 ④

정답근거 : 의미 노출은 도입 부분에서 이루어진다.

7. 교안 작성 시 학습 목표를 설정할 때 알맞지 <u>않은</u> 것은 무엇입니까?

① 학습 목표는 명확해야 한다.

② 학습 목표는 학습 과정을 기술해야 한다.

③ 학습 목표는 실행할 수 있는 것이어야 한다.

④ 학습 목표는 교육 과정의 목표와 일치해야 한다.

정답 ②

정답근거 : 학습 과정이 아닌 학습 결과를 기술해야 한다.

8. 교안 작성 단계 중 연습 단계의 설명으로 알맞지 <u>않은</u> 것은 무엇입니까?

① 단순한 것에서 복잡한 것으로 이루어져야 한다.

② 기계적인 반복 연습에서 유의적인 연습으로 이루어져야 한다.

③ 연습은 과제를 제시해 주고 실제 상황처럼 활동이 이루어져야 한다.

④ 연습 단계에서는 선행 학습요소와 통합된 연습이 이루어져야 한다.

정답 ③

정답근거 : 실제 상황처럼 활동하는 단계는 활용 단계이다.

한국어어휘교육론

김유미 〈경희대학교〉

| 학습목표 |

1. 한국어 어휘교육과 관련된 주요 개념을 이해하고 교수법의 변천과 어휘 교육 동향을 알아본다. 한국어 어휘 교육의 실제를 살펴보고 학습자에게 맞는 어휘 교수 방법을 마련해 본다.
2. 한국어 어휘 교육의 필요성 및 교수법의 변화에 따라 한국어 어휘 교육이 어떻게 변화했는지 살펴본다. 또한 한국어에서의 어휘의 역할과 어휘 지식이란 무엇이며, 어휘 선정 시 고려할 점에 대해서 검토해 본다. 영역별 어휘 교육 방법과 어휘 연습 및 게임에서 활용할 수 있는 것들에 대해서 살펴본다.

'어휘 교육 개괄'

1) 어휘로 무엇을 하는가?
- 어휘를 많이 알면 화자가 말하고자 하는 내용이 풍부해진다.
- 의사소통하는 데 재료의 역할을 한다.
  '무엇이 무엇을 어찌하다' 라는 틀에 어휘만 바꾸면 문장을 만들 수 있다.
  예) 영희는 철수를 사랑한다.
  　　　　아이　　좋아한다.
  　　　　사과　　싫어한다.
- 의사소통 내용을 구성하는 역할을 한다.
  어휘들이 어떻게 사용하고 있는지, 어휘 간의 관계가 무엇인지 알 수 있다.

2) 어휘를 안다는 것은 무엇인가?
- 기본적으로 단어의 형태(소리)와 의미를 알고 있다.
- 다른 어휘와의 관계, 즉 용법을 알고 있다.

3) 어휘 학습은 교재에 나온 어휘들을 학습자 혼자서 단순히 외우기만 하면 충분한 것인가? 아니면 체계적인 교수방법이 필요한 것인가?
- 현행 교재에서 어휘는 본문의 주석 형태, 보조적으로 제시하고 있다.
- 체계화되어 있지 못하며 학습자의 몫으로 남아 있는 경우가 많다.

- 교사는 여전히 어휘 교육에 많은 시간을 할애하고 있다.
- 반대로 우리가 외국어를 학습할 때도 기본 문법을 알고 난 뒤 어휘 학습에 긴 시간을 투자한다.
- 학습의 시작부터 끝까지 어휘 학습은 매우 중요한 일이다.

4) 어휘 교육의 무용론
- 외국어를 배우는 데 있어서 제일 중요한 것은 소리 체계와 문법 구조를 배우는 것이지 어휘를 배우는 것은 아니다(Fries 1945).
- 통사적 구조를 연습하는 데 필요한 어휘만 알고 있으면 충분하다. 즉, 기능어, 대용어, 부정어와 긍정어 등은 완전히 알아야 하지만 내용어(content word)는 조금만 알아도 된다는 입장이다.
- 어휘 교육에 부정적인 학자들은 학습자가 필요로 하는 단어를 예측할 수 없으며, 어휘 학습은 어휘의 축적일 뿐이다.
- 1960년대의 변형문법 역시 어휘는 주변적인 것이며 질서 있는 문법의 불규칙한 부분으로 여겼다.

5) 어휘 교육의 유용론
- 성공적인 제2언어의 사용을 위해 적당량의 어휘 습득은 필수적이다.
- '문법 없이는 의미가 거의 전달되지 않지만 어휘가 없으면 의미는 전혀 전달되지 않는다.' 는 지적에서도 어휘교육의 중요성이 강조되어 있다.
- 1970년대 중반부터 다시 어휘에 대한 관심이 되살아나고 어휘의미론적인 관점을 도입하였다.

'교수법의 변천과 어휘교육'

- 문법 번역식 교수법
  어휘 교육의 차지 범위 큼
  번역어와 모국어 같이 제시
  암기식의 어휘 교육
- 청각구두식 교수법
  문맥을 통한 어휘 습득

모국어와 목표어의 의미대조 목록 사용 금지

학습자의 어휘 확장은 읽기 단계

어휘 교육에 대한 특별한 관심 없음

· 인지주의 교수법

모국어의 역할 강조

문장 단위 중심의 접근법

모국어의 어휘 형성 원리를 바탕으로 목표어 어휘 형성

· 의사소통식 교수법

어휘 교수 측면에 전환점

문법보다 어휘 강조

· 통합 교수법

문법적 언어 능력 외에 담화 구성 능력과 사회언어학적 능력도 강조

어휘에 대한 비중 높임

'어휘교육의 내용'

1. 단어형성법에 따른 어휘교육

> 단일어 : 하나의 어근으로 이루어진 단어. 예) 책, 손, 떡, 국, 머리…
> 파생어 : 어근에 접두사나 접미사가 붙어 새 단어를 이루는 것으로 파생된 단어의 품사에 따라 명사파생
> 어, 동사파생어 등으로 구분할 수 있으며, 파생접사의 위치에 따라 접두파생어와 접미파생어로
> 구분된다.
> 　　예) 접두파생어 – 헛+손질, 드+높다, 풋+ 과일…
> 　　　　접미파생어 – 선생+님, 멋+쟁이, 국가+적, 공부+하다…
> 합성어 : 두 개 이상의 어근이 합하여 한 단어를 이루는 것으로 합성되어 이룬 단어의 품사에 따라 명
> 사합성어, 동사합성어 등으로 구분할 수 있으며, 합성된 요소의 의미관계에 따라 병렬합성어,
> 융합합성어로 구분된다.
> 　　예) 명사합성어 – 밤낮, 봄비…
> 　　　　동사합성어 – 들어가다, 살펴보다…
> 　　　　병렬합성어 – 남북, 돌다리…
> 　　　　융합합성어 – 밤낮('언제나, 항상' 의 의미)…

2. 어휘의미 관계에 따른 어휘교수

1) 유의어
- 유의어란 '의미적으로 중첩되거나 포함되는 부분이 있는 두 개 이상의 어휘'로 규정할 수 있다. 국어학적 논의에서의 유의어의 정의는 주로 어휘 의미적인 면을 주로 고려한 것으로, 학자에 따라 완전 동의어는 주로 '동의어'로 부분 동의어는 주로 '유의어'로 쓰이는 경우가 많다.

> [유의어의 유형]
> - 외래어가 유입되면서 기존에 있던 고유어와 의미의 중첩 관계를 가지게 되는 경우
>   예) '같다/동일하다, 열쇠/키, 시위/데모…' 등
> - 사회적 변이에 의한 경우: 지역 방언, 사회계층 간 차이를 드러내는 것.
>   예) '옥수수'와 '강냉이'
> - 성별, 연령의 사용 차이에 의한 경우. 예) '맘마/밥'
> - 존비 관계에 의한 유의어. 예) '밥/진지, 자다/주무시다'
> - 금기에 의한 유의어 : 성(性)이나 죽음, 배설물, 신앙 등에 관련된 것들.
>   예) '변소/뒷간/화장실', '죽다/돌아가다/숨지다/눈감다/사라지다 입적하다/열반하다'
> - 글말/입말 환경에서의 유의어 : 예) '매우/되게, 서신/편지

2) 반의어
- 반의어란 의미적 반대 또는 무관성(unrelatedness)을 나타내는 반의성을 보이는 것이다. 교사는 어휘를 제시하면서 흔히 반의어를 사용하여 어휘 확장을 시도한다.
- 교수에 주의할 점으로는 동시에 대립 짝을 제시하면 의미간의 혼동이 생겨날 수 있으므로 순차적으로 주는 것이 좋다. 즉, 이미 알고 있는 단어의 반의어가 새 어휘로 도입될 때 기존에 아는 단어와의 반의 관계를 설명하는 것이 좋다. 또한 단순한 어휘 제시에 그치지 않고 문맥에서 활용할 수 있는 구 전체의 제시가 필요하다.

> [반의어의 유형]
> 상보 대립어 : 남자-여자, 참-거짓
> 반의 대립어 : 길다-짧다, 좋다-나쁘다, 덥다-춥다
> 정도 상보 대립어 : 깨끗하다-더럽다
> 방향 대립어 : 꼭대기-밑바닥, 암나사-수나사, 오르다-내리다, 조상-후손

3) 상위어와 하위어
- 상위어와 하위어는 특정한 단어의 의미가 이 단어보다 더 일반적인 단어의 의미 안에 포함되는 계층적인 관계를 말한다.
  예를 들어 상위어 '요일'에는 '월요일, 화요일, 수요일, 목요일, 금요일, 토요일, 일요일'

이 하위어 관계에 있으며 이들 각각은 서로 자매어 관계이다. '아버지, 어머니, 아들, 딸, 할아버지, 할머니, 오빠, 누나, 형, 언니, 동생' 등은 친족어로 묶일 수 있으며, '자동차, 배, 비행기' 등은 '교통수단'으로 묶일 수 있다.

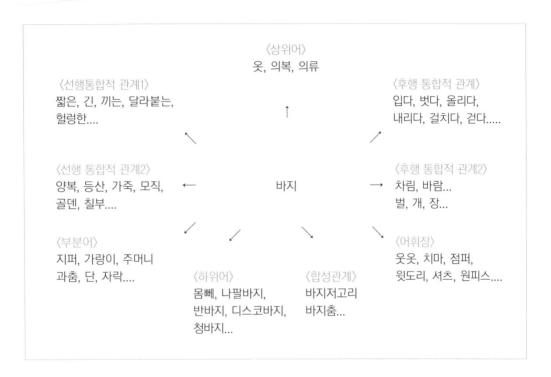

4) 다의어

· 다의어란 한 단어의 의미가 기본의미부터 변이의미까지 다양하게 나타나는 것을 말한다. 한국어 학습자에게는 수많은 새로운 어휘를 계속해서 가르치는 것보다는 다양한 다의어의 사용법을 가르치는 것도 학습에 효과적이다. 다의어는 용법에 따라 각각 그 의미가 달라지지만 근본적이고 핵심적인 의미를 공통적으로 가지고 있다. 아래는 '손'의 다양한 의미를 보인 것이다.

(1) 손

   ① 신체의 일부분 – 오른손, 손을 흔들다, 손으로 가리키다
   ② 일손이나 노동력 – 손이 많다/부족하다, 여러 사람의 손을 거치다, 손이 달리다
   ③ 도움이 되는 힘 – 손을 빌리다
   ④ 교제·관계·인연 – 손을 끊다, 손을 씻다
   ⑤ 수완·꾀 – 손에 놀아나다
   ⑥ 소유나 권력의 범위 – 손에 넣다, 손에 넘어가다, 손을 빼다, 손에 걸리다, 손에 쥐다
   ⑦ 힘·능력·역량 – 손에 달려 있다

⑧ 솜씨 – 손이 서투르다, 손이 빠르다
⑨ 버릇 – 손이 거칠다

5) 화용적인 기준
존대어, 비속어, 완곡어, 성별어(남성어, 여성어), 연령어, 유행어 등

3. 구로 나타나는 어휘교수

· 단어를 활용한 어휘교수 외에도 주목해야 할 어휘 단위로 구로 이루어진 고정 표현 (praseological units)이 있는데, 사실 한 언어에서 많은 어휘들은 비교적 관례적으로 사용되는 패턴이 있다. 언어 교수에서의 이런 고정적인 표현의 역할은 아주 크다.
· 어휘교수에 있어서 이러한 고정표현이 최근 주목을 받는 이유는 모국어나 제2언어 습득 시 혹은 성인의 언어 생산에 주요 역할을 한다는 점 때문이다.

〈어휘 교수에 있어서 개별 단어의 교수에만 국한하지 않고 구 단위 이상의 고정표현을 가르치는 일은 왜 중요한가? 〉

첫째, 고정표현의 교수는 기존의 교사 중심으로 이루어지던 교육을 학습자 중심 교육으로 전환하는 데에 기여한다.
둘째, 학습자들은 문맥을 통한 덩어리의 학습을 통해 어휘 관계에 대한 귀납적 지식을 얻게 된다.
셋째, 의사소통 능력에 있어서 유창성을 증진할 수 있게 된다.
넷째, 학습자의 모국어 언어 전이에 따른 오류를 줄이는 효과가 있다.

4. 기본어휘

· 학습자들이 필요로 하는 어휘는 어떻게 정할까?
가장 많이 사용되는 객관적인 기준은 '빈도' 이다. 최근 한국어교육 분야에서 이러한 빈도 조사에 근거한 어휘량 연구들이 소개되고 있다.
· 문제점
유용하고 중요한 단어가 기본 어휘에서 누락될 수 있고 최상위 빈도로 나타난 어휘가 초급 학습자에게 적합하지 않을 수 있다. 또한 대상이 된 글의 종류에 따라 어휘 빈도가 다를 수 있으며 어휘의 빈도와 어휘의 중요도는 일치하지 않을 수 있기 때문이다.
· 문제점에 근거하여 교사의 오랜 경험적인 직관에 의해 어휘를 선정하기도 하는데, 이 역

시 현행 교재에 익숙한 교사들의 경험이 객관성에 부정적 영향을 미칠 수도 있는 문제가 있다. 따라서 양쪽을 보완하는 다양한 자료들이 보완되어야 할 것이다.
· 최근 고빈도 어휘를 바탕으로 해서 해당 교수 전문가의 직관에 따른 어휘 선정이 이루어지기도 했다.

〈선정된 어휘 목록을 등급화하는 것에 대해 살펴보자.〉
교육용 기본 어휘가 선정된 다음에는 이를 대상으로 하여, 학습자의 학습 목적과 수준에 따라 급별로 등급화하는 것이 중요하기 때문이다. 아래에서 어휘를 등급을 위한 기준을 어떻게 정해야 할 것인가에 대해 간단히 살펴보기로 하자.

· 고빈도성으로 기초어휘 순으로 우선학습 어휘(저급)를 선정한다.
· 중복도가 높은 단어 순으로 우선학습 어휘(저급)를 선정한다.
· 편찬될 교재의 단원별 주제와 관련된 기본 어휘를 우선적으로 학습해야 하며, 어휘 자체의 상관관계(의미망)도 고려한다.
· 기본 의미를 가진 어휘, 파생력이 있는 어휘를 우선학습 어휘로 선정한다.
· 단원의 문법 교수요목과 연계를 가진 어휘를 우선적으로 학습해야 하며, 문법 이해를 위한 필수적인 기능어를 우선학습 어휘로 삼는다.
· 교수 현장과의 연계로 교수 현장에서 필수적인 단어는 저빈도 단어라도 우선학습 어휘의 대상에 넣을 수 있다.
· 어휘 등급화의 결과는 교재 편찬 및 교수 활동, 평가 등에 고루 이용되어야 하며 한국어능력시험에서의 어휘 등급과도 연계하는 것이 바람직하다고 하겠다. 아래는 현행 한국어능력시험에서 제시하는[1] 어휘 관련 등급별 평가 항목의 내용이다.

(1급)
· 일상생활에 필요한 가장 기본적인 어휘
· 사적이고 친숙한 소재와 관련된 가장 기본적인 어휘
· 기본 인칭 및 지시대명사, 의문대명사
· 주변의 사물 이름, 위치 관련 어휘
· 수와 셈 관련 어휘
· '크다', '작다' 등과 같은 기본적인 형용사
· '오다', '가다' 등과 같은 기본적인 동사
· 물건사기, 음식 주문 등 기본적인 생활과 관련된 기초 어휘

---

1) 김왕규 외, 2002 「한국어능력시험의 평가기준 개발 연구」

(2급)

- 일상생활에 자주 사용되는 어휘
- 공공시설 이용 시 자주 사용되는 기본적인 어휘
- '제주도', '민속촌' 등 자주 접하는 고유 명사
- '깨끗하다', '조용하다', '복잡하다' 등 주변 상황을 나타내는 형용사
- '출발하다', '고치다' 등 일상생활에서 자주 사용하는 동사
- 우체국 이용, 회의 등 공적인 상황과 관련된 기본 어휘
- 약속, 계획, 여행, 건강과 관련된 어휘
- '자주', '가끔', '거의' 등 기본적인 빈도부사

(3급)

- 일상생활에서 사용되는 대부분의 어휘
- 업무나 사회 현상과 관련한 기본적인 어휘
- 직장 생활, 병원 이용, 은행 이용 등 빈번하게 접하는 공적인 상황에서 사용하는 기본적인 어휘
- '행복하다', '섭섭하다' 등 감정 표현 어휘
- '늘어나다', '위험하다' 등 사회현상과 관련한 간단한 어휘
- '참석하다', '찬성하다' 등 직장생활과 관련한 기본적인 어휘
- '장점', '절약' 등 기본적인 한자어
- '생각이 나다', '버릇이 없다' 등 간단한 연어

(4급)

- 일반적인 소재를 표현하는 데 필요한 추상적인 어휘
- 직장에서 일상적인 업무를 수행하는 데 필요한 어휘
- 신문 기사 등에 자주 등장하는 어휘
- 빈도가 높은 관용어와 속담
- 자연·풍습·문화·사고방식·경제·과학·예술·종교 등 일반적인 사회현상과 관련한 핵심적인 개념어

(5급)

- 사회 현상을 표현하는 데 필요한 추상적인 어휘
- 직장에서의 특정 영역과 관련한 기본적인 어휘
- 세부적인 의미를 표현하는 어휘(아프다:결리다, 노랗다:누르스름하다)
- 자주 쓰이는 시사용어

- '이데올로기', '매스컴' 등 사회의 특정 영역에서 자주 쓰이는 외래어
- 일반적으로 사용되는 관용어와 속담

(6급)
- 사회 현상을 표현하는 데 필요한 추상적인 어휘
- 널리 알려진 방언, 자주 쓰이는 약어, 은어, 속어
- 사회, 각 영역과 관련하여 널리 쓰이고 있는 전문용어
- 복잡한 의미를 갖는 속담이나 관용어

'어휘교육의 방법'

1. 어휘교육의 원리

교사는 단어에 따라 각각의 단어를 어떻게 가르치는 것이 효율적인가를 고민해야 한다. 또한 학습자의 단계에 따라 적절한 수준의 어휘가 학습될 수 있도록 어휘를 통제하는 것이 효과적인 학습을 가져올 수 있고, 학습자로 하여금 성취감을 주어 계속적으로 상급 단계의 어휘를 학습할 동기를 부여해 줄 수 있으므로, 어휘 교수의 전략을 치밀하게 마련해야 하는 것이다.

1) 연역적인 방법과 귀납적인 방법
① 연역적인 방법
- 목표어휘와 그 용법을 먼저 제시한 후 필요한 자료를 제시하는 방법이다.
- 필요한 언어 자료를 제시한 후 연습, 생산의 순서로 진행된다.
② 귀납적인 방법
- 교사가 목표 언어의 내용을 이끌 수 있는 언어 자료를 제시하는 방법이다.
- 학생들이 스스로 자료를 분석하고 단어와 의미유형 등을 발견하도록 한다.
- 잘 풀릴 수 있도록 교사가 힌트를 준다.
- 발견한 어휘 특징을 학생과 같이 종합 정리한다.

2) 교실에서 교사가 어휘를 제시하는 방법
첫째는 실물이나 그림, 동작을 통한 방법이 있다.
둘째는 추상화에 의한 분석적 정의를 활용한 제시 방법으로 뜻풀이·설명·연상 등에 의

한 방법을 들 수 있다.

셋째는 문맥을 활용한 제시 방법이 있다.

넷째는 학습자의 모국어로의 번역을 활용하는 방식이다.

2. 어휘를 제시할 때 주의점

1) 이해 영역과 표현 영역에서

① 이해 영역의 어휘 제시 방법 : 이해를 중심으로 수업을 하는 중에는 어휘나 문법 교육이 수업의 흐름을 방해하지 않는 범위에서 어휘의 의미를 추측하게 하거나 어휘의 용법을 간단히 제시한다.

② 표현 영역의 어휘 제시 방법 : 어휘를 정확하게 사용할 수 있게 용법을 자세히 제시해 주는 것이 필요하다. 이는 실제 의사소통에서 해당 어휘가 어떤 어휘와 자주 쓰이는지, 어떤 상황에서 쓰이는 것인지 등에 대한 정보를 제공해 주는 방법이 된다.

2) 각 단계별로

① ㄱ. 초급에서는 단어를 형성하는 원리를 습득하는 것보다 단어 자체를 어휘 사전에 입력시키는 행위가 많이 일어난다. 특히 모국어와 목표어를 일대일로 대응시켜 학습하려는 경향이 있으며, 상당한 양의 초기 어휘는 암기와 같은 방법에 의해 능률적으로 신속하게 학습될 수 있다.

ㄴ. 교육 방법 : 어휘카드 이용법

게임 활동 – 보고, 기억하고, 본문 예측하기, 벽에 붙이기, 거짓 정의 찾기, 이야기 듣고 그림 그리기, 핵심 어휘 찾기, 이야기 사슬

② 초급에서 단순 암시 위주로 어휘의 양을 확대시킬 수 있었다면, 중급부터는 어휘를 생성하는 원리에 의해서 어휘 확장을 이룰 수 있을 것이다.

③ 고급에서는 이미 구축된 어휘를 이용하여 어휘를 확장시키는 방법을 택한다.

3. 어휘 지도와 다른 영역의 연계

1) 말하기

먼저 학습자의 어휘력이 부족한 경우, 교사는 통제된 활동이나 어휘 학습기술을 사용하여 학습자들의 어휘를 늘리는 것이 필요하다.

학습자가 충분한 양의 어휘를 알고 있지만, 이를 생산적으로 사용할 수 없는 경우도 있는데, 언어 학습의 대부분의 과정에서 학습자의 소극적 어휘(혹은 이해 어휘)는 적극적 어

휘(혹은 표현 어휘)에 비해 그 양이 훨씬 많다. 적극적 어휘는 우리가 일상생활에서 사용할 필요가 있고, 일상에서 거리낌 없이 사용하는 어휘들로 구성되어 있음에 반하여 소극적 어휘는 단지 부분적으로만 이해되고, 적극적으로 사용될 만큼은 잘 알지 못하는 단어들로 일상적 의사소통에서는 필요하지 않은 단어들이다. 이 경우 교사는 학습자들이 이미 기존에 알고 있던 이해 어휘를 더 충분히 학습하게 하고 이를 표현 어휘로 사용할 기회를 늘리는 활동에 집중해야 한다.

둘째로는 단어의 형태 기억에 도움을 주는 활동으로, 학습자에게 이미 배운 단어를 기억해서 말하게 하거나 단어 철자를 순서에 맞게 재조립하게 하는 방법이 있다.

셋째로는 관련된 어휘의 사용을 향상시키는 방법으로 격자형 비교표(격자표)(Grids), 정도차이 비교선(Clines), 군집(Clusters) 등을 사용하는 것이다.

비교표(격자표)의 예이다.

	날씨	음식물의 온도	사람의 태도	장소명사	주관적 감각
선선하다	○		○	○	
시원하다	○	○	○	○	
서늘하다	○			○	
싸늘하다	○		○	○	
쌀쌀하다	○		○		
차다/차갑다	○	○	○		
춥다	○			○	○

정도차이 비교선은 대개 경사선에 의해서 나타내는데, 이 경사선에 배열된 단어들은 정도의 차이를 보여준다. 예를 들면 '언제나, 자주, 때때로, 이따금'을 가지고 다음과 같은 경사선을 활용한 어휘 학습을 생각해 볼 수 있다.

```
┌──────────────────────── ( 이따금 )
├────────────────────────────── 때때로
├──────────────────────────────────── 자주
└──────────────────────────────────────── ( 언제나 )
```

넷째로는 연어를 활용하는 방법인데 새 단어를 학습하는 중요한 방법이다.

다섯째로는 학습자 간의 짝활동을 들 수 있는데, 예를 들면 정보 결합 활동이 있다.

여섯째로 말하기의 유창성을 증진시키기 위한 활동으로 반복 활동이 있다.

일곱째로 바꿔 말하기 활동이 있는데, 바꿔 말하기 전략을 사용하게 하는 것이다.

2) 듣기

첫째, 읽기용 어휘를 듣기용 어휘로 전환시키는 활동이 있다.

둘째, 받아쓰기나 사전 받아쓰기 연습은 쓰기와 듣기 사이에 유용한 연결점을 제공할 수 있다.

셋째, 단어 단위의 듣기 연습을 활용할 수도 있다.

넷째, 듣기를 통해 어휘를 늘리는 활동으로 만일 학습자들이 매우 제한된 어휘밖에 모른다면, 듣기를 통해 어휘를 가르친다.

3) 읽기

읽기의 여러 요소들 중에서 어휘는 가장 중요하고 강력한 영향을 갖으며, 어휘 지식은 읽기 능력의 기반이 된다. 어휘의 난이도는 전체 읽기 능력의 가장 중요한 예측 요소가 되는데, 난이도의 평가 방법에는 어휘 빈도나 친근성, 단어 길이 등이 주된 기준이 된다. 자주 나타나는 고빈도 어휘, 긴 것보다 짧은 어휘를 포함하는 문장은 더 잘 읽을 수 있으며, 텍스트에 모르는 단어가 많으면 이해와 어휘 학습에 부정적 영향을 미친다는 연구가 많다. 또한 텍스트에서의 많은 어휘들의 설명을 위해서는 비교적 적은 어휘만이 필요하다고 알려져 있는데, 이는 만약 학습자가 중요한 기초 어휘를 마스터하고 읽기 자료가 대략 어휘 레벨에 맞춰져 있다면, 읽기 학습 활동은 성공적이 될 것이라는 것을 의미한다.

4) 쓰기

쓰기에서의 어휘 학습은 철자, 문장에서의 단어 사용, 텍스트의 구성을 포함한다. 그 중 철자와 문장에서의 단어 사용이 어휘와 가장 밀접하게 관련된다. 한국어 철자는 모두 한 가지 소리만 난다. 다만 표기에 있어 형태가 음소에 반영되지 못하고 음운 현상의 지배를 받는 경우가 있다. 대부분은 예측이 가능하며 전혀 예측 불가능한 단어의 수는 매우 적다. 철자 교수 방법은 학습자가 전에 배운 단어의 지식을 이용하여 새 단어를 배우는 유추 방법을 쓴다.

'어휘교육의 활동유형'

1. 단계별 지도

1) 초급

초급에서는 단어를 형성하는 원리를 습득하는 것보다는 단어 자체를 어휘 사전에 입력시키는 경우가 많다. 그것은 초급 과정에 학습하는 어휘의 양이 그리 많지 않을 뿐만 아니라 모국어와 목표어를 일대일로 대응시켜 학습하려는 경향이 있기 때문이다. 또한 상당한 양의 초기 어휘는 기계적인 암기 같은 방법을 통해 능률적이고 신속하게 학습할 수 있다. 기계적인 암기가 좋은 학습 전략은 아니지만 단기간에 많은 어휘를 머릿속 어휘 사전에 입력하는 데는 효과적인 방법일 수도 있다.

① 어휘 카드 이용

명사, 형용사 및 동사의 활용 연습에 도움이 된다. 구체적인 명사의 경우는 문자 카드 외에 그림을 카드에 삽입하는 방법을 사용할 수 있다. 그림을 이용하면 어휘를 추측하기가 용이하여 어휘의 양을 늘리는 데 도움이 될 수 있다.

그림으로 표현하면 정확하게 어떤 어휘인지 밝히기 어려운 경우도 있다. 이런 경우에는 학습자들 간에 짝 활동이나 그룹 활동을 통해 어휘를 추측하게 하는 것이 가능한데, 이렇게 하면 학습자 간의 의사소통 기회를 늘릴 수 있다는 장점이 있다.

② 게임 활용

학습자의 흥미를 유발하고 경쟁심을 일으킬 수 있다는 점에서 자주 이용되는 학습법이다. 초급 단계에는 학습 동기는 높지만 한국어 능력이 낮기 때문에 이에 맞는 게임을 이용한다.

〈놀이로 배우는 어휘〉

· 실물 보고 한국어로 써 보기: 본 것을 많이 기억해 내고 정확하게 쓰는 사람이나 그룹이 이기는 게임이다.

· 같은 소리로 시작하는 말 잇기: 교사가 단어를 제시하면 그와 같은 자음으로 시작하는 단어의 목록을 말하거나 쓰는 게임이다. 혹은 같은 소리로 끝나는 말 잇기 게임도 가능하다.

· 모음 찾기 게임 : 어휘에서 모음을 빼고 자음만을 제시하면서 교사가 그 어휘를 발음해주면 학생들이 알맞은 모음을 찾는 게임이다. 이 게임은 발음 수업과 연계해서 할 수 있으며 특정 모음의 구별을 어려워하는 학습자들에게 이용하기에 좋다.

· 틀린 철자 찾기 : 그룹을 나누어서 틀린 철자가 있는 카드를 찾게 하는 게임이다.

· 벽에 붙이기 : 수업 전에 배울 단어를 벽에 붙여 놓고 수업이 끝난 후에 암기한 어휘를 말해 보게 한다.

- 이야기 듣고 그림 그리기 : 이야기를 연상할 수 있는 사진이나 그림을 고른 후 교사가 이야기를 해 준다. 학생은 듣고 그림을 그린다. 그 후 원본과 비교해 본다. 위치를 나타 내는 어휘인 '위, 아래, 왼쪽, 오른쪽, 앞, 뒤, 옆' 등을 교수할 때 편리하다.

③ 어휘장 활용

학습자에게 어휘를 체계적으로 익히게 한다는 장점이 있다.

2) 중급

중급 단계의 어휘 학습은 어휘 형성부의 비중을 높이는 것에 있다. 중급부터는 어휘를 생 성하는 원리에 의해서 어휘 확장을 이룰 수 있을 것이므로 파생어와 합성어에 관한 교육 이 집중적으로 이루어져야 할 것이다.

3) 고급

고급 단계의 학습자는 이미 구축된 어휘를 이용하여 어휘를 확장시키는 방법을 택해야 한 다. 따라서 어휘 형성의 원리에 대한 진전된 교육을 실시하고, 의미 관계에 따른 동의어, 다의어, 동음이의어 등에 관한 교육이 이루어져야 할 것이다. 이는 어휘 해석부와도 밀접 한 관계를 맺게 되는데 모르는 의미의 어휘를 문맥 속에서 파악하는 능력이나, 어휘 자체 의 구성을 통해서 파악하는 능력이 어휘 해석과 관련이 된다.

2. 어휘학습 지도안

1. 대상 : 초급 후반
2. 시간 : 50분
3. 학습 계획
   1) 어휘 범주 : 날씨와 관련된 표현과 옷차림
   2) 학습 목표 : 날씨와 관련된 어휘를 익히고 외국 여행을 하려는 사람에게 주의사항 을 이야기할 수 있다.
4. 학습자료 : 교재, 그림카드, 낱말카드
5. 도입

오늘은 날씨를 이야기하며 날씨에 대한 어휘를 들어보게 한다.

* 오늘 날씨가 어때요? 오늘 날씨는 매우 덥지요. 오늘은 날씨 이야기입니다.
6. 제시

* 한국의 여름은 날씨가 더워요. 겨울은 어떻습니까?

(학생들에게 먼저 날씨와 연관된 단어를 모두 이야기하게 한다. 그리고 날씨와 관련된 그림을 제시하고 이를 날씨와 연결해 주어 학생들에게 이야기한 것을 확인하게 한다.)

7. 연습

  * 그림을 보고 이야기해 보세요.

  보기) 날씨가 흐리다, 맑다, 바람이 불다, 비가 오다, 눈이 오다, 덥다, 춥다, 시원하다,
      봄, 여름, 가을, 겨울.... (상황을 제시해 의미파악을 정확하게 하도록 유도한다.)

8. 생산1

  * 다른 나라의 날씨는 어떨까요? 호주 날씨는 어때요?

  (자연스럽게 외국의 날씨와 한국의 날씨를 비교하며 말한다. 교사가 날씨와 관계된 표현을 칠판 한쪽에 판서하면서 다른 쪽에는 각 여행지의 날씨에 관한 기상 예보 그림 등을 배열한다.)

  * 제가 다음 주에 호주에 여행을 가려고 해요. 호주에 갈 때 무엇을 입고 가야 해요?
    (날씨에 필요한 옷차림의 그림을 학습자가 볼 수 있게 배열한다.)

  * 표현을 선택해서 대답한 후 그 날씨에 어울리는 옷차림과 필요한 것 등을 서로 관련
    짓도록 짝활동을 하게 한다.

  보기1) 학생1 : 요즘 호주 날씨는 어때요?
       학생2 : 겨울이기 때문에 조금 추워요.
       학생1 : 호주에 가고 싶어요. 어떤 옷이 좋아요?
       학생2 : 모자, 장갑을 가지고 가세요.

  보기2) 학생1 : 요즘 러시아 날씨는 어때요?
       학생2 : 바람이 불어요.
       학생1 : 그럼 무엇을 입을까요?
       학생2 : 스웨터, 재킷을 입으면 좋아요.

  보기3) 학생1 : 요즘 런던 날씨는 어때요?
       학생2 : 비가 자주 와요.
       학생1 : 우산이 있어야 해요?
       학생2 : 네, 우산이 있어야 해요.

  (여기에서는 날씨에 관련된 많은 어휘들이 제시될 수 있으므로 교사가 다양한 방법과 자료를 사용하여 학습자들에게 날씨에 관한 어휘와 의미를 연결시킬 수 있도록 도와준다. 어휘학습에 있어 의미를 효율적으로 잘 전달하는 것이 중요하므로 실질적인 자료(어휘카드), 사진, 그림 등을 제시하면서 학습자들의 이해를 유도한다.)

9. 생산2

  * 친구에게서 메일이 왔어요. 함께 읽어 봅시다.

_____ 씨에게

그동안 잘 있었어요? 한국 생활은 재미있었어요?

저도 한국에 가고 싶어요. 그래서 다음 주에 갈 거예요. 한국 날씨는 어때요?

무슨 옷을 입으면 좋아요?

한국에 가서 _____ 씨와 함께 여행을 하고 싶은데 같이 할 수 있어요?

그럼 한국에서 만나요.

_____ 씀

(위의 텍스트를 읽고 내용 이해와 답장의 내용을 정리할 수 있는 질문을 한다.)
1) 친구가 언제 한국에 올 거예요?
2) 친구는 한국의 날씨를 잘 알아요?
3) 친구는 무엇을 알고 싶어 해요?
4) 요즘 한국의 날씨는 어때요? 한국 사람들은 어떤 옷을 입어요?
5) _____씨는 친구와 여행을 할 수 있을 것 같아요?
＊ 친구에게 답장을 쓰고 발표해 봅시다.

3. 어휘 교육의 주의점

1) 형태를 제시할 때 형태적인 특성이나 문법적인 특성을 함께 제시할 것인지, 기본형만을 제시할 것인지 고려해야 한다.

2) 학습단계에 따라 제시 방법을 달리할 필요가 있다.
   · 초급 : 모국어로 번역하여 제시, 단순 암기로 어휘 양을 확대시킨다.
   · 중급 : 파생어 등 어휘 생성 원리나, 어휘관계(유의, 반의 등)를 통해 어휘를 확대시킨다. 어휘를 제시할 때는 문장 안에서의 용법에 중점을 두어 실제로 사용하는 데에 도움이 되도록 해야 한다.

3) 말할 때 쓰는 어휘인지, 글을 쓸 때 쓰는 어휘인지 구별하여 제시한다.
   효과적인 어휘학습은 문화에 대한 이해가 필수적이다. 필요한 경우에는 모국과 한국의 문화적, 정서적 차이도 이해시켜야 한다.

4) 어휘 연습은 어휘의 용법과 의미를 충분히 활용할 수 있도록 해야 한다.

　학습자가 눈으로 확인한 어휘의 용법을 자신의 발화로 적용시킬 수 있도록 한다.

1. 다음 청각구두식 교수법과 어휘 교육의 설명 중 옳지 <u>않은</u> 것은?

① 문맥을 통한 어휘 습득을 말한다.

② 학습자의 어휘 확장은 읽기 단계에서 집중된다.

③ 어휘 교육에 대한 집중적 반복 연습을 실시한다.

④ 모국어와 목표어의 의미대조 목록을 사용할 수 없다.

정답 ③

정답근거 : 청각구두식 교수법에서는 어휘 교육에 대한 특별한 관심이 없었다. 문법 중심 교육이 실시되는 시기이다.

2. 다음 중 구 단위 어휘 교육에 대한 설명 중 옳지 <u>않은</u> 것은?

① 학습자 중심 교육의 전환에 기여하였다.

② 비교적 관례적으로 사용하는 표현들이다.

③ 아동의 언어 생산에 주요 역할을 담당한다.

④ 학습자의 모국어 오류를 줄이는 효과가 있다.

정답 ③

정답근거 : 아동이 아닌 성인의 언어 생산에 주요 역할을 한다.

3. 다음 중 어휘 교육 방법에 대한 설명 중 옳지 <u>않은</u> 것은?

① 학습자의 특성에 맞는 어휘 교수 전략을 치밀하게 마련하다.

② 초급단계에 많은 어휘 자료를 제시하여 특징을 찾을 수 있게 한다.

③ 학습 단계에 따라 적절한 수준의 어휘가 학습되게 어휘를 통제한다.

④ 용법을 먼저 제시하고 그 다음 자료를 제시하는 것이 연역적 방법이다.

정답 ②

정답근거 : 초급 단계에는 어휘 지식이 많지 않기 때문에 귀납적 방법보다는 연역적 방법으로 제시한다.

4. 어휘 제시할 때 주의할 점으로 옳지 않은 것은?

① 노동자들에게 욕을 이해 어휘로 교육한다.

② 초급에서 어휘 생성 원리를 이용해 제시한다.

③ 고급 단계에서 기구축한 어휘를 최대로 활용한다.

④ 표현 어휘는 실생활에서 사용 환경을 제시해 준다.

정답 ②

정답근거 : 어휘 생성 원리를 이용한 제시 방법은 중급에서 이용한다.

5. 다음과 같은 표를 사용하여 어휘를 교육하였다. 이에 대한 설명으로 가장 적당한 것은?

표를 완성하십시오.

감	귤	독서를 하다	수박
눈이 오다	단풍구경을 하다	춥다	스키를 타다
꽃구경을 가다	시원하다	눈사람을 만들다	따뜻하다
선선하다	덥다	딸기	피서를 가다

	과일	날씨	활동
봄			
여름			
가을			
겨울			

① 어휘 의미를 알고 있는지 확인하는 방법이다.

② 유의어의 형태를 잘 기억할 수 있는 방법이다.

③ 반복연습, 대체연습을 통한 어휘 교육 방법이다.

④ 정도 차의 비교선을 이용한 어휘 교육 방법이다.

정답 ①

정답근거 : 어휘를 분류하여 어휘 의미를 알고 있는지 확인하는 방법

6. 어휘 교육 주의점으로 옳지 <u>않은</u> 것은?

① 제시 단계에 의미를 중점적으로 설명한다

② 중급에서는 어휘 형성법을 통해 확대시킨다.

③ 학습 단계에 따라 알맞은 방법으로 제시한다.

④ 형태적인 특징과 문법적인 특징은 같이 제시할 수 있다.

정답 ①
정답근거 : 제시 단계에서는 형태와 의미를 제시해야 한다.

외국어로서의
한국어교육의 이론과 실제 ②
(한국어교사를 위한 한국어교육의 총람)

초판 발행 2015년 1월 5일
3판 7쇄 2022년 12월 19일

지 은 이 총신대학교 한국어학당 편저
발 행 처 (주)도서출판 참
등록일자 2014년 10월 12일
등록번호 제319-2014-52호
주   소 서울시 동작구 사당로 188
전   화 (02) 595-5746
팩   스 (02) 595-5749

ISBN 979-11-955259-6-6
     979-11-955259-4-2 (세트)